教育部人文社会科学研究资助项目"中国消费者伦理行为的测度及其影响因素研究"(10YJC630411)研究成果

国家社会科学基金项目（15BGL120）阶段性研究成果

# 中国消费者伦理行为的测度及其影响因素研究

Study on the Measurement of Chinese Consumer Ethical Behavior and Its Influencing Factors

郑冉冉◇著

中国社会科学出版社

# 图书在版编目（CIP）数据

中国消费者伦理行为的测度及其影响因素研究 / 郑冉冉著. —北京：中国社会科学出版社，2016.11
ISBN 978 – 7 – 5161 – 9686 – 1

Ⅰ. ①中⋯ Ⅱ. ①郑⋯ Ⅲ. ①消费者行为论—研究—中国 Ⅳ. ①F723.55

中国版本图书馆 CIP 数据核字（2016）第 325794 号

| | |
|---|---|
| 出 版 人 | 赵剑英 |
| 出版策划 | 卢小生 |
| 责任编辑 | 车文娇 |
| 责任校对 | 周晓东 |
| 责任印制 | 王　超 |
| 出　　版 | 中国社会科学出版社 |
| 社　　址 | 北京鼓楼西大街甲 158 号 |
| 邮　　编 | 100720 |
| 网　　址 | http://www.csspw.cn |
| 发 行 部 | 010 – 84083685 |
| 门 市 部 | 010 – 84029450 |
| 经　　销 | 新华书店及其他书店 |
| 印刷装订 | 北京君升印刷有限公司 |
| 版　　次 | 2016 年 11 月第 1 版 |
| 印　　次 | 2016 年 11 月第 1 次印刷 |
| 开　　本 | 710 × 1000　1/16 |
| 印　　张 | 24.5 |
| 插　　页 | 2 |
| 字　　数 | 389 千字 |
| 定　　价 | 90.00 元 |

凡购买中国社会科学出版社图书，如有质量问题请与本社营销中心联系调换
电话：010 – 84083683
版权所有　侵权必究

# 序

郑冉冉博士是我所在的香港城市大学商学院市场营销系的高级访问学者，为人踏实、治学严谨，长期潜心从事消费者行为研究，尤其是中国本土文化与制度背景下的消费者伦理行为及中国内地出境游客不文明行为的研究。近年来已取得了不少研究成果，主持多项国家级和省部级研究课题，在《管理世界》等权威学术期刊上公开发表学术论文40余篇。我作为她的访学合作导师，为她取得的成绩感到由衷的高兴，现在她的专著即将出版，我乐于为其作序。

消费者伦理问题直到20世纪70年代才引起部分国外学者的关注，并且学术界对此的探讨也不充分。既有的消费者伦理研究主要集中在西方（无论是研究对象还是研究者），集体主义文化背景下的消费者伦理研究相对匮乏，以中国内地消费者为研究对象的消费者伦理研究尤为稀缺。目前在中国内地，消费者伦理这一概念还没有被广泛接受，至今尚未对该领域进行系统研究。这与中国内地消费者人数众多，以及中国内地的消费者伦理现状不容乐观间形成了强烈的对比和反差。

在上述背景下，郑冉冉博士专门针对中国内地消费者伦理行为的现状、影响因素和影响机理展开了深入研究。作者汲取国内外相关理论及文献的研究成果，立足中国社会背景和文化特征，开发、修订了相关问卷量表，基于小规模深度访谈和大样本问卷调查，进行了深入的实证检验，为有针对性地引导和管制中国消费者伦理行为提供理论指导和切实可行的操作依据。其研究内容理论价值和实践价值兼具，不仅丰富、拓展了消费者伦理研究的理论探讨，而且能为中国内地的消费者伦理管理实践提供有益的借鉴与启示。概括地说，本书有以下几个特点。

## 一 选题具有学科前沿性

引导消费者转变其伦理行为模式，必须首先对消费者伦理行为及其内在影响机理有一个准确把握。然而，对于消费者伦理行为及其影响机理，即便经济发达国家对此也存在不少研究盲点，中国内地更是缺乏这方面深入系统的研究。从中国内地既有研究看，仅有极少数学者涉及该领域，深入的解释性研究非常匮乏。本书以中国内地消费者为考察对象，紧密围绕中国内地消费者伦理现状及特点、面子威胁感知与自我概念对中国内地消费者伦理信念的影响、顾客忠诚在中国内地消费者伦理信念与行为间的调节作用展开探索性研究，选题具有理论前沿性。

## 二 理论归纳全面、分析论证深入

本书收集了大量的文献资料，并进行了全面的归纳总结。例如，作者对消费者伦理、面子威胁感知、自我概念、顾客忠诚的相关文献进行了系统梳理，并在计划行为理论、知信行理论、地位剥夺及偏差副文化理论、挫折理论、社会控制理论、中和技术理论等理论基础上构建了自己的中国消费者伦理行为影响机理模型。而且，本书理论论证深入，所提对策建议也颇有启发意义。例如，作者基于中国消费者伦理行为影响机理模型，分别从政府管理部门、社会干预、企业营销管理三个层面提出了有效且具针对性的管理对策思路。

## 三 经验数据翔实、重视实证研究

作者通过回收中国内地14个省市区的1247份有效调研问卷，运用SPSS和AMOS统计分析软件展开统计分析（信度和效度分析、探索性因子分析、多元线性回归分析、独立样本T检验、单因素方差分析、结构方程模型、典型相关分析等），对本书整体研究框架中的46个研究假设（12个验证性假设、34个开拓性假设）进行了实证检验。本书仅图表就有106个，这在同类专著中是不多见的。本书的研究为深入了解中国消费者伦理行为机理的"黑箱"提供了第一手经验证据。

研究消费者伦理行为及其影响机理尚属一个较新的研究领域，还有很多方面可做开拓性研究。我相信，这本具有较高学术水平专著的出版，将有助于推进中国消费者伦理行为机理的理论和实证研究，其研究结论可为政府、社会、企业制定相关政策提供理论依据和实证材料。

苏晨汀
2016年3月6日
于香港城市大学

# 前　言

消费者伦理问题直到 20 世纪 70 年代才引起部分国外学者的关注，学术界对此的探讨并不充分。Vitell（2003）指出，以往的商业伦理研究绝大多数集中在卖方伦理，仅有 5% 是基于消费者视角探讨伦理议题（消费者伦理）的。从既有文献看，现有的消费者伦理研究主要集中在西方，集体主义文化背景下的消费者伦理研究相对匮乏，以中国内地消费者为研究对象的消费者伦理研究尤为稀缺。目前在中国内地，消费者伦理这一概念还没有被广泛接受，至今尚未对该领域进行系统研究。这与中国作为世界人口第一大国，占全世界消费者总数的五分之一还多，以及中国内地的消费者伦理现状不容乐观之间形成了强烈的对比和反差。

当前中国内地的消费者伦理问题日趋严重，但理论界对于消费者伦理行为及其客观规律缺乏理论和实证研究。引导消费者转变其伦理行为模式，必须首先对消费者伦理行为及其内在影响机理有一个准确把握。当前中国内地的消费者伦理问题到底严重到了何种程度？中国消费者伦理行为的影响因素及其影响路径和机制是什么？中国消费者伦理行为的有效干预政策及其干预路径和机制又是什么？对这些问题，目前理论界还没有很好地解决。相应地，探索消费者伦理行为及其客观规律，加强对中国消费者伦理行为的引导和管制，已成为一个重要又迫切的现实及理论课题。

在上述背景下，本书针对中国内地消费者伦理行为的现状、影响因素和影响机理展开深入研究。本书汲取国内外相关理论及文献的研究成果，立足中国社会背景和文化特征，聚焦中国内地消费者，紧密围绕中国内地消费者伦理现状及特点、面子威胁感知与自我概念对中国内地消费者伦理信念的影响、顾客忠诚在中国内地消费者伦理信念与行为间的调节作用展开探索性研究，构建了自己的中国消费者伦理行为影响机理模型。在此基础上，本书又立足中国社会背景和文化特征开发、修订了相关问卷量表，基于小规模深度访谈和大样本问卷调查，对构建的理论模型进行了深入的实证检验，为有针对性地引导和管制中国消费者伦理行为提供理论指导和切实可行的操作依据。

本书共六章。第一章，绪论。提出研究背景、研究目的与意义、研究内容、研究方法、技术路线、研究创新。第二章，文献回顾与述评。系统梳理与评析消费者伦理、面子威胁感知、自我概念及顾客忠诚的国内外相关研究，以揭示相关领域的研究现状与最新进展，为后续理论拓展与模型建构奠定基础。第三章，理论拓展与模型构建。在文献回顾与述评基础上，归纳总结"以往相关研究取得的进展"和"后继研究有待拓展的空间"；凝练本书"拟解决的问题"，界定核心概念，阐明本书理论基础；基于核心概念间的关系提出理论假设，进而汇总构建理论框架模型。第四章，问卷设计、研究数据获取及质量评估。第五章，数据分析与假设检验。在大样本调研数据质量得以保证，各变量测量量表信度、效度检验理想的前提下，运用多种科学、严谨的统计分析方法，对研究框架模型中提出的研究假设逐一展开检验。第六章，研究结论与展望。基于实证检验结果归纳汇总主要研究结论，分析提炼相应的管理实践启示，剖析本书的局限性并对后续研究进行展望。

本书旨在大样本调研基础上，测度中国内地的消费者伦理现状及特征，并结合国情探究其深层次影响因素及影响机理，以期有针对性地制定战略决策引导和管制中国内地消费者伦理行为。在整个研究构思及推进过程中，本书综合运用了文献研究、访谈研究、问卷调查及数据分析等研究方法。本书整体研究框架共由46个研究假设组成，其中12个属于验证性假设，34个属于开拓性假设。通过回收中国内地14个省市区的1247份有效调研问卷，运用SPSS和AMOS统计分析软件展开统计分析（信度和效度分析、探索性因子分析、多元线性回归分析、独立样本T检验、单因素方差分析、结构方程模型、典型相关分析等），对研究假设进行深入实证检验，为深入了解中国消费者伦理行为机理的"黑箱"提供了第一手经验证据，为有针对性地引导和管制中国消费者伦理行为提供了理论指导和切实可行的操作依据。

本书的创新之处主要体现在：

第一，在集体主义文化背景下检验消费者伦理理论及相关研究结论。现有的消费者伦理研究主要集中在西方，来自东方集体主义文化背景的相对欠缺，而针对中国内地消费者的就更为稀缺。本书聚焦中国内地消费者，在集体主义文化背景下，基于全国性大样本调研数据，对源自西方个体主义文化背景的消费者伦理理论及相关研究结论进行检验，是对消费者伦理领域既有研究成果的补充与拓展。

第二，探究面子威胁感知、自我概念对中国内地消费者伦理信念的影响作用。本书立足中国社会背景和文化特征，客观揭示了面子威胁感知、自我概念对中国内地消费者伦理信念的影响及其作用机理，为消费者伦理研究提供了新的影响变量及研究视角，拓宽了研究的内容和范围，不但丰富、拓展了消费者伦理研究的理论探讨，而且能为中国内地的消费者伦理管理实践提供有益的借鉴与启示。

第三，探究顾客忠诚在消费者伦理信念与行为间的调节作用。迄今，消费者伦理实证研究基本沿袭"借助CES量表测度消费者伦理信念，进而映射或预测消费者伦理行为"的研究思路。但社会心理学研究结果表明：尽管感知与行为间存在某种因果关系，但特定感知状态并不能保证对等现实行为必然发生。本书发现，顾客忠诚在消费者伦理信念与消费者实施不合乎伦理规范行为间起着重要的调节作用。这一发现不但丰富、拓展了消费者伦理研究的理论探讨，而且能为中国内地的消费者伦理管理实践提供有益的借鉴与启示；同时，也有助于顾客忠诚研究的进一步发展。在以往的研究中学术界基本上都把顾客忠诚作为结果变量来研究，迄今鲜有研究把顾客忠诚作为调节变量来考察。

就总体而言，本书有相当部分的内容属于探索性研究，且具有一定的创新性，在一定程度上能为中国内地消费者伦理行为管理实践提供理论指导。然而，中国消费者伦理行为是一个较新的研究领域，可资借鉴的研究文献并不多，本书作为一项探索性研究，完成时间较为仓促，加上我的知识和能力欠缺，难免存在一些不足及局限性，恳请各位专家学者批评指正。

郑冉冉<br>
2016年3月

# 目 录

**第一章 绪论** ························································· 1

  第一节 研究背景及问题提出 ································· 1
  第二节 研究目的与意义 ········································ 5
  第三节 研究内容与方法 ········································ 9
  第四节 研究创新 ················································ 13
  第五节 技术路线与结构安排 ································· 16

**第二章 文献回顾与述评** ········································· 19

  第一节 消费者伦理 ············································ 19
  第二节 面子威胁感知 ········································ 51
  第三节 自我概念 ················································ 80
  第四节 顾客忠诚 ················································ 104
  本章小结 ···························································· 128

**第三章 理论拓展与模型构建** ·································· 130

  第一节 以往相关研究取得的进展 ·························· 130
  第二节 后续研究有待拓展的空间 ·························· 135
  第三节 拟解决的问题与核心概念界定 ··················· 140
  第四节 理论基础 ················································ 147
  第五节 理论拓展
       ——假设的提出 ············································· 159
  第六节 假设汇总和概念模型构建 ·························· 180
  本章小结 ···························································· 186

## 第四章　问卷设计、研究数据获取及质量评估 ····· 188
### 第一节　问卷设计 ····· 188
### 第二节　大样本研究数据获取 ····· 213
### 第三节　大样本数据描述 ····· 216
### 第四节　大样本数据质量评估 ····· 222
### 第五节　各变量测量量表信度与效度检验 ····· 231
### 本章小结 ····· 269

## 第五章　数据分析与假设检验 ····· 270
### 第一节　中国内地消费者伦理现状及特征 ····· 270
### 第二节　面子威胁感知、自我概念对消费者伦理信念的影响 ····· 285
### 第三节　顾客忠诚在消费者伦理信念与行为间的调节作用 ····· 308
### 本章小结 ····· 315

## 第六章　研究结论与展望 ····· 317
### 第一节　研究结论与管理借鉴 ····· 317
### 第二节　研究局限与后续研究展望 ····· 330

## 附　录 ····· 332
### 附录A　访谈提纲 ····· 332
### 附录B　消费者行为调研问卷 ····· 333

## 参考文献 ····· 343

## 致　谢 ····· 381

# 第一章 绪论

本章是本书正文开篇,首先介绍选题背景并在此基础上聚焦本书拟解决的问题,然后阐明研究目的与意义,介绍研究内容与方法,进而总结归纳本书的主要创新点,最后呈现技术路线及本书结构安排。

## 第一节 研究背景及问题提出

消费者伦理(Consumer ethics)属于商业伦理[①]的范畴。商业伦理研究自20世纪70年代以来获得了长足发展,但从已有文献看,绝大多数研究集中在卖方伦理,仅有5%基于买方(消费者)视角探讨消费者伦理(Murphy and Laczniak,1981;Vitell,2003)。消费者是商业活动的主要且重要参与方,消费者伦理研究的缺失或弱化,必然导致无法完整地了解商业伦理议题(Al-Khatib et al.,1997)。事实上,理解消费者伦理对营销人员及营销政策制定者而言都是至关重要的(Chan et al.,1998)。自 Muncy 和 Vitell(1992)开发出消费者伦理量表(Consumer ethics scale,CES)以来,状况有所改善,消费者伦理相关研究相继涌现——学者们基本上都围绕"消费者伦理信念"展开研究,由此映射消费者伦理行为倾向,而 CES 量表则为测度消费者伦理信念状况提供了工具。学者们通过深入探讨消费者伦理的概念、维度划分与测量

---

[①] 商业伦理(Business ethics),从美国及欧洲的相关研究看,它不仅包括企业或管理伦理的研究,也包括消费者伦理研究(如 Brenner et al.,1977;De Paulo,1986;Vitell et al.,1987;Muncy and Vitell,1992;Vitell and Muncy,1992;Al-Khatib et al.,1997;Chan et al.,1998;Kenhove et al.,2003)。有中国学者把 Business ethics 译为企业伦理、管理伦理或经济伦理,笔者认为均不妥,前者局限于企业之内,范围过窄;而后者则又范围过宽了,因为经济伦理在国外有专门的英文 Economic ethics。

及众多的影响因素，借助 CES 量表检验美国及其他国家/地区的消费者伦理状况或进行跨国家/地区的多元文化背景下的比较研究，为该领域后续的理论及实践研究奠定了基础。既有研究虽取得较大进展，但距离成熟还很遥远，消费者伦理研究仍有不少可拓展的空间。如消费者伦理研究主要集中在西方，诸多研究结论需获得其他文化背景下类似研究的支持与补充（Vitell，2003）。从既有文献看，集体主义文化背景下的消费者伦理研究相对欠缺，以中国内地消费者为研究对象的消费者伦理研究尤为稀缺。此外，消费者伦理基于文化环境及心理方面的影响因素研究、消费者伦理信念与行为间的调节或中介效应研究、开发专门的消费者伦理决策过程模型以及消费者伦理理论的应用研究等方面均有待进一步深入探索与完善。

目前在中国内地，"消费者伦理"这一概念还没有被广泛接受，较多关注的是"消费伦理"[①]（Consumption ethics），而消费伦理与消费者伦理[②]则是完全不同的两个概念。就总体而言，当前中国内地的消费者伦理研究尚处于引进、探索阶段，仅极少数学者（如方巍等，2009；刘接忠，2010；刘汝萍，2008，2009；王静一，2009；曾伏娥等，2006，2007；张占江等，2008；赵宝春，2008，2009）涉足该领域的研究，研究成果数量极其稀少，呈零散状，且在仅有的极少量研究中又以研究综述居多。这与中国作为世界人口第一大国，占全世界消费者总数的五分之一还多，且中国内地的消费者伦理现状不容乐观间形成了强烈的对比和反差。当前，中国内地的消费者伦理问题日趋严重，已成为

---

[①] 消费伦理是消费者在消费过程中形成的对消费的观念、行为、风俗、心理等进行的好、坏、善、恶的价值判断，它支配消费者的消费行为，是消费文化的核心（李泽厚，1998）。消费伦理其实是消费者个体在消费过程中为了协调消费者之间的利益关系或不侵犯其他消费者的利益而共同遵守的普遍的道德原则的总和，它规定了消费过程中消费者"应该做什么"和"不应该做什么"。"消费伦理"将利益相关对象定位于消费者群体，而"消费者伦理"的直接利益相关对象只是产品/服务提供者（当然间接也可能影响到消费者）。

[②] 到目前为止，学术界广为引用且比较规范的消费者伦理定义是：消费者个体在获得、使用、处置产品或服务时，所表现出来的符合道德行为的一种法则、原则或标准（Muncy and Vitell，1992）。国内学者曾伏娥（2006）认为：该定义应进行修正，明确指出消费者的直接利益相关对象——产品/服务提供者。本书认同曾伏娥的观点。通常情况下，消费者伦理水平通过消费者伦理信念（感知状态）进行反映，西方学者通过测度消费者对伦理上值得怀疑的消费者行为的感知来反映消费者的伦理信念状况，并由此体现消费者的伦理行为倾向和伦理水平。

一个不得不认真思考和亟待解决的问题。有统计数据显示，2009 年中国内地由于顾客行窃给零售店铺造成的损失高达 35.3 亿元①；沈阳一家大型超市因顾客乱扔、拆改、毁坏及行窃造成的损失平均每月高达六七万元②；媒体也多次报道国内超市"白吃白喝族"防不胜防。③ 北京市在 2000—2006 年，车险骗保造成的保险损失约 28 亿元；北京海淀检察院在 2007 年 11 月至 2010 年 11 月这三年间受理的保险诈骗案均为车辆保险诈骗，相比前几年同期数量有明显攀升。④ 医疗保险骗保现象也屡见不鲜⑤；退休老人子女冒领退休金现象严重且普遍，有的甚至隐瞒老人死亡真相多年继续冒领⑥；重庆人和镇为多分安置房，竟上演村民集体假离婚闹剧，引得国外媒体争相报道⑦；"安利上海退货门事件"⑧导致国际知名企业安利莫名遭受巨额亏损，领悟到中国消费者的"精明"后，安利被迫迅速修改其在西方一直运行良好的"无因全额退款制度"。信用卡不信用行为、使用盗版软件、明知假币转用行为、多找零钱不吭声行为，等等，在中国内地都具有很强的普遍性和代表性，可见中国内地的消费者伦理现状实在不容乐观。消费者伦理问题并非仅是消费者个人的事，它对社会的影响及损害不可小觑：社会信任机制被严重破坏，交易成本被人为增大，资源得不到合理配置，甚至影响整个社会的和谐发展。毋庸置疑，制定有效的战略决策引导和管制中国消费者伦理行为早已成了众多组织（企业、政府及相关机构）的需要，而深入了解中国消费者伦理行为的深层次影响因素及其影响机理则是其前提条件。Enderle（1997）认为，消费者个体伦理水平低是中国商业伦理建设遇到的最大挑战。相比西方发达国家，中国的消费者伦理现状决定

---

① 熊海鸥：《国内零售货品年损耗 68 亿元》，《北京商报》2009 年 11 月 27 日第 4 版。
② 潘霁：《购物陋习"现眼"超市》，2004 年 12 月 8 日，http://news.sohu.com/20041208/n223397465.shtml。
③ 陈蕾：《"白吃白喝族"超市防不胜防》，《城市快报》2006 年 10 月 19 日第 20 版。
④ 樊大彧：《京城车险骗保损失 28 亿》，2006 年 11 月 23 日，http://news.sina.com.cn/c/2006-11-23/125010578534s.shtml。
⑤ 邓海建：《医保骗保："智商"高还是"情商"低》，《中国青年报》2012 年 2 月 14 日第 2 版。
⑥ 淡淡的叶子：《中国：不遵守规则加贪小便宜的世界》，2010 年 1 月 10 日，http://www.tianya.cn/publicforum/content/develop/1/367745.shtml。
⑦ 同上。
⑧ 同上。

了中国更迫切需要这方面的理论指导。

在上述研究背景下，本书拟以中国内地消费者为考察对象，基于大样本调研测度中国内地的消费者伦理现状及特征，并结合国情探究其深层次影响因素及影响机理，以期有针对性地制定战略决策引导和管制中国消费者伦理行为。基于上述研究主题，本书拟具体围绕以下五个问题展开：其一，中国内地消费者伦理现状。本书从消费者伦理信念、伦理意识、马基雅弗利主义等角度检验中国内地消费者伦理的现状及特点，在集体主义文化背景下，对源自西方的消费者伦理理论及相关研究结论进行检验。其二，人口统计变量因素对消费者伦理信念的影响。在中国内地集体主义文化背景下，检验人口统计变量因素对消费者伦理信念的影响效应，鉴别具有不同人口统计特征的中国内地消费者在伦理信念上是否存在显著差异。其三，面子威胁感知对消费者伦理信念的影响作用探索。从以往相关研究看，消费者伦理文化环境影响因素方面的研究还不够深入，迄今仍有一些能反映文化背景特征的衍生变量尚需进一步深入挖掘。本书拟聚焦中国内地消费者，探索面子威胁感知对消费者伦理信念的影响作用。其四，自我概念对消费者伦理信念的影响作用探索。从以往相关研究看，消费者伦理心理影响因素方面的研究还不够深入，迄今仍有很多变量值得进一步深入挖掘。本书拟聚焦中国内地消费者，探索自我概念对消费者伦理信念的影响作用。其五，顾客忠诚在消费者伦理信念与行为间的调节作用探索。社会心理学研究结果表明：尽管感知与行为间存在某种因果关系，但特定感知状态并不能保证对等现实行为必然发生。由此看来，学术界仅凭消费者伦理信念来映射其伦理行为还不够真实、全面。事实上，消费者伦理行为的实施，除了受消费者伦理信念影响，还会受到其他诸多调节或中介变量的影响。本书拟将顾客忠诚作为调节变量引入"消费者伦理信念—消费者伦理行为"关系中，进而探讨消费者伦理信念与行为间的关系以及顾客忠诚在两者间的影响作用。

上述五个问题源于不同的研究领域，但同时又可有机整合且贯穿于本书的研究之中，成为三个具有关联的研究空白（见图1-1）：研究一，中国内地消费者伦理现状及特征，由问题一、二共同构成；研究二，面子威胁感知、自我概念对消费者伦理信念的影响，由问题三、四共同构成；研究三，顾客忠诚在消费者伦理信念与行为间的调节作用，即为问题五。

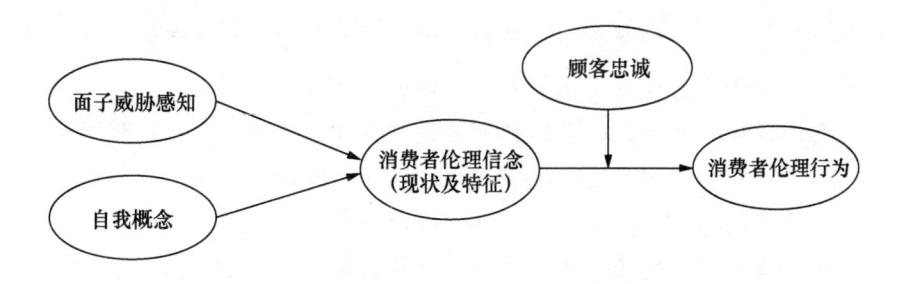

图 1-1 本书聚焦的三个具有关联的研究空白

## 第二节 研究目的与意义

### 一 研究目的

结合聚焦的研究主题，本书拟对中国内地的消费者伦理现状及特点、影响因素及影响机理进行探析，以期有针对性地制定战略决策引导和管制中国消费者伦理行为。对应关注的具体问题，本书具体研究目的主要有以下五个方面：

其一，检验中国内地消费者伦理信念的因子结构，基于不同伦理情景测度中国内地消费者的伦理感知状态，并检验伦理意识、马基雅弗利主义等对中国内地消费者伦理信念的影响。

其二，检验人口统计变量因素对中国内地消费者伦理信念的影响。

其三，探索面子威胁感知对中国内地消费者伦理信念的影响作用。

其四，探索自我概念对中国内地消费者伦理信念的影响作用。

其五，检验中国内地消费者伦理信念对其伦理行为的映射作用，并探索顾客忠诚在消费者伦理信念与行为间的调节作用。

### 二 研究意义

（一）理论意义

本书通过理论方面的有益探索，揭示出相关理论的作用规律，这在一定程度上丰富和完善了现有的消费者伦理、面子威胁感知、自我概念与顾客忠诚理论，拓宽了以往相关研究的内容、范围及研究视角。具体而言，本书的理论意义主要有以下几个方面。

第一，本书对中国内地消费者伦理信念结构的探索，检验伦理意识、马基雅弗利主义及人口统计变量因素对中国内地消费者伦理信念的影响，有助于丰富与完善消费者伦理理论。

迄今为止，消费者伦理研究主要是在西方个人主义文化背景下进行的，由于消费者伦理会受到特定文化或亚文化的影响，所以其跨文化普适性有待考察与验证。本书聚焦中国内地消费者，在集体主义文化背景下基于大样本调研发现：中国内地的消费者伦理信念呈现四维结构且具有明显的两面性，并受到伦理意识与马基雅弗利主义的显著影响；在特定情景下还受到性别、年龄、受教育程度、婚姻状况、家庭年现金收入以及出生地等人口统计学变量因素的显著影响。上述研究结论有助于丰富和完善消费者伦理理论，并为在中国内地集体主义文化背景下进一步展开消费者伦理相关研究奠定理论基础。

第二，面子威胁感知影响中国内地消费者伦理信念的经验研究，不但有助于消费者伦理研究的丰富与拓展，也有助于面子威胁感知研究的进一步发展。

从以往相关研究来看，消费者伦理文化环境影响因素方面的研究还不够深入，迄今仍有一些反映文化背景特征的衍生变量尚需进一步深入挖掘，如中国人典型的面子文化对消费者伦理决策的影响就尚未涉及。面子对于中国人的重要性是不言而喻的，相对于"争面子"，人们对"丢面子"更为关注和敏感。本书聚焦中国内地消费者，通过经验研究揭示面子威胁感知对消费者伦理信念的影响作用，为消费者伦理研究提供了新的影响变量及研究视角，拓宽了研究的内容和范围，有助于消费者伦理、面子威胁感知理论的进一步丰富、完善与发展。

第三，自我概念影响中国内地消费者伦理信念的经验研究，不但有助于消费者伦理研究的丰富与拓展，也有助于自我概念研究的进一步发展。

从以往相关研究来看，消费者伦理心理影响因素方面的研究还不够深入，迄今仍有很多变量值得进一步深入挖掘，如自我概念对消费者伦理决策的影响就尚未涉及。自我概念的三大功能[①]在客观上决定了它对行为的调节和定向作用，而知信行理论又认为：信念反映行为倾向性，

---

① 自我概念具有"保持内在一致性""决定个体对经验的解释"以及"决定个人期望"三大功能。

要转变行为需先转变信念。本书聚焦中国内地消费者，通过经验研究揭示自我概念对消费者伦理信念的影响作用，为消费者伦理研究提供了新的影响变量及研究视角，拓宽了研究的内容和范围，有助于消费者伦理、自我概念理论的进一步丰富、完善与发展。

第四，顾客忠诚在消费者伦理信念与行为间的调节作用探索，不但有助于消费者伦理研究的丰富与拓展，也有助于顾客忠诚研究的进一步发展。

迄今为止，在消费者伦理的实证研究中，学术界极少探讨消费者伦理信念与伦理行为间的直接关系，更少考察各种调节或中介变量在两者间的影响作用。本书把顾客忠诚作为调节变量引入"消费者伦理信念—消费者伦理行为"关系中，进而探讨消费者伦理信念与行为间的关系以及顾客忠诚在两者间的影响作用。这不但有助于消费者伦理研究的丰富与发展，也有助于顾客忠诚研究的进一步发展，因为在以往的顾客忠诚实证研究中，学术界基本上都把顾客忠诚作为结果变量来研究，迄今鲜有研究把顾客忠诚作为调节变量来考察，这在一定程度上也制约了顾客忠诚研究的进一步发展。

第五，本书理论模型的验证有助于丰富社会及心理学领域经典理论。

社会及心理学领域经典理论，如计划行为理论、知信行理论、社会学习理论、地位剥夺及偏差副文化理论、挫折理论、社会控制理论及中和技术理论等，共同为整体研究框架的构建奠定了理论基础。所以，对本书理论模型的验证，一定程度上也是对上述基础理论的验证，与此同时还有助于丰富、拓展它们的应用范围。

（二）实践意义

本书通过对中国内地消费者伦理现状及特点、影响因素及影响机理的深入剖析，为有针对性地引导和管制中国消费者伦理行为提供理论指导和切实可行的操作依据。具体而言，本书的实践意义主要有以下几个方面。

第一，对中国内地消费者伦理现状及特点的探索，有助于指导中国内地消费者伦理管理实践。

本书发现在伦理界限不太清晰时，中国内地消费者的传统道德（伦理）观念受到了严峻挑战，理想主义影响弱化，而相对主义和马基雅弗利主义影响过盛。由此可见,要改变中国内地消费者不合乎伦理规范的行为,强化消费者伦理教育非常有必要。上述研究发现有助于管理者客观认识中国内地消费者伦理现状及特点,充分发挥各级政府管理部门的政策引导作用,通过学校、家庭和社会多途径的消费者伦理教育,促使消费者伦理规范达成社会共识,继而通过消费者规范自己的行为,达到减少或消除不合乎伦理规范行为的目的。此外,加强消费者伦理方面的立法、执法与监督,积极构建消费者伦理(信用)信息披露平台等措施,有助于进一步抑制、干预消费者不合乎伦理规范的行为。

第二,对面子威胁感知结构的探索,以及面子威胁感知对中国内地消费者伦理信念影响的深入探讨,有助于为中国内地消费者伦理管理实践提供理论指导和切实可行的操作依据。

本书发现基于能力要素的面子威胁感知正向显著影响消费者伦理信念的四个维度,基于品德的面子威胁感知正向显著影响消费者的被动获利行为信念、主动获利问题行为信念和无伤害行为信念。由此可见,要改变中国内地消费者不合乎伦理规范的行为,企业还可从强化面子威胁感知入手,通过面子威胁感知正向影响消费者伦理信念进而影响其行为。上述研究结论有助于管理者客观认识面子威胁感知现象,且有针对性地加以合理利用,发挥面子威胁感知对消费者伦理信念的正向影响作用,通过影响消费者伦理信念进而达到抑制、干预消费者不合乎伦理规范行为的目的。

第三,对自我概念结构的探索,以及就自我概念对中国内地消费者伦理信念影响的深入探讨,有助于为中国内地消费者伦理管理实践提供理论指导和切实可行的操作依据。

本书发现自我概念除了生理自我维度,道德伦理自我、心理自我、家庭自我和社会自我均分别会对中国内地消费者伦理信念的四个维度产生显著的正向影响。由此可见,要改变中国内地消费者不合乎伦理规范的行为,还可从培养消费者积极的自我概念入手,通过积极的自我概念正向影响消费者伦理信念进而影响其行为。上述研究结论有助于管理者客观认识自我概念,且有针对性地加以合理利用,发挥自我概念对消费者伦理信念的正向影响作用,通过影响消费者伦理信念进而达到抑制、干预消费者不合乎伦理规范行为的目的。

第四,对顾客忠诚调节作用的探索,有助于企业通过培养顾客忠诚，进而发挥其调节作用，引导消费者做出合乎伦理规范的行为。

本书发现顾客忠诚在消费者伦理信念与消费者实施不合乎伦理规范行为间起着重要的调节作用。因此，要抑制、干预消费者不合乎伦理规范的行为，企业还可从培养顾客忠诚入手。企业可通过追求顾客满意、促使顾客与企业建立关系信任以及建立高转换壁垒以有效驱动顾客忠诚的形成与维系，进而充分发挥顾客忠诚的调节作用，引导消费者做出合乎伦理规范的行为。

第五，就整体而言，本书有助于政府、社会、企业合理利用有效手段，对中国内地的消费者伦理行为进行引导和管制，有效提高整体伦理水平，促进经济发展及和谐社会建设。当然，本书也有助于保证绝大多数消费者的正常利益最大化。此外，本书还有助于国内外企业对中国内地更有针对性地制定营销策略，并制定有效的自我保护措施。

## 第三节 研究内容与方法

为达预期研究目的，笔者规划整体研究方案，基于研究主题及关注的具体研究问题，进一步明确、细化研究内容，并选择与之配套的研究方法。

### 一 研究内容

本书以中国内地消费者为研究对象，具体研究内容主要有：

（一）中国内地消费者伦理现状及特征分析

从既有文献看，集体主义文化背景下的消费者伦理研究相对欠缺，以中国内地消费者为研究对象的消费者伦理研究尤为稀缺。与此同时，中国内地的消费者伦理现状不容乐观。因此，本书聚焦中国内地消费者，首先，探索中国内地消费者伦理信念的因子结构，并基于不同伦理情景测度中国内地消费者的伦理感知状态；其次，从消费者伦理信念、伦理意识、马基雅弗利主义等角度检验中国内地消费者伦理的现状及特点；最后，检验人口统计变量因素对中国内地消费者伦理信念的影响效应，鉴别具有不同人口统计特征的中国内地消费者在伦理信念上是否存在显著差异。本书在集体主义文化背景下，对源自西方个体主义文化背景下的消费者伦理理论及相关研究结论进行检验，并剖析中国内地消费者伦理信念所具有的特征。

（二）面子威胁感知与消费者伦理

面子对于中国人的重要性是不言而喻的，中国人典型的面子文化是众所周知的。相对于"争面子"，人们对"丢面子"更为关注和敏感（如 Chou, 1996；Markus and Kitayama, 1991；何友晖, 1994）。所以，既有的面子感知研究多集中于有可能丢失面子的负面感知，即面子威胁感知。面子威胁感知除了会引发个体强烈的负面情绪反应（如何友晖, 1976；金耀基, 1988；朱瑞玲, 1987, 1989），还会促使个体采取一定的行为以避免丢面子或破坏与别人的社会关系（Goffman, 1955, 1967）。从这一角度推断，消费者很可能因感知到面子威胁的压力而做出合乎伦理规范的选择，也即消费者对面子威胁压力的感知有助于其做出合乎伦理规范的选择。因此，本书把面子威胁感知与消费者伦理信念联系起来，在中国内地集体主义文化背景下，聚焦中国内地消费者，检验面子威胁感知是否影响消费者伦理信念？是以何种程度（作用关系及强度）影响的？这在一定程度上可弥补"消费者伦理文化环境影响因素方面的研究还不够深入，迄今仍有一些能反映文化背景特征的衍生变量尚需进一步深入挖掘"的不足。

（三）自我概念与消费者伦理

自我概念具有"保持内在一致性、决定个体对经验的解释以及决定个人期望"三大功能，这三大功能在客观上决定了自我概念对行为的调节和定向作用（Burns, 1982）。此处的"行为"当然也包括消费者伦理行为，且知信行理论（KAP 或 KABP）指出：信念反映行为倾向性，要转变行为需先转变信念。基于上述理论分析，我们可做如下逻辑推断：自我概念很可能通过影响消费者伦理信念，进而影响消费者伦理行为。因此，本书把自我概念与消费者伦理信念联系起来，在中国内地集体主义文化背景下，聚焦中国内地消费者，检验自我概念是否影响消费者伦理信念？是以何种程度（作用关系及强度）影响的？这在一定程度上可弥补"消费者伦理心理影响因素方面的研究还不够深入，迄今仍有很多变量值得进一步深入挖掘"的不足。

（四）顾客忠诚在消费者伦理信念与行为间的调节作用探索

顾客忠诚是顾客在行为和态度上的一种综合反应，它能引发许多消费者行为，诸如更多购买、重复购买、对价格不敏感、乐意宣传、对竞争品牌有很强的免疫力等。此外,"关系维持"也是顾客忠诚最直接的结果之一,忠诚顾客看重并乐意与偏爱的企业间建立长期关系(如 Dick and Basu, 1994; Gremler, 1995; Reichheld and Sasser, 1990)。一个消费者其顾客忠诚程度越高,就越倾向于和自己所忠诚、偏爱的企业建立长期导向的关系。从这一角度推断,如果消费者对某企业具有较高的顾客忠诚,那他/她就会看重且积极、谨慎地处理与该企业的关系,当然也包括减少或放弃伤害对方的不合乎消费者伦理要求的行为。而顾客忠诚一旦与消费者伦理信念发生交互作用,极有可能影响或改变消费者伦理信念对不合乎消费者伦理要求行为的主效应,从而使两者间原有的因果关系发生一定程度的变异。因此,本书把顾客忠诚与消费者伦理信念、行为联系起来,在中国内地集体主义文化背景下,聚焦中国内地消费者,检验顾客忠诚是否在"消费者伦理信念—消费者伦理行为"关系中起到调节作用?是以何种程度(作用关系及强度)调节的?这在一定程度上可弥补"在以往的消费者伦理实证研究中,学术界极少探讨消费者伦理信念与伦理行为间的直接关系,更少考察各种调节或中介变量在两者间的影响作用"的不足。

上述研究内容是紧密围绕消费者伦理展开的,首先探明中国内地消费者伦理的现状及特征,在此基础上,一方面探究面子威胁感知、自我概念对中国内地消费者伦理信念的影响,另一方面探究顾客忠诚在消费者伦理信念与行为间的调节作用。

### 二 研究方法

为达预期研究目的,顺利完成研究内容,本书以文献研究与实地访谈相结合的形式提出研究假设,并基于问卷调查所获大样本调研数据对其进行分析检验,进而得出最终研究结论。本书遵循与研究内容相匹配的原则,具体选用如下研究方法。

(一)文献研究

文献回顾与梳理是进行科学研究的前提、基础与起点。本书从概念界定、维度划分与测量、理论模型、影响因素、作用效应等几个方面对消费者伦理、面子威胁感知、自我概念及顾客忠诚等领域的研究成果进行深入系统的梳理,从中明确了以往相关研究取得的进展、后续研究有待拓展的空间,并对研究进行聚焦,确立了"中国内地消费者伦理现状—影响因素—调节作用"的研究思路,拟探究中国消费者伦理现状的重要影响、调节因素及其内在机理；进而借鉴社会及心理学领域经典理论[①]，结合文献与实地访谈，在梳理核心变量间逻辑线索的基础上，本书提出一系列有待验证的研究假设，并构建了整体研究框架。

（二）访谈研究

访谈研究法不但有助于获取某些重要资料，而且有助于澄清、理顺某些变量关系，同时也有助于发现新的问题及机会（文崇一，2006b）。本书通过半结构化的小规模深度访谈，确定研究变量及框架的可行性，理顺、澄清某些变量间的关系，为某些假设的提出提供佐证；同时，对核心变量现有量表的测量条款进行修改、补充与完善，新增中国文化情境下的若干条款；此外，对于缺乏成熟测量量表的核心变量，结合已有相关文献与小规模深度访谈资料，开发、编制新的初始测量量表。

（三）问卷调查

问卷调查法是实证研究获取数据最为普遍和常用的方法之一，兼具相对质量高、成本低、速度快的特点（谢家琳，2008）。因此，本书采用问卷调查方式获取实证研究所需数据。依据研究的理论框架，本书遵循问卷设计原则，结合既有相关经典量表和小规模深入访谈，编制出小样本初始调查问卷。基于小样本预测试数据，展开各量表的信度、效度检验，经进一步修改、补充与完善相关测量条款，最终形成大样本正式调查问卷。本书以中国内地消费者为研究对象，通过实地走访和电子邮件两种方式在全国14个省市区发放调查问卷；历时整整三个半月，共计发放调研问卷2800份，回收1754份，其中有效问卷为1247份。[②] 基于大样本调查数据，本书对各量表进行信度、效度检验后，运用恰当统计分析方法检验提出的一系列研究假设，进而探究各研究变量间的关系。

（四）数据分析

本书基于大样本调查数据，采用多种统计分析方法，检验提出的研究假设及整体研究框架。具体的数据处理及统计分析过程包括如下环节：首先，本书运用相关统计分析方法，检验研究数据质量并进行初步数据处理，如描述性统计、独立样本T检验、信度检验、相关分析、效

---

① 例如，计划行为理论、知信行理论、社会学习理论、地位剥夺及偏差副文化理论、挫折理论和社会控制理论，等等。

② 与国内外同类研究相比，本书中的问卷总体回收率及有效率均属正常情况。首先，消费者伦理属敏感性问题；其次，本书采用了严格的筛选标准。

度检验（验证性因子分析）等。其次，在"中国内地消费者伦理现状及特征"的研究中，本书采用探索性因子分析探求中国内地消费者伦理信念的因子结构，并测度各个维度下的伦理感知状态；采用多元线性回归分析法，考察中国内地消费者伦理信念受理想主义、相对主义和马基雅弗利主义影响的显著程度；采用独立样本T检验及单因素方差分析，鉴别具有不同人口统计特征的中国内地消费者在伦理信念上是否存在显著差异。再次，在"面子威胁感知、自我概念对消费者伦理信念的影响"研究中，本书采用结构方程建模技术探索面子威胁感知及自我概念各维度对消费者伦理信念各维度的影响作用。最后，在"顾客忠诚在消费者伦理信念与行为间调节作用"的研究中，本书采用典型相关分析探索消费者伦理信念、顾客忠诚、消费者伦理信念与顾客忠诚的交互项与消费者不合乎伦理要求行为四组变量之间的总体关系。对于上述数据处理及统计分析，本书在统计工具上均采用 SPSS 18.0 与 A-MOS 17.0 软件。

## 第四节 研究创新

本书试图把消费者伦理与面子威胁感知、自我概念及顾客忠诚结合起来研究（见图1-1），聚焦中国内地消费者，以消费者伦理为中心，基于大样本调研探明中国内地消费者伦理的现状及特征，然后，一方面探究面子威胁感知、自我概念对消费者伦理信念的影响，另一方面探究顾客忠诚在消费者伦理信念与行为间的调节作用。与以往研究相比，本书的创新点主要有以下几方面。

### 一 在集体主义文化背景下检验消费者伦理理论及相关研究结论

现有的消费者伦理研究主要集中在西方[1]，诸多研究结论需获得其他文化背景下类似研究的支持与补充（Vitell，2003）。文献梳理结果表明：来自东方集体主义文化背景的消费者伦理研究相对欠缺，而针对中国内地消费者的就更为稀缺。本书聚焦中国内地消费者，在集体主义文

---

[1] 尤其是美国与欧洲。

化背景下,基于全国 14 个省市区[①]的大样本调研数据,探究中国内地消费者伦理信念的因子结构;并从消费者伦理信念、伦理意识、马基雅弗利主义等角度检验中国内地消费者伦理的现状及其特点;与此同时,鉴别具有不同人口统计特征的中国内地消费者在伦理信念上是否存在显著差异。本书在集体主义文化背景下,对源自西方个体主义文化背景的消费者伦理理论及相关研究结论进行检验,是对消费者伦理领域既有研究成果的补充与拓展。

### 二 探究面子威胁感知对中国内地消费者伦理信念的影响作用

关于消费者伦理的影响因素,以往研究多探讨人口统计学因素、心理因素、文化环境因素[②]及其他因素的影响,迄今没有深度挖掘那些能反映文化背景特征的衍生变量的影响,如中国人典型的面子文化等。中国人重视面子,对"丢面子"更为关注和敏感,面子威胁感知(丢失面子的负面感知)除了会引发个体强烈的负面情绪反应(如何友晖,1976;金耀基,1988;朱瑞玲,1987,1989),还会促使其采取一定行为以避免丢面子(Goffman,1955,1967)。由此,本书推断,消费者很可能因感知到面子威胁的压力而做出合乎伦理规范的选择。因此,本书创新性地把面子威胁感知与消费者伦理信念联系起来,聚焦中国内地消费者,检验面子威胁感知是否影响消费者伦理信念?是以何种程度影响的?通过分析本书发现,基于能力要素的面子威胁感知正向显著影响消费者伦理信念的四个维度,基于品德的面子威胁感知正向显著影响消费者的被动获利行为信念、主动获利问题行为信念和无伤害行为信念。这些发现客观地揭示了面子威胁感知对中国内地消费者伦理信念的影响及其作用机理,为消费者伦理研究提供了新的影响变量及研究视角,拓宽了研究的内容和范围,不但丰富、拓展了消费者伦理研究的理论探讨,而且能为中国内地的消费者伦理管理实践提供有益的借鉴与启示。

### 三 探究自我概念对中国内地消费者伦理信念的影响作用

关于消费者伦理的影响因素,以往研究多探讨人口统计学因素、心

---

[①] 到目前为止,在国内为数不多的以中国内地消费者为研究对象的消费者伦理研究中,本书的取样范围(全国 14 个省市区)是最广的。

[②] 如个人主义文化等。

理因素、文化环境因素及其他因素的影响，迄今没有深度挖掘心理因素方面诸多变量的影响，如自我概念等。自我概念的三大功能在客观上决定了它对行为的调节和定向作用（Burns，1982），此处的"行为"当然也包括消费者伦理行为。本书结合知信行理论的观点"信念反映行为倾向性，要转变行为需先转变信念"，做出如下逻辑推断：自我概念通过影响消费者伦理信念，进而影响消费者伦理行为。因此，本书创新性地把自我概念与消费者伦理信念联系起来，聚焦中国内地消费者，检验自我概念是否影响消费者伦理信念？是以何种程度影响的？通过分析，本书发现，除了生理自我，道德伦理自我、心理自我、家庭自我和社会自我均分别对消费者伦理信念的四个维度产生显著的正向影响。这些发现客观地揭示了自我概念对中国内地消费者伦理信念的影响及其作用机理，为消费者伦理研究提供了新的影响变量及研究视角，拓宽了研究的内容和范围，不但丰富、拓展了消费者伦理研究的理论探讨，而且能为中国内地的消费者伦理管理实践提供有益的借鉴与启示。

**四 探究顾客忠诚在消费者伦理信念与行为间的调节作用**

迄今，消费者伦理实证研究基本沿袭"借助 CES 量表测度消费者伦理信念，进而映射或预测消费者伦理行为"的研究思路。学术界极少探讨消费者伦理信念与行为间的直接关系，更少考察各种调节或中介变量在两者间的影响作用。但社会心理学研究结果表明：尽管感知与行为间存在某种因果关系，但特定感知状态并不能保证对等现实行为必然发生。可见，消费者伦理行为的实施，除了受消费者伦理信念影响，很可能还会受到其他诸多调节或中介变量的影响，如顾客忠诚等。顾客忠诚会引发许多消费者行为，"关系维持"是其直接结果之一，即忠诚顾客看重并乐意与偏爱企业间建立长期关系（如 Dick and Basu，1994；Gremler，1995；Reichheld and Sasser，1990）。从这一角度推断，消费者如对某企业具有较高顾客忠诚，那就会积极、谨慎地处理与该企业的关系，当然包括减少或放弃伤害对方的不合乎消费者伦理要求的行为。此外，顾客忠诚一旦与消费者伦理信念发生交互作用，极有可能影响或改变消费者伦理信念对行为的主效应，从而使两者间原有的因果关系发生一定程度的变异。因此，本书创新性地把顾客忠诚与消费者伦理信念、行为联系起来,聚焦中国内地消费者,检验顾客忠诚是否在"消费者伦理信念—消费者伦理行为"关系中起到调节作用?是以何种程度调节的?研究发现,顾客忠诚确实在消费者伦理信念与消费者实施不合乎伦理规范行为间起着重要的调节作用。这一发现不但丰富、拓展了消费者伦理研究的理论探讨,而且能为中国内地的消费者伦理管理实践提供有益的借鉴与启示;同时,也有助于顾客忠诚研究的进一步发展。在以往的研究中学术界基本上都把顾客忠诚作为结果变量来研究,迄今鲜有研究把顾客忠诚作为调节变量来考察。

## 第五节　技术路线与结构安排

### 一　技术路线

本书遵循理论与经验研究相结合的原则,在整个研究构思及具体推进过程中,按如下技术路线展开研究(见图 1-2)。

首先,结合理论文献阅读与实践问题思考,确定本书的选题及对应关注的具体研究问题。其次,对与本书紧密相关的消费者伦理、面子威胁感知、自我概念及顾客忠诚理论逐一展开回顾、梳理与评析,以揭示相关领域的研究现状与最新进展,为后续的理论拓展与模型建构奠定基础。再次,基于对国内外相关文献的深入回顾及评述,本书结合小规模访谈,提炼研究构思及理论假设,进而汇总构建本书的理论框架模型。与此同时,实现概念操作化,编制初始调研问卷,经小样本预测后修订用于大样本调研,获取研究所需的大样本调研数据。然后,在大样本调研数据质量得以保证,各变量测量量表信度、效度检验理想的前提下,本书运用多种统计分析方法,对提出研究假设展开检验。最后,基于统计分析与假设检验结果,本书归纳、汇总主要研究结论;同时,分析归纳相应的管理实践启示。此外,还对本书的局限及不足进行说明,对后续研究进行展望。

### 二　结构安排

围绕关注的研究问题,结合上述研究方法及技术路线,本书具体结构安排如下:

```
                ┌──────────┐     ┌────────────┐     ┌──────────┐
                │理论文献阅读│ ──> │研究选题确定│ <── │实践问题思考│
                └──────────┘     └────────────┘     └──────────┘
                                       │
                                       ▼
                            ┌──────────────────────┐
                            │      文献研究        │
                            │  相关研究回顾与述评  │
                            │ 消费者伦理、面子威胁感│
                            │ 知、自我概念、顾客忠诚│
                            └──────────────────────┘
                                       │
                          ┌────────────┴────────────┐
                          ▼                         ▼
               ┌──────────────────┐     ┌────────────────────────┐
               │    理论分析      │     │       经验研究         │
               │ 小结文献研究成果 │     │  访谈研究    问卷研究  │
               │ 研究问题聚焦     │ <─> │ 小规模访谈目的 问卷设计│
               │ 核心概念界定     │     │ 小规模访谈提纲 小样本预测│
               │ 理论基础分析     │     │ 小规模访谈联系 问卷修正 │
               │ 研究假设推导     │     │ 专家访谈    大样本调研 │
               │ 概念模型构建     │     │ 消费者访谈 （大样本数据处理）│
               └──────────────────┘     └────────────────────────┘
                                       │
                                       ▼
                            ┌──────────────────────┐
                            │    大样本数据处理    │
                            │   问卷数据质量评估   │
                            │    信度、效度检验    │
                            │  统计分析与假设检验  │
                            └──────────────────────┘
                                       │
                                       ▼
                            ┌──────────────────────┐
                            │    研究结论与展望    │
                            │       研究结论       │
                            │       管理借鉴       │
                            │    研究局限与展望    │
                            └──────────────────────┘
```

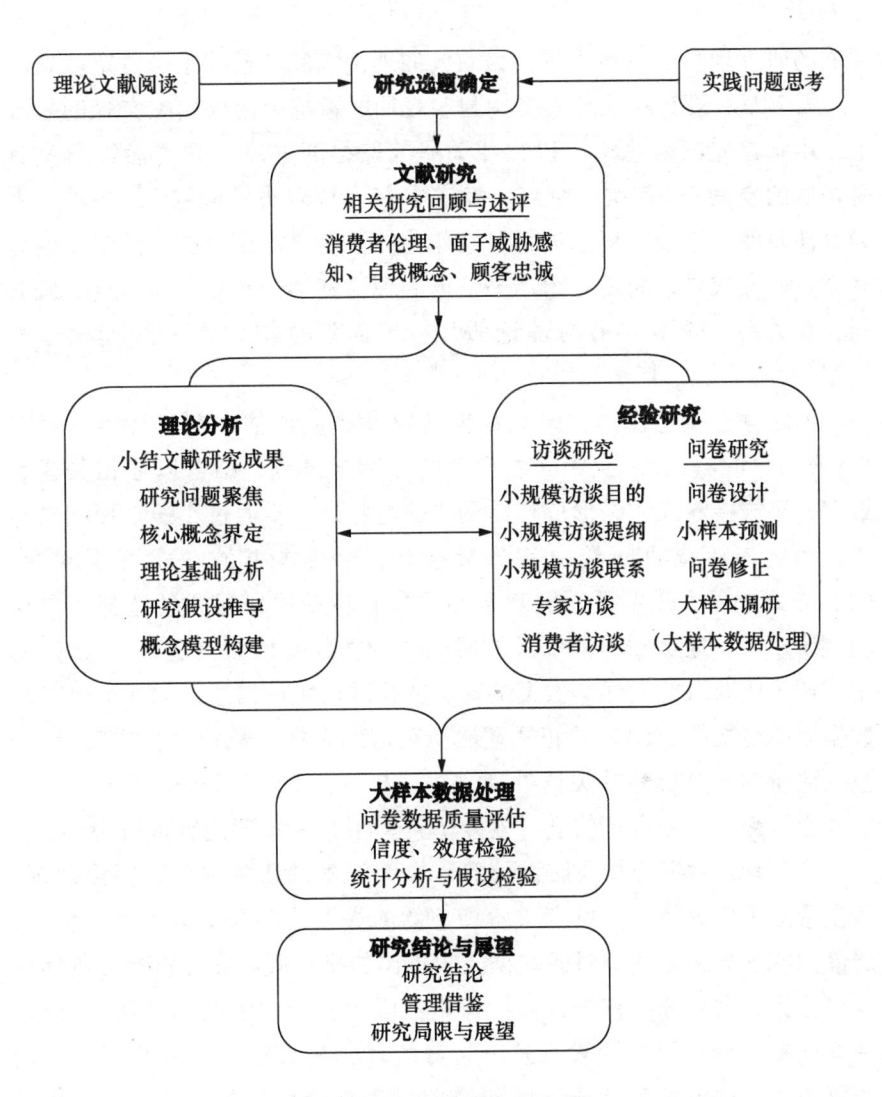

图1-2 本书的技术路线

第一章，绪论。首先概括介绍研究背景及以期解决的问题，然后阐明研究目的与意义，介绍研究内容与方法，进而总结归纳本书的主要创新点，最后呈现技术路线及本书结构安排。

第二章，文献回顾与述评。作为整个研究的起点，本章依次回顾与总结了消费者伦理、面子威胁感知、自我概念及顾客忠诚的国内外相关研究，主要从概念的界定、维度划分和测量、理论模型、影响因素、作用效应等方面对相关研究成果逐一展开回顾、梳理与评析，以揭示相关领域的研究现状与最新进展，为后续的理论拓展与模型建构奠定基础。

第三章，理论拓展与模型构建。在回顾梳理国内外相关文献的基础上，本章首先归纳总结"以往相关研究取得的进展"和"后继研究有待拓展的空间"；其次，凝练、确定本书"拟解决的问题"，并对本书频繁涉及的几个核心概念进行可操作化的清晰界定；再次，借鉴、融合多学科研究成果，简要介绍本书依据的理论基础；最后，基于核心概念间相互关系，提出本书的理论假设，进而汇总构建本书的理论框架模型。

第四章，问卷设计、研究数据获取及质量评估。本章具体内容包括：(1) 问卷设计。交代问卷设计的原则与过程，结合以往相关成熟量表和小规模深入访谈形成初始调研问卷，进一步通过小样本预测试筛选，净化初始调研问卷中的测量条款，形成本书的正式调研问卷。(2) 正式调研大样本数据的获取与收集，包括调研对象的选择，具体的调研时间、地点和方法以及调研问卷的发放及回收情况等。(3) 对正式调研所获取的大样本数据的基本特征进行统计描述，如样本分布和数据整体情况等。(4) 对正式调研所获取的大样本数据进行质量评价，包括调研偏差分析和缺失值处理方法选择等。(5) 对正式调研问卷中的各变量测量量表进行信度、效度检验。(6) 对本章内容进行小结。

第五章，数据分析与假设检验。在大样本调研数据质量得以保证，各变量测量量表信度、效度检验理想的前提下，本章将运用多种科学、严谨的统计分析方法，对研究框架中提出的研究假设展开检验。具体内容可分为三大部分：首先，运用探索性因子分析、多元线性回归分析、独立样本T检验及单因素方差分析等统计分析方法，对涉及"中国内地消费者伦理现状及特征"的研究假设进行分析检验；其次，运用结构方程建模技术对涉及"面子威胁感知、自我概念对消费者伦理信念的影响"的研究假设进行分析检验；最后，运用典型相关分析方法对涉及"顾客忠诚在消费者伦理信念与行为间的调节作用"的研究假设进行分析检验。对于被证实及未被证实的研究假设，本书均进行了说明或展开了讨论。

第六章，研究结论与展望。本章首先基于实证检验结果归纳、汇总主要研究结论；其次分析归纳相应的管理实践启示；最后剖析本书的局限及不足，并对后续研究进行展望。

# 第二章 文献回顾与述评

作为整个研究的起点，本章旨在通过系统全面的文献回顾与梳理，了解相关领域的研究成果与进展，以便发现亟待解决的问题，寻找可能的研究突破口，进而为后续研究提供文献基础和研究指引。本书围绕"中国消费者伦理行为的测度及其影响因素"展开研究，主要涉及"消费者伦理""面子威胁感知""自我概念"和"顾客忠诚"四个核心概念。以往的研究对这四个方面展开了细致深入的探讨，本章从概念界定、维度划分与测量、理论模型、影响因素、作用效应等方面对相关研究成果展开回顾、梳理与评析，以揭示相关领域的研究现状与最新进展，为后续的理论拓展与模型建构奠定基础。

## 第一节 消费者伦理

### 一 消费者伦理的概念界定

（一）伦理

伦理是英文 Ethics[①] 的译名，意指"品性、气禀"以及"习惯、风俗"。"伦理"一词的解释在中国古代典籍中颇多，丰富的伦理思想往往与哲学、政治以及修身相结合。如许慎[②]在《说文解字》一书中提道："伦，辈也……理，治玉也。"此处"伦"可引申、扩展为"人际关系"，"理"可引申为"整治和物的纹理"，还可进一步引申、扩展为"道理和规则"，合而言之，伦理即为人们处理人际关系所应遵循的道

---

[①] 英文 Ethics 源自拉丁文中的 Ethica，Ethica 又源自希腊文中的 Ethos。
[②] 许慎（大约58—147年），汉代著名的语言学家、文字学家，是中国文字学的开拓者，其所著的《说文解字》是中国首部字典。

理和规则（阮兴树，1989）。到了近代，伦理学在中国发展成为一门独立的学科。许慎关于伦理的观点一如既往地得到了众多学者的认同与推崇，如王海明（2003）指出，伦理是人际关系事实如何以及应该如何的规律与规范，高兆明（2005）认为伦理就是在处理人际关系过程中人们所应遵循的行为准则，刘树伟（2007）则指出"伦"为"做人之本"，"理"为"处事之基"，"伦理"就是有关如何处理人与事的准则、方法和道理。在西方，伦理学是一门古老的人文科学，古希腊思想家亚里士多德是西方伦理学之父。伦理在西方学者眼中多指人们应该如何行为的规范，它往往外化为风俗与习惯，内化为品性与品德（王海明，2003）。国内外学者对于伦理的概念界定表面上看起来不尽相同，如部分学者强调伦理是一种习俗规范（如 De George，1995；Hosmer，1987），部分学者强调伦理是一种品性规则（如 Hosmer，1987；Walton，1977；许士军，1991），另一部分学者强调伦理是一种评判标准（如 Ferrel，Gresham and Fraedrich，1989；Frankena，1963；Solomon，1992；Walton，1977；高兆明，2005；刘树伟，2007；阮兴树，1989），还有一部分学者则强调伦理是人际间的互动关系和规范（如王海明，2003；吴秉恩，1994）。上述伦理定义不尽相同的主要原因是学者们基于不同的视角和方面对伦理进行概念界定，但究其根本的落脚点却是相同的——人们处理人际关系所应遵循的行为规范。

伦理学是一种道德哲学，其核心（或元概念）是道德。伦理与道德这两个词的意义大致相同，道德在汉语中按"构词法"分析是个联合式合成词，"道"原指人所行之路，可引申为规律或规则、规范，"德"简言之是指人的品质与情操。如把道德视为个人内在的自觉，那么伦理可视为个人外在的道德表现或实践。在当代中国人的日常语言中，"伦理"与"道德"这两个词经常被混同使用。在西方学者眼中，伦理学和道德哲学基本上也是通用的。

（二）消费者伦理

消费者伦理问题直到 20 世纪 70 年代才引起部分国外学者的关注，学术界对此的探讨并不充分。从既有文献看，消费者伦理的定义非常少，迄今为止，Muncy 和 Vitell（1992）提出的定义相对规范且被广为引用,他们基于消费者行为①(Consumer behavior)概念把消费者伦理界定为:"消费者在取得、使用和处置产品或服务时,所表现出来的符合道德行为的一种法则、标准、惯例或原则。"后期学者的相关研究大多沿用此定义。国内学者曾伏娥(2006)认为:Muncy和Vitell(1992)对消费者伦理的界定存在一个很大的漏洞——此概念所涉及的直接利益相关者模糊不清,既可以是产品或服务的提供者②,也可以是其他消费者,甚至是家人或表面上看起来毫不相关的其他人。例如,消费者大肆高消费甚至超前消费导致物价飞涨,伤害的是其他消费者(其中当然也包括此消费者的家人)而非产品和服务提供者的利益。又如,对煤炭、石油和天然气等不可再生能源的掠夺式开采和非节制性消费,伤害的是所有人的利益,甚至影响到子孙后代……显然,Muncy和Vitell(1992)对消费者伦理的界定容易将消费伦理也介入其中。消费伦理是指人们在消费水平、消费方式等问题上产生的道德观念、道德规范以及对社会消费行为的价值判断和道德评价(龙静云,2006)。基于对消费伦理定义的剖析,我们不难发现:就本质而言,消费伦理是为了协调消费过程中消费者间的利益关系而要求人们应该共同普遍遵守的道德原则总和,它规定了消费者在消费过程中"应该和不应该做什么"。消费伦理与消费者伦理最大的区别在于:消费伦理将消费者群体作为利益相关者,而消费者伦理则把产品和服务提供者作为直接利益相关者。③ 基于此,曾伏娥(2006)对Muncy和Vitell(1992)的消费者伦理定义进行了深化与修正。她指出,"消费者伦理是指消费者在取得、使用和处置产品和服务时,所表现出来的直接针对产品和服务提供者的符合道德行为的一种法则、标准、惯例或原则",该定义明确指出产品和服务提供者是消费者的直接利益相关者。本书认同曾伏娥(2006)对消费者伦理的界定。鉴于上述消费者伦理概念,我们不难理解消费者伦理行为(Consumer ethical behavior)的含义。笔者认为:消费者伦理行为是个广义的概念,泛指一切涉及伦理性争议的消费者行为,包括合

---

① 消费者行为是指消费者在取得、消费和处置产品或服务时所涉及的各项活动。
② 此处,曾伏娥(2006)认为:一是产品和服务的提供须在商业环境中发生。二是产品或服务提供者是相对于消费者而言的,泛指所有提供产品和服务的组织及个体,既可以是生产者,也可以是中间商,还可以是提供产品和服务的个体。
③ 当然也可能会间接影响到消费者。

乎消费者伦理要求的行为[①]和不合乎消费者伦理要求的行为[②]。

一般而言，消费者伦理行为往往通过消费者伦理信念进行映射（反映），与此信念相关的还有消费者伦理意识与马基雅弗利主义两个变量。

1. 消费者伦理信念

消费者伦理信念（Consumer ethical belief）是指消费者在进行伦理评估与判断过程中的感知状态，也即消费者认为特定选择是伦理的或是不伦理的程度（Muncy and Vitell, 1992）。实证研究表明，消费者伦理信念（即消费者的伦理感知状态）对消费者伦理行为具有很强的解释力，可以映射消费者的伦理倾向及水平[③]（Muncy and Vitell, 1992）。基于此，消费者伦理信念也就成了消费者伦理行为实证研究中备受关注的一个重要变量。诸多学者，尤以 Muncy 和 Vitell（1992），Polonsky、Brito、Pinto 和 Higgs – Kleyn（2001），Rallapalli、Vitell、Wiebe 和 Barnes（1994），Rawwas（1996），Van Kenhove、Vermeir 和 Verniers（2001），Vitell、Lumpkin 和 Rawwas（1991）为典型代表，他们一致认同在伦理上受到质疑的消费者行为可归结为"主动获利的非法行为"（即从非法行为中主动获利，如偷喝超市苏打水而不付钱、把"高价商品的价格标签"偷换成"低价商品的价格标签"去结账等）、"被动获利行为"（即从他人失误中被动获利，如购物时获得过多找零而不作声、明知店员失误算错账单默不作声装不知等）、"主动获利的问题行为"（即从问题/可疑行为中主动获利，如在新车购买过程中，为能在讨价还价中占优势而撒谎等）和"无伤害行为"（即从无伤害的行为中获益，如在商场花数小时试穿衣服但一件也没买、安装使用自己未付费购买的电脑软件或游戏软件等）四种类型。学者们主要通过测度消费者对上述四种类型行为的感知状态来反映消费者伦理信念状况，也即消费者伦理水平的高低。

2. 消费者伦理意识

消费者伦理意识（Consumer ethical ideology）是一个可用来解释消

---

[①] 即为狭义的消费者伦理行为。
[②] 即为狭义的消费者非伦理行为。
[③] 此处映射主要基于社会心理学研究成果：社会规范的伦理标准被行为个体感知内化后，可在一定程度上反映到其随后的行为中。

费者伦理信念差异性的重要哲学变量,在评估个体伦理差异性方面起着非常重要的作用(如 Al – Khatib et al., 1997; Lee and Sirgy, 1999; Rawwas, 2001)。Forsyth(1980, 1992)将其划分为理想主义(Idealism)与相对主义(Relativilism)伦理意识。① 其中,理想主义伦理意识更多关注行为本身对错的程度,而不注重行为结果,它强调行为发生的内在合理性,遵循广泛的道德规范;而相对主义伦理意识则正好相反,它更多关注情境因素和行为的实际后果,而不注重可能要违背的广泛的道德规范(Van Kenhove, Vermeir and Verniers, 2001)。

3. 马基雅弗利主义

马基雅弗利主义(Machiavellianism)又称权术主义,常与利己主义②(Egoism)联系在一起。马基雅弗利主义也是一个用来解释消费者伦理信念差异性的重要哲学变量。具有马基雅弗利主义倾向的个体重视实效、保持情感距离,相信结果能替手段辩护,坚持"只要行得通就采用"的一贯准则(Rawwas, 1996)。马基雅弗利主义是个贬义词,Hunt 和 Chonko(1984)认为马基雅弗利主义至少暗示着利用操纵他人的手段去实现自己的目的。

众多实证研究表明,消费者的理想主义程度越高,则其伦理程度越高;消费者的相对主义程度越高,则其伦理程度越低(如 Erffmeyer et al., 1999; Kenhove et al., 2001; Rawwas et al., 1994; Singhapakdi et al., 1995; Singhapakdi et al., 1999);而消费者的马基雅弗利主义程度越高,则消费者的伦理程度越低(Al – Khatib et al., 1997; Erffmeyer et al., 1999; Rawwas, 1996; Vitell et al., 1991)。

**二 消费者伦理的维度划分与测量**

如前所述,学者们普遍认同消费者伦理行为可通过消费者伦理信念进行映射(反映),与此信念相关的还有两个变量——消费者伦理意识与马基雅弗利主义,它们常被用来解释消费者伦理信念的差异性,在评估个体伦理差异性方面起着非常重要的作用。基于此,学术界主要从消费者伦理信念、伦理意识和马基雅弗利主义三个方面测度消费者伦理程度(水平)。

---

① 理想主义与相对主义伦理意识是导致个体伦理行为差异的两个重要来源。
② 利己主义追求个体利益最大化。

## (一) 消费者伦理信念的维度划分与测量

综观国内外相关研究文献，随着学者们对消费者伦理信念理解的深入与研究视角的拓展，消费者伦理信念的维度划分与测量呈现出多样化的趋势。表2-1整理汇总了消费者伦理信念维度划分的主要研究结论。

表2-1　　　　　　　消费者伦理信念的维度划分总结

| 维度 | 维度名称 | 代表学者 |
| --- | --- | --- |
| 四维 | 主动获利的非法行为<br>被动获利行为<br>主动获利的问题行为<br>无伤害行为 | Muncy和Vitell (1992); Polonsky、Brito、Pinto和Higgs-Kleyn (2001); Rallapalli、Vitell、Wiebe和Barnes (1994); Rawwas (1996); Van Kenhove、Vermeir和Verniers (2001); Vitell、Lumpkin和Rawwas (1991); 刘接忠 (2010); 曾伏娥 (2006); 赵宝春 (2008) |
| 七维 | 主动获利的非法行为、被动获利行为、主动获利的问题行为、无伤害行为、下载受版权保护的资料或购买仿冒品、循环再利用或环保意识、做好事或做正当的事 | Vitell和Muncy (2005) |
| 五维 | 主动获利的非法行为、被动获利行为、主动获利的问题行为、无伤害行为、环保和做好事 | Vitell和Muncy (2007) |
| | 主动获利的非法行为、被动获利行为、无伤害行为、侵权、环保和做好事 | 刘茹萍 (2008, 2009) |

注：四维、七维和五维按时间先后排列。
资料来源：笔者根据相关研究文献整理汇总而成。

西方学者对于消费者伦理信念的研究最早可追溯到Wilks (1978) 关于零售业欺骗性消费者行为的伦理评判研究和Davis (1979) 关于消费者对权利与责任接受程度[①]的研究。在Wilks和Davis前期研究的基础上，Muncy和Vitell (1992) 基于实证研究开发了消费者伦理量表即CES量表，专门用于测量消费者伦理信念。该量表通过测量消费者对伦

---
① Davis (1979) 研究发现，消费者相比责任更愿意坚持权利，并且消费者对自身以及卖方涉及伦理问题行为的评判标准具有双重性。

理上受到质疑的消费者行为的感知状态来反映其伦理信念状况进而映射其伦理水平（如 Muncy and Vitell，1992；Vitell and Muncy，1992）。Al - Khatib 等（1997）和 Rawwas 等（1996）指出 CES 量表的开发与应用极大地丰富完整了消费者伦理信念的研究。Muncy 和 Vitell（1992）开发的 CES 量表共有 27 个测量条款，采用 Likert 五级评分法，按照"1"（深信是错的）到"5"（深信没有错）评定，分值越大意味着对伦理上值得怀疑的消费者行为的认同程度越高，也即越能接受此类行为，表明该被试从事不符合伦理规范的消费者行为的倾向性越大。CES 量表由主动获利的非法行为、被动获利行为、主动获利的问题行为和无伤害行为四个维度构成（Muncy and Vitell，1992；Vitell and Muncy，1992）。其中，第一个维度——主动获利的非法行为，是指消费者从主动发起的被普遍视为非法的行为中获利，如偷喝超市苏打水而不付钱、把"高价商品的价格标签"偷换成"低价商品的价格标签"去结账等；第二个维度——被动获利行为，是指消费者利用卖方失误而被动获利，如购物时获得过多找零而不作声、明知店员失误算错账单默不作声装不知等；第三个维度——主动获利的问题行为，是指消费者从主动发起的被普遍视为有问题（但不至于非法）的行为中获利，如在新车购买过程中，为能在讨价还价中占优势而撒谎等；第四个维度——无伤害行为，是指消费者从细小的、不足以产生任何伤害（能被大多数消费者理解接受）的行为中获利，如在商场花数小时试穿衣服但一件也没买、安装使用自己未付费购买的电脑软件或游戏软件等。Muncy 和 Vitell 此处所说的"无伤害"是基于物质层面而言的，如基于心理视角，"在商场花数小时试穿衣服但一件也没买"对卖方则是有心理伤害的，所以"无伤害行为"并非纯粹无伤害，它仍属伦理上受到质疑的消费者行为。诸多实证研究表明，消费者们倾向于认同"主动获利的非法行为"的伦理程度是最低的，而对于"无伤害行为"却持有拒绝或接受等不同看法。鉴于上述四个维度的伦理感知状态一定程度上可映射消费者行为倾向[①]，众多学者均采用 CES 四维量表这一研究工具来检验消费者伦

---

[①] Muncy 和 Vitell（1992）指出，某行为在消费者伦理信念中越被认为是不符合伦理规范的，其被实施的可能性就越小。这也可说是 Muncy - Vitell 的消费者伦理量表成立的前提假设。

理状况，该量表迄今已成为消费者伦理信念研究中最重要的测量工具。Vitell（2003）认为，消费者伦理判断可基于以下三个焦点问题：(1) 消费者获利行为是否是主动的；(2) 行为是否被感知为非法；(3) 行为是否被感知到对他人造成伤害。在 Muncy 和 Vitell 的 CES 四维量表开发后时隔四年之久，Fullerton、Kerch 和 Dodge 于 1996 年开发出了消费伦理指数量表。但只有 Muncy 和 Vitell 的 CES 四维量表被学术界广泛接受（Vitell，2003），后续相关研究基本上都借助此量表进行，且其四维结构也得到了不同文化背景下大量实证研究的支持（如 Muncy and Vitell，1992；Polonsky，Brito，Pinto and Higgs - Kleyn，2001；Rallapalli，Vitell，Wiebe and Barnes，1994；Rawwas，1996；Van Kenhove，Vermeir and Verniers，2001；Vitell，Lumpkin and Rawwas，1991）。

Vitell 和 Muncy（2005）对上述 CES 四维量表进行了更新与修改——包括重述个别测量条款和增加一些新的测量条款。改变措辞重述个别测量条款，如用"burning a CD"代替"copying an album"、用"store"代替"supermarket"，以使它们更加普遍化。除了上述较小的措辞改变，新的测量条款也被增加到消费者伦理量表中。修订后的量表在原有四维基础上又新增了三个维度：(1) 下载受版权保护的资料或购买仿冒品；(2) 循环再利用或环保意识；(3) 做好事或做正当的事。其中，"下载受版权保护的资料或购买仿冒品"是作为 CES 量表既有四个维度避免做错某事的新增测量条款出现的，而"循环再利用或环保意识"和"做好事或做正当的事"则抓住消费者做正确事情的愿望，与原有量表测量条款中抵抗伦理的诱惑相比，这将具有更多的消费者伦理。但 Vitell 和 Muncy（2005）并未对修订后的七维新量表进行实证研究。直到 2007 年，Vitell、Singh 和 Paolillo 对 Vitell 和 Muncy（2005）修订的七维量表进行了实证研究，因子分析结果表明有关"下载受版权保护的资料或购买仿冒品"维度的测量条款进入了"无伤害"维度，而"循环再利用或环保意识"和"做好事或做正当的事"维度的测量条款则合并为"环保和做好事"一个维度，也即实证研究结果支持五维因子结构——主动获利的非法行为、被动获利行为、主动获利的问题行为、无伤害行为以及环保和做好事。从理论上来讲，Vitell、Singh 和 Paolillo（2007）的五维新量表包括了消费者不合乎伦理规范行为的负向维度与合乎伦理规范行为的正向维度，能更为全面地评估消费者伦理行为,但缺乏大量实证研究的支持,迄今尚未被学术界广泛接受。

此外,华人学者曾伏娥(2007)、赵宝春(2008)和刘接忠(2010)在中国文化情境下对消费者伦理信念的维度与测量进行了探索。他们以Muncy和Vitell(1992)的四维CES量表为蓝本进行适当修改与调整,分别形成13条款、24条款和12条款的测量量表,其实证分析结果均支持Muncy和Vitell(1992)CES量表的四维结构。而刘汝萍(2008,2009)尝试着以Vitell、Singh和Paolillo(2007)的五维CES量表为蓝本进行适当修改与调整,分别形成30条款和27条款的测量量表,但其实证研究结果并不支持Vitell、Singh和Paolillo(2007)的五维结构,具体的因子结构出现较大变化:"主动获利的问题行为"因子消失,其相关测量条款被并入"被动获利行为"或"无伤害行为"中,而"侵权"因子则被单列。迄今为止,绝大多数学者均采用被学术界广泛接受的CES四维量表检验消费者伦理状况。

(二)消费者伦理意识的维度划分与测量

消费者伦理意识常被用于解释消费者伦理信念的差异性。Forsyth(1980,1992)将伦理意识细分为理想主义和相对主义伦理意识[①],并用于检验不同群体的伦理水平/程度(如Rawwas et al.,1994;Singhapakdi et al.,1999)。其中,理想主义伦理意识更多关注行为本身对错的程度,而不注重行为结果,它强调行为发生的内在合理性,遵循广泛的道德规范;而相对主义伦理意识则正好相反,它更多关注行为的实际后果,强调环境的影响作用,认为道德是主流文化、情境因素和个体属性综合作用的结果,反对遵循广泛的道德规范(Van Kenhove, Vermeir and Verniers,2001)。理想主义和相对主义伦理意识的最大区别在于:前者按照理想化原则进行道德判断,后者按照势利标准——行为结果来进行道德判断。基于理想主义和相对主义的二分法,可将消费者区分为四种不同的伦理类型:情景主义者(高理想主义、高相对主义)、绝对主义者(高理想主义、低相对主义)、主观主义者(低理想主义、高相对主义)和特例主义者(低理想主义、低相对主义)(Forsyth,1980;Singhapakdi et al.,1994)。显然,此划分可与消费者伦理信念相联系。就伦理信念而言,"绝对主义者"最为严格,"主观主义者"最

---

[①] 理想主义与相对主义伦理意识是导致个体伦理信念差异的两个重要来源。

具弹性，其他两者则处于中间状态。大量的经验研究也证实，消费者的理想主义程度越高，则消费者的伦理程度越高；消费者的相对主义程度越高，则消费者的伦理程度越低（如 Erffmeyer et al.，1999；Van Kenhove et al.，2001；Rawwas et al.，1994；Singhapakdi et al.，1995；Singhapakdi et al.，1999）。

消费者的伦理意识可通过 Forsyth（1980，1992）开发、发展的伦理立场/意识问卷（Ethics position questionnaire，EPQ）来测量，在一些经验研究中被证明是可靠和有效的（如 Erffmeyer，Keillor and LeClair，1999；Rawwas，1996；Swaidan，Vitell and Rawwas，2003；Van Kenhove，Vermeir and Verniers，2001；Vitell，Lumpkin and Rawwas，1991）。EPQ 问卷由理想主义量表以及相对主义量表两个量表构成，共20 个测量条款。其中，理想主义量表由 10 个测量条款组成，用于测量理想主义——对伦理规范、广泛道德原则的绝对接受性；相对主义量表也由 10 个测量条款组成，用于测量相对主义——拒绝普适性伦理规范的程度。理想主义量表和相对主义量表均采用五级评分法，按照"1"（完全不认同）到"5"（完全认同）评定，分值越大意味着对理想主义和相对主义的认同程度越高。

（三）马基雅弗利主义的维度划分与测量

马基雅弗利主义是以意大利政治家和历史学家尼可罗·马基雅弗利（Niccolo Machiavelli，1469—1527 年）的名字命名的，此人曾于 16 世纪著书立说专门研究如何获取与操弄权术，以为达目的不择手段而著称，马基雅弗利主义也因之成为权术的代名词。所以，马基雅弗利主义往往又被称为权术主义。马基雅弗利主义也是一个用来解释消费者伦理信念差异性的重要哲学变量。Singhapakdi 和 Vitell（1990）首次把马基雅弗利主义这个概念引入消费者伦理的研究中。Vitell、Lumpkin 和 Rawwas（1991）研究发现，马基雅弗利主义会影响各类消费者的伦理信念。众多实证研究表明，消费者的马基雅弗利主义程度越高，则消费者的伦理程度越低（如 Al - Khatib et al.，1997；Erffmeyer et al.，1999；Rawwas，1996；Vitell et al.，1991）。Rawwas（1996）认为马基雅弗利主义适用于测度消费者的伦理现状，Bonsu 和 Zwick（2007）进一步指出：以往的消费者伦理文献表明马基雅弗利主义量表是单维结构的。消费者的马基雅弗利主义程度可通过 Christie 和 Geis（1970）开发的马基雅弗利主义量表（Mach‑Ⅳ）来测量。Mach‑Ⅳ量表由10个正向和10个反向共20个测量条款组成，该量表采用Likert五级评分法，按照"1"（完全不认同）到"5"（完全认同）评定，分值越大意味着对马基雅弗利主义的认同程度越高。Mach‑Ⅳ量表由Christie和Geis（1970）基于Mach‑Ⅲ量表精心修订而成，相较于Mach‑Ⅴ及其他的后续测量工具，Mach‑Ⅳ量表更为精准（Williams，Hazleton and Renshaw，1975）。目前国内已有Mach‑Ⅳ量表译制版本（汪向东，1999），但量表的信度、效度参数尚不完备（汤舒俊，2011）。

### 三 消费者伦理的实证研究：单一文化及多元文化背景

迄今为止，学者们对于消费者伦理问题的研究基本上都围绕"消费者伦理信念"展开。自Muncy和Vitell（1992）开发出CES量表以来，消费者伦理的相关研究相继出现。从既有文献看，学者们关于消费者伦理的实证研究主要基于"单一文化背景"和"多元文化背景"这两个视角展开。

（一）单一文化背景下的消费者伦理实证研究

自CES量表问世以来的近20年间，众多学者对不同国家/地区的消费者伦理现状进行了测度，诸如美国、比利时、奥地利、埃及、日本、新加坡和中国（包括香港、台湾）等地的消费者都受到了一定程度的关注。

单一文化背景下的消费者伦理实证研究，就样本选取来看，部分学者以特定文化背景下的"一般人群"①作为研究样本，如Dodge、Edwards和Fullerton（1996），Fullerton、Kerch和Dodge（1996），Muncy和Vitell（1992）以及Vitell和Muncy（1992）均选取美国户主；Bateman、Fraedrich和Iyer（2002），Gardner、Harris和Kim（1999），Strutton、Vitell和Pelton（1994），Vitell和Muncy（2005），Vitell、Singh和Paolillo（2007）以及Vitell、Singhapakdi和Thomas（2001）均选取美国消费者；Al‑Khatib、Dobie和Vitell（1995）选用埃及消费者；Rawwas（1996）选用奥地利消费者；Chan、Wong和Leung（1998）选用中国香港地区的消费者；Rawwas和Singhapakdi（1998）选取美国的小孩、青少年和成人消费者；Erffmeyer、Keillor和Thorne LeClair（1999）选取日本消费者；Ang、Cheng、Lim和Tambyah（2001）选取新加坡消费者；

---

① 此处"一般人群"能够较为客观地反映本地消费者特征。

吕彦妮（2003）和吕智忠（2003）均选用中国台湾地区消费者，刘接忠（2010）选用中国南昌、上海和河南地区消费者，赵宝春（2008）[①]、曾伏娥（2005，2007）选用中国武汉地区消费者，而刘汝萍（2008，2009）则选用中国沈阳地区消费者。也有部分学者以"特定人群"作为研究样本，如 Vitell、Lumpkin 和 Rawwas（1991）选取美国老年消费者；Rallapalli、Vitell、Wiebe 和 Barnes（1994）选取美国商学院学生；Muncy 和 Eastman（1998）选取美国营销专业学生；Thong 和 Yap（1998）选取新加坡信息系统专业学生；Albers - Miller（1999）选取美国 MBA 学生；Swaidan（1999）则聚焦于美国伊斯兰教的消费者；Van Kenhove、Vermeir 和 Verniers（2001）聚焦于说弗兰德语的比利时消费者；Swaidan、Vitell 和 Rawwas（2003）则聚焦于非洲裔美国人消费者。

单一文化背景下的消费者伦理实证研究，就研究内容来看，学者们主要是把消费者伦理信念、伦理意识与马基雅弗利主义等目标变量与某些人口统计学变量相结合，以便在验证量表维度结构的同时深入剖析：面临同一消费情境，拥有不同人口统计特征的消费者，其伦理判断与决策存在差异性（如 Al - Khatib, Dobie and Vitell, 1995；Ang, Cheng, Lim and Tambyah, 2001；Bonsu and Zwick, 2007；Chan, Wong and Leung, 1998；Erffmeyer, Keillor and Thorne LeClair, 1999；Fullerton, Kerch and Dodge, 1996；Muncy and Vitell, 1992；Rawwas, 1996；Rawwas and Singhapakdi, 1998；Swaidan, Vitell and Rawwas, 2003；Thong and Yap, 1998；Vitell, Lumpkin and Rawwas, 1991；Vitell and Muncy, 2005；刘接忠，2010；刘汝萍，2008，2009；吕彦妮，2003；吕智忠，2003；赵宝春，2008）。也有部分学者试图跨越人口统计学范畴另寻新的原因变量——引入心理感知特点的变量，诸如消费者关于交易行为、人的本性及非法行为的态度对其消费者伦理决策的影响，以及消费者物质主义倾向与其伦理决策之间的关系等（Muncy and Eastman, 1998）。此类研究以 Albers - Miller（1999），Ang、Cheng、Lim 和 Tambyah

---

① 作者在文中只提到 20 个经过培训的大学生在商场等公共消费场合做随机拦截调研，但未提及在哪些省份或地区进行调研，根据作者所读学校及所在区域，进行正常推理应该是武汉地区。

(2001)、Chan、Wong 和 Leung (1998)、Dodge、Edwards 和 Fullerton (1996)、Muncy 和 Eastman (1998)、Rallapalli、Vitell、Wiebe 和 Barnes (1994)、Vitell 和 Muncy (1992)、Vitell、Singh 和 Paolillo (2007)、Vitell、Singhapakdi 和 Thomas (2001) 等为典型代表。此外, Strutton、Vitell 和 Pelton (1994) 指出, 消费者在特定情境下会采用多种中和技术来抵消或中和社会规范的束缚, 使其不符合伦理规范的行为动机合理化。Swaidan (1999) 提出, 希望保留原始文化的移民比希望采纳当地文化的移民更能容忍不符合伦理规范的消费者实践。Gardner、Harris 和 Kim (1999) 指出, 从事不符合伦理规范行为的成功或失败会影响一个人的行为。Van Kenhove、Vermeir 和 Verniers (2001) 认为, 政治上极"左"的消费者比极右的消费者更能容忍不符合伦理规范的行为。Bateman、Fraedrich 和 Iyer (2002) 指出, 场景可能导致道德推理上的差异。国内学者赵宝春 (2008) 指出, 社会奖惩、企业善因营销与消费者伦理程度有一定的关联; 曾伏娥 (2005, 2007) 和刘接忠 (2010) 则分别指出, 关系质量、文化价值观在消费者伦理信念与行为间起着一定的调节作用, 等等。

综上所述, 随着 CES 量表的开发与应用, 众多学者对不同国家/地区的消费者伦理现状进行测度并积极寻找原因变量, 极大地丰富了消费者伦理这一主题的研究。表2-2整理汇总了单一文化背景下消费者伦理实证研究的主要结论。

表2-2　　单一文化背景下消费者伦理主要实证研究总结

| 研究者（年份） | 样本选取 | 主要发现 |
| --- | --- | --- |
| Vitell、Lumpkin 和 Rawwas (1991) | 美国老年消费者 | CES 量表的因子结构得到支持。同是老年消费者, 相对年长的比相对年轻的更具伦理性 |
| Vitell 和 Muncy (1992) | 美国户主 | 那些对企业持有较多消极态度的消费者往往对消费者伦理问题具有较少的敏感性 |
| Muncy 和 Vitell (1992) | 美国户主 | 基于实证研究开发的 CES 量表由主动获利的非法行为、被动获利行为、主动获利的问题行为和无伤害行为四个维度构成。重点关注的是合法性、主动和被动二分法以及可接受的伤害程度。此外, 较年轻的消费者具有较少的伦理性 |

续表

| 研究者（年份） | 样本选取 | 主要发现 |
|---|---|---|
| Strutton、Vitell 和 Pelton（1994） | 美国消费者 | 在特定情境下，消费者会采用多种中和技术（如否认责任、否认损害、否认被害人、谴责批判者等）抵消或中和社会规范的束缚，使其不符伦理规范的行为动机合理化 |
| Rallapalli、Vitell、Wiebe 和 Barnes（1994） | 美国商学院学生 | 具有较强冒险倾向、自主倾向和进攻倾向的消费者更不伦理；问题解决型消费者更加伦理 |
| Al-Khatib、Dobie 和 Vitell（1995） | 埃及消费者 | 理想主义和相对主义都与 CES 量表测度的消费者伦理程度相关 |
| Rawwas（1996） | 奥地利消费者 | 在四维的 CES 量表中，其中有两个维度显示性别是一个显著的影响因子 |
| Dodge、Edwards 和 Fullerton（1996） | 美国户主 | 人们通常不能容忍消费者违反伦理规范的行为，但在卖方没有受到伤害的情况下就比较能够容忍 |
| Fullerton、Kerch 和 Dodge（1996） | 美国户主 | 当卖方在经济上未受到伤害时，消费者对消费者伦理的判断是模糊的、不确切的。较年轻的消费者具有较少的伦理性 |
| Chan、Wong 和 Leung（1998） | 中国香港地区消费者 | CES 量表的因子结构得到支持。个人态度对伦理信念影响较小，不大可能影响消费者伦理信念 |
| Muncy 和 Eastman（1998） | 美国营销专业学生 | 物质主义与 CES 量表的四个维度均相关 |
| Rawwas 和 Singhapakdi（1998） | 美国儿童、青少年和成人消费者 | 成年消费者比儿童和青少年更加具有伦理性，而青少年在某种程度上又比儿童更加具有伦理性 |
| Thong 和 Yap（1998） | 新加坡信息系统学生 | 人们使用道义论和目的论评估做出伦理判断。对于理解伦理决策过程，Hunt-Vitell 模型比理性行为理论更好 |
| Albers-Miller（1999） | 美国 MBA 学生 | 周围人群压力对购买非法产品有显著影响，但犯罪压力对其没有显著影响 |
| Erffmeyer、Keillor 和 Thorne LeClair（1999） | 日本消费者 | 马基雅弗利主义和理想主义都与 CES 量表测度的消费者伦理程度相关；年轻消费者具有较少的伦理性，即更不伦理 |
| Swaidan（1999） | 美国的穆斯林消费者 | 希望保留原始文化的移民比希望采纳当地文化的移民更能容忍非伦理的消费者实践 |

续表

| 研究者（年份） | 样本选取 | 主要发现 |
| --- | --- | --- |
| Gardner、Harris 和 Kim（1999） | 美国消费者 | 非伦理行为（不符合伦理规范的行为）的成功或失败往往影响一个人的行为 |
| Ang、Cheng、Lim 和 Tambyah（2001） | 新加坡消费者 | 男性、较低收入的消费者、具有较高价值意识和具有较少正直性的消费者更倾向于购买仿冒品 |
| Van Kenhove、Vermeir 和 Verniers（2001） | 说弗兰德语的比利时消费者 | 政治上极"左"的消费者比极右的消费者更能容忍非伦理行为 |
| Vitell、Singhapakdi 和 Thomas（2001） | 美国消费者 | 消费者使用道义论和目的论评估做出伦理判断，但是道义论评估往往占统治地位。唯物主义与伦理判断无关 |
| Bateman、Fraedrich 和 Iyer（2002） | 美国消费者 | 场景可能导致道德推理上的差异 |
| Swaidan、Vitell 和 Rawwas（2003） | 非洲裔美国人 | 理想主义得分高的消费者更容易拒绝伦理上受到质疑的行为；年纪较大、受教育程度高、已婚的消费者，比年轻、受教育程度低和单身的消费者更容易拒绝伦理上受到质疑的行为；但性别与消费者伦理取向没有任何显著关系 |
| 吕智忠（2003） | 中国台湾地区消费者 | 消费者伦理信念显著影响消费者购买仿冒商品的行为 |
| 吕彦妮（2003） | 中国台湾地区消费者 | 消费者伦理信念显著影响消费者购买仿冒商品的行为 |
| Vitell 和 Muncy（2005） | 美国消费者 | 对 CES 四维量表进行了更新与修改，新增三个维度：（1）下载受版权保护的资料或购买仿冒品；（2）循环再利用或环保意识；（3）做好事或做正当的事。该研究也比较了两组研究对象对商业的态度，结果显示在伦理认知方面确实显著不同，但在环保和做好事方面却相差甚微，而在对商业的态度方面近乎相同 |
| 曾伏娥（2005，2007） | 中国武汉地区消费者 | CES 量表的四维因子结构得到支持。关系质量在消费者伦理信念与消费者伦理行为决策中起着一定的调节作用 |
| Bonsu 和 Zwick（2007） | 加纳消费者 | 加纳消费者较之于美国消费者表现出较低的伦理水平，尤其是当不符合伦理规范的行为能促进他们的目标完成时 |

续表

| 研究者（年份） | 样本选取 | 主要发现 |
| --- | --- | --- |
| Vitell、Singh 和 Paolillo（2007） | 美国消费者 | 对修订后的 CES 七维量表进行实证检验，结果表明只支持主动获利的非法行为、被动获利行为、主动获利的问题行为、无伤害行为以及环保和做好事五个维度。同时，还发现各类型宗教信仰及个人的金钱价值观和对商业的态度是一些类型的消费者伦理信念的显著决定因素 |
| 赵宝春（2008） | 中国内地消费者 | CES 量表的四维因子结构得到支持。社会奖惩和企业善因营销与消费者伦理有一定关联性 |
| 刘汝萍（2008，2009） | 中国沈阳地区消费者 | 采用修订的 CES 五维量表（2007）进行实证研究，结果显示五维结构，但具体因子结构变异："主动获利的问题行为"被并入"无伤害行为"中，"侵权"因子被单列。研究还发现，职业、教育程度和性别对消费者伦理信念有显著影响 |
| 刘接忠（2010） | 中国南昌、上海和河南地区消费者 | CES 量表的四维因子结构得到了支持。文化价值观在消费者伦理信念与行为间起着一定的调节作用 |

注：本表按时间序列（研究年份先后）排列，以使研究脉络更为清晰。
资料来源：笔者根据相关研究文献整理汇总而成。

（二）多元文化背景下的消费者伦理实证研究

消费者伦理实证研究大多聚焦特定国家/地区的单一文化背景，但也有不少学者致力于跨国家/地区多元文化背景下的比较研究。自 CES 量表 1992 年问世，Lascu（1993）率先检验该量表是否适用于跨文化比较研究，经专家小组评估一致认为 CES 量表非常适用于跨文化研究，只需修改某些测量条款的措辞（如将"超市"改成"商店"以增强普适性）即可。此后，众多学者纷纷采用该量表研究不同文化背景下的消费者伦理信念状况及其在伦理决策上的差异。现有的消费者伦理跨文化研究往往基于三个视角选择国家/地区：一是考虑选择相异的国家/地区，如 Al-Khatib、Vitell 和 Rawwas（1997）选取埃及和美国这两个经济与文化上迥然相异的国家的消费者进行跨文化对比研究。二是考虑选择具有较多相似点的国家/地区，如 Rawwas、Vitell 和 Al-Khatib

（1994）选取埃及和黎巴嫩消费者，Rawwas、Patzer 和 Vitell（1998）选取北爱尔兰和黎巴嫩消费者进行跨文化对比研究，都是缘于相似的环境，即战争和不稳定；Rawwas、Patzer 和 Klassen（1995）选择北爱尔兰和中国香港消费者进行跨文化对比研究，则是考虑到它们都有英国这个连接点，从而可能有一些共同的潜在价值。三是考虑选择多个国家/地区，如 Rawwas（2001）选取美国、爱尔兰、奥地利、黎巴嫩、中国香港、埃及、澳大利亚、印度尼西亚这八个国家/地区的消费者进行跨文化对比研究；Polonsky、Brito、Pinto 和 Higgs – Kleyn（2001）则选取南欧四国（希腊、葡萄牙、意大利、西班牙）与北欧四国/地区（荷兰、德国、苏格兰、丹麦）的消费者进行跨文化对比研究。迄今为止，多元文化背景下的消费者伦理实证研究已延伸至全球多个国家或地区（见表2–3）。

表2–3　　多元文化背景下消费者伦理主要实证研究总结

| 研究者（年份） | 样本选取 | 主要发现 |
| --- | --- | --- |
| Lascu（1993） | 专家小组判断 | Muncy – Vitell 开发的 CES 量表适用于跨文化研究 |
| Rawwas、Vitell 和 Al – Khatib（1994） | 埃及和黎巴嫩消费者 | 长期处于国内动乱中的黎巴嫩消费者，其马基雅弗利主义倾向更强，更多相对主义和更少理想主义，更具现实性，也更能接受伦理上受到质疑的消费者行为 |
| Singhapakdi、Vitell 和 Leelakulthanit（1994） | 美国和泰国营销人员 | 美国营销人员更少理想主义和相对主义 |
| Rawwas、Patzer 和 Klassen（1995） | 北爱尔兰和中国香港消费者 | 经历更多混乱无序殖民统治的北爱尔兰消费者对消费者伦理问题更不敏感。CES 量表的因子结构得到支持 |
| Rawwas、Strutton 和 Johnson（1996） | 美国和澳大利亚消费者 | 对4个维度的 CES 量表中的3个而言，澳大利亚消费者较不能容忍"问题/可疑消费者行为"，他们也具有更高的马基雅弗利主义倾向 |
| Al – Khatib、Vitell 和 Rawwas（1997） | 美国和埃及消费者 | 美国消费者较之于埃及消费者，更少理想主义和相对主义倾向。在4个维度的 CES 量表中，美国消费者在3个维度上表现得更加伦理 |
| Rawwas、Patzer 和 Vitell（1998） | 北爱尔兰和黎巴嫩消费者 | 两组样本均对消费者伦理问题不敏感。CES 量表的因子结构得到支持 |

续表

| 研究者（年份） | 样本选取 | 主要发现 |
|---|---|---|
| Singhapakdi、Rawwas、Marta 和 Ahmed（1999） | 美国和马来西亚消费者 | 一般来说，马来西亚消费者对销售人员和企业的态度更不积极和正面。他们也较少觉察伦理强度问题 |
| Lee 和 Sirgy（1999） | 美国和韩国营销经理 | 美国营销经理更多相对主义，更少理想主义 |
| Polonsky、Brito、Pinto 和 Higgs - Kleyn（2001） | 德国、丹麦、苏格兰、荷兰、西班牙、意大利、希腊和葡萄牙 | 南欧和北欧国家/地区的消费者之间极少有伦理差异；CES 量表的因子结构基本得到支持 |
| Rawwas（2001） | 美国、埃及、黎巴嫩、爱尔兰、中国香港、奥地利、印度尼西亚和澳大利亚消费者 | CES 量表的因子结构得到支持。主动从非法活动中获利普遍被视为非伦理 |
| Al - Khatib、Robertson、Al - Habib 和 Vitell（2002） | 阿曼、科威特、沙特阿拉伯和埃及消费者 | 这些消费者在对待消费者伦理问题上的观点存在差异，即观点是不同的 |
| Rawwas、Swaidan 和 Oyman（2005） | 土耳其和美国消费者 | 土耳其消费者对伦理上受到质疑的消费者行为更具敏感性，也更多理想主义，而美国消费者则更具马基雅弗利主义倾向 |

注：本表按时间序列（研究年份先后）排列，以使研究脉络更为清晰。
资料来源：笔者根据相关研究文献整理汇总而成。

Rawwas、Vitell 和 Al - Khatib（1994）对比研究了埃及与黎巴嫩消费者的伦理信念、意识和马基雅弗利主义程度。研究结果表明：处于国内动乱和恐怖主义中的黎巴嫩消费者更具马基雅弗利主义倾向，更多相对主义，更少理想主义，也更易接受 CES 量表内所有在伦理上受到质疑的消费者行为。Singhapakdi、Vitell 和 Leelakulthanit（1994）对美国和泰国的营销人员进行了对比研究，结果显示：美国营销人员具有更少理想主义和相对主义。Rawwas、Patzer 和 Klassen（1995）对比研究了北爱尔兰和中国香港消费者，研究结果表明：处于混乱殖民统治下的北爱尔兰消费者比处于稳定殖民统治下的中国香港消费者更具马基雅弗利主义倾向，也更易接受伦理上受到质疑的消费者行为。但在总的伦理信念上，北爱尔兰与中国香港消费者并无差异；在理想主义和相对主义上也基本相同。Rawwas、Strutton 和 Johnson（1996）对比研究了美国和澳大利亚消费者，研究表明：澳大利亚消费者明显比美国消费者更不能容忍量表中（4个维度中的3个）在伦理上受到质疑的消费者行为。进一步研究发现：澳大利亚消费者比美国消费者具有更高的马基雅弗利主义倾向，但就理想主义和相对主义而言两者并无差异。作者推测可能是澳大利亚粗糙、荒凉的地理环境有助于发展更为强烈的个人主义意识，因此，澳大利亚消费者也具更高的马基雅弗利主义。Al‑Khatib、Vitell 和 Rawwas（1997）对比研究了美国与埃及消费者，研究结果表明：相比于埃及消费者，美国消费者更少理想主义，也更少相对主义；在 CES 量表的4个维度中美国消费者在3个维度上明显更加具有伦理性。Rawwas、Patzer 和 Vitell（1998）对比研究了同处于战乱与恐怖主义下的北爱尔兰和黎巴嫩消费者，研究结果表明：两组样本对消费者伦理问题均不敏感，尤以北爱尔兰消费者更甚，但 CES 量表的四维结构均被支持。相比之下，北爱尔兰消费者更少理想主义，更多相对主义，也更多马基雅弗利主义。Lee 和 Sirgy（1999）对比研究了美国和韩国营销经理的伦理意识，研究结果表明：美国营销经理更多相对主义，更少理想主义。Singhapakdi、Rawwas、Marta 和 Ahmed（1999）对比研究了马来西亚和美国消费者，研究结果表明：与美国消费者相比，马来西亚消费者对销售人员及企业持较不积极的态度，也更多相对主义和更少理想主义。Rawwas（2001）对比研究了来自8个国家/地区（美国、澳大利亚、爱尔兰、印度尼西亚、奥地利、黎巴嫩、埃及以及中国香港地区）的消费者的伦理信念，研究结果表明：文化对消费者的伦理信念、意识及马基雅弗利主义均有显著影响；CES 量表的四维结构得到支持；"主动从非法活动中获利"普遍被视为非伦理。Polonsky、Brito、Pinto 和 Higgs‑Kleyn（2001）对比研究北欧四国/地区[①]与南欧四国[②]的消费者伦理状

---

[①] 此处北欧四国/地区指荷兰、德国、苏格兰、丹麦。
[②] 此处南欧四国指希腊、葡萄牙、意大利、西班牙。

况，研究结果显示：北欧四国/地区与南欧四国消费者在伦理问题上较少有差异，CES 量表的四维结构基本得到支持。Al – Khatib、Robertson、Al – Habib 和 Vitell（2002）对比研究了阿曼、科威特、沙特阿拉伯和埃及四个中东国家的消费者，研究结果表明：沙特阿拉伯消费者更多理想主义，更不容忍伦理上受到质疑的消费者行为。Rawwas、Swaidan 和 Oyman（2005）对比研究土耳其和美国消费者，研究结果表明：土耳其消费者对伦理上受到质疑的消费者行为更具敏感性，也更多理想主义，而美国消费者则更具马基雅弗利主义倾向。

总的来说，上述大量的跨文化比较研究尽管侧重点有所不同，但都普遍支持 CES 量表的基本结构，即这些研究尽管文化背景不同，但消费者伦理判断仍基于以下三个焦点问题：（1）消费者获利行为是否是主动的；（2）行为是否被感知为非法；（3）行为是否被感知到对他人造成伤害（Vitell，2003）。

### 四　消费者伦理决策模型的构建与发展

所谓伦理决策，是指针对特定的伦理问题，人们通过分析遵循相应伦理准则及道德规范所可能引发的不同后果，从中选择一种最为有效的方式，以解决所面临的伦理问题（特里·L. 库珀，2003）。从以往的研究文献来看，众多的西方学者基于伦理决策过程（以"认知→判断→意图→行为"为基准，或详尽或简练）构建和发展了多个组织中的个人伦理决策模型。例如，Ferrell 和 Gresham（1985）基于组织视角整合情境因素以及个人因素、重要其他团体（参照群体）和机会[①]三个权变因子构建了多阶段权变伦理决策模型（Contingency model），用于评判个体决策行为的伦理水平。Rest（1986）在传承 Kohlberg（1969）道德发展理论（Moral development theory）的基础上构建了个人伦理决策四阶段模型。Rest 认为人们在做出伦理决策时需经历四阶段的心理行为过程：认知到伦理问题→做出伦理判断→形成伦理行为意图→做出伦理行为。Hunt 和 Vitell（1986）结合道义评价（Deontological evaluation）与功利评价（Teleological evaluation）两种不同的伦理评价方式构建了基于特定伦理情境的描述性伦理决策模型（Hunt – Vitell 模型）。Trevino（1986）认为组织中的个人伦理决策会受到个性因素与情境因素的共同

---

[①] 指促使"不符合伦理要求或规范的消费者行为"产生的机会。

影响，在此基础上构建了个人—情境互动模型（Person - situation interactionist model）。Dubinsky 和 Loken（1989）基于理性行为理论探究了影响个人伦理决策的诸多因素，认为组织中的个人伦理行为由行为意图直接决定，而行为意图又主要受到伦理行为态度和主观性伦理规范这两个因素的影响；并基于"伦理认知→伦理行为态度或主观性伦理规范→行为意图→行为"的个人伦理决策过程，构建了伦理决策模型。Ferrell、Gresham 和 Fraedrich（1989）在整合 Kohlberg（1969）的道德发展理论、Ferrell 和 Gresham（1985）的权变伦理决策模型以及 Hunt - Vitell 模型的基础上，构建了整合伦理决策模型。该整合模型认同社会学习理论中"感知影响行为"的观点，并指出个人伦理决策受到外部因素（环境、情景）和内部因素（伦理价值观）的共同影响。Jones（1991）在整合 Ferrell 和 Gresham（1985）权变伦理决策模型、Rest（1986）四阶段伦理决策模型、Trevino（1986）个人—情境互动模型、Hunt 和 Vitell（1986）Hunt - Vitell 模型以及 Dubinsky 和 Loken（1989）伦理决策模型的基础上，集众家所长构建了伦理问题权变模型。Jones（1991）认为，个人伦理决策具有权变性，将随着决策者面临的伦理议题本身特性的变化而变化，而伦理议题本身特性可用道德强度（Moral intensity）表示，进而道德强度就成了该模型的核心概念，它影响着个人伦理决策的诸阶段。Jones（1991）的伦理问题权变模型是迄今为止较为完整的伦理决策模型。Cottone（2001）则基于社会建构观提出了社会建构模型（Social constructivism model），认为伦理决策并非单一内心活动，而是一种互动的过程（包括谈判、达成一致以及在必要时做出公断等）。

上述诸多模型虽都基于组织视角开发，但仍属于个人决策模型。它们从不同角度阐释了个人伦理决策的过程、影响因素及众多影响因素间的关系等，对消费者伦理决策研究具有一定的借鉴意义。迄今为止，学术界尚无专门针对消费者伦理决策的模型。只有 Hunt - Vitell 模型经改造（剔除职业环境、行业环境和组织环境）后，适用于研究消费者伦理决策问题（Vitell，2003）。

Hunt 和 Vitell（1986）构建了 Hunt - Vitell 模型。[①] 该模型主要用于

---

[①] Hunt - Vitell 模型于 1993 年进行了修订，当今学术界使用的多为 1993 年的修订版。

探究人们在特定情境下是如何结合功利论[①]和道义论[②]这两种基本的伦理评价方式做出伦理判断的,而非探寻人们应恪守哪些伦理义务等问题,所以它是描述性而非规范性的。Hunt – Vitell 模型基于伦理决策过程(伦理判断→行为意图→行为)构建,见图 2 – 1。当人们感知到某一特定情境下的伦理问题时,就会面临伦理上的评判及取舍。人们首先会搜寻各种可能的备选方案,随后根据相关道德义务规范对备选方案逐个做出道义评价[③],以决定在道义上哪些备选方案更为可取。与此同时,人们还会对各备选方案的预计后果,基于功利论视角做出功利评价[④]。在此基础上,人们还会综合道义与功利评价的结果,对各备选方案进行总体性伦理判断。在大多数情况下,人们会依据总体伦理判断形成行为意图。[⑤] 行为意图被认为是影响行为的关键因素。Hunt – Vitell 模型还指出,有行为意图并非意味着相应行为一定会产生,行为最终产生与否还受到情景限制(Situational constraints)的制约,它有可能导致行为意图与行为的不一致。行为发生后,人们会进一步对行为产生的实际后果予以评价,该评价以及对实际后果的反馈将成为人们伦理体验或经验的一部分,并直接影响以后的行为。[⑥] Hunt 和 Vitell(1993)指出,备选方案选择和伦理评价都受到环境及个人因素的影响。环境因素包括文化环境、职业环境、行业环境和组织环境[⑦];个人因素则包括宗教信仰、价值取向、伦理素养、感知伦理发展及伦理敏感性等。Hunt – Vi-

---

[①] 功利论又称目的论或后果论,它基于行为目的及后果来评判某一行为在伦理上是否正确,如符合功利原则则认为此行为就是好的、伦理的(Beau Champ and Childress, 1983)。
[②] 道义论又称义务论,它基于行为本身的内在特性(而非行为后果)来评判某一行为在伦理上是否正确(甘碧群,1997)。
[③] 此处"道义评价"是指人们基于各备选方案本身(对错、好坏、符合伦理与否)进行评价。
[④] 此处"功利评价"是指人们基于各备选方案的预计后果进行评价。值得注意的是,与追求个人利益最大化的利己主义不同,功利主义追求的是利益团体的利益最大化。
[⑤] 此处需注意的是,人们有些时候也会单纯依据功利评价结果形成行为意图。
[⑥] 人们不符合伦理的行为如受到强烈谴责,则有可能促使人们反省,在日后类似情形下规避此类行为;相反,如人们不符合伦理的行为未受到任何非议,则有可能导致人们日后继续采取此类行为,甚至愈演愈烈。
[⑦] Hunt – Vitell 模型经改造(剔除职业、行业和组织环境)后,适用于研究消费者伦理决策问题(Vitell, 2003)。

tell 模型具有较强的普适性，经改造后的 Hunt – Vitell 模型[①]被广泛应用于消费者伦理决策问题的研究（Vitell，2003）。事实上，迄今为止众多学者正是借助于 Hunt – Vitell 模型完成了有关消费者伦理问题的研究。该模型也获得了实证研究的广泛支持，例如，Donoho 等（2001）验证了消费者伦理决策是综合道义评价与功利评价的结果；Thong 和 Yap（1998）在验证 Hunt – Vitell 模型时发现，他们所选择的样本在综合道义评价与功利评价后进行伦理判断，进而决定盗版产品的使用与否；Hunt 和 Vitell（1993）的研究表明，人们在进行伦理决策时以内化的道德规范标准来判断行为的伦理程度，并非一味追求个体效用最大化；Vitell 等（2001）的研究也取得了类似的结果。

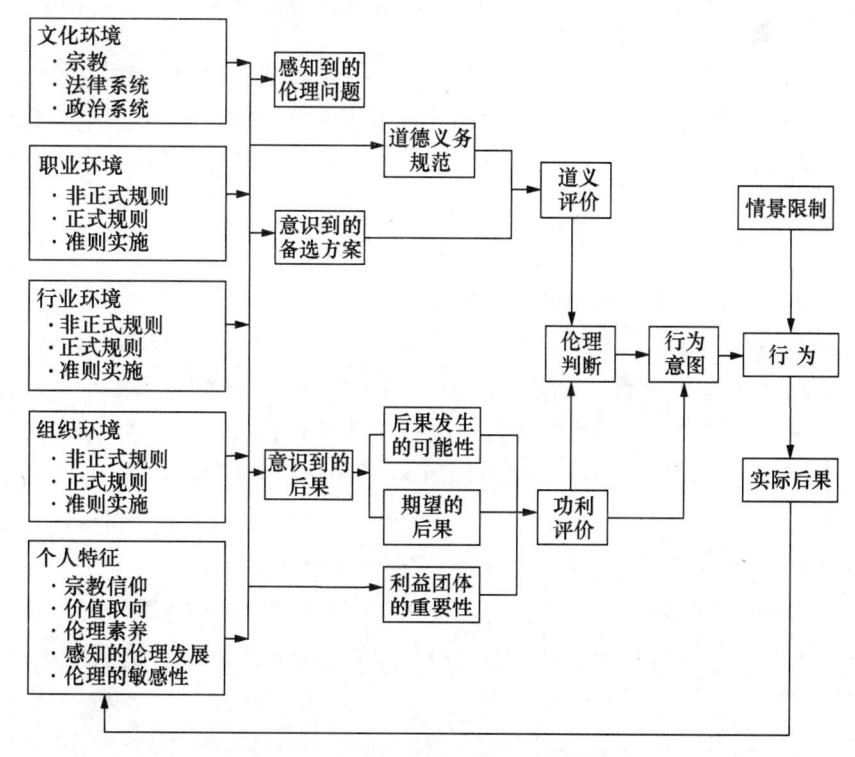

**图 2 – 1　Hunt – Vitell 的伦理决策模型**

资料来源：Hunt, S. D. and Vitell, S. J., "A General Theory of Marketing Ethics", *Journal of Macromarketing*, 1986, 6 (1), pp. 5 – 16。

---

[①] 改造后的 Hunt – Vitell 模型在原模型的基础上剔除了职业、行业和组织环境这三项环境因素。

**五 消费者伦理的影响因素**

众多学者在验证 CES 量表，揭示特定国家/地区的消费者伦理现状，对跨国家/地区的多元文化背景下消费者伦理进行比较研究的同时，也对消费者伦理的影响因素展开了研究。与消费者伦理状况相关联的影响因素研究，向来是消费者伦理实证研究的主要内容之一。Vitell（2003）认为经改造后的 Hunt – Vitell 模型可被广泛应用于消费者伦理决策问题研究，并指出该模型中只有"个人特征"和"文化环境"这两个影响因素与消费者伦理相关。笔者在回顾、梳理相关研究文献的基础上，将影响消费者伦理的前因要素归结为人口统计学因素、心理因素、文化环境因素和其他因素。

（一）人口统计学因素

在消费者伦理的众多影响因素中，人口统计学因素率先引起了学者们的关注，频频出现在消费者伦理的研究文献中。迄今，消费者伦理研究所涉及的人口统计学特征变量除了性别、年龄，还有受教育程度和婚姻状况等。

1. 性别

性别作为消费者伦理决策的重要影响变量，比其他人口统计学特征变量受到更多的验证（Ford and Richardson，1994）。Vitell、Lumpkin 和 Rawwas（1991）指出，性别是美国消费者伦理信念的重要决定因素之一。许多伦理研究表明女性往往比男性更为关注伦理问题（如 Ford and Richardson，1994；Jones and Gautschi，1988；Rawwas and Isakson，2000；Ruegger and King，1992）。此外，Beltramini、Peterson 和 Kozmetsky（1984）发现女学生较之于男学生更为关注伦理问题；Chonko 和 Hunt（1985）指出女性经理较之于男性经理更为关注伦理问题；Ferrell 和 Skinner（1988）发现女性营销研究人员比男性营销研究人员表现出更高水平的伦理行为；Whipple 和 Swords（1992）发现在对待伦理问题上女性比男性更具批判性；Rawwas（1996）进一步指出，在评估伦理上受到质疑的消费者行为时，女性消费者往往比男性消费者更趋伦理性。国内学者赵宝春（2008）和刘汝萍（2008，2009）分别基于中国武汉地区和沈阳地区的消费者伦理实证研究也基本验证了 Rawwas（1996）的观点。

2. 年龄

年龄也是对消费者伦理决策产生显著影响的重要研究变量。Kohlberg（1969，1984）指出，人们随着不断成熟会比年轻时拥有更高水平的道德理性。诸多研究（如 Erffmeyer、Keillor and LeClair，1999；Kohlberg，1976；Rawwas and Singhapakdi，1998；Ruegger and King，1992；Serwinek，1992；Swaidan、Vitell and Rawwas，2003；Vitell，1986；Vitell、Lumpkin and Rawwas，1991；赵宝春，2008）支持该观点，即年长者比年轻者伦理程度更高。例如，Vitell（1986）发现年长的美国销售主管拥有较少的伦理冲突；Vitell、Lumpkin 和 Rawwas（1991）研究表明美国老年消费者比年轻消费者更加具有伦理性；Ruegger 和 King（1992）发现年纪较大的学生往往更加具有伦理性；Serwinek（1992）发现年长的工人对伦理标准有着更为严格的解释。Rawwas 和 Singhapakdi（1998）进一步发现，美国成年消费者（20—79 岁）比青少年（多半是 19 周岁的）和儿童（10—12 岁）更加具有伦理性，而青少年在某种程度上又比儿童更加具有伦理性。Erffmeyer、Keillor 和 LeClair（1999）则发现日本年轻消费者较之于年长消费者更少伦理倾向。Swaidan、Vitell 和 Rawwas（2003）发现非洲裔美国人中的年长消费者比年轻消费者更易拒绝伦理上受到质疑的行为。上述研究结论和道德发展理论（Kohlberg，1976）基本一致。国内学者赵宝春（2008）基于中国武汉地区的消费者伦理实证研究也基本验证了上述观点。但刘汝萍（2008，2009）基于中国沈阳地区的消费者伦理实证研究并不支持上述观点，刘汝萍认为可能的原因是：年长的消费者样本偏少且样本年龄分布不够宽泛。

3. 受教育程度

前期研究表明，受教育程度也是影响消费者伦理信念的一个重要变量。虽然有些研究未能发现受教育程度与消费者伦理信念间存在显著正相关关系（如 Kidwell et al.，1987；Laczniak and Inderrieden，1987；赵宝春，2008 等），但更多的研究结果表明：受教育程度高的消费者，其伦理程度也相应较高（如 Browning and Zabriskie，1983；Goolsby and Hunt，1992；Kelley et al.，1990；Swaidan、Vitell and Rawwas，2003；刘汝萍，2008）。例如，Browning 和 Zabriskie（1983）发现与其他采购经理相比，受教育程度高的采购经理具有更高的伦理性。国内学者刘汝

萍 (2008) 基于中国沈阳地区的消费者伦理实证研究也表明：相比之下，受教育程度高的消费者更不能接受伦理上受到质疑的消费者行为，也即伦理程度更高。这也与 Kohlberg (1984) 的研究结果一致。总的来说，受教育程度会提升一个人做出伦理决策的能力。

4. 婚姻状况

前期研究表明，有关婚姻状况这一影响变量的研究，结论并不一致。某些研究结果表明婚姻状况和伦理决策之间并不存在显著关系。比如，Rawwas 和 Isakson (2000) 的研究并未发现婚姻状况和伦理之间存在相关性；Serwinek (1992) 的研究也显示出相似的结果。但 Erffmeyer、Keillor 和 LeClair (1999) 的研究表明已婚者更易于接受伦理上受到质疑的消费者行为，也更可能具有相对主义或马基雅弗利主义倾向；而 Poorsoltan 等 (1991) 发现已婚学生比起他们的未婚同学更加保守和伦理；Swaidan、Vitell 和 Rawwas (2003) 通过对 315 名非洲裔美国消费者的研究也发现，已婚的、年长的及受教育程度高的消费者更容易拒绝伦理上受到质疑的行为。虽然上述研究发现似乎存在冲突，但更多证据支持已婚者往往更加具有伦理性。

(二) 心理因素

消费者的心理因素也会对消费者伦理感知及决策产生重要影响。除了消费者伦理意识、马基雅弗利主义等变量，学者们还发掘了许多其他心理感知方面的变量。例如，Rallapalli、Vitell、Wiebe 和 Barnes (1994) 基于美国商学院学生的实证研究发现：具有较强冒险倾向、自主倾向和进攻倾向的消费者往往具有更低的消费者伦理信念；那些愿意遵循社会所期望与许可的行为方式及问题解决模式的消费者往往更具有伦理性。Chan、Wong 和 Leung (1998) 基于中国香港地区消费者的实证研究发现，消费者对企业所持的态度、对人性的本质及非法行为的态度等都会影响消费者的伦理判断及决策。Muncy 和 Eastman (1998) 基于美国营销专业学生的实证研究表明，物质主义倾向与 CES 量表的四个维度均存在显著负相关关系。Cole、Sirgy 和 Bird (2000) 的研究表明：个体对行为结果的需求往往会影响其伦理判断时的目的评估。Vitell (2003) 研究指出：消费者对政府、营销人员的态度及其对人性的认知等极少影响消费者的伦理判断与决策，但消费者对于企业和非法行为的态度则会显著影响消费者的伦理判断与决策。

（三）文化环境因素

文化环境在塑造消费者伦理信念方面扮演着非常重要的角色（Hunt and Vitell，1993），文化是影响消费者伦理判断与决策的重要环境因素（如 Rawwas，2001；Singhapakdi，Rawwas，Marta and Ahmed，1999；Singhapakdi，Vitell and Leelakulthanit，1994；Swaidan，Vitell and Rawwas，2003；Vitell，Nwachukwu and Barnes，1993），消费者伦理的差异一定程度上也反映了文化的变异（England，1975）。任何一个社会成员都会受到特定文化或亚文化的影响，所以，在消费者伦理领域的研究中文化受到了广泛的关注。

Hofstede（1980）提炼了文化的四个维度，即权力差距、个人主义/集体主义、男性化/女性化以及不确定性规避，使文化由复杂概念演变为可测量的操作变量，也便于学者们直接比较文化差异或比较因文化差异而导致的行为差异。借助 Hofstede 的文化维度阐释消费者的伦理选择差异，是消费者伦理领域的一个重要研究视角，并已取得一定的研究成果。例如，Armstrong（1996）借助 Hofstede 的文化维度验证了文化中的个人主义/集体主义以及不确定性规避两个维度与消费者伦理行为具有相关性；Chonko 和 Hunt（1985）发现，在个人主义文化盛行的美国，人们处于伦理困境时很少会依据现有伦理准则做出判断；Verma（1985）发现，个人主义和人们违反规范的意愿之间具有相关性；Morris、Davis 和 Allen（1994）发现，个人主义的行为主体受到自我利益和实现个人目标这两个动机的激励。

在跨国界/地区的多元文化背景下，文化与消费者伦理联系紧密，Hofstede 的文化维度常被学者们用作提出研究假设的依据。例如，Singhapakdi 等（1999）借助 Hofstede 的文化维度对美国和马来西亚的文化差异进行分析，并推断两者的文化差异将会影响消费者的伦理决策，进而提出研究假设，最后通过消费者伦理判断差异的比较分析对研究假设进行验证。Rawwas（2001）比较研究了来自 8 个国家/地区（美国、澳大利亚、爱尔兰、印度尼西亚、奥地利、黎巴嫩、埃及以及中国香港地区）的消费者；Rawwas、Swaidan 和 Oyman（2005）比较研究了土耳其和美国消费者，后两个研究也都遵循了相同的研究思路。

在跨文化比较研究的大前提下，部分学者尝试着研究社会秩序对消费者伦理决策的影响问题。例如，Rawwas、Patzer 和 Klassen（1995）

比较研究了北爱尔兰和中国香港地区的消费者，发现处于动荡、混乱和无序中的北爱尔兰消费者比社会秩序相对稳定的中国香港消费者的伦理程度更低；Rawwas、Patzer 和 Vitell（1998）比较研究了北爱尔兰与黎巴嫩消费者，研究结果表明黎巴嫩消费者具有较高的理想主义、较低的相对主义以及较低的马基雅弗利主义倾向。

除了上述研究，部分学者（如 Sarwono and Armstrong, 2001；Swaidan, 1999；Swaidan, Vitell and Rawwas, 2003）还验证了特定亚文化对消费者伦理判断的显著影响。例如，Swaidan（1999）基于美国穆斯林移民的实证研究表明：希望保留原始文化的移民比希望采纳当地文化的移民更能容忍伦理上受到质疑的消费者行为；Swaidan、Vitell 和 Rawwas（2003）测度了非洲裔美国人的伦理意识形态和伦理信念状况；Sarwono 和 Armstrong（2001）在研究印度尼西亚人亚文化群时发现，爪哇人、巴塔克人和印度尼西亚华人之间的伦理感知存在显著差异。

（四）其他因素

当然，还会有其他影响消费者伦理判断的因素存在。例如，Muncy 和 Vitell（1992）经研究发现，失误所在地、欺骗行为的表现形式以及伤害程度都是消费者伦理感知的影响因素。Vitell 和 Muncy（1992）基于美国户主的实证研究表明，消费者对企业的消极态度也会影响消费者的伦理感知。Albers – Miller（1999）以美国 MBA 学生为样本的实证研究发现：产品类型、购物环境以及产品价格都是消费者非法产品购买意愿的显著影响变量；风险、价格各自与产品类型的交互作用也会在一定程度上产生影响；周围人群的压力对购买非法产品有显著影响，而犯罪风险感知对购买非法产品并无显著影响。Gardner、Harris 和 Kim（1999）发现，消费者在实施伦理上受到质疑的消费者行为时，是成功还是失败也会影响其伦理感知。Van Kenhove、Vermeir 和 Verniers（2001）基于比利时消费者的实证研究表明，政治上的极"左"还是极右也会影响消费者的伦理感知。Bateman、Fraedrich 和 Iyer（2002）基于美国消费者的研究表明场景也可能影响消费者的伦理感知。曾伏娥（2006）通过对中国内地部分消费者的深度访谈，归结出社会因素、学习因素、经验因素和情境知觉等都有可能影响消费者伦理状况。赵宝春（2008）基于中国武汉地区消费者的实证研究表明，社会奖惩一定程度上会影响消费者伦理决策。

**六 消费者伦理相关研究小结**

梳理与回顾消费者伦理相关研究文献不难发现：学者们对于消费者伦理问题的研究基本上都围绕消费者伦理信念来展开，而 CES 量表正是通过测度消费者伦理信念状况来映射其消费者伦理行为倾向的。学者们深入探讨、分析了消费者伦理的概念界定、维度划分与测量以及众多的影响因素，借助 CES 量表检验了美国及其他国家/地区的消费者伦理状况或是进行跨文化比较研究，与此同时还深入剖析了多个组织中的个人伦理决策模型，以及经改造后适用于研究消费者伦理决策问题的 Hunt – Vitell 模型，为该领域后续的理论及实践研究奠定了基础。既有研究虽已取得一定进展，但其距离成熟还很遥远，仍有不少问题值得进一步探索和完善。基于消费者伦理的研究现状，笔者认为日后研究展开的突破口将会聚焦在以下几个方面。

*（一）消费者伦理概念的清晰界定*

综观国内外相关研究文献，学术界对消费者伦理问题的探讨并不充分，消费者伦理的定义非常少，以往学者多借鉴 Muncy 和 Vitell（1992）的概念界定。但国内学者曾伏娥（2006）认为，Muncy 和 Vitell（1992）对消费者伦理的界定所涉及的直接利益相关者过于模糊，容易将消费伦理[①]也介入其中。她对 Muncy 和 Vitell 的消费者伦理定义进行了修正，指出，"消费者伦理是指消费者在取得、使用和处置产品和服务时，所表现出来的直接针对产品和服务提供者的符合道德行为的一种法则、标准、惯例或原则"，修正后的定义明确指出产品和服务提供者是直接利益相关者。科学的概念界定是进行科学研究的前提，概念界定不清会导致相关研究结论出现偏差，所以进一步科学、准确、清晰地界定消费者伦理概念是当务之急，也是促进消费者伦理理论发展的重要前提。

*（二）消费者伦理决策模型的开发*

从以往的相关研究文献看，学者们基于伦理决策过程构建和发展了多个组织中的个人伦理决策模型，例如，Ferrell 和 Gresham（1985）的

---

① 就本质而言，消费伦理是为了协调消费过程中消费者间利益关系而要求人们应该共同普遍遵守的道德原则总和，它规定了消费者在消费过程中"应该和不应该做什么"。消费伦理与消费者伦理最大的区别在于："消费伦理"将消费者群体作为利益相关者，而"消费者伦理"则把产品和服务提供者作为直接利益相关者。

多阶段权变伦理决策模型，Rest（1986）的个人伦理决策四阶段模型，Hunt 和 Vitell（1986）的 Hunt – Vitell 模型，Trevino（1986）的个人—情境互动模型，Dubinsky 和 Loken（1989）的伦理决策模型，Ferrell、Gresham 和 Fraedrich（1989）的整合伦理决策模型，Jones（1991）的伦理问题权变模型以及 Cottone（2001）的社会建构模型。上述模型基于不同角度阐释了个人伦理决策的过程、影响因素及众多影响因素间的关系等，对消费者伦理决策研究具有一定的借鉴意义。但迄今为止，学术界尚无专门针对消费者伦理决策的模型，只有经改造后的 Hunt – Vitell 模型适用于研究消费者伦理决策问题（Vitell，2003）。如何进一步借鉴组织中的个人伦理决策模型，尝试开发专门的消费者伦理决策过程模型，是后续研究的重要突破口，也是学者们需长期协作共同努力的方向。

（三）测量工具的进一步完善

学术界主要基于消费者伦理信念、伦理意识和马基雅弗利主义三个方面测度消费者伦理状况（水平）。其中，伦理意识和马基雅弗利主义分别通过经典的 EPQ 问卷和 Mach – Ⅳ 量表来测量。众多经验研究表明，EPQ 问卷包括的理想主义量表和相对主义量表以及 Mach – Ⅳ 量表均是可靠有效的。迄今为止，学者们对于消费者伦理问题的研究主要围绕消费者伦理信念展开，而 CES 量表正是通过测度消费者的伦理信念状况来映射其伦理行为倾向的。自 Muncy 和 Vitell（1992）开发出 CES 四维量表以来，众多学者均采用该量表检验美国及其他国家/地区的消费者伦理状况，或是进行跨文化比较研究，到目前为止 CES 四维量表已成为消费者伦理信念研究中最重要、最主流的测量工具。Vitell 和 Muncy（2005）通过重述、新增测量条款把 CES 量表由四维扩展到七维，但 Vitell、Singh 和 Paolillo（2007）的实证研究表明只支持"主动获利的非法行为""被动获利行为""主动获利的问题行为""无伤害行为"以及"环保和做好事"这五个维度。从理论上来讲，上述五个维度既包括了消费者不合乎伦理规范行为的负向维度，也包括了合乎伦理规范行为的正向维度，应能更为全面地评估消费者伦理状况，但缺乏大量实证研究的支持。国内学者刘汝萍（2008，2009）尝试采用 CES 五维量表，但其实证研究结果并不支持 Vitell、Singh 和 Paolillo（2007）的五维结构，具体的因子结构出现较大变化："主动获利的问题行为"

因子消失，其相关测量条款被并入"被动获利行为"或"无伤害行为"中，而"侵权"因子则被单列。到目前为止，众多学者仍多采用被学术界广泛接受的 CES 四维量表检验消费者伦理状况。

迄今，CES 四维量表、EPQ 问卷（理想主义量表和相对主义量表）和 Mach-Ⅳ 量表已成为消费者伦理经验研究的主流测量工具，并得到了一定的验证。但是，消费者伦理研究主要是在西方（尤其是美国）个人主义文化背景下进行的，由于消费者伦理会受到特定文化或亚文化的影响，所以 CES 量表、EPQ 问卷（理想主义量表和相对主义量表）和 Mach-Ⅳ 量表的跨文化普适性有待考察与验证。到目前为止，虽有极少数学者选取日本、韩国以及中国内地部分地区和香港地区的消费者进行了验证，但数量极其有限，不足以说明量表的普适性。鉴于东西方文化差异，学者们在研究中国消费者伦理状况时，势必要充分考虑中国集体主义文化背景，在量表中纳入与中国消费者典型消费者伦理行为相关的测量条款[①]，以提高量表的信度和效度，这也是测量工具进一步完善的主要内容之一。

此外，CES 量表主要通过"自我报告式问卷"调查消费者的伦理信念感知，但对消费者的实际伦理行为缺乏直接测量，这必然导致某种程度的社会称许性偏差。为了尽量避免社会称许性偏差，后续研究可尝试采用主观性报告与客观性评价相互印证的方法（如自我报告式问卷与访谈、案例分析以及实验设计等相结合）进行实证研究，以便进一步提高研究效度和研究结论的信服力。

（四）影响因素的进一步探索

学者们对影响消费者伦理的前因要素进行了大量的探索与总结，笔者根据相关内容将其归结为人口统计学因素、心理因素、文化环境因素以及其他因素四大类。其中，人口统计学因素中的性别、年龄、受教育程度以及婚姻状况等引起学者们的关注，受到了多次验证并取得基本一致的研究结论，但消费者职业状况、收入水平、出生地以及宗教信仰等变量的影响还有待进一步实证检验。心理因素方面也还有很多变量值得挖掘，如消费者的社会化程度、人格特征以及自我概念等对消费者伦理

---

[①] 在这方面，国内学者曾伏娥（2007）、赵宝春（2008）、刘接忠（2010）和刘汝萍（2008，2009）已尝试做了一些初步探索。

决策的影响还尚未涉及。文化环境因素方面，学者们主要借助 Hofstede 的文化维度来阐释消费者的伦理选择差异：在单一文化背景下，学者们主要研究 Hofstede 的各个文化维度与消费者伦理决策的关系，个人主义维度得到了大量的实证支持，其余三个维度尚需进一步验证；在多元文化背景下，Hofstede 的文化维度常被学者们用作提出研究假设的依据，其研究结论可间接反映文化背景与消费者伦理决策间的关系。也有部分学者（如 Sarwono and Armstrong，2001；Swaidan，1999；Swaidan, Vitell and Rawwas，2003）验证了特定亚文化对消费者伦理判断的显著影响，但文化环境因素方面的研究还不够深入，一些能反映文化背景特征的衍生变量尚需进一步深入挖掘，如中国人典型的面子文化、节俭保守的消费理念等对消费者伦理决策的影响。至于其他影响因素，诸如失误所在地、欺骗行为的表现形式、伤害程度，产品类型、购物环境以及产品价格，社会奖惩、周围人群压力、学习因素、经验因素和政治上极"左"还是极右、场景及情境知觉等，显得较为散乱，不成体系。

上述四类影响因素中尚未得到验证的诸多变量将是消费者伦理领域后续研究的重要突破口之一，进一步深入细致的研究极可能会带来新的研究发现与突破。学者们以往的研究多重点关注人口统计学因素、心理因素、文化环境因素以及其他因素各自对于消费者伦理决策的影响，但忽略了不同类型影响因素间的交互作用对于消费者伦理决策的影响，迄今尚无这方面的研究。不同类型影响因素间的关系及交互作用的梳理与检验，也将成为消费者伦理领域后续研究值得关注的重点之一。

（五）调节或中介效应的进一步探索

自 1992 年 Muncy 和 Vitell 的 CES 四维量表问世以来，消费者伦理研究取得了长足进展，但以往研究主要聚焦于消费者伦理信念的测度及其相关影响因素的探索等方面，极少关注消费者伦理信念与消费者伦理行为两者间的关系（Kenhove, Wulf and Steenhaut, 2003）。迄今为止，学术界尚无直接测度消费者伦理行为的工具，绝大部分典型的消费者伦理实证研究都沿袭了"借助 CES 量表测度消费者伦理信念，进而映射或预测消费者伦理行为"的研究思路。基于"感知—行为"模型视角，感知在某种程度上确实可以决定行为；然而，社会心理学的研究结果却表明：尽管感知与行为间存在某种因果关系，但特定感知状态并不能保证对等现实行为的必然发生。因此，学术界从消费者伦理信念到消费者伦理行为的假设过于直接，仅凭消费者伦理信念来映射其伦理行为不够真实、全面。事实上，消费者伦理行为的实施，除了受消费者伦理信念影响，还会受到其他诸多调节或中介变量的影响。

迄今为止，在消费者伦理的实证研究中，学术界极少探讨消费者伦理信念与伦理行为间的直接关系，更少考察各种调节或中介变量在两者间的影响作用[1]，这在一定程度上制约了消费者伦理研究的进一步发展，与此同时也为后续研究留下了广阔的空间。如何进一步开发和寻找更多的调节或中介变量，从而更为真实、全面地反映消费者伦理行为，是后续研究的重要突破口，也是学者们需长期协作共同努力的方向。

（六）消费者伦理理论的应用探索

每一个社会成员都扮演着消费者的角色，并且消费者伦理决策极可能牵涉社会生活的各个方面。随着消费者伦理理论的日趋成熟，有学者开始尝试运用消费者伦理这一变量来解释或研究某些社会中的现实问题。例如，赵宝春（2008）实证检验了消费者伦理信念（感知状态）与企业实施善因营销行为时的消费者响应之间具有一定的互动关系。此类极少量的研究所贡献的学术观点，对于消费者伦理理论的应用探索意义重大，也为后续研究的趋势展望提供了很好的启示与思考。

## 第二节　面子威胁感知

面子对于中国人的重要性是不言而喻的。林语堂（1936）指出：面子（Face）、命运（Fate）和恩惠（Favor）是统治中国的三位女神，这三位女神是三个不变的中国法则，永恒赛过罗马天主教的教义，权威赛过美国宪法。即使是在飞速发展的现代社会，面子对于中国人而言，其重要性依然没有根本性的改变（Redding and Ng，1982）。黄光国（1987）指出：面子和人情法则在工具性关系、混合性关系和情感性关系这三类人际关系中起着重要的调节作用。乐国安[2]（2002）认为：在

---

[1] 国内学者曾伏娥和甘碧群（2007）、刘接忠（2010）在这方面做了一些初步的探索，他们分别验证了"关系质量"和"文化价值观"在消费者伦理信念与消费者非伦理行为（即不合乎消费者伦理要求的行为）间的调节作用。

[2] 乐国安系南开大学知名教授、社会心理学系主任、心理学研究中心主任。

中国的人际关系中面子是最基本的调节器，人际互动双方的"爱面子"和"给面子"程度会直接影响人际关系的方向、程度以及和谐与否。张宏琴（2006）对中国社会转型期的面子功能进行了深入的社会学分析，她指出面子无论是对于个体、人际关系还是整个社会都有着正向和负向的功能。

在西方学者眼中面子同样重要并具有吸引力。面子是如何产生的？面子概念该如何精确界定？它究竟是个普世性的概念还是个具有文化独特性的概念？面子的作用机制如何？它对人际互动会产生何种影响？相应的面子策略又有哪些？这一系列问题引起了海内外学者们的广泛关注。他们试图基于语言学、社会学及心理学等视角对面子问题展开探索性研究，并在此基础上构建和发展了多个面子理论模型。其中，西方学者以 Brown 和 Levinson（1978，1987）以及 Goffman（1955，1967）等最为典型。东方学者以何友晖（1976，1994）、陈之昭（1988）、翟学伟（1993，1995，2005，2006）、朱瑞玲（1987，1989）和佐斌（1997）等为典型代表。遗憾的是，迄今为止大部分面子理论研究尚处于探索性研究阶段，这可能与面子概念的抽象模糊性存在一定程度的关联。

从既有的研究文献来看，大部分经典面子理论模型的构建都或多或少沿袭了"刺激—认知—反应"的认知心理学研究思路。学者们将个体关于情境及具体面子事件的认知（即面子感知）单列，并把它作为"面子事件—个体反应"关系的中介变量进行重点考察（如 Chen, 2001; Chou, 1996; Holtgraves, 1991, 1992; Wang, 2002; Whit, Tynan, Galinsky et al., 2004；陈之昭，1988；黄光国，1987；赵卓嘉，2011；朱瑞玲，1987；佐斌，1997）。面子感知概念的提出大大提升了面子实证研究的可操作性。通常人们对于面子的感知有正向和负向之分[①]（Chou, 1996），基于 Kahneman 和 Tversky（1979）的得失不对称理论，人们对"失去"比"得到"更为关注和敏感。相应地，相对于"争面子"，人们对"丢面子"也就更为关注和敏感（如 Chou, 1996; Markus and Kitayama, 1991；何友晖，1994）。因此，既有的面子感知研究多集中于有可能丢失面子的负面感知，即面子威胁感知，以及由此

---

[①] 正向的感知是指面子的获得（争面子、有面子），负向的感知是指面子的损失（丢面子、没面子）。

所引发的情绪生理反应和相应的行为反应（如 Redding and Ng, 1982；何友晖，1976；朱瑞玲，1987，1989；佐斌，1997）。

## 一 面子威胁感知的概念界定

### （一）面子概念的界定

在中国社会，面子现象俯拾皆是，面子概念人们耳熟能详，但要对其做出精确界定却是件难事。鲁迅（Lu, 1934）认为面子不想还好，一想就糊涂了。林语堂（1936）认为面子抽象而不可捉摸，举例子容易下定义难。到目前为止，学术界还没有对面子概念形成统一界定（Gong, Gage and Tacata, 2003）。

长期以来，众多学者一直困惑于面子到底是个社会性的概念还是个心理性的概念。从既有的研究文献来看，学者们对面子概念的界定大致可分为三类。第一类基于社会学视角对面子概念做出界定。学者们较多地把面子视同为个体在社会网络中追求的一种社会认同、尊重以及社会正向的评价或价值，面子不免受到社会地位、社会声望、社会规范和行为准则以及文化背景等因素的影响，如 Goffman（1955, 1967）、Stover（1962）、何友晖（1976）、胡先晋（1944）和金耀基（1988）等。第二类基于心理学视角对面子概念做出界定。学者们将面子视为具有社会或人际意义的自我心像、自我评价或向他人所声讨的积极的公共形象，如 Brown 和 Levinson（1978, 1987）、Earley（1997）、Lim（1994）、Ting‐Toomey 和 Kurogi（1998）、陈之昭（1988）、刘继富（2008）、翟学伟（2006）等。第三类基于综合性视角对面子概念做出界定。学者们将面子分为主客观两个维度，兼顾了社会学的社会认同和评价以及心理学的个人感知与诉求，从而更为充分地反映和揭示了面子概念的含义，如成中英（1986）、周美伶和何友晖（1993）等。基于三个视角的面子概念界定，具体内容如表 2-4 所示。

### （二）面子威胁感知的概念界定

所谓面子感知，是指个人因某种社会性回馈而觉察到的自我心像（朱瑞玲，1987）。人们对于面子的感知有正向和负向之分（Chou, 1996），正向的感知是指面子的获得（争面子、有面子），负向的感知是指面子的损失（丢面子、没面子）。得失不对称理论研究表明，人们对"失去"比"得到"更为关注和敏感，类似地，相对于"争面子"

表2-4　　　　　　　　　　面子的定义

| 研究视角 | 学者（年份） | 面子定义的关键词 | 对面子概念的界定 |
|---|---|---|---|
| 社会学视角 | Goffman (1955, 1967) | 成功地获得、社会正向价值 | 面子指在特定的社会交往中，个人成功地获得其向他人声讨的同时也使他人认为他应该获得的社会正向价值 |
| | 何友晖 (1976) | 社会网络、尊敬、顺从 | 面子是个体要求别人对其表现出的尊敬和（或）顺从。他之所以有这种要求，是因为他在社会网络中占据一定的地位，并且人们对他在其位适当发挥作用及做出正常的、一般的、可接受的行为具有一定程度的评价 |
| | 胡先晋 (1944) | 社会、成功、认可、声誉 | 面子代表一种中国社会重视的声誉，是个体在人生经历中通过成功或夸耀，步步高升而获得的名声，也是经过个人努力和聪明才智积累起来的声誉。要获得这种认可，个人时刻都依赖他所处的外在环境 |
| | Stover (1962) | 社会位置、社会意识 | Stover强调面子并非一种个人属性，而是"个人在社会体系中的位置"。透过面子的功能分析，他认为：（中国人的）面子是一种用以维持森严的等级差距以及人际稳定性的社会意识 |
| | 金耀基 (1988) | 社会地位、政治权利或品学修养 | 面子是对个人所拥有的社会地位、政治权利或品学修养等成就的承认 |
| 心理学视角 | Brown 和 Levinson (1978, 1987) | 公众自我心像 | 面子是每一个体要求他人认可的公众自我心像（Public self-image），是一种需情绪投入，可以丢失、维持或增加，并且在交往中需要被时时留意的东西 |
| | Earley (1997) | 自我评价 | 面子是一个基于内外部判断的自我评价，该判断与个体行为是否符合道德规范及其在特定社会结构中所处地位有关 |
| | Lim (1994) | 积极的公共形象 | 面子是一个人向他/她所声讨的积极的公共形象，可分为自主的面子、交情的面子和能力的面子三种基本类型 |
| | Ting-Toomey 和 Kurogi (1998) | 关系情境、心像 | 面子实际上是个人的自我在某种关系情境中呈现出来的心像，它是在某一情境下互动者互相定义的身份 |

续表

| 研究视角 | 学者(年份) | 面子定义的关键词 | 对面子概念的界定 |
|---|---|---|---|
| 心理学视角 | 陈之昭(1988) | 自我心像、社会意义、人际意义 | 面子是在自我或自我涉入的对象所具有且为自我所重视的属性上,当事人认知到重要他人对该属性的评价之后,所形成的具有社会意义或人际意义的自我心像 |
| | 翟学伟(2006) | 心理地位 | 面子是个体所表现出来的心理及行为在他人心目中产生的序列地位,也即心理地位 |
| | 刘继富(2008) | 自我价值、认同 | 面子是个体借由行为或社会性资源展现其自我价值,寻求他人的确认且受到意外的认同时,凸显于个体内心的自我价值感与相应体验 |
| 综合性视角 | 成中英(1986) | 自尊价值、重要性、他人认同、社会位置 | 成中英把面子分为主观、客观两个维度。客观的面子是指,个人被相同社会或社区中的其他成员认可的社会位置,或更多表现为在某特殊场合被特殊人认可的社会地位或价值。主观的面子体现的是与社会关系及整个社会相关的个体自尊价值和自身的重要性。人们据此相信他们可以得到自尊,获得社会中其他成员的尊重,或成为社会的一分子 |
| | 周美伶和何友晖(1993) | 社会尊严、公众形象 | 面子既是一种心理建构也是一种社会建构,既具有情境性也具有持久性,指的是个人所声称的而且为他人所认可的社会尊严(Social esteem)或公众形象(Public image) |

注:按学者姓名首字母排序。
资料来源:笔者根据相关文献整理汇总而成。

而言,人们对"丢面子"会更关注和敏感(如 Chou, 1996; Markus and Kitayama, 1991;何友晖, 1994)。只有极少数学者如陈之昭(1988)、金耀基(1988)、朱瑞玲(1987, 1989)的极少量研究涉及面子的正向感知。现有的面子感知研究多聚焦于负面感知,也即面子威胁感知。朱瑞玲(1987)指出:面子威胁感知是个人因某种社会性回馈而觉察到的负向自我认知,是一种兼具认知和动机性的心理历程。赵卓嘉(2009)将其通俗地表达为:个体由某一特定事件或行为而感知到的丢面子或没面子的可能性和风险。礼貌理论认为:某些特定的言语行为本质上具有威胁面子的性质，极可能对说话人或受话人的面子构成威胁（Brown and Levinson，1987）。朱瑞玲（1989）将访谈得到的110项负向面子事件归结为九大类面子威胁事件：违法行为、品行不端、道德方面①、伦理方面、能力方面、地位与尊严、责任方面、行为失误、暴露隐私（见表2-5）。

表2-5　　　　　　　　　　面子威胁事件总结

| 面子威胁事件类型 | 具体内容 |
| --- | --- |
| 违法行为 | 包括抢劫、偷窃、恐吓等犯罪行为；作弊、记过、赌博、非法获利、受贿及出卖国家亦在此类 |
| 品行不端 | 轻微的违规违俗行为，如酒后胡言、说谎、殴打妻小、吹牛、占便宜、乱丢垃圾、强拉外国顾客或不守规矩 |
| 道德方面 | 主要是指异性关系，如有婚外关系、未婚怀孕、从事色情行业，甚至中外情侣 |
| 伦理方面 | 如子女不孝、不听话、管教无方等 |
| 能力方面 | 各种能力表现失败、吃闲饭的丈夫、因妻子能力强而惧内、生活颓废、没主见、无知、有亏职责、无能力栽培子女、子女无能等 |
| 地位与尊严 | 例如，贫穷、职位低、委曲求全、谄媚他人、为异性瞧不起或拒绝、自尊心受损、学生不听课、成年人被父母管教等 |
| 责任方面 | 有债务、失信于人、因努力不够而失败（如赛球）、家庭不美满等 |
| 行为失误 | 主要是指在他人面前所发生的，包括摔跤、吐酒、放屁、掉钱（疏忽）、认错人、打错电话、表达结巴或错误、为陌生人责难、夫妻（或家人）争吵、服装特异等 |
| 暴露隐私 | 包括身体不当的暴露、秘密和缺失被公开等 |

资料来源：朱瑞玲：《"面子"压力及其因应行为》（1989年），载翟学伟主编《中国社会心理学评论》（第二辑），社会科学文献出版社2006年版，第164页。笔者根据相关内容整理汇总而成。

## 二　面子及面子威胁感知相关理论的研究归类

综观以往有关面子及面子威胁感知的相关理论研究，大致可归纳为

---

① 这里主要指异性关系。

两大类：其一是基于社会语言学视角的礼貌理论（Politeness theory）及其相关研究；其二则是基于社会心理学视角的面子研究，重点探讨面子的产生、作用机制以及相应的社会功能等。关于面子到底是个普世性概念还是个独特文化性概念的问题始终贯穿于两大类的研究之中。

（一）基于社会语言学视角的礼貌理论

基于社会语言学视角的礼貌理论，虽以礼貌命名但其核心概念却是面子，侧重于探究口头沟通中的各类面子威胁感知及多种面子策略运用（如 Deutsch，1961；Holtgraves，1992）。礼貌理论的代表人物 Brown 和 Levinson（1978）提出"面子保全论"（Face-saving theory）：每一个参与交际活动的典型人都是具有面子需要的理性人，所谓的面子是指在公众中为自己争得的"自我形象"，有积极面子和消极面子之分；并在此基础上探讨人们如何运用语言表达面子顾虑及规避面子威胁，以使交际各方都有面子。Brown 和 Levinson（1987）进一步提出"面子威胁行为"（Face-threatening acts）理论，他们指出：某些言语行为本质上就具有威胁面子的性质，也即不符合说话人或受话人的面子需求，极可能威胁到说话人或受话人的积极或消极面子。两位学者根据面子拥有方（说话人/受话人）和面子类型（积极面子/消极面子）两个维度，把面子威胁感知分为四种类型[①]，这为后续的进一步研究奠定了基础；并针对此，提出五种补救的礼貌策略：直言策略、积极礼貌策略[②]、消极礼貌策略[③]、婉言策略及回避策略。在此基础上，两位学者还指出：个体的面子威胁感知强度受到互动双方的社会距离[④]（Social distance）、相对权势[⑤]（Relative power）以及言语行为本身所固有的强迫性[⑥]（Absolute ranking of imposition）这三大要素的共同影响。礼貌理论的另一位代表人物美国华裔心理学家 Ting-Toomey 和 Kurogi（1988，1998）提出并完善了面子协商理论（Face-negotiation theory），融合文化及个人层面的特征试图解释有关面子、冲突方式和维护面子的行为。该理论认

---

[①] 即损害受话人的消极面子、损害受话人的积极面子、损害说话人的消极面子、损害说话人的积极面子这四种类型。
[②] 虽也直言，但说话人考虑受话人的积极面子而相应调整话语。
[③] 虽也直言，但说话人考虑受话人的消极面子而相应调整话语。
[④] 指说话人与受话人间的社会距离。
[⑤] 指受话人相对于说话人的权力优势。
[⑥] 指说话人的话题对受话人造成的不便、压力及威胁程度。

为：冲突的发生是缘于涉入其中的个体感知其当下的面子受到了威胁，因此冲突的解决本质上就是一个面子协商的过程。关于自我的认知是面子问题的核心[①]，处于个人主义文化中的个体，其公开呈现的自我和私下的自我极其相似，在语言表达和策略选择上，偏爱于直接性表达和以寻求结果为主的冲突解决方式；而处于集体主义文化中的个体，其公开呈现的自我则以情境、关系为基础，需由社会网络、差序格局及人际关系来界定，在语言表达和策略选择上，倾向于非直接性表达和他人取向的面子策略（诸如向对方妥协及缓和矛盾等）。总的来说，礼貌理论倾向于面子是个普世通用的概念，不同文化背景下的人们对面子都有需求，仅在程度上有所差异，究其根源在于集体主义与个人主义思想的差异（Cardon，2005）。相对于作为个人主义典型代表的美国人，作为集体主义文化典型代表的中国人更看重和在乎面子，对于面子威胁的感知也更敏感，更多规避直接冲突，更多认同礼貌行为与间接性评价（如 Oetzel，Ting‐Toomey，Masumoto et al.，2001；Ting‐Toomey and Kurogi，1998）。在后续研究中，学者们也验证了由礼貌理论推演而来的面子沟通策略（Cardon，2005），因而该理论具有一定的参考价值和理论指导意义。然而，礼貌理论的跨文化性却受到了不少学者的质疑和批判。尽管 Brown 和 Levinson 声称其具有普遍效力——适用于任何文化背景，但学者们在不同的文化和语言环境（如集体主义的华人社会）下展开实证研究以验证该理论时，发现得出的结论与理论假设相去甚远，乃至全然相反。究其原因主要在于：礼貌理论基于西方个人主义视角（Chen，2001），并假定面子的基础是自我，把面子视同为一种"自我形象"，出现在离散情境中的面子与"关系""人情"无关；而中国是典型的集体主义文化，讲究人情和关系，自我、面子以情境、关系为基础，需由社会网络、差序格局及人际关系来界定，在中国文化中面子可称为一种"公众自我形象"，所以礼貌理论的假设与中国社会的实际情况严重不符（如 Cardon，2005；Chen，1993，2001；Kim and Nam，1998；翟学伟，1995，2005），在中国文化中是行不通的。

（二）基于社会心理学视角的面子研究

基于社会心理学的面子研究也可分为两大流派。一派以 Goffman、

---

[①] Ting‐Toomey（1988）指出"面子实际上是个人的自我在某种关系情境中呈现出来的心像"。

Alexander、Tedeschi、Ting – Toomey 和 Kurogi 等学者为典型代表，他们分别提出了戏剧理论（Dramaturgical theory）、情境性形象认定论（Situated identity theory）、印象整饰理论（Impression management theory）和面子协商理论①（Face – negotiation theory）。上述学者们坚信面子现象是普世存在的，面子是个普世性的概念，也即面子是普世需要的。另一流派则认为面子是一个根植于文化的概念，也即面子是个具有独特文化性的概念，在不同的文化背景下人们对于面子的关注度、评价标准乃至面子的外显表现均存在较大差异，尤以陈之昭（1988）、成中英（1986）、何友晖（1976，1994）、胡先晋（1944）、黄光国（1987）、金耀基（1988）、翟学伟（1995，2005，2006）、周美伶和何友晖（1993）、朱瑞玲（1987，1989）等华人学者为典型代表。华人学者们运用社会学和心理学等多种研究方法，深入、全面剖析面子的产生、作用机制和相应的社会功能等，着重探讨中国文化背景下面子的"文化独特性"。基于社会心理学视角的面子"本土化"研究，近些年来大有蓬勃发展、逐渐成为主流之势，本书关于面子、面子威胁感知的研究也侧重于此。

### 三 面子威胁感知的维度划分与测量

（一）面子的维度与分类

Brown 和 Levinson（1978）认为面子体现了社会交往中人们的基本愿望与需求，综观国内外既有相关研究文献，学者们正是由此入手对面子进行了诸多分类。Goffman（1967）基于人们在社会交往中既想维护自我面子又想维护他人面子的基本愿望与需求，把面子划分为自我面子和他人面子两大类。Brown 和 Levinson（1978，1987）把面子划分为消极面子与积极面子两大类。其中，消极面子是基于个体渴望独立自主、行动自由不受他人妨碍与干涉的需求；积极面子则是基于个体渴望受到他人的认同、赞许和尊敬的需求。Lim（1994）则认为面子是一个人向他人所声讨的积极公共形象，可分为自主的面子、交情的面子和能力的面子三种基本类型。其中，自主的面子是基于人们不想被压迫、独立自主的需求，交情的面子是基于人们希望被欣赏、接纳的需求，能力的面子是基于人们希望自己的能力被认同、尊重的需求。我们不难发现，

---

① 面子协商理论由 Ting – Toomey（1988）、Ting – Toomey 和 Kurogi（1998）提出。

Lim 的自主的面子对应于 Brown 和 Levinson 的消极面子；Lim 的交情和能力的面子联合起来共同对应于 Brown 和 Levinson 的积极面子。Spencer - Oatey（2002）将面子划分为"质的面子"和"社会身份的面子"两大类，这两大类面子相互影响。质的面子是基于人们希望他人认同、积极评价自身品质（如能力、外表等）的基本愿望；社会身份的面子是基于人们希望他人知晓并给予自身社会身份支持的基本愿望。Bakan（1966）认为社会价值大致可分为能力（Agency）与共享（Communion）两大类，相应的面子也可划分为能力的面子与共享的面子两大类。能力的面子是基于人们希望通过自身努力取得成就以博取他人认同和敬佩的需求；共享的面子则是基于人们希望借助自身责任心及助人为乐等，维持与他人的融洽关系，并博取认同与接纳的需求。国内学者王轶楠（2006）对面子的划分承袭了 Bakan 社会价值 A/C 分类法的脉络，她认为此分类法基于人类最主要的价值划分面子，具有一定的优越性。事实上，许多华人学者对于面子的分类与 Bakan 社会价值 A/C 分类法有着部分相似之处（如能力、成就、社会关系等），但也同时关注到被西方学者所忽略的个人品德方面。胡先晋（1944）率先提出脸面划分法，脸代表群体赋予具有道德声望者的尊敬，面子代表个人通过人生经历中的成就或夸耀而获取的声誉。朱瑞玲（1987）认为自胡先晋脸面分野以来，就广义而言，面子至少包含个人成就和品德这两种社会赞许的价值。何友晖（1976）指出面子的基础是地位，按地位来源面子可划分为先赋型面子[①]和获致型面子[②]两大类。其中，获致型面子还可继续细分为基于个人品质[③]和基于非个人品质[④]形成的面子两大类。它们分别与金耀基（1988）提出的道德性面子（Moral face）与社会性或地位性面子（Social/Positional face）相对应。朱瑞玲（1987）基于社会认可成就维度和社会控制手段维度，划分出四种面子需求（见图 2-2）。

---

[①] 指并非通过竞争和个体努力而拥有的面子（如出身的家庭背景所带来的面子等）。
[②] 指通过竞争和个体努力而获取的面子。
[③] 此处指作为个人成就基础的个人品质，诸如个人的内在能力、品德等。
[④] 此处指通过个人努力而获得的财富、社会关系和权威等。

|  | 社会控制手段 | |
|---|---|---|
|  | 内化（自律） | 外控（他控） |
| 道德（脸） | 自我合宜"诚、良知" | 良风善俗 |
| 能力（面子） | 自我期许之成就 | 社会赞许取向之成就 |

（社会认可成就）

**图 2-2　朱瑞玲二维面子分类模型**

资料来源：朱瑞玲：《中国人的社会互动：论面子的问题》（1987年），载翟学伟主编《中国社会心理学评论》（第二辑），社会科学文献出版社2006年版，第82页。

综上所述，我们不难发现：面子是一个多维度的复杂概念，同时涉及个人的能力、道德以及社会关系等诸多方面；既包含主观判断，又包括客观评价。国内学者赵卓嘉（2009，2011）的经验研究结论也较好地验证了此观点。上述学者们围绕面子类别展开的深入细致研究取得了丰硕的成果，丰富了我们对面子的认知，为面子研究提供了不同的视角，有助于我们对面子展开定性和定量的综合分析，为面子的后续研究奠定了一定的理论基础。

（二）面子威胁感知的维度与分类

基于礼貌理论的"面子威胁"可分为两大类：其一是某些言语行为本质上就具有威胁面子的性质，也即不符合说话人或受话人的面子需求，极可能威胁到说话人或受话人的积极或消极面子。其二是某些具体的情境特征也可导致潜在的威胁（Wilson，Aleman and Leatham，1998）。相应地，个体的"面子威胁感知"也就可划分为两大类：一类是由语言的内容及具体表达形式、强度等所导致的面子威胁感知，另一类是由具体的情境特征（如语言暗含的用意及具体应用的情境等）所引发的面子威胁感知。此外，面子威胁感知还可根据"指向不同"分为指向自己和指向他人两大类（如 Brown and Levinson，1987；Chen，2001；Holtgraves，1992；Keltner，Yong，Heerey et al.，1998；Johnson，Roloff and Riffee，2004a）；面子威胁感知也可根据"自我形象需求不同"划分为针对消极面子和针对积极面子两大类（如 Brown and Levinson, 1987; Holtgraves, 1992; Johnson, Roloff and Riffee, 2004a, 2004b; Tracy, 2002; Wang, 2002）。从总体上看，到目前为止基于礼貌理论的面子威胁感知分类方法仍是学术界展开经验研究的主流标准。而围绕着能力要素、个人品德以及社会关系等维度划分方法所展开的相关学术研究十分罕见，迄今仅有国内学者赵卓嘉（2009，2011）尝试采用此维度划分方法展开相关学术研究。

（三）面子威胁感知的测量

综观国内外相关研究文献，既有的面子威胁感知研究多聚焦于社会语言学领域，迄今尚处于理论探索阶段，其维度划分尚无明确统一标准，概念测量也尚未形成通用、有影响力、公认权威的测量工具。学者们的研究大多聚焦于言语行为本身所固有的面子威胁感知，而忽略了由具体情境特征（如语言暗含的用意及具体应用的情境等）所引发的面子威胁感知。通常情况下，面子威胁感知的预测往往借助于个体对于语言行为的具体内容、表达形式与强度以及整个互动过程中语言的直接性、礼貌性和对抗性的感知（如 Chen, 2001; Hodgins and Liebeskind, 2003; Ting-Toomey and Kurogi, 1998）。学者们各自依据研究需要对具体情境进行编码、计量和分析，致使研究结果间缺乏可比性。基于社会心理学的面子威胁感知研究，侧重于概念界定、维度划分、理论模型、影响因素以及作用效应等理论探索，实证研究较为缺乏，概念测量方面仅有中国香港学者王红（Wang, 2002）提出"感知到的面子受威胁程度"单条款测量方法，中国内地学者赵卓嘉（2009）在其博士学位论文中尝试提出能力要素、关系要素、道德要素和自主要素四维度面子威胁感知测量量表。赵卓嘉（2011）又在《知识团队内部任务冲突的处理：感知面子威胁的中介作用研究》一文中基于能力要素、个人品德与人际关系这三个维度测度面子威胁感知。就整体而言，不管是基于礼貌理论还是基于社会心理学的"面子威胁感知"至今都缺乏成熟统一的测量量表，致使研究结果间缺乏可比性。在后续的相关研究中如何开发出科学统一的测量量表，实现测量方法聚焦促使相关研究成果相互融合可比，学者们还需要更多的研究投入。

**四 面子威胁感知理论模型的构建与发展**

基于以往的文献研究，大部分典型的面子理论模型的构建与发展都或多或少沿袭了"刺激—认知—反应"的研究思路。在这一传统、典型的心理学研究思路指引下,学者们往往将个体关于情境及具体面子事件的认知过程或结果(反应)单列,并把它作为"面子事件—个体反应"关系中的中介变量进行重点考察(如 Chen,2001;Chou,1996;Holtgraves,1991,1992;Wang,2002;Whit,Tynan,Galinsky et al.,2004;陈之昭,1988;黄光国,1987;赵卓嘉,2011;朱瑞玲,1987;佐斌,1997)。

陈之昭(1988)和佐斌(1997)基于认知过程视角,沿袭了"刺激—认知—反应"这一传统而又典型的心理学研究思路与方法,打开了个体对面子认知的黑箱。其中,佐斌(1997)构建了个体对面子事件的认知过程模型(见图2-3)。① 该模型主要由三个系统组成,分别为刺激系统、认知系统和反应系统。其中,刺激系统主要包括处于一定时空情境和社会文化背景中的面子事件(人、事、物等),面子事件会引发个体关于面子相关的感知和顾虑等。在面子的认知系统中,首先是"接收刺激",这里所谓的"刺激",是指社会性的。② 接着,个体会对接收到的社会性刺激(面子事件),按照自身的理解,赋予它在具体情境中的意义,此即为"情境解释"——把客观存在的社会刺激转换为个体主观的思想观点。鉴于个体之间的差异性,对同一情境的解释可能会有所不同,但身处同一文化背景中的个体对社会情境进行解释时其共同性往往会大于相异性。并且,当事个体还会根据法律、道德以及文化习俗等既定的法则来设定标准,进而依据标准分析自身的言行合适性,比较自己和其他人的行为表现,通过分析与比较继而判断自己面子的得与失。经过分析、比较和判断后的结论,即为个体对面子的认知结果。在接下来的面子反应系统中,当个体出现"没面子""丢面子"等心理感知时,通常情绪上会出现神色紧张、焦虑及面红耳赤、言语吞吐等反应,行为上也会相应通过各种途径做出求面子、保面子或装面子等外显反应。

---

① 佐斌认为,中国人所谓的"脸"与"面子"在认知过程方面是一致的,并无区别。
② 佐斌认为,面子事件反映到个体的认知系统中便是社会性的刺激。社会性刺激与个体的社会性需求有着很大的关联性。

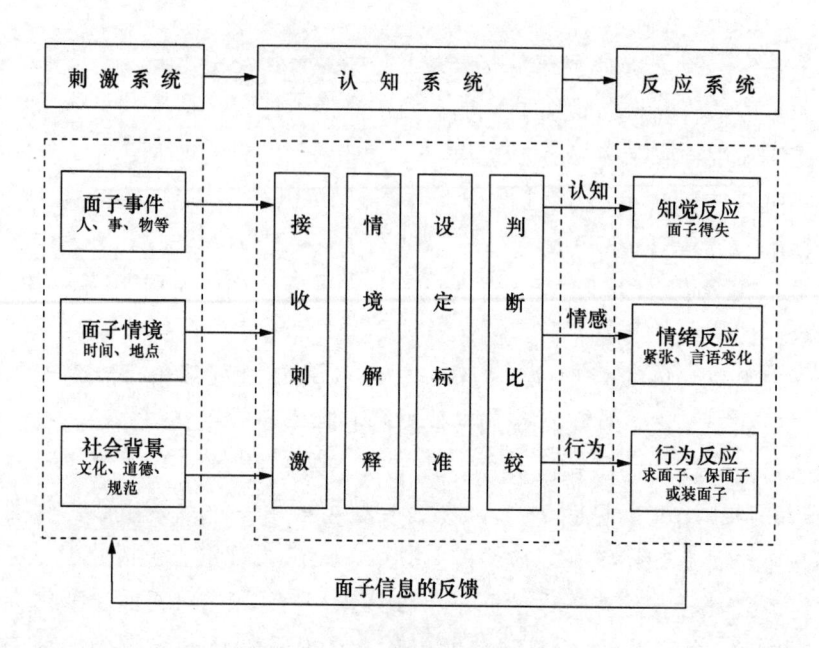

**图 2-3　面子的认知过程模型**

资料来源：佐斌：《中国人的脸与面子——本土社会心理学探索》，华中师范大学出版社1997年版，第105页。

陈之昭（1988）同样遵循"刺激—认知—反应"的研究路线，提出了面子的消息处理系统模型（见图2-4）。该模型对于面子作用机理的分析，到目前为止是最系统最全面的。陈之昭认为，个体的面子消息处理系统由三个主要的子系统组成，分别是：面子的刺激系统、认知系统和反应系统。其中，认知系统又可进一步细分为"消息计量系统"和"判断比较系统"。在整个面子消息处理过程中，首先是个体对接收到的社会刺激进行情境释义。情境释义是系统的一个编码过程：将一定情境下的社会性刺激转化为个体主观层面的消息或符号，并重新输入系统作为下一步处理资料。经个体情境释义后，凡被归为面子事件的则会进入消息计量系统进行面子量的计算。面子量计算会受到面子事件本身的主观重要性以及个体所认知的他人评价方向与强度的影响。在此过程中，评价对象的重要性、熟悉程度、人数、当事个体的卷入度、场合以及归因等都会起到一定的调节作用。面子量计算后个体会进一步与"判断比较系统"中的判断标准做比较，继而导致相应的有面子、没面子、丢脸①等知觉反应，情感体验与表达等情绪生理反应以及保护面子、做面子、求面子等外显反应。

```
┌─────────┐    ┌─────────────┐    ┌─────────┐
│ 刺激系统 │ ⇒ │  认 知 系 统 │ ⇒ │ 反应系统 │
└─────────┘    └─────────────┘    └─────────┘
```

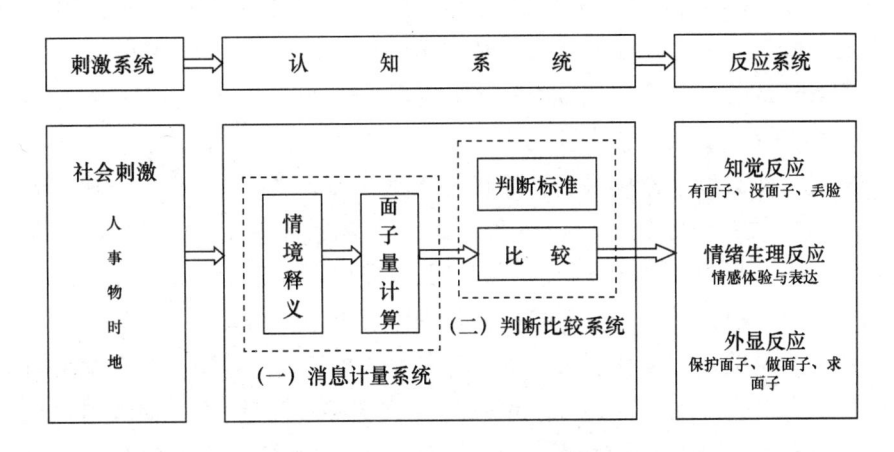

图中：社会刺激（人、事、物、时、地）→（一）消息计量系统（情境释义→面子量计算）→（二）判断比较系统（判断标准、比较）→ 知觉反应（有面子、没面子、丢脸）；情绪生理反应（情感体验与表达）；外显反应（保护面子、做面子、求面子）

**图 2-4　面子的消息处理系统模型**

资料来源：陈之昭：《面子心理的理论分析与实际研究》（1988 年），载翟学伟主编《中国社会心理学评论》（第二辑），社会科学文献出版社 2006 年版，第 122—123 页。笔者有整合。

学者们基于认知的结果视角，研究面子威胁感知的作用机理时，往往忽略认知的具体过程，而把面子威胁感知直接视为"面子事件—个体反应"关系中的中介变量（如 Chou, 1996；Wang, 2002；黄光国，1987；朱瑞玲，1987）。重人情②、讲面子③、重礼尚往来④是中国人际关系的基本特征。中国台湾学者黄光国（1987）借助人情、面子、关系等概念构建了一个解释中国人社会行为的"人情与面子"理论模型⑤

---

① 丢脸一般被认为比没面子程度更进一步。
② 人情是中国人际关系的基石和纽带。欲与中国人发展人际关系，人情是难以摆脱的。
③ 面子在中国人的人际关系中是个非常重要的概念，它是一个人透过别人的评价或对待他的行为与态度所形成的自我形象。由于面子的他人取向加之中国人又特别看重面子，在人际交往时就需随时考虑给予对方面子。
④ 在中国人的人际交往中，"人情"和"面子"也可被当作"礼"进行交换，既可营造和谐的人际关系，也可作为牟求自己所需利益的手段。
⑤ 黄光国认为，该行为模式是中国人社会行为的一个"基模"：只要是在华人社会中，不管哪个年代，人们都可看到此种行为模式的体现。

(见图2-5)。该理论模型把社会行为简化为两人间的社会互动[①],互动双方分别被界定为"资源支配者"和"请托者"[②]。在资源请托过程中[③],资源支配者首先会就请托者与自身做出"关系判断"。资源支配者与请托者间存在工具性、混合性和情感性三种关系,此三种关系是依据工具性成分与情感性成分所占比例的不同来加以划分的。其中,工具性关系较易发展成为混合性关系,两者间用虚线表示;而混合性关系则较难发展成为情感性关系,两者间用实线表示。体现在图2-5中,代表"人际关系"的长方形被一条对角线分割为两部分:工具性成分用空白表示,意指互动双方视对方为工具以获取所需资源;情感性成分用阴影表示,意指互动双方的情感依附程度。典型的工具性关系是陌生人间所建立的关系,以获取某种资源为目的,短暂而不稳定。典型的混合性关系是朋友、同事、同学、邻居等熟人关系,注重"人情"和"面子"的运用。典型的情感性关系是家庭、亲友关系,长久而稳定。请托者如被界定为工具性关系,资源支配者将按公平法则处理,做出客观决策;如被界定为情感性关系,资源支配者将按需求法则[④]处理,各尽所能,各取所需,但也可能因资源分配中的冲突、矛盾而产生"亲情困境";如被界定为混合性关系,资源支配者将按人情法则处理,考虑自身必须付出的代价和预期回报,同时兼顾请托者的关系背景来权衡决定是否要"做人情"给对方,由此也就时常遭遇"人情困境"。当预计代价小于预期回报时,资源支配者会接受请托,接受会使请托者感觉"有面子";当预计代价大于预期回报时,资源支配者会拒绝请托,拒绝会使请托者感觉"失面子"。当预计代价与预期回报近似相等或难以

---

① 简化为双人互动的形式主要是为方便读者理解。该理论模型其实也可用于解释三人以上的社会行为。

② 在实际社会互动中,"资源支配者"和"请托者"的角色也可能互相转换。如果双方各自掌握一定的社会资源并互有所需,则此时扮演"资源支配者"的一方在彼时就有可能扮演"请托者"的角色。

③ 在该过程中,"请托者"一般都会向"资源支配者"提出有利于其自身的资源分配请求。

④ 对此,也有学者曾提出不同观点,如尚会鹏认为:在中国人的人际关系中,当请托者被界定为情感性关系时,资源支配者是依据伦理和所扮演的角色行使责任和义务的,并非依据"需求法则","需求法则"更适用于自由、独立个体间组成的共同体社会中的关系。笔者倾向于赞同学者尚会鹏的观点。参见尚会鹏《"伦人":中国人的"基本人际状态"》,《文明》2008年文明论坛特刊(Ⅱ),第68—82页。

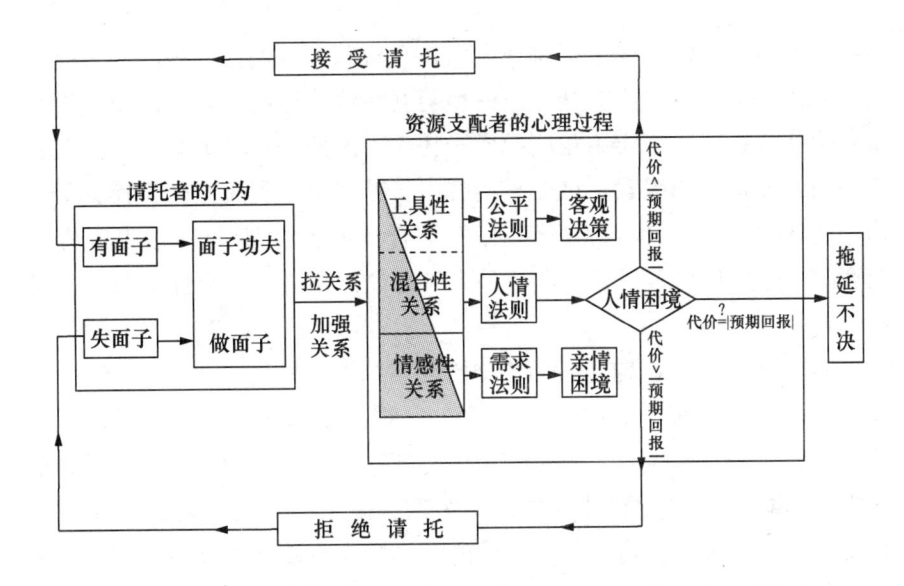

**图 2-5　"人情与面子"理论模型**

资料来源：黄光国等：《人情与面子：中国人的权力游戏》，中国人民大学出版社 2010 年版，第 6 页。

评估①时，资源支配者常采用拖延策略，既不接受也不拒绝请托，不给予具体答复。从自身的印象整饰出发，请托者经常会通过炫耀自己的财富、身份、学问、美貌以及与某些达官贵人的特殊关系等做足"面子功夫"，继而通过种种手段、方法和资源支配者拉上关系或强化关系，以便在将来的资源请托过程中，能够影响资源分配者，使其资源分配方式对自己有利；或者，使资源支配者顾及请托者"面子"和平时的"人情"亏欠，不好拒绝。一旦请托被拒"失了面子"后，则请托者极可能会通过种种手段、方式"做面子"，以此来挽回损失的"面子"。一旦有机会报复，请托者也绝不手软会让对方同样没面子。简言之，请托者通过"面子功夫"等的关系运作，其最终目的在于使资源支配者在分配资源时做出对其有利的决策。黄光国的"人情与面子"理论模型巧妙综合了已有的"人情""面子"与"关系"研究，揭示了资源请托过程中资源支配者和请托者互动双方的心理历程和行为表现，用以阐

---

① 人情其实是较难评估的一种社会资源，并且有些时候资源支配者会较难预计请托者将给自己带来何种回报。

释中国人运用人情和面子影响他人的社会机制。该模型的核心部分是中国社会的人际关系类型及其相应的社会互动法则运用，至于面子有无的认知判断仅是请托者实施相应的面子功夫、做面子、拉关系、强化关系等行为的前置影响因素。该模型的突出贡献在于：利用社会交换论的理论架构将"人情"和"面子"有机结合，创新性地把符号表现性的"面子"放置于工具交换性的"人情"之中，并用"混合性关系"涵盖它们。

朱瑞玲（1987）构建了面子知觉与整饰过程模型（见图2-6）。该模型集中于影响面子威胁知觉（感知）的诸多因素，及个体对面子威胁知觉（感知）的情绪和行为反应。朱瑞玲指出，个体对面子威胁的知觉（感知）首先受到社会规范的影响，面子事件能映射出一定的文化价值和社会规范，当面子事件中的个体行为与社会规范不符时，他人给予的惩罚性回馈就会使个体感知到面子威胁。除社会规范之外，朱瑞玲认为还需进一步考虑情境特性、个人特性和行为特性这三方面的影响因素。其中，"情境特性"最受关注，情境公开性与熟悉程度、观众评价能力都会影响个体面子威胁的知觉（感知）。[①]"行为特性"中的行为（事件）性质、行为强度、行为引发者和行为自由度也均会影响个体面子威胁的知觉（感知）。[②]"个人特性"对个体面子威胁知觉（感知）的影响包括身份背景、人格、角色期望以及人际关系经验等。关于"面子威胁"的"结果"，朱瑞玲认为有情绪和行为反应两方面。面子威胁是一种主观的知觉经验，当个体感知到面子威胁时通常会出现窘迫、焦虑、生气、羞愧、忧虑等情绪反应，可能是单一的情绪反应，也可能是几种情绪的交集。受面子需求的驱使，个体还会做出相应的面子整饰行为——为避免面子威胁或增加面子而采取的相应行动。面子整饰行为尤以维护性面子行为最为普遍[③]，具体包括事先预防性措施（例如，声明性行为、恪守礼仪、加强能力、自我防卫）和事后补救性措施（例如，补偿性行为、报复性行为、自我防卫）；增加面子的行为

---

① 公开的情境、评价能力高的观众和熟悉程度低的情境，均有可能导致较高水平的面子威胁知觉（感知）。

② 如行为性质属违法、行为强度大（面对面、卷入程度高或后果严重并牵涉多人）、行为引发者为个人并应由个人负责，均比较容易引发个体的面子威胁知觉（感知）。

③ 学者们也较多地探讨此类面子策略。

（例如，自我显扬、维护他人、贬损他人）虽不属于对面子威胁的反应行动，但一定程度上也可起到预防性的效果。面子整饰行为可有效映射个体感知到的面子威胁大小及其人际交往的技巧。面子整饰行为受到诸多因素的影响，除了情境特性、个人特性和行为特性[①]，还同时受到行为代价、代价公开性、他人合作程度、互动对象特质、过去经验、工具可用性等因素的影响。

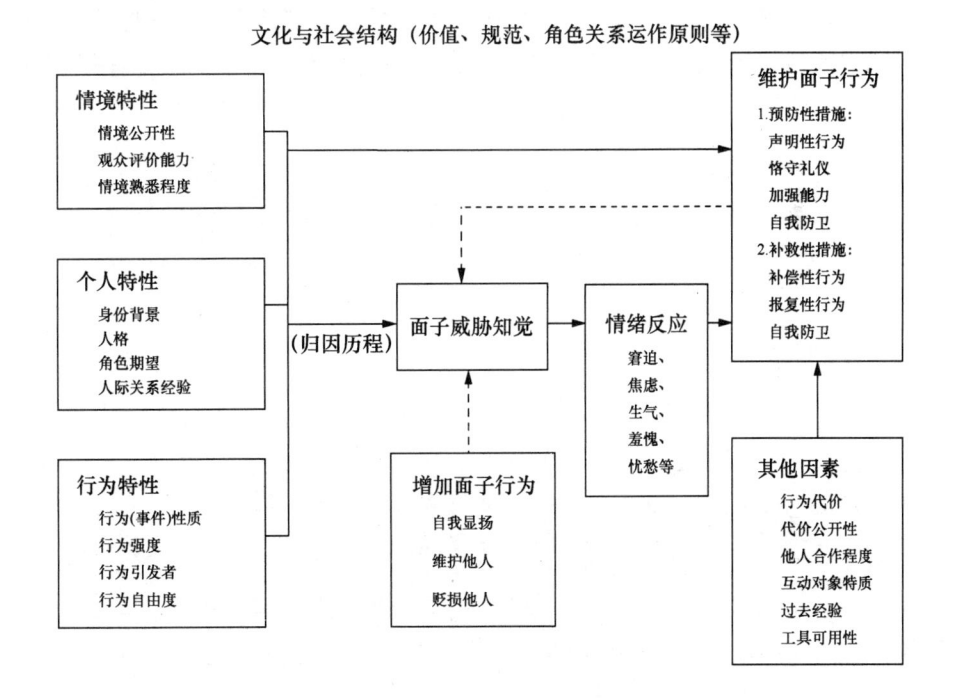

**图 2-6　面子知觉与整饰过程模型**

资料来源：朱瑞玲：《中国人的社会互动：论面子的问题》（1987 年），载翟学伟主编《中国社会心理学评论》（第二辑），社会科学文献出版社 2006 年版，第 93 页。

王红（Wang，2002）在其博士学位论文中构建了求助情境下的丢面子威胁感知模型（见图 2-7）。在文中，王红以 737 位大学生样本为研究对象，以"求助"作为具体的情境特征，主要致力于个体的丢面子威胁感知与其求助意愿间的关系研究。研究结果表明：第一，丢面子

---

[①] 情境特性、个人特性和行为特性也是面子威胁知觉（感知）的影响因素，此前已有提及。

威胁感知的认知水平与求助意愿的水平成反比,即高水平的丢面子威胁感知会导致低水平的求助意愿,低水平的丢面子威胁感知会导致高水平的求助意愿。第二,在相同的"求助"情境下,不同的个性特征会导致丢面子威胁感知水平的不同,即个性特征是丢面子威胁感知的前置影响因素。第三,个性特征在情境特征和丢面子威胁感知这两个变量间还起着中介传导作用,即个性特征还是情境特征和丢面子威胁感知的中介变量。王红的以上研究结论在某种程度上证实了朱瑞玲(1987)建构的面子知觉与整饰过程模型,并对情境特性与个性特征间的关系做了更为深入的解析。

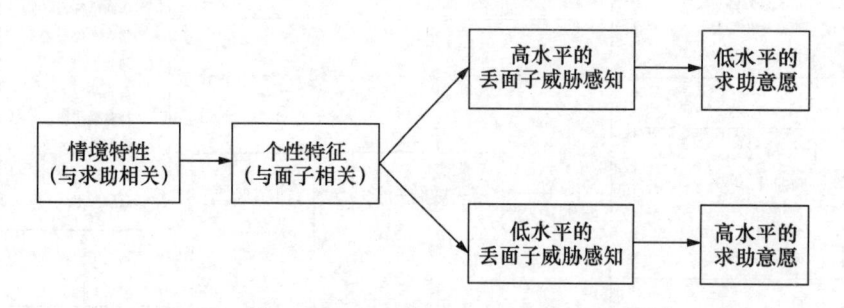

图2-7 求助情境下的丢面子威胁感知模型

资料来源:Wang, H. , Help Seeking Tendency in Situation of Threat to Self - Esteem and Face - Losing, Unpublished Ph. D. Dissertation, University of Hong Kong, 2002, p. 69。笔者有所修改。

宝贡敏、赵卓嘉(2011)基于团队层面构建了面子威胁感知在任务冲突处理过程中的作用机制模型(见图2-8)。他们认为:在知识团队的作业过程中任务冲突①是不可避免的,并且冲突在中国往往被认为是一种典型的面子事件,而冲突管理一定程度上也就是面子管理。有关面子威胁感知在任务冲突处理过程中的作用机制的研究有助于提升团队内部的冲突管理绩效。在该模型中,冲突的严重性与解决的可能性被视为是外在的刺激,在团队的冲突处理过程中面子威胁感知是外在刺激和人们行为反应的中介传导变量,并且团队成员的面子威胁感知被该团队的保护型面子氛围正向放大。在冲突过程中,团队成员至少会感知到关系、能力、品德三个维度的面子威胁,继而会依据自身对冲突事件的理解做出竞争、协作、顺从、回避或折中等相应的冲突处理选择。

---

① 知识团队中的任务冲突往往由认知差异造成。

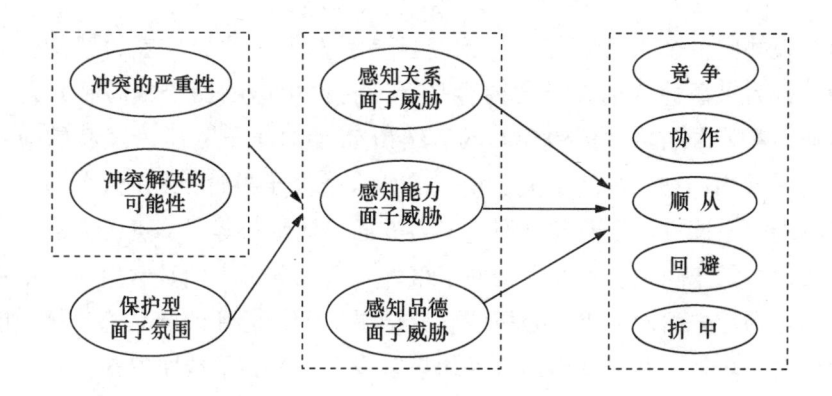

**图 2-8 面子威胁感知在任务冲突处理过程中的作用机制模型**

资料来源：宝贡敏、赵卓嘉：《知识团队内部任务冲突的处理：感知面子威胁的中介作用研究》，《浙江大学学报》（人文社会科学版）2011年第1期，第192页。

综上所述，基于心理学的研究表明：面子的作用过程在一定程度上也就是面子的感知过程。此处所谓的感知，可仅指自己，亦可囊括他人，可指积极或消极的面子，亦可两者兼具（如 Brown and Levinson, 1987; Chen, 2001; Chou, 1996; Garland and Brown, 1972; Hodgins and Liebeskind, 2003; Holtgraves, 1991, 1992; Johnson, Roloff and Riffee, 2004a, 2004b; Keltner, Yong, Heerey et al., 1998; Wang, 2002）。无论是基于过程视角还是基于结果视角，面子感知的理论模型都始终围绕同一条研究逻辑主线——"刺激—认知—反应"展开，并对现实生活中的面子现象具有强大的应用解释能力。其中，"面子威胁感知"概念的可测度性和可操作性为面子的理论及经验研究奠定了较好的研究基础。但到目前为止，无论是理论界还是实务界，对此的关注较为鲜见。

**五 面子威胁感知的影响因素**

面子威胁感知的影响因素非常之多，朱瑞玲（1987）将其众多的影响因素归结为行为特性、个人特性及情境特性三大类。

（一）行为特性

关于"行为特性"对面子威胁感知的影响，朱瑞玲（1987）认为具体包括行为（事件）的性质、行为的强度、行为的引发者以及行为的自由度等几个方面。如行为（事件）性质属于违法或违反道德、行为强度大（面对面、卷入程度高或后果严重并牵涉多人）、行为引发者为个人并应由个人负责等，均比较容易引发个体的面子威胁感知。其中，行为（事件）的性质与内容是行为特性中影响面子威胁感知最直接的因素。朱瑞玲（1989）在其后续研究《"面子"压力及其因应行为》一文中归纳、总结了关于华人的九大类面子事件①：违法行为、品行不端、道德方面、伦理方面、能力方面、地位与尊严、责任方面、行为失误、暴露隐私。这九大类面子事件几乎涵盖了人们日常生活、工作和学习的方方面面。因子分析的研究结果显示：但凡涉及品德问题、能力失败、名誉或尊严受损的事件均易触发人们的面子威胁感知。

基于社会语言学的礼貌理论，侧重于语言行为②（口头沟通）中的面子威胁感知及其相应的面子策略（如 Deutsch，1961；Holtgraves，1992）。礼貌理论虽以礼貌命名，但面子却是其核心概念。礼貌理论的代表人物 Brown 和 Levinson（1978）运用细致的跨文化语言分析以探究人们如何运用语言表达面子顾虑及规避面子威胁。Brown 和 Levinson（1987）罗列了一系列在西方人看来是面子威胁的行为，并根据面子拥有方（聆听方/发言方）和面子类型（积极面子/消极面子）两个维度，把面子威胁感知分为四个类型，为后续的进一步研究奠定了基础。在此基础上，他们还指出：个体的面子威胁感知强度受到互动双方的社会距离、相对权势以及言语行为本身所固有的强迫性三大要素的共同影响。Johnson 等（2004a）认为，在个体组织拒绝性语言时，所传递的具体信息与不同的表达方式等都有可能不同程度地影响到沟通双方的积极面子和消极面子。Holtgraves（1986，1991）关注沟通双方语言表达适宜性与表达方式的研究。他指出，面子威胁感知受沟通双方的地位差距、相互好感度以及彼此关系亲密度三大变量的影响。关于双方地位差距对面子威胁感知的影响，与 Brew 和 Cairns（2004）、Brown 和 Garland（1971）以及 Keltner 等（1998）的研究结论③基本吻合。关于相互好感度及关系亲密度对面子威胁感知的影响，与 Keltner 等（1998）的研究

---

① 这是朱瑞玲对大量的访谈资料进行量化分析后归纳、总结得出的。
② 包括语言行为的缘由、目的、内容及其表达方式，沟通双方关系如何及各自对关系的重视程度，等等。
③ 相同话语若出自社会地位较高者之口，给人的面子威胁感相对会小些。

结论①基本一致。王红（Wang，2002）、Lau 和 Wong（2008）的研究显示，华人在遭遇困难时更乐意从关系亲密程度高的家人、朋友处寻求帮助，这一结论也从侧面验证了关系亲密程度对面子威胁感知的影响。

（二）个人特性

相关研究表明，面子威胁感知在不同个体间存在显著的个体差异（如 Hodgins and Liebeskind，2003；Wang，2002；White，Tynan，Galinsky et al.，2004；陈之昭，1988），也即不同个体的"个人特性"对其面子威胁感知存在一定影响。朱瑞玲（1987）指出："个人特性"对个体面子威胁感知的影响包括个体的身份背景、人格、角色期望以及人际关系经验等几个方面。

朱瑞玲（1987）认为，个体的身份背景，诸如性别、年龄、职业、教育程度等都会对该个体的面子威胁感知产生影响。就性别差异对面子威胁感知的影响而言，学术界至今仍有分歧。Hodgins 和 Liebeskind（2003）的研究表明：男性比女性更看重和在乎面子，也更难以忍受别人的指责与批评。男性对于面子威胁的感知表现得比女性更为强烈与直观。但 Keltner、Yong 和 Heerey 等（1998）在研究面子威胁感知与戏弄的关系时却得出了正好相反的结论。

对于影响面子威胁感知的人格变量，陈之昭（1988）和王红（Wang，2002）认为应包括：个体的面子需要②、自尊、权威意识③、社会尊严和马基雅弗利主义④，等等。Hedgins 和 Liebeskind（2003）的研究表明，个体的自主倾向与其面子威胁感知呈显著负相关，即个体的自主（内部归因）倾向越弱，则个体的面子威胁感知阈值就越低，从而其因应行为的防御性相对较高。在众多影响面子威胁感知的人格变量中，尤以个体的面子需要受到广泛的关注（如 Chou，1996；Wang，2002；陈之昭，1988；朱瑞玲，1987，1989）。在西方学者看来，面子需要与面子感知、面子顾虑等都是由某一面子事件引发的心理反应，所

---

① 对相互好感度以及彼此关系亲密度不同的人（比如，情侣、一般朋友、陌生人）开同一玩笑，将会触发程度不同的面子威胁感知。

② 面子需要（Face need），亦可称为面子倾向（Face orientation）。

③ 陈之昭（1988）认为：一旦威胁到个体的自尊或者权威形象，个体往往会表现出无法容忍的刚性甚至是过度的反应。

④ 在马基雅弗利主义者看来，面子是可以操纵的，可以运用各种手段和方法去获取面子或规避面子威胁。马基雅弗利主义者往往具有做面子的倾向。

以并未对多个概念加以严格区分。西方学者们侧重于研究影响面子整饰或相关策略选择的行为和情境要素（如 Archibald and Cohen, 1971; Garland and Brown, 1972），却忽视了面子需要的个体差异（如 Chou, 1996; Wang, 2002）。而在华人学者眼中，面子需要则是一种相对稳固的人格特征（如陈之昭, 1988; 朱瑞玲, 1987, 1989），它会对个体的面子威胁感知及相应的行为反应产生一定的影响。何友晖（1976）认为，当个体遭受面子威胁时，该个体的面子需要（争面子、避免丢面子、维护/保全面子）就会成为一种强烈的社会动机。某一个体的面子需要越强，其对社会赞许的渴求就会越强（陈之昭, 1988），对面子得失的感知就会越敏锐和强烈（朱瑞玲, 1987, 1989）。其中，朱瑞玲（1987, 1989）提出的"个体面子需要越强，对面子得失感知越敏锐"的观点与"面子威胁敏感性"[①] 概念甚为相似。在此基础上，周美伶（Chou, 1996）鉴于面子需要的动机性特征，进一步提出了"面子倾向"的概念。周美伶（Chou, 1996）认为，在个体的性格体系中同时独立并存着"获取型面子倾向"（Acquisitive face orientation, AFO）和"保护型面子倾向"（Protective face orientation, PFO），它们会引发个体不同的行为反应：高获取型面子倾向的个体，行为高调喜炫耀，对有关争面子的信息敏感度高；高保护型面子倾向的个体，行为低调且谦虚，对有关丢面子的信息敏感度高。周美伶的这一观点得到了其他学者的普遍认同与广泛支持，并在各个领域中得到了广泛的应用（如 Chui - Li, 1999; Lau and Wong, 2008; Wang, 2002）。

朱瑞玲（1987）认为，角色期望与人际关系经验也会对个体的面子威胁感知有一定程度的影响。在人际互动中，个体会对自身及互动对象产生角色期望，并以此作为行为指导和自我奖惩的标准。当行为和期望不相符时，个体就较易感知到面子威胁。而以往的人际关系经验也会对现行人际关系中的因应行为产生一定的影响。总之，面子威胁感知容易受到不恰当或偏差的角色期望以及僵化的人际关系经验的影响。

（三）情境特性

关于"情境特性"对面子威胁感知的影响，朱瑞玲（1987）认为包括情境的公开性、熟悉程度以及观众的评价能力三个方面。公开的情

---

[①] 由 White、Tynan 和 Galinsky 等（2004）提出。

境、评价能力高的观众和熟悉程度低的情境,均有可能导致较高水平的面子威胁感知。此外,陈之昭(1988)在构建面子的消息处理系统模型时指出:个体的面子威胁感知(相关面子量计算)会受到场合正式程度的影响。在一个越正式的场合,人们会越在乎面子,相应的对面子威胁的感知也会越强烈。Garland 和 Brown(1972)的研究结果显示:观众的性别角色会影响个体的面子威胁感知,对于女性个体的面子威胁感知影响尤为显著。当观众为某领域专家时,不管其性别如何都会使个体感知到强烈的面子威胁,继而男女被试都将表现出更为显然的面子保全倾向。朱瑞玲(1987)认为,面子事件能映射出一定的文化价值和社会规范。某一社会的文化背景因素[1],在极大层面上决定了个体的价值观乃至对特定行为是否符合社会规范的判断,所以也就对个体的认知反应起到了影响作用,通常此类影响效应不可低估(如 Brew and Cairns, 2004; Brown and Levinson, 1987; 陈之昭, 1988)。

### 六 面子威胁感知的作用效应

面子威胁感知极有可能引发个体强烈的负面情绪反应,诸如,紧张、害羞、尴尬、窘迫,乃至心情不好[2]、生气、愤怒、羞愧、自责、沮丧、焦虑、伤心等,以及随之而来的一系列面子整饰行为[3](如 Carson and Cupach, 2000; Redding and Ng, 1982; White, Tynan, Galinsky et al., 2004; 陈之昭, 1988; 何友晖, 1976; 金耀基, 1988; 朱瑞玲, 1987, 1989; 佐斌, 1997)。Goffman(1955, 1967)认为,当个体感知到面子威胁时,会采用一定的面子功夫策略以避免丢面子或破坏与别人的社会关系。Goffman 将其归纳为两种基本类型:一是规避型(Avoidance),包括维护、保全自己的面子,以及保护他人的面子;二是修正型(Corrective),侧重于丢面子后的挽回或增加面子,双方采取措施恢复至平衡状态。朱瑞玲(1989)对个体感知到面子威胁时的面子功夫策略做了更为详尽细致的研究,除了面子策略类型还有相应的面子策略内容及具体措施,具体内容详见表 2-6。王红(Wang, 2002)关于个体面子威胁感知与其相应的求助意愿间的关系研究表明:当个体感知

---

[1] 比如,集体主义或个体主义、权力距离、风险偏好和规避,等等。
[2] 心情不好与生气程度上有所不同。
[3] 朱瑞玲(1987)认为,面子整饰是个体为了拥有面子或避免面子威胁而采取的相应行动,尤以维护性措施最为普遍,学者们也较多探讨此类面子策略。

到"求助"他人解决问题有可能会给其带来面子威胁[①]时，会倾向于减少或降低其求助意愿，依靠自己的力量独立解决问题。宝贡敏、赵卓嘉（2011）关于面子威胁感知在任务冲突处理过程中的作用机制的研究表明：在冲突过程中，知识团队成员至少会感知到关系、能力、品德三个维度的面子威胁，继而会依据自身对冲突事件的理解做出竞争、协作、顺从、回避或折中等相应的冲突处理选择。

表2-6　　　　面子的预防规避策略和挽回修正策略总结

| 面子策略类型 | 面子策略内容 | 相应的具体措施 |
| --- | --- | --- |
| 预防规避策略 | 谨守规矩 | 恪守礼仪、照规矩办事、小心谨慎、富有责任感 |
|  | 防范性行为 | 对自己的行动有所限制，不轻易许诺或夸口 |
|  | 训练 | 注重能力培养、事先做好充分准备、凭实力努力工作 |
|  | 沟通 | 事先向对方做好解释或声明、争取对方支持 |
|  | 自我控制 | 注重自身修养与忍耐心，以诚待人，体谅、敬重他人 |
|  | 不采取行动 |  |
|  | 无法避免 |  |
| 挽回修正策略 | 沟通 | 事后解释与澄清，包括双方各自检讨、尽量表达自己意图 |
|  | 改进行为 | 冷静思考、从头开始、发奋图强、提高警惕、努力学习（属于远程计划，与"立即纠正"行动有所区别） |
|  | 立即纠正 | 立即劝止或改正 |
|  | 补偿行为 | 赔偿或赔罪 |
|  | 逃避 | 否认、转移注意力、逃离事发现场、撇清关系 |
|  | 无法挽回 |  |

资料来源：朱瑞玲：《"面子"压力及其因应行为》（1989年），载翟学伟主编《中国社会心理学评论》（第二辑），社会科学文献出版社2006年版，第164—165页。笔者根据文中相关内容整理汇总而成。

基于礼貌理论的视角，面子威胁感知除了受话人的面子威胁感知（Brown and Levinson，1987），还包括说话人的面子威胁感知（如Chen，2001；Johnson，Roloff and Riffee，2004a，2004b）。Brown 和 Levinson

---

① 即感知到"求助"有可能导致他人怀疑自身能力及品格等方面，或有可能给予自身负面评价。

(1987) 指出，面子威胁感知的强度①受到会话双方的社会距离、相对权势以及言语行为本身所固有的强迫性三大要素的共同影响；Holtgraves (1986，1991) 则认为，面子威胁感知受到沟通双方的地位差距、相互好感度以及彼此关系亲密度的影响。与此同时，面子威胁感知的强度一方面对说话人的语言组织有着显著的预测效果（如 Brew and Cairns，2004；Hodgins and Liebeskind，2003；Holtgraves，1991，1992），另一方面也会影响受话人对说话人言语行为的解读以及对会话双方关系的判断（如 Brown and Levinson，1987；Holtgraves，1991，1992；Johnson，Roloff and Riffee，2004a，2004b），进而影响会话双方的后续反应模式与行为（如 Hodgins and Liebeskind，2003；Johnson，Roloff and Riffee，2004a，2004b；Kunkel，Wilson，Olufowote et al.，2003）。在商务谈判进程中，当任何一方感知到面子威胁时，他们的言行都极有可能从合作逐步转向竞争，进而导致谈判成功的机会大大降低（如 Deutsch，1961；White，Tynan，Galinsky et al.，2004）。所以，谈判双方都会尽可能运用恰当的礼貌策略以维护双方的积极或消极面子，进而使对方在未感知到面子威胁的前提下做出让步，化解双方的矛盾，营造和谐的谈判气氛，并促成长期友好合作关系的建立。

**七 面子威胁感知相关研究小结**

梳理与回顾"面子及面子威胁感知"相关研究文献不难发现：基于社会心理学的面子及面子威胁感知研究已逐渐取代礼貌理论成为学界研究的主流。学者们深入探讨、分析了面子及面子威胁感知的概念界定、维度划分、众多的影响因素及其作用机理，并在此基础上提出了一系列理论模型，为该领域后续的理论及实践研究奠定了基础。既有研究虽已取得一定进展，但其距离成熟还很遥远，仍有不少问题值得进一步探索和完善。基于面子及面子威胁感知的研究现状，笔者认为，日后研究展开的突破口将会聚焦在以下几个方面。

（一）面子及面子威胁感知概念的明确统一

中国人的社会交往无不受到面子的影响（林语堂，1936），所以面子对于中国人而言，其重要性是不言而喻的。然而，对面子重要性的共识并不意味着理解上的一致性，面子迄今尚无一个广泛认同的界定。鲁

---

① 即面子威胁行为的严重性。

迅（Lu，1934）认为，面子不想还好，一想就糊涂了。林语堂（1936）认为，面子抽象而不可捉摸、举例子容易下定义难。自胡先晋1944年率先提出脸面观以来，海内外众多学者曾先后对面子概念进行了大量探讨和界定，但至今众说纷纭，尚未达成共识。科学的概念界定是进行科学研究的前提，迄今为止大部分的面子及面子威胁感知研究尚处于探索性研究阶段，这与面子概念的抽象模糊性有一定的关联。面子概念界定的分歧已成为面子研究的"瓶颈"，妨碍了面子研究的深入展开。因而，对面子、面子威胁感知概念的明确统一界定是当务之急，是促进面子理论发展的重要前提。

（二）理论模型的进一步发展与完善

众多学者结合中国传统文化背景，经过长期不懈的努力，在面子及面子威胁感知理论模型的构建方面取得了长足的进展，如黄光国（1987）构建了"人情与面子"理论模型，朱瑞玲（1987）构建了面子知觉与整饰过程模型，陈之昭（1988）构建了"面子的消息处理系统"模型，佐斌（1997）构建了个体对面子事件的认知过程模型，王红（Wang，2002）构建了求助情境下的丢面子威胁感知模型，赵卓嘉（2009，2011）构建了面子威胁感知在任务冲突处理过程中的作用机制模型。大部分典型的面子理论模型的构建与发展都或多或少沿袭了"刺激—认知—反应"的研究思路。就总体而言，面子及面子威胁感知理论模型的开发与构建目前仍处于探索阶段，至今尚未形成完整、公认的理论模型，需进一步发展和完善。当前的中国社会处于社会转型期，人际关系也正悄然发生变化。在这个大背景下，面子的影响作用将会发生何种变化？面子威胁感知的影响作用还显著与否？这些也都将成为后续研究的热点。

（三）测量工具的进一步探索与开发

与众多的面子及面子威胁感知维度划分研究相比，面子及面子威胁感知测量量表的开发显得相对滞后。目前仍处于百家争鸣阶段，至今尚未形成公认的权威测量方法。既有的面子威胁感知研究多聚焦于社会语言学领域，学者们各自依据研究需要对具体情境进行编码、计量和分析，没有统一的测量标准。而基于社会心理学的面子威胁感知研究，王红（Wang，2002）提出单条款测量方法（感知到的面子受威胁程度），赵卓嘉（2009，2011）分别在其博士学位论文及相关学术论文中提出四维度和三维度的测量量表。从整体上看,"面子威胁感知"至今缺乏成熟统一的测量量表,致使研究结果间缺乏可比性。如何进一步开发科学统一的测量量表,实现测量方法聚焦促使相关研究成果相互融合,是后续研究的重要突破口,也是学者们需长期协作共同努力的方向。

(四) 影响因素及作用效应的探索

影响面子威胁感知的因素众多,朱瑞玲(1987)将其归结为行为特性、个人特性及情境特性三大类。在以往的研究中,学者们较多关注面子事件或行为的性质、强度、引发者和自由度等,以及互动双方的诸如身份背景、人格、角色期望和人际关系经验等个人特性,然而仅有极少数学者关注到情境特性因素的影响。如朱瑞玲(1987)认为,公开的情境、评价能力高的观众和熟悉程度低的情境,均有可能导致较高水平的面子威胁感知。陈之昭(1988)则指出:个体的面子威胁感知会受到场合正式程度的影响。人们在越正式的场合越在乎面子,相应的面子威胁感知也越强烈。与面子威胁感知相关的情境特性因素将成为后续研究关注的新热点之一。

从作用效应来看,面子威胁感知极有可能引发个体强烈的负面情绪反应,诸如,紧张、害羞、尴尬、窘迫,乃至心情不好、生气、愤怒、羞愧、自责、沮丧、焦虑、伤心等,以及随之而来的一系列面子整饰行为(如 Carson and Cupach, 2000; Redding and Ng, 1982; White, Tynan, Galinsky et al., 2004; 陈之昭, 1988; 何友晖, 1976; 金耀基, 1988; 朱瑞玲, 1987, 1989; 佐斌, 1997)。对于管理者而言,如何利用面子威胁感知的作用效应达到预期目的,是很有研究意义和参考价值的。所以,这也将成为后续研究的突破口之一。

(五) 面子的正向作用研究

得失不对称理论①的研究表明:人们对"失去"比"得到"更为关注和敏感,即人们感知到的等同量"失去"所带来的痛苦远大于等同量"得到"所带来的快乐。类似地,相对于"争面子"而言,人们对"丢面子"更为关注和敏感(如 Chou, 1996; Markus and Kitayama, 1991; 何友晖, 1994)。所以,既有的关于面子感知的研究也多集中于有可能丢失面子的负面感知,也即面子威胁感知,以及由此所引发的情

---

① 得失不对称理论由 Kahneman 和 Tversky 于 1979 年提出。

绪生理反应和相应的行为反应（包括多种面子策略的选择和面子功夫的实践）。人们对于面子的感知有正向和负向之分（Chou，1996），但只有极少数学者如陈之昭（1988）、金耀基（1988）、朱瑞玲（1987，1989）的极少量研究涉及面子的正向感知、面子所具有的正向激励作用以及社会控制功能。周美伶（Chou，1996）也曾在其博士学位论文中指出：人们在人际互动中除了"保护型面子倾向"，还同时并存着"获取型面子倾向"，它们会引发个体不同的行为反应。这些极少量的研究所贡献的学术观点却为面子领域日后研究的趋势展望提供了很好的启示与思考。

## 第三节　自我概念

学术界关于自我概念（Self‐concept）的系统研究始于19世纪90年代[①]，但由于自我概念内涵及外延的模糊性导致测量效度不高、研究结果缺乏可比性，学者们曾一度对其研究价值产生怀疑。直至20世纪80年代，随着研究的深入以及新型统计方法和工具的应用，自我概念研究进入一个崭新的阶段，成为备受西方心理学关注的研究热点，一直延续至今。自我概念之所以成为倍受关注的研究热点，其根本原因在于：在人的认知及发展过程中，自我概念扮演着极其重要的角色。虽然Sirgy（1982）曾指出自我概念是心理的表征，但其所关联的社会行为恰恰是社会科学研究领域的关注焦点，所以，自我概念通常被视为影响人类行为的极重要与显著的心理变量。简言之，自我概念有助于人们了解自我，并对自己的行为进行控制和调节（Markus and Nurius，1984），同时也有助于解释个体间的人际互动关系（Mikulincer and Shaver，2005）。本节将围绕自我概念的界定、维度与测量、理论模型、影响因素以及作用效应等方面对既有自我概念研究进行回顾、梳理与评析。

### 一　自我概念的界定

自我概念由"自我"沿革而来，关于自我，西方心理学界有两种表述：一种表述为Self（最早由James提出，倾向于个体的自我意识及

---

[①] James于1890年在其《心理学原理》一书中率先提出系统的自我概念理论。

反思），另一种表述为 Ego（最早由 Freud 提出，是弗洛伊德精神分析理论的核心概念之一，从"本我"分化出来，作为人格结构的重要环节，引导个体遵循现实原则进行现实生活）。[①] 西方心理学家关于自我的探讨较多使用 Self 这一自我，从 James（1890）、Mead（1934）到 Rogers（1951，1959）一直到现在。我国心理学者对于自我概念的理解也多与 Self 的内涵高度一致。因此，本书所探讨的自我概念也限定于 Self 这一层面。

自我概念作为西方心理学的研究热点，自 James（1890）率先将其引入西方心理学以来，众多学者对其展开了大量的理论探讨和实践研究，然而无论是自我概念的界定还是测量方面，都仍存在较大争议（Marsh and Hattie，1996）。虽然众多研究文献都提及了自我概念的界定问题，但学术界迄今尚未对自我概念形成统一认识，学者们基于各自的理论观点及研究取向"诠释"与"描述"自我概念（见表 2-7），对自我概念内涵的理解很不统一。

表 2-7　　　　　　　　　　自我概念的定义

| 学者 | 年份 | 对自我概念的界定 |
| --- | --- | --- |
| Baumeister | 1999 | 自我概念是指一个人他自己的整体，包括一个人的人格特征和图式，以及对社会角色和关系的理解 |
| Bengtson Reedy 和 Gordon | 1985 | 自我概念是个人对自己的形象或意象、认知、情感、意志的总体看法 |
| Burns | 1982 | 自我概念是指个体对自己的所有信念与评价的产物 |
| Cooley | 1902 | 提出"镜中自我"理论，认为自我概念就是人们意识到的"他人"对于"自己"看法的反映。在社会互动中，人们彼此都是对方的一面镜子，每个人都从镜中（他人）认识到自我，并在和他人的交往过程中发展出自我概念 |

---

① 心理学家对 Self 和 Ego 进行了比较，发现 Ego 的概念含有一定的 Self 的意思。Self 与 Ego 的不同之处在于：(1) Ego 只是主体，而 Self 既可是主体，也可是客体；(2) 弗洛伊德的 Ego 与本我、超我、现实相对，而 Self 是与他人相对；(3) 精神分析意义上的 Ego 带有无意识活动的性质，而 Self 是与意识活动相联系的。

续表

| 学者 | 年份 | 对自我概念的界定 |
|---|---|---|
| Coopersmith | 1967 | 自我概念是个体对自己的总体评价 |
| Fitts | 1965 | 将自我概念界定为"个人的总体特征或是一系列维度的有关自我的评价" |
| Hattie | 1992 | 一个人对自我特性的评估和认知就是自我概念 |
| James | 1890 | 自我通过感知、感受和思想从而成为一个人。他把自我概念划分为经验自我（客体我 Me）与纯粹自我（主体我 I）两大类，后又进一步把自我概念区分为物质自我、精神自我、社会自我和纯粹自我四个成分自我概念，这些成分自我概念整合在一起便构成总体自我概念 |
| Rogers | 1951 | 认为自我概念是个人现象场中与个人自身有关的内容，是个人自我知觉的组织系统和看待自身的方式 |
| Rosenberg | 1986 | 自我概念是个体对自我客体的思想和情感的总和，它包括个体对自己生理和身体、社会结构、作为社会行动者的自我、能力与潜能、兴趣、作为个性品质的一些本质特征、内在思想、情感与态度等方面的看法 |
| Shavelson、Hubner 和 Stanton | 1976 | 将自我概念定义为个体通过对环境的经验和解释形成的自我知觉，它受他人的评价、对自己行为的反馈和归因影响 |
| Song 和 Hattie | 1984 | 自我概念是个体把自己作为客观对象，对自己的特长、能力、外表和社会接受性方面的态度、情感和知识的自我知觉 |
| 彼得罗夫斯基等 | 1997 | 自我概念是个体关于自己本身的一个相对稳定的被意识到的、被体验到的独特的表象系统和对自己的态度 |
| 黄希庭 | 1996 | 自我概念是个人对自己所有方面的觉知总和，是一个多维度、多层次、有组织的结构，具有评价性且可以与他人分别开来 |
| 乐国安和崔芳 | 1996 | 自我概念是个体通过自我观察、分析外部活动及情境、社会比较等多种途径获得的对自己的生理状况、心理特征、社会属性等方面的比较稳定的认识和看法 |
| 李德显 | 1997 | 所谓自我概念就是指"主我"对"客我"各方面属性或特点的综合反应。具体包括自我的地位力量、自我的机体、自我的活动状态、价值需求、责任、权利与义务、行为效果、动机等 |
| 李晓东和张婕 | 2001 | 意识到自己与众不同的特点，把自己当作认识的对象，意识到外界与自己的关系，这就是自我概念 |

续表

| 学者 | 年份 | 对自我概念的界定 |
|------|------|------------------|
| 林崇德 | 1995 | 自我概念是个人心目中对自己的印象，包括对自己存在的认识，及对个人身体能力、性格、态度、思想等方面的认识，是由一系列态度、信念和价值标准所组成的有组织的认知结构，它把一个人的各种特殊习惯、能力、观念、思想和情感组织联结在一起，贯穿于经验和行为的一切方面 |
| 刘惠军 | 1999 | 自我概念是个体对自己各方面（包括外表、能力、特长、社会接受性等）的知觉 |
| 杨国枢 | 2004 | 自我概念是个体自己心目中对自己的印象，它包括对自身存在的觉知，以及对个人身体、能力、性格、态度、思想等方面的评价 |
| 詹启生 | 2003 | 自我概念是个人对自己所有方面的主观知觉，是一个多维多层次的有组织的结构，除具有评价性且可与他人分别开来之外，还具稳定性和可变性。自我概念从内容上可分为生理自我、道德伦理自我、心理自我、家庭自我和社会自我 |
| 张春兴 | 1992 | 自我概念是个体对自己各方面的知觉，它是一个多维度、有层次、有组织的结构。其中，包括个体对自己的性格、能力、兴趣、欲望的了解，个人对他人和环境的关系，个人对处理事物的经验以及对生活目标的认识与评价等 |

注：按学者姓名首字母排序。
资料来源：笔者根据相关文献整理汇总而成。

综合前人的研究我们不难发现，不同学者对于自我概念的界定虽然各有侧重，存在一定差异，但究其实质仍存在较高的相容性与共通性。迄今，学术界普遍接受"自我概念是个体对自我各方面觉知[①]的总和，具有多维度多层次的组织结构"的观点。与此同时，本书也认同把自我概念从内容上划分为生理自我、道德伦理自我、心理自我、家庭自我与社会自我五个维度。

**二 自我概念的维度与测量**

学术界对自我概念进行测量的方法众多，有语义差别量表（Seman-

---

[①] 此处"觉知"是在个体对经验和环境的解释基础上建立形成的。在自我概念的界定中，有学者提到"知觉"，也有学者提到"觉知"，笔者认为，知觉是感官对外界的反应，而觉知则是反应后的总结，所以用"觉知"界定自我概念更为适合。

tic differential scale)、形容词测量表（Adjectives measurement scale）、画画任务（Drawing task）、Q 分类技术（Q - Sort method）、投射测验（Projection test）、真实—理想测量（True and ideal self - concept measurement）、第三方报告（The third party report）以及基于 Likert 量表的自我报告问卷（Self report based on Likert - type scale）等。迄今，自我概念多基于研究目的展开测量，测量方法上多采用基于 Likert 量表的自我报告问卷。

就整体而言，自我概念的测量是伴随着自我概念理论、统计方法及测量技术的发展而发展的。自我概念的研究大致可分为理论构建[①]和心理测量两种研究取向，理论与测量相辅相成，密不可分。20 世纪 80 年代以前的自我概念研究，主要受到自身理论、统计方法及测量技术等的限制，进展相对缓慢。早期的自我概念量表基于自我概念单维理论模型编制，多为自尊量表，且强调整体自我概念，主要包括 Rosenberg（1965）的自尊量表、Coopersmith（1967）的自尊测量问卷、Fitts（1965）的田纳西自我概念量表（Tennessee self - concept scale，TSCS）（第一版）以及 Piers 和 Harris（1969）编制的 Piers - Harris 儿童概念量表等。上述量表对自我概念测量有重要的贡献，但都是单维的、笼统的测量问卷，没有内部结构维度，对自我概念的理解尚欠缺深入的元素分析。由于强调的是整体自我概念，所以对自我概念某些特定构面的测量效度并不高。

自 20 世纪 70 年代中期开始自我概念理论模型由单维转向多维[②]，加之 80 年代以后测量理论[③]的发展和统计新方法技术[④]的应用推广，自我概念研究得以不断深入，测量工具也相应转向。80 年代以后的自我概念量表多基于自我概念多维理论模型编制，主要包括 Marsh 等（1984）编制的自我描述问卷——SDQ Ⅰ、SDQ Ⅱ、SDQ Ⅲ[⑤]，Piers（1984）的 Piers - Harris 儿童概念量表（修正版），Song 和 Hattie

---

① 以 James（1890）等为代表。
② 如 Shavelson 等于 1976 年提出自我概念的多维度多层次模型。
③ 如项目反应理论（Item response theory，IRT）和概化理论（Generalization theory，GT）等。
④ 如元分析法（Mata - analysis）和结构方程建模（Structural equation models，SEM）等。
⑤ SDQ Ⅰ、SDQ Ⅱ、SDQ Ⅲ，分别适用于青春期前学生、青春期学生与成人（青春期后）自我概念的测量。

(1984) 的 Song-Hattie 自我概念量表，Harter (1984, 1985, 1986) 编制的分别适用于学龄前儿童、学龄儿童、青春期学生、大学生以及成人的五种自我概念测量问卷，Brown 和 Alexander (1991) 的自尊指标，Coopersmith (1989) 的自尊调查（成人版）以及 Roid 和 Fitts (1991) 的田纳西自我概念量表（修订版）、Bracken (1992) 的多维度自我概念量表 (The multidimentional self concept scale, MSCS)、黄希庭等 (1998) 的青年学生自我价值感量表、魏运华 (1997) 的儿童自尊量表等。上述自我概念量表不仅测量整体自我概念，还单项测量自我概念的某些特定构面。在探究自我概念和其他变量的关系时，特定（构面）自我概念较之于整体自我概念更具意义。与此同时，此类自我概念测量工具不但有理论支持，测量效度高，而且结果全面具体，易于统计与解释，迄今已成为自我概念测量的主流发展方向。综观国内外相关研究文献，Fitts 的田纳西自我概念量表是众多自我概念量表中使用最为广泛的。

在自我概念研究中，学者们经常采用美国田纳西州心理医生 Fitts (1965)、Roid 和 Fitts (1991) 的田纳西自我概念量表进行测量，该量表在一些经验研究中被证明是可靠和有效的。TSCS 量表由 70 个测量条款（自我描述的句子）组成，以原始分作为自我概念的测量指标。该量表包括内容与结构两大维度以及综合状况。其中，内容维度由生理自我 (Physical self)、道德伦理自我 (Moral-ethical self)、心理自我 (Personal self)、家庭自我 (Family self)、社会自我 (Social self) 构成；结构维度由自我认同 (Identity)、自我满意 (Self satisfaction)、自我行动 (Behavior) 构成；综合状况由自我总分 (Total) 与自我批评 (Self criticism) 构成。TSCS 量表采用 Likert 五级评分法，按照"1"（完全不符合）到"5"（完全符合）评定，对前九个因子而言，得分越高意味着自我概念越积极，而自我批评得分越高，则意味着自我概念越消极。

中国台湾学者林邦杰于 1978 年对田纳西自我概念量表（第三版）进行了本土化修订，经本土化修订后该量表的重测信度达 0.67—0.85；折半信度达 0.76—0.90，并已建立适用常模，在国内研究中运用甚广。

三 自我概念的理论模型

关于自我概念的结构，在 20 世纪 80 年代以前，学者们基本上普遍认同自我概念的单维结构，认为自我概念就是个统整性组织，也即个体对自己各方面觉知的总和（如 Cooley, 1902; James, 1890; Mead, 1934; Rogers, 1951, 1959; Rosenberg, 1979; Sullivan, 1953 等）。而 Shavelson 等（1976）及以后的研究则认为自我概念是拥有较多特定构面或层次的多维结构（如 Byrne and Shavelson, 1996; Fox and Corbin, 1989; Harter, 1984, 1985, 1986; Marsh, Byrne and Shavelson, 1988; Marsh and Shavelson, 1985; Shavelson, Hubner and Stanton, 1976; Song and Hattie, 1984; Vispoel, 1995）。持多维结构观者认为，自我概念具有类似金字塔的结构，顶端是整体（一般）自我概念，底下则由不同层次具体领域的特定自我概念组成，数个特定因子彼此独立。综观国内外相关研究文献，我们不难发现：学者们依据理论建构的维度及层次，把自我概念结构划分为单维、多维以及多维度多层次理论模型。从 James（1890）的成分维度元分析与单维理论模型到 Harter（1984, 1985, 1986）的多维阶段理论模型，再到 Shavelson 等（1976）的多维度多层次理论模型以及后期众多学者对该模型的修正，自我概念的理论模型不断得以改进。

（一）自我概念的成分维度元分析与单维理论模型

西方最早对自我概念展开系统研究的是美国心理学家 James，他开创了自我概念研究的先河。James（1890）最初把自我概念划分为经验自我（又称为客体我 Me）与纯粹自我（又称为主体我 I）两大类，后又进一步把自我概念区分为物质自我（Material self）、精神自我（Spiritual self）、社会自我（Social self）和纯粹自我（Pure self）四个成分自我概念，这些成分自我概念整合在一起便构成总体自我概念，并且因各成分价值不同而具有层次结构性——精神自我在最高层，社会自我高于物质自我，而身体（Body）则是物质自我的核心部分。James 开创了自我概念研究的先河，尝试着对自我概念构成成分展开基本的元素分析，这在一定程度上为自我概念测量提供了理论依据。遗憾的是，James 的自我概念结构是单维度的，还比较笼统。

Cooley（1902）、Mead（1934）和 Sullivan（1953）基于自我概念形成视角分别提出了各自的理论，这些理论模型均把自我概念视作一个整体结构。Cooley（1902）明确指出自我概念是社会的产物。Cooley 的"镜中自我"理论很好地解释了自我概念的形成。他认为，所谓自我概念就是人们意识到的"他人"对于"自己"看法的反映。在社会互动中，人们彼此都是对方的一面镜子，每个人都从镜中（他人）认识到自我，并在和他人的交往过程中发展出自我概念。Mead（1934）采纳了 James（1890）关于自我概念主体我（I）和客体我（Me）的划分，同时继承发展了 Cooley"镜中自我"的观点，指出自我概念来源于社会互动，并强调以"社会"作为镜子得以发展，认为人们在社会互动过程中通过"把他人对自己的态度概括化"进而形成自我概念。Sullivan（1953）认为，在儿童自我概念的形成中，家庭成员发挥着极其重要的作用。儿童在家庭成员的影响下，会发展出"好我、坏我和非我"三种成分的自我系统。Cooley、Mead 和 Sullivan 理论的共同点在于都非常强调环境（他人、社会、家庭）在个体自我概念形成过程中的重要作用。

自我概念自 James（1890）后渐为人们所熟知，但直至 Rogers（1951）的自我概念理论发表，才引起人们的广泛关注与重视。Rogers 继承了 James（1890）和 Mead（1934）关于"自我概念包含主格我（I）与宾格我（Me）"的观点，并将主格我与宾格我进行统合，使自我概念内涵兼具对象与作用两方面。Rogers（1959）提出了对应于现实自我的理想自我①概念，指出自我概念由理想与现实自我构成，并认为两者间的差距是诱发神经病的原因之一。Rogers（1959）指出，自我概念对个体的个性及行为具有重要意义，它不仅控制并综合着个体对环境知觉的意义，还高度决定着个体对环境的行为反应。Rogers 在其早期的研究中非常强调自我一致性②，在其后期的研究中，他指出个体自我增强③的需要往往更甚于维持自我一致性。

Rosenberg（1979，1986）把自我概念界定为个体思想与情感的总

---

① 理想自我代表个体最希望拥有的自我概念、理想概念，即他人为我们设定的或我们为自己设定的特征。它包括潜在的与自我有关的，且被个人高度评价的感知和意义。而现实自我包括对已存在的感知、对自己意识流的意识，通过对自己体验的无偏见的反映及对自我的客观观察和评价，个人可以认识现实自我。简言之，现实自我是我认为我是什么样的人，理想自我是我希望成为什么样的人。

② 或称为自我验证，即个体试图在自我知觉之间以及自我知觉与即将获得的信息之间寻求一致性。

③ 自我增强（即"正面关注自我"）指试图寻找维持或提高自尊的信息。

和，并对其展开元分析，认为自我概念包括多种认知和情感成分[①]。Rosenberg 不但重视自我概念各成分要素间关系，还指出自我概念具有层次性——包括"一般水平"与"具体成分水平"。Rosenberg 对自我概念构成成分展开元分析具有一定的价值，但他的研究尚不够深入，一来没能明确定义自我概念各成分要素，二来各成分自我概念间也存在相互包容的关系，所以究其本质仍属单维理论模型。不过，他的研究在某种程度上也为后期多维理论模型的建构提供了思路借鉴。

（二）自我概念的多维阶段理论模型

到了 20 世纪 80 年代，随着相关研究的不断推进，自我概念理论模型逐渐由单维向多维转变。学者们研究视角的转变主要基于单维理论模型掩盖了"个体对不同领域自我概念评价往往截然不同"的事实。

在自我概念的研究中，Harter 的研究成果非常有影响力，具有里程碑式的开创意义。Harter（1984，1985，1986）指出，自我概念研究必须关注和把握两个关键点：其一，从根本上区分"一般的自我价值信念"与"具体的能力自我概念"，并重视具体成分自我概念的测量。其二，评价某个体自我概念须注重其心理发展的年龄特征，理由是自我概念成分要素会随年龄增长而不断增加。基于上述基本认识及大量研究，Harter 从"年龄阶段特征"与"成分自我概念"两个维度构建了自我概念的多维阶段理论模型，指出不同年龄段自我概念相应具有的不同成分要素，并编制出 5 种不同年龄段自我概念的测量问卷（见表 2-8）。Harter 不同年龄段自我概念测量问卷的结构效度均得到了经验研究不同程度的支持（如 Harter, 1985a, 1985b, 1986, 1988; O'Brien and Bierman, 1988; Marsh and Gouvernet, 1989; Marsh and Holmes, 1990; Trent, Russell and Cooney, 1994）。

Harter 推动自我概念研究向前迈进了实质性的一大步，无论是对自我概念的理论建构还是对自我概念的具体研究，她都做出了重要贡献。首先，Harter 提出的自我概念多维阶段理论模型，为进一步深入研究自我概念结构，提供了一个较好的基本理论框架。诸多学者遵循、使用 Harter 的多维阶段理论模型与测量问卷，开展了大量的经验研究，并获

---

[①] 诸如，生理与身体、社会结构、作为社会行动者的自我、能力与潜能、兴趣与态度、内在思想、思想、情感与态度等。

得不同程度的支持。其次，Harter从根本上区分"一般的自我价值信念"与"具体的能力自我概念"是非常有价值的，大量的经验研究也表明"具体的能力自我概念"确实与"相应领域内的行为成就"高度密切相关。最后，Harter还认识到了"自我概念的认知发展制约性"这个自我概念研究中不容忽视但又常被忽视的问题，她指出自我概念的成分要素会随年龄增长而不断增加，评价某个体的自我概念状况，不能忽视其心理发展的年龄特征和个体的认知发展水平。

表2-8　Harter不同年龄阶段自我概念测量问卷维度比较

| 测量工具名称 | 学龄前儿童能力知觉 | 学龄儿童自我知觉侧面（SPPC） | 青春期学生自我知觉侧面（SPPA） | 大学生自我知觉侧面 | 成人自我知觉侧面 |
| --- | --- | --- | --- | --- | --- |
| | 认知能力 | 学术能力 | 学术能力 | 学术能力 | 学术能力 |
| | 身体状况 | 艺术能力 | 艺术能力 | 智力 | 幽默感 |
| | 同伴认同 | 同伴社会认同 | 社会认同 | 创造性 | 工作能力 |
| | 行为成果 | 行为成果 | 行为成果 | 工作能力 | 道德 |
| | | 身体状况 | 身体状况 | 艺术能力 | 艺术能力 |
| | | 一般自我价值 | 朋友关系 | 身体状况 | 身体状况 |
| | | | 魅力 | 同伴社会认同 | 社会性 |
| | | | 工作能力 | 朋友关系 | 亲密关系 |
| | | | 一般自我价值 | 亲子关系 | 抚养责任 |
| | | | | 幽默感 | 供给者的适当性 |
| | | | | 道德 | 家务管理 |
| | | | | 一般自我价值 | 一般自我价值 |
| 年龄（岁） | 4—7 | 8—12 | 13—18 | 19—24 | 25—55 |

资料来源：Trent, L. M. Y., Russell, G. and Cooney, G., "Assessment of Self-Concept in Early Adolescence", *Australian Journal of Psychology*, 1994, 46 (1), pp. 21-28。

（三）自我概念的多维度多层次理论模型

1. Shavelson 等（1976）自我概念多维度多层次理论模型

在自我概念理论模型的建构中，Harter的多维阶段理论模型做出了重要贡献，此外，Shavelson 等构建的多维度多层次理论模型影响更为广泛。Shavelson、Hubner 和 Stanton（1976）在整合 James（1890）与 Cooley（1902）的理论及前人相关研究成果的基础上，指出自我概念属于多维度多层次的范畴建构，该范畴建构可从多维性、组织性、稳定性、发展性、可评价性和区别性等多个方面加以理解。依此，Shavelson、Hubner 和 Stanton（1976）构建了自我概念的多维度多层次理论模型（简称 Shavelson 等人的模型）。在该模型中，位于最顶层的是一般自我概念，它可分为学业与非学业自我概念。学业自我概念又可按具体学科细分，如英语的、历史的、数学的、科学的自我概念。非学业自我概念则又可细分为社会的、情绪的、身体的自我概念。如图 2-9 所示。

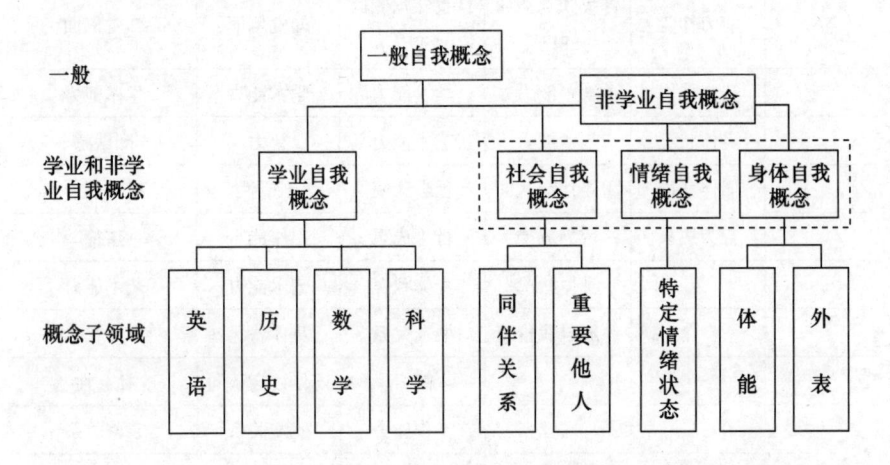

**图 2-9　Shavelson、Hubner 和 Stanton（1976）自我概念多维度多层次理论模型**

资料来源：Shavelson, R. J., Hubner, J. J. and Stanton, G. C., "Self-Concept: Validation of Construct Interpretations", *Review of Educational Research*, 1976, 46 (3), p. 413。

Shavelson 等（1976）构建的自我概念多维度多层次理论模型很有启发性，引起了学术界的广泛重视，但在建立之初因经验性支持薄弱，模型的充分性与价值曾一度受到质疑。到了 20 世纪 80 年代，Marsh 及其同事基于该理论模型编制了较完整的自我描述问卷（SDQ），大量施测后的统计结果为该理论模型提供了大量经验性支持。Shavelson 等（1976）构建的自我概念多维度多层次理论模型意义重大，使学者们意识到自我概念作为一个多维度多层次的结构稳定模型,由多个侧面①组成,诸多侧面一起构成总的自我概念。依此,人们对于自我概念的评价,既可基于总体研究,也可基于多个侧面分别评价,这对该领域后期研究有着深远影响。与此同时,把学业自我概念作为单独的维度,不仅有助于拓宽自我概念的研究领域,也指明了实际应用研究的方向。此外,该理论模型不但为实证研究提供重要理论指导,还代表着自我概念研究的多样化,尤其是自我概念测量量表的成功开发,一方面有力推动了自我概念的实证研究,另一方面也使自我概念研究重点发生转移——由早期的基本构成要素研究,转向各自我概念要素间关系及组合的研究。

2. 众多学者对 Shavelson 等（1976）理论模型的修正

20 世纪八九十年代,众多学者（如 Byrne and Shavelson, 1996; Fox and Corbin, 1989; Marsh, Byrne and Shavelson, 1988; Marsh and Shavelson, 1985; Song and Hattie, 1984; Vispoel, 1995）开始对 Shavelson 等（1976）构建的自我概念多维度多层次理论模型展开验证和修正。

（1）Song – Hattie（1984）的自我概念层级结构模型。Song 和 Hattie（1984）基于相关实证研究,经探索性因子分析后抽取七个因子构建了 Song – Hattie 自我概念层级结构模型。该模型从两个方面对 Shavelson 等（1976）的理论模型进行了修正。首先,学业自我概念（二阶因子）由班级、能力以及成就自我概念②这三个一阶因子所限定；其次,在非学业自我概念方面提出了"社会"和"自我表现"两个二阶因子,并把社会自我概念进一步区分为"同伴"与"家庭"自我概念两个一阶因子。自我表现自我概念则由一阶因子"自信"与"身体自我概念"所限定,见图 2 – 10。Hattie（1992）的实证研究支持 Song – Hattie 自我概念层级结构模型的多维多层次,但结果表明："班级因素"和"学业自我概念"的相关,反而小于"班级因素"和"社会自我概念"的相关,这很可能与被试取样有一定关系。Hattie 还指出,能力自我概念、成就自我概念的范畴还可延伸至特定学校科目,如数学、语文、社会学

---

① 每个侧面均反映一个特殊的自我参照系统。
② 班级自我概念是指在班级活动中的自信；能力自我概念是指个体对自己有能力成功的信念；成就自我概念是指对现实成就的情感和知觉。

以及自然科学等。身体范畴可进一步细分为身体面貌和身体技能。经 Hattie 延伸后的模型结构与 Shavelson 等人的模型结构就比较相似了。

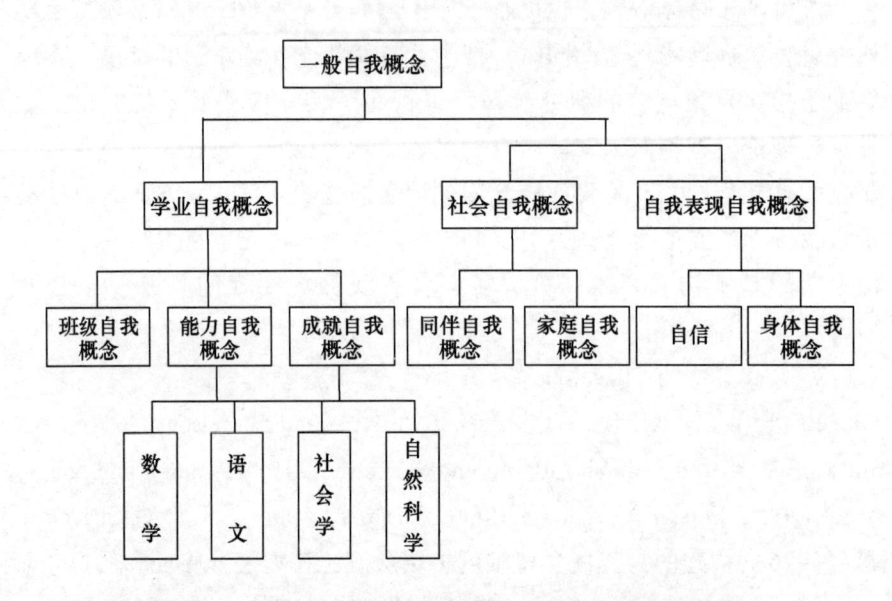

**图 2-10　Song 和 Hattie（1984）自我概念层级结构模型**

资料来源：Song, I. S. and Hattie J., "Home Environment, Self-Concept, and Academic Achievement: a Causal Modeling Approach", *Journal of Educational Psychology*, 1984, 76（6）, p. 1270。

综上，Song-Hattie 自我概念层级结构模型的建立，使自我概念更为结构化与具体化，人们对于它的认知也更为明确。与此同时，我们不难发现 Song 和 Hattie 与 Cooley（1902）、Mead（1934）及 Sullivan（1953）均强调环境（他人、社会、家庭）在个体自我概念形成过程中的重要作用，如在学业自我概念中考虑到了班级因素，而在社会自我概念中则考虑到了家庭与同伴因素。Song 和 Hattie（1984）基于此模型编制了 Song-Hattie 自我概念量表，该量表具有良好的信度，在国外应用非常广泛。我国学者多采用周国韬和贺岭峰（1996）修订的 Song-Hattie 量表展开相关研究。

（2）Marsh 和 Shavelson（1985）修订后的自我概念多维度多层次模型。20 世纪 80 年代初，Marsh 及其同事（1984）在 Shavelson 等自我概念多维度多层次理论模型的基础上，编制了较为完善的自我描述问卷

(Self-description questionnaires, SDQ)。SDQ 可分为 SDQ Ⅰ、SDQ Ⅱ、SDQ Ⅲ 三种，分别适用于青春期前学生、青春期学生与成人（青春期后）自我概念的测量。Marsh 等用最先编制的 SDQ Ⅰ[①]进行了大量施测，研究结果支持 Shavelson 等（1976）的理论模型，但也发现存在一些问题与不足。1985 年，Marsh 和 Shavelson 对 Shavelson 等最初的理论模型实施了修正，总结出"学业英语自我概念"和"学业数学自我概念"这两种基本的学业自我概念[②]（见图 2-11），这对学业自我概念研究深具价值。

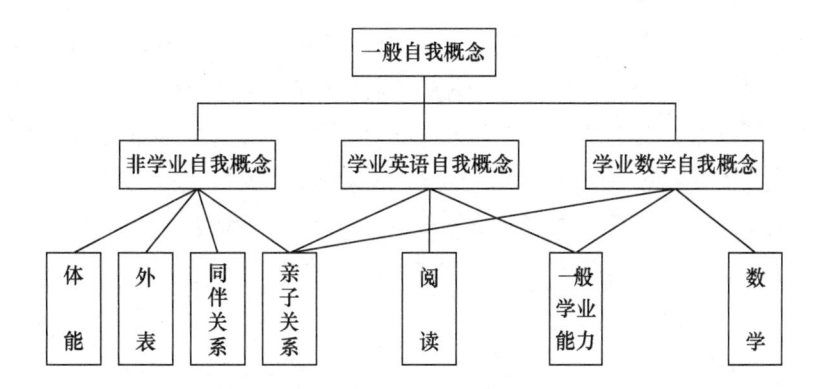

**图 2-11 Marsh 和 Shavelson（1985）修订后的自我概念多维度多层次模型**

资料来源：Marsh, H. W. and Shavelson, R., "Self-Concept: Its Multifaceted, Hierarchical Structure", *Educational Psychologist*, 1985, 20 (3), pp. 107-123。

在使用 SDQ Ⅰ 大量施测的基础上，Marsh 等人于 1984 年又编制出 SDQⅡ 和 SDQⅢ。SDQⅡ 和 SDQⅢ 有 13 个子量表、136 个测量条款，测量自我概念的 13 个方面[③]。其中，SDQ Ⅲ 与 SDQ Ⅱ 的不同之处在于：SDQ Ⅲ 的同伴量表又进一步细分为"同性别量表"与"不同性别量

---

[①] SDQ Ⅰ 由 102 个测量条款组成，共有 7 个子量表，即身体能力、外表、同伴关系、亲子关系、阅读自我概念、数学学业自我概念、一般的学业能力。

[②] 在研究学业自我概念时发现"英语自我概念"与"数学自我概念"和一般自我概念相关，但彼此间并不相关，于是将学业自我概念化分为"英语自我概念"和"数学自我概念"。

[③] 即数学技能、语言技能、一般学业能力、问题解决与创造性、体能、外表、同性关系、异性关系、亲子关系、宗教信仰、诚实性、情绪稳定性、自尊等自我概念。

表"。20世纪80年代后期和90年代初期,学者们使用SDQIII进行了大范围施测。① 在对SDQIII大量施测结果进行研究分析的基础上,Marsh等人再次对自我概念的理论模型作了新的整合修正,把第二层级中的"非学业自我概念"细分为"身体/人际自我概念"与"道德自我概念",把第三层级中的"同伴关系"进一步细分为"同性关系"与"异性关系"。上述的进一步细分,尤其是"道德自我概念"的提出,有助于人们更清晰地把握自我概念的结构。

(3) Fox 和 Corbin（1989）多维度多层次身体自我概念结构模型。Fox 和 Corbin（1989）在 Shavelson 等自我概念多维度多层次理论模型的基础上,编制了身体自我知觉问卷（Physical self perception scale, PSPS）,并用 PSPS 进行了大量施测,研究结果表明身体自我概念是多维度多层次的。基于此,Fox 和 Corbin（1989）构建了多维度多层次身体自我概念结构模型（见图 2 – 12）,这对身体自我概念研究深具价值。在该模型中,"一般身体自我概念"被划分为"运动能力""身体吸引力""体力"和"身体状态"四个具体的身体自我概念。

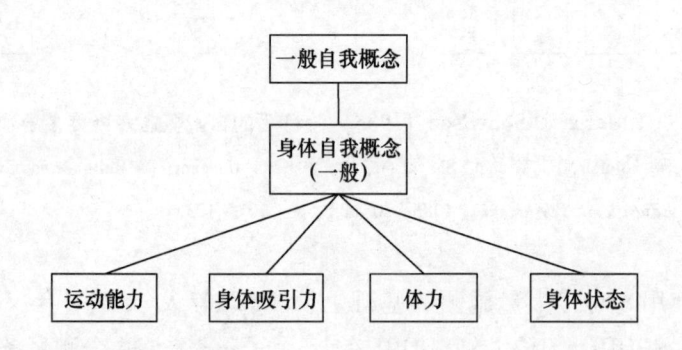

**图 2 – 12  Fox 和 Corbin（1989）多维度多层次身体自我概念结构模型**

资料来源：Fox, K. R. and Corbin, C. B., "The Physical Self – Perception Profile: Development and Preliminary Validation", *Journal of Sport and Exercise Psychology*, 1989, 11, p. 414。

(4) Vispoel（1995）扩展的自我概念多维度层次理论模型。无论是 Shavelson 等（1976）的自我概念多维度多层次理论模型,还是

---

① 其中,施测规模最大的一次是1988年全美教育纵向研究（NELS：88）,接受施测的被试多达77544人。

Marsh 和 Shavelson（1985）扩展的自我概念多维度多层次理论模型，都未提及个体的"艺术自我概念"。为此，Vispoel（1995）开始研究个体的"艺术自我概念"及其在"一般自我概念"中的地位问题。他采用 SDQIII 与 ASPI① 对被试进行施测，研究结果表明，"艺术的自我知觉"同样也是一般自我概念的一个重要反映方面。1995 年，Vispoel 把"艺术自我概念（具体包括舞蹈、表演、绘画与音乐技能）"也整合到了 Shavelson 和 Marsh 等人的自我概念理论模型之中（见图 2-13），使自我概念的内容更加丰富，也进一步完善了自我概念的理论模型。

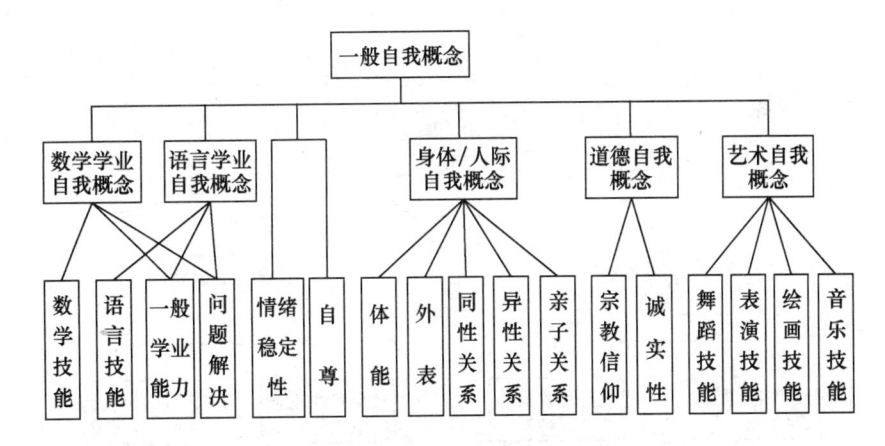

**图 2-13 Vispoel（1995）扩展的自我概念多维度层次理论模型**

资料来源：Vispoel, W. P., "Self-Concept in Artistic Domains: An Extension of the Shavelson, Hubner, and Stanton (1976) Model", *Journal of Educational Psychology*, 1995, 87 (1), p. 152。

（5）Byrne 和 Shavelson（1996）修正后的社会自我概念理论模型。Byrne 和 Shavelson（1996）对 Shavelson 等（1976）理论模型中的社会自我概念部分进行了修正。修正主要基于以下两个观点：其一，具体社会自我概念中的"同伴"本身就是"重要他人"的组成部分，二者可以合二为一；其二，社会互动影响自我概念形成，具体表现在自我概念会明显受到周边人际关系的影响，且人际关系圈中的不同个体的影响程度是不一样的。Hattie（1992）指出，父母、老师与同伴等在一个人自

---

① 全称为 Arts self-perception inventory，即艺术自我知觉问卷。

我概念的形成与发展过程中有着重要影响。所以，社会自我概念（一般）可划分为社会自我概念（学校）和社会自我概念（家庭），而社会自我概念（学校）又可进一步细分为社会自我概念（同学）和社会自我概念（教师），社会自我概念（家庭）则又可进一步细分为社会自我概念（同伴）和社会自我概念（父母）。基于上述修正，Byrne 和 Shavelson（1996）提出了社会自我概念理论模型（见图 2-14），并以此为理论基础对 Shavelson 等（1976）理论模型中的社会自我概念部分进行了验证。

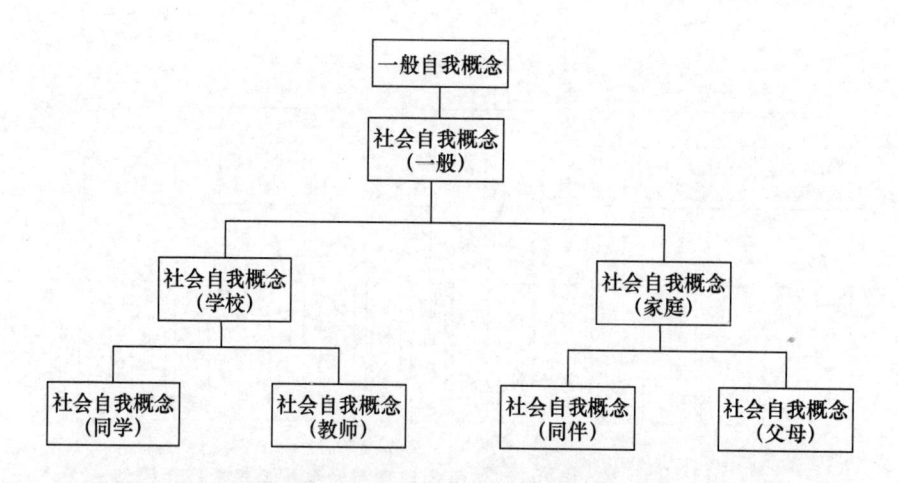

**图 2-14 Byrne 和 Shavelson（1996）修正后的社会自我概念理论模型**

资料来源：Byrne, B. M. and Shavelson, R. J., "On the Structure of Social Self-Concept for Pre-, Early, and Late Adolescents: A Test of the Shavelson, Hubner, and Stanton (1976) Model", *Journal of Personality and Social Psychology*, 1996, 70 (3), p. 602。

综上，学者们依据理论建构的维度及层次，把自我概念结构划分为单维、多维以及多维度多层次理论模型。从 James（1890）的成分维度元分析与单维理论模型到 Harter（1984, 1985, 1986）的多维阶段理论模型，再到 Shavelson 等（1976）的多维度多层次理论模型及后期众多学者对该模型的修正，自我概念的理论模型不断得以改进。但值得注意的是，学者们多采用自我报告式的研究方法，该方法存在社会赞许效应的潜在弊端①；为了克服此弊端，有学者提议最好运用间接、内隐的方法对自我概念加以测量。Greenwald、McGhee 和 Schwartz（1998）试图用内隐研究范式对自我概念展开研究，他们将自我概念划分为内隐与外显自我概念两个维度。随后，Greenwald 和 Farnham（2000）对内隐与外显自尊的关系展开研究，研究结果表明两者相对独立（仅较低正相关），由此建构了内隐自尊和外显自尊的双重结构模型。吴明证和杨福义（2006）亦有类似的研究发现。Greenwald、McGhee 和 Schwartz（1998），Greenwald 和 Farnham（2000）以及吴明证和杨福义（2006）的研究成果为自我概念的结构研究提供了新的思路，相信随着新研究方法的运用，自我概念的理论模型将不断得以改进与完善。

### 四 自我概念的影响因素

众多学者在对自我概念的定义、维度划分与测量、理论模型等进行研究的同时，也对自我概念形成和发展的影响因素展开了研究。通过对相关研究成果的系统回顾与梳理，本书发现自我概念除了受性别及遗传生理上的影响，还受到一些宏观、外在因素的影响，诸如社会互动、人际关系、文化环境因素以及自我生态系统等。

（一）社会互动的影响

Cooley 和 Mead 在研究自我概念的来源问题时，都十分强调社会互动的重要作用。Cooley（1902）明确指出，自我作为社会产物，只能通过社会互动产生。Cooley 的"镜中自我"理论很好地解释了自我概念的形成。他认为，所谓自我概念就是人们意识到的"他人"对于"自己"看法的反映。在社会互动中，人们彼此都是对方的一面镜子，每个人都从镜中（他人）认识到自我，并在和他人的社会互动过程中发展出自我概念。Mead（1934）继承且发展了 Cooley "镜中自我"的观点，指出自我概念源于社会互动，且以"社会"作为镜子得以发展。他把自我概念的形成划分为模仿他人、游戏角色和概化他人角色三个阶段，并指出人们在社会互动过程中通过"把他人对自己的态度概括化"进而形成自我概念。Cooley 和 Mead 的研究强调了"他人"和"社会"在自我概念形成中的重要作用，但只关注了个体的外在因素。Harter（1990）则基于个体内部认知进行考查，认为自我概念同时还受到个体

---

① 被试可能为了给别人留下好的印象从而导致测试结果的不真实。

认知发展的制约。

(二) 人际关系的影响

社会互动影响自我概念形成，具体表现在自我概念会明显受到周边人际关系的影响，且人际关系圈中不同个体的影响程度是不一样的。Hattie（1992）指出，重要他人——父母、老师与同伴等在一个人自我概念的形成与发展过程中有着重要影响。综观相关文献，父母对一个人自我概念的重要影响在研究中最为常见。例如，Sullivan（1953）指出家庭成员（尤其是父母）对一个人自我概念的形成影响巨大。Coopersmith（1967）指出一个人的自我概念和其父母对他的教育兴趣、满意度以及父母对其教育活动的参与度等有着较大的关联性。Sears（1970）和 Growe（1980）的研究亦表明子女自我概念与其父母的兴趣、温性以及接受性显著相关。Heyman、Dweck 和 Cain（1992）研究表明，父母积极温暖的教养方式有助于个体形成较高的自我概念，而粗暴惩罚的教养方式会使个体形成较低的自我概念，我国学者（雷雳等，2003）亦有类似的研究发现。此外，父母在其中所起的影响作用有所不同。总的来说，父亲一方的权威态度与男性自我概念存在正相关关系，但与女性无关；母亲一方的权威态度则与男性和女性都呈负相关关系。

(三) 文化环境因素的影响

文化环境在塑造自我概念方面扮演着非常重要的角色，文化是影响自我概念的重要环境因素，自我概念的差异在一定程度上也反映了文化的差异（如杨国枢和余安邦[1]，1993；杨中芳[2]，1991，1996）。任何一个社会成员都会受到特定文化或亚文化的影响，所以，在自我概念领域的研究中文化也受到了一定的关注。杨中芳（1991，1996）指出，由特定中国文化背景导致的"过度谦虚""不好出风头""不喜欢主动表现"等观念会直接影响中国人的自我概念评价。杨国枢和余安邦（1993）指出，东西方文化背景的差异导致中国人和西方人的"自我"存在非常大的差别，无论是内涵还是外延上。集体主义文化背景下的中国人，深受"家族意识"和"耻文化"的影响，其"自我概念"所包含的范围远大于个体主义文化背景下的西方人的"自我概念"范围。

---

[1] 杨国枢和余安邦皆为中国台湾学者。
[2] 杨中芳为中国香港学者。

## （四）自我生态系统的影响

Hormuth（1990）在继承 Cooley 和 Mead 等前人研究成果的基础上，把他人、客体和环境等对自我概念产生影响的因素整合为一个"自我生态系统"，并指出"自我概念"和"自我生态系统"相互依存、互相影响，在互动基础上实现、维持动态平衡。一方面，自我生态系统会影响自我概念，如自我生态系统平衡稳定则自我概念也平衡稳定；另一方面，自我概念倒过来也会影响自我生态系统，如自我概念动荡或改变则会引发或导致自我生态系统的重新建构。这是 Hormuth 对 Cooley 和 Mead 自我概念社会互动形成论的进一步发展与创新。

总的来看，很多研究都聚焦在各种因素的相关性上，但相关性高并不等同于因果关系，所以距离现实指导还有较大距离。此外，我国迄今缺乏对自我概念的系统研究，国内学者们（如董奇和夏勇等，1993；黄希庭，1993；乐国安和崔芳，1996；沃建中和申继亮，1993；张进辅，1993）对自我概念影响因素的研究更是分散，难以比较。

## 五 自我概念的作用效应

Burns[①]（1982）系统阐释了自我概念的心理作用，并指出自我概念主要具有三大功能：保持内在的一致性、决定个人对经验的解释和决定个人的期望。

### （一）保持内在的一致性

Burns（1982）认为自我概念的第一大功能就是保持内在的一致性，即个体会按照保持内在的一致性的方式做出行为反应。通过保持内在的一致性，自我概念就起到引导个体行为的作用。国内外的大量经验研究均验证了该观点，如当个体自认为或被别人认为声名佳、品德优良时，他们就会自我约束相应的行为；反之，当个体自认为或被别人认为声名不佳、品德不良时，他们就会放松对相应行为的自我约束。一些基于品德不良学生的经验研究也表明，学生基于自身声名及品德状况的自我概念与其行为自律特征有着直接的关联性。某些经验研究还显示，自我概念积极的学生较之于自我概念消极的学生，在成就动机、学习投入以及成绩等方面均要优异得多。

---

① Burns 系英国心理学家，著有《自我概念发展与教育》一书。

### (二) 决定个人对经验的解释

Burns（1982）认为自我概念的第二大功能是它决定着个人对经验的解释。一定的经验对于某个人而言所具有的意义，取决于个人的自我概念。不同的人即使获取完全相同的经验，但他们对于相同经验的解释极可能存在高度上的差别。经验解释的轨迹往往取决于一个人的自我概念。人们不仅具有维持自身行为与自我概念相一致的倾向，还倾向于按与自我概念一致的方式对自身行为做出解释。James（1890）曾提过一个有关自尊的经典公式：自尊＝成功/抱负。该公式表明，个人的自我满足水平同时取决于两个方面：一是个人获得了多大的成功，二是个人如何解释所获得的成功对于他的意义。自我概念决定着个体如何对经验进行解释。自我概念如同一个过滤器，对新经验、新事物具有经验解释作用，并会依据以往经验对新经验赋予特定意义。如个人既有的自我概念是积极的，则每一种经验都可能会被赋予积极的含义；反之，如个人既有的自我概念是消极的，则即使取得再大的成功，个体依然会消极评价自己。

### (三) 决定个人的期望

Burns（1982）指出自我概念的第三大功能是决定个人的期望。Burns认为，个体在自我概念基础上决定自己的期望，且与自我概念保持一致，所以个体的后续行为在一定程度上也往往取决于自我概念的性质。事实上，在各种不同情境下，人们对事件的期待、对具体情境中他人行为的解释以及自己在具体情境中如何行为等都取决于个体的自我概念。如自我概念是积极的，则不仅引发人们积极的自我期望，而且期待外部社会的积极评价与对待。自我概念的上述功能在客观上决定了它对行为的调节和定向作用。

## 六 自我概念相关研究小结

梳理与回顾"自我概念"相关研究文献不难发现：自我概念自James（1890）渐为人们所熟知，到Rogers（1951）的自我概念理论发表引起人们的广泛关注，至20世纪80年代成为西方心理学的研究热点，一直延续至今。自我概念之所以成为倍受关注的研究热点，其根本原因在于：自我概念在人的认知及发展过程中扮演着极为重要的角色，通常被视为影响人类行为的极重要和显著的心理变量。自我概念有助于人们了解自我，并对自己的行为进行控制和调节（Markus and Nurius,

1984),同时也有助于解释个体间的人际互动关系（Mikulincer and Shaver, 2005）。百余年来，学者们深入探讨、分析了自我概念的界定、维度与测量、影响因素及其作用效应，并在此基础上提出了一系列理论模型，为该领域后续的理论及实践研究奠定了基础。总体而言，国外自我概念理论相对成熟，既有研究也已取得一定进展，但仍有不少问题值得进一步探索和完善。基于自我概念的研究现状，笔者认为日后研究展开的突破口将会聚焦在以下几个方面。

（一）自我概念的明确统一界定

自我概念作为影响人类行为的重要心理变量，有助于人们了解自我，并对自己的行为进行控制和调节（Markus and Nurius, 1984），同时也有助于解释个体间的人际互动关系（Mikulincer and Shaver, 2005），其重要性是不言而喻的。然而，对自我概念重要性的共识并不意味着理解上的一致性，自我概念迄今尚无一个广泛认同的概念界定。自 James（1890）把自我概念引入西方心理学领域，海内外众多学者对自我概念进行了大量的探讨与界定，但迄今众说纷纭，尚无自我概念的明确统一界定。科学的概念界定是进行科学研究的前提，概念界定不清会导致相关研究结论出现偏差，进一步探讨自我概念的概念范畴，科学、明确、统一的概念界定是当务之急，也是促进自我概念理论进一步发展的重要前提。

（二）理论模型的进一步发展与完善

众多学者经过长期不懈的努力，构建了许多自我概念的理论模型，有单维度的，也有多维度的，有单层次的，也有多层次的。20 世纪 80 年代之前，学者们大多普遍认同自我概念的单维理论模型（如 Cooley, 1902; James, 1890; Mead, 1934; Rogers, 1951, 1959; Rosenberg, 1979; Sullivan, 1953 等），其共同点在于：仅从宏观上对个体的一般（总体）自我价值信念展开研究，在元分析时尽管也提及具体成分自我概念，但各类测量问卷均为单维（无内容结构维度），并不考察具体成分自我概念。Shavelson 等（1976）及其之后的研究则认为自我概念是拥有较多特定构面或层次的多维结构（如 Byrne and Shavelson, 1996; Fox and Corbin, 1989; Harter, 1984, 1985, 1986; Marsh, Byrne and Shavelson, 1988; Marsh and Shavelson, 1985; Shavelson, Hubner and Stanton, 1976; Song and Hattie, 1984; Vispoel, 1995 等）。其共同点在于：自我概念具有类似金字塔的结构，顶端是整体（一般）自我概念，底下则由不同层次具体领域的特定自我概念组成，数个特定因子彼此独立。

综观国内外相关研究文献，学者们依据理论建构的维度及层次，总体上把自我概念结构划分为单维、多维以及多维度多层次理论模型。从 James（1890）的成分维度元分析与单维理论模型到 Hater（1984，1985，1986）的多维阶段理论模型，再到 Shavelson 等（1976）的多维度多层次理论模型以及后期众多学者对该模型的修正，自我概念的理论模型不断得以改进。但由于自我概念的内涵及外延都未统一界定，不同理论模型的层次分布、测量维度以及统计处理方法都不尽相同，各研究结果自然也就不一致，可比性不强。所以，就总体而言，自我概念理论模型的建构目前仍处于探索阶段，至今尚未形成完整、公认的理论模型，需进一步发展和完善，这也将成为后续研究的热点之一。

（三）测量工具的进一步探索与开发

自我概念测量量表目前仍处于百家争鸣阶段，至今尚未形成公认的权威测量方法。就整体而言，自我概念的测量是伴随着自我概念理论、统计方法及测量技术的发展而发展的。早期的自我概念量表是基于单维理论模型编制的单维、笼统测量问卷（没有内部结构维度），强调整体自我概念，主要包括 Rosenberg（1965）的自尊量表、Coopersmith（1967）的自尊测量问卷、Fitts（1965）的田纳西自我概念量表（第一版）以及 Piers 和 Harris（1969）编制的 Piers - Harris 儿童概念量表等。20 世纪 80 年代以后，自我概念量表是基于多维理论模型编制的多维测量问卷，在测量整体自我概念的同时还单测某些特定构面，有理论支持，测量效度高，结果全面具体，易于统计与解释，体现了自我概念测量的主流发展方向，主要包括 Marsh 等（1984）编制的自我描述问卷——SDQ Ⅰ、SDQ Ⅱ、SDQ Ⅲ，Piers（1984）的 Piers - Harris 儿童概念量表（修正版），Song 和 Hattie（1984）的 Song - Hattie 自我概念量表，Harter（1984，1985，1986）编制的自我概念测量问卷，Brown 和 Alexander（1991）的自尊指标，Coopersmith（1989）的自尊调查（成人版）以及 Roid 和 Fitts（1991）的田纳西自我概念量表（修订版），Bracken（1992）的多维度自我概念量表，黄希庭等（1998）的青年学生自我价值感量表，魏运华（1997）的儿童自尊量表等。

尽管自我概念测量量表众多，但学者们大都依据各自的研究目的与情境而选择不同的测量指标。从整体上来看，自我概念至今缺乏成熟统一的测量量表，致使研究结果间缺乏可比性。如何进一步开发科学统一的测量量表，实现测量方法聚焦，促使相关研究成果相互融合，是后续研究的重要突破口，也是学者们需长期协作共同努力的方向。

（四）影响因素及作用效应的探索

自我概念的影响因素众多，除了受性别及遗传生理上的影响，还受到一些宏观、外在因素的影响，诸如社会互动、人际关系、文化环境因素以及自我生态系统等。Cooley（1902）和 Mead（1934）认为自我概念来源于社会互动，他们强调"他人"和"社会"在自我概念形成中的重要作用。社会互动影响自我概念形成，具体表现在自我概念会明显受到周边人际关系的影响，且人际关系圈中不同个体的影响程度是不一样的。Hattie（1992）指出重要他人——父母、老师与同伴等在一个人自我概念的形成与发展过程中有着重要影响。其中，尤以父母对一个人自我概念的重要影响在研究中最为常见（如 Coopersmith, 1967; Growe, 1980; Heyman, Dweck and Cain, 1992; Sears, 1970; Sullivan, 1953; 雷雳等, 2003）。Hormuth（1990）则指出"自我概念"和"自我生态系统"相互依存、影响，在互动基础上实现、维持动态平衡。此外，文化也是影响自我概念的重要环境因素，自我概念的差异一定程度上也反映了文化的差异（如杨国枢和余安邦, 1993; 杨中芳, 1991, 1996）。杨国枢和余安邦（1993）明确指出，东西方文化背景的差异导致中国人和西方人的"自我"存在非常大的差别，无论是内涵还是外延上。自我概念具有浓厚本土化色彩，然而迄今学术界对此的研究并不多见，与自我概念相关的文化环境因素将成为后续研究关注的新热点之一。

从作用效应来看，自我概念主要具有"保持内在的一致性""决定个人对经验的解释"和"决定个人的期望"三大功能（Burns, 1982）。对于管理者而言，如何利用自我概念的作用效应达到预期目的，是很有研究意义和参考价值的。所以，这也将成为后续研究的突破口之一。

（五）自我概念作为自变量或中介变量的探索

在自我概念的实证研究中，学术界基本上都把自我概念作为结果变量（因变量）来研究，迄今鲜有研究把自我概念作为自变量或中介变量来考察，这在一定程度上制约了自我概念研究的进一步发展，与此同时也为后续研究留下了广阔的空间。如何进一步研究自我概念的自变量或中介作用，是后续研究的重要突破口之一，也是学者们需长期协作共同努力的方向。

（六）研究方法多元综合化的探索

迄今为止，学术界对自我概念的研究方法较为单一，大多采用自我报告式的问卷法和测量法，虽能获取大量实证资料，但也具有较大局限性——无法更全面检验自我概念结构及影响因素。Bentler（1990）指出研究的突破往往在研究方法的变革上。一个成熟的理论需要多种方法获取的经验事实来加以证实，自我概念在研究方法上有待多元综合或出现新突破。Hormuth（1990）在这方面做了一些有益的探索，除问卷调查法外，他还同时采用"日记法"与"自动照相术"等方法。此类极少量的研究，对于自我概念研究方法变革的意义重大，也为后续研究方法的趋势展望提供了很好的启示与思考。

# 第四节 顾客忠诚

学术界关于顾客忠诚的研究始于20世纪50年代[①]，时至60年代顾客忠诚已成为备受学术界、实务界关注与重视的研究热点，一直延续至今。顾客忠诚之所以备受关注成为永恒的研究主题，其根本原因在于它能引发许多消费者行为，如更多购买、重复购买、对价格不敏感、良好的口碑宣传、对竞争品牌有免疫力以及乐意与偏爱的企业（品牌）建立长久关系，等等。顾客忠诚是企业收入的主要源泉，能给企业带来价值，并使企业赢得竞争优势（Day，2000）。本节将围绕顾客忠诚的概念界定、分类、测量、理论模型、影响因素以及作用效应等几个方面对既有顾客忠诚研究进行回顾、梳理与评析。

## 一 顾客忠诚的概念界定

Royce（1908）在《忠的哲学》一书中阐述了忠诚的内涵，他认为忠诚就是对国家、政府、组织团体以及个人等基于一定原则的效忠。商业领域引入忠诚概念可追溯至 Copeland（1923）和 Churchill（1942）所

---

[①] Lim 和 Razzaque（1997）指出，对顾客忠诚概念的研究始于 Brown（1952）和 Cunningham（1956）的实证研究。

做的研究，从那时起学者们开始大量探讨顾客忠诚问题。虽然众多研究文献都提及顾客忠诚①概念的界定问题，但学术界迄今尚未对顾客忠诚概念形成统一认识，学者们各自基于不同视角的界定仍存在不小的分歧。Jacoby 和 Chestnut（1978）系统整理了 300 多篇相关研究文献，发现学者们对于顾客忠诚内涵的理解与阐释竟然有多达 50 种不同的观点。长期以来，众多学者一直困惑于顾客忠诚到底是一种行为还是一种情感依附（态度）。综观国内外相关文献，学者们对顾客忠诚概念的探究主要从行为与态度两个维度展开，并由此形成三大学派：行为学派、态度学派与行为—态度学派。行为学派基于行为维度对顾客忠诚进行界定，认为顾客行为是衡量顾客忠诚的唯一尺度。顾客忠诚被界定为对产品或服务所承诺重购的一种行为，可通过顾客的购买份额、购买频率等指标来进行测度。行为学派的支持者主要有 Assael（1990）、Brown（1952）、Carman（1970）、Cunningham（1956）、Kuehn（1962）、Lawrence（1990）、Newman 和 Werbel（1973）、Raj（1982）、Selnes（1993）、Tucker（1964）、董大海（2003）、符超（2000）、韩经纶和韦福祥（2001）以及刘爽和杨念梅（2003）等。态度学派认为行为学派会高估了真正的忠诚顾客，因为有一部分顾客表现出来的忠诚是虚假的：有可能受购买便利、条件优惠等因素影响，也可能是因可供选择的替代品缺乏或转换成本太高等原因造成。态度学派基于态度维度对顾客忠诚进行界定，认为顾客态度才是衡量顾客忠诚的唯一尺度。顾客忠诚被界定为对产品或服务的偏好与依赖，可通过购买意愿、偏好程度等指标来进行测度。态度学派的支持者主要有 Aaker（1991）、Bloemer 和 Kasper（1995）、Dick 和 Basu（1994）、Gremler 和 Brown（1996）、Jones 和 Sasser（1995）、鲁江和葛松林（2002）、刘志刚和马云峰（2003）以及张为栋（2004）等。行为—态度学派则认为无论是单一的行为维度还是单一的态度维度，都难以对顾客忠诚进行完整界定，应综

---

① 在研究顾客忠诚的既有文献中，有些文献使用顾客忠诚（Customer loyalty）一词，而有些文献则使用品牌忠诚（Brand loyalty）、服务忠诚（Service loyalty）或店铺忠诚（Store loyalty）等词。在相关的研究文献中，并未对它们加以严格区分。事实上，它们都具有相同的内涵——均指顾客对企业的品牌的忠诚（重复购买、积极向朋友推荐等），只不过顾客忠诚强调的是忠诚的主体——顾客，而品牌忠诚、服务忠诚、店铺忠诚则强调的是忠诚的客体——它们分别是品牌、服务和店铺。为统一起见，无论其原使用顾客忠诚一词，还是使用品牌忠诚、服务忠诚以及店铺忠诚等词，本书在引用相关文献时均统一使用顾客忠诚。

合行为与态度两个维度对顾客忠诚进行界定，真正的顾客忠诚兼具积极的态度取向和重购行为。行为—态度学派的支持者主要有 Baldinger（1996）、Day（1969）、Dick 和 Basu（1994）、Gremler 和 Brown（1996）、Griffin（1995）、Jacoby（1971）、Jacoby 和 Kyner（1973）、Oliver（1997，1999）、Zeithaml 等（1996）、刘洪程（2004）、陆娟（2005）以及马清学和张鹏伟（2003）等。顾客忠诚的学派及其概念界定详见表 2-9。

表 2-9　　　　　　　　顾客忠诚的学派及其概念界定

| 研究学派 | 学者（年份） | 对顾客忠诚概念的界定 |
| --- | --- | --- |
| 行为学派 | Assael（1990） | 顾客忠诚是为对某一品牌的赞同所导致的、在较长时期内对该品牌产品的持续性购买行为 |
| | Brown（1952） | 把顾客忠诚定义为连续 5 次购买 |
| | Carman（1970） | 顾客忠诚就是顾客在一段时期内对相同品牌购买频率的高低，频率越高忠诚度也就越高 |
| | Cunningham（1956） | 品牌忠诚是指消费者购买某品牌的次数占购买该类产品次数的比例 |
| | Kuehn（1962） | 顾客对某一品牌的忠诚可用下次购买的选择可能性来表征 |
| | Lawrence（1990） | 把对品牌的忠诚定义为连续 4 次的购买 |
| | Newman 和 Werbel（1973） | 品牌忠诚是指重复购买某一品牌，并且只考虑该品牌，且不需要收集其他品牌信息 |
| | Raj（1982） | 顾客忠诚是指顾客购买某一品牌的次数占购买该产品类别次数的比例，比例越高，顾客忠诚度越高 |
| | Selnes（1993） | 顾客忠诚是顾客对某一产品或服务的购买行为意向，即未来购买的可能性大小 |
| | Tucker（1964） | 把顾客忠诚定义为连续 3 次的购买 |
| | 董大海（2003） | 顾客忠诚是指再次购买的可能性 |
| | 符超（2000） | 顾客忠诚就是顾客能抗拒竞争者提供的价格优惠，持续地购买本公司的产品或服务，甚至为公司免费义务宣传 |
| | 韩经纶和韦福祥（2001） | 顾客忠诚是指顾客长久的购买某一品牌产品或服务的行为 |
| | 刘爽和杨念梅（2003） | 顾客忠诚是指消费者通过信息沟通及产品的直接使用经验，识别、接受并信任某企业的承诺，并转化为最终购买和重复购买的行为 |

续表

| 研究学派 | 学者（年份） | 对顾客忠诚概念的界定 |
|---|---|---|
| 态度学派 | Aaker（1991） | 品牌忠诚是指消费者满意先前的使用及购买经验，而产生的对某一特定品牌的偏好程度 |
| | Bloemer 和 Kasper（1995） | 顾客忠诚是态度（情感）的忠诚，态度取向代表了顾客对某项产品和服务的积极倾向程度，态度忠诚的顾客对产品或服务提供者往往表现出依恋、信赖的情感和推荐等意向 |
| | Dick 和 Basu（1994） | 引入相对态度概念，相对态度指顾客对某一产品的评价优于对其他产品估价的程度。Dick 和 Basu 认为，研究顾客忠诚既要考虑它的绝对性，更要关注它的相对性。在绝对意义上，顾客对给定产品或服务的评价也许很高，但如果同时对所有竞争产品的估价也同样高的话，那么绝对态度的效应就难以发挥 |
| | Gremler 和 Brown（1996） | 服务业顾客忠诚是指顾客对特定服务供应商的重购意愿和对其所抱有的积极态度，以及在对该类服务的需求增加时，继续选择该服务供应商为唯一供应源的倾向 |
| | Jones 和 Sasser（1995） | 顾客忠诚是对企业人员、产品或服务的一种归属感或情感 |
| | 鲁江和葛松林（2002） | 顾客忠诚是指顾客对企业及其提供的产品与服务的依恋或爱慕的程度 |
| | 刘志刚和马云峰（2003） | 顾客忠诚就是消费者在长期消费过程中对某一产品及厂商的专一程度 |
| | 张为栋（2004） | 顾客忠诚是指消费者在面对两个或两个以上竞争品牌时，偏好于某一品牌 |
| 行为—态度学派 | Baldinger（1996） | 品牌忠诚包括顾客的重购行为和态度上对该品牌的偏爱 |
| | Day（1969） | 最早提出顾客忠诚应包含行为和态度两个维度，他认为品牌忠诚不仅仅是对同一品牌的连续购买，还应该包括态度上的偏好。顾客忠诚意味着基于认知的、情感的、经过评价的、具有某种倾向的重复购买，而认知、情感、评价、倾向都是人们态度的基本组成部分 |
| | Dick 和 Basu（1994） | 顾客忠诚是偏爱、依恋态度和再购买行为的综合 |
| | Griffin（1995） | 顾客忠诚由两个因素构成：一是顾客对于某产品或服务相对于其他产品或服务具有较高的依恋，二是重复购买 |

续表

| 研究学派 | 学者（年份） | 对顾客忠诚概念的界定 |
| --- | --- | --- |
| 行为—态度学派 | Jacoby（1971） | 通过六个充要条件对顾客忠诚进行界定：①有偏的；②行为反应；③随着时间而表现出来的；④由一些决定单元组成的；⑤在选择的品牌集合之外还有其他的一个或多个可供选择的品牌；⑥是心理过程（决策、评价）的函数 |
| | Jacoby 和 Kyner（1973） | 顾客忠诚是个体经过一段时间对一个或多个可供选择的对象所表现出来的一种无偏的行为，也是心理过程的函数 |
| | Oliver（1997） | 顾客忠诚是指顾客长期购买自己偏爱的产品和服务的强烈意愿，以及顾客实际的重复购买行为 |
| | Oliver（1999） | 从认知、情感、意动和行为四个维度出发，认为顾客忠诚是在未来持续重购或再惠顾某一偏好产品或服务的一种深度承诺，从而导致对同一品牌或同一品牌某一大类的重购，当然也存在情景影响及营销努力对转移行为的潜在影响 |
| | Zeithaml 等（1996） | 顾客忠诚是指顾客对企业有较高钱包份额（Share of wallet），并进行重复购买和正向的口碑传播 |
| | 刘洪程（2004） | 顾客忠诚是指顾客对某品牌的内在积极态度、情感、偏爱和外在重复惠顾行为的统一 |
| | 陆娟（2005） | 顾客忠诚是一种行为上和态度上的综合反应，不仅表现为重复购买等的行为忠诚，而且还包括对一个品牌所持有的积极态度取向的态度忠诚 |
| | 马清学和张鹏伟（2003） | 顾客忠诚是指顾客在消费中对某品牌的产品和服务有一定的依赖性，在感情上有一定的偏爱，重复购买同一品牌的产品和服务，积极为企业做宣传和推荐，并且不易受外界特别是竞争品牌的信息诱惑 |

注：按学者姓名首字母排序。
资料来源：笔者根据相关文献整理汇总而成。

综合前人的研究我们不难发现，不同学派对顾客忠诚概念界定的分歧焦点主要在于：顾客忠诚到底是一种行为还是情感依附（态度）。总的来说，学术界迄今普遍接受行为—态度学派的观点，笔者也认同应综合顾客的行为特征（如重复购买行为）与态度特征（如顾客对产品的喜爱和依赖）对顾客忠诚进行完整界定。

## 二 顾客忠诚的分类

### (一) 早期的顾客忠诚分类

纵观国内外相关研究文献,学术界早期对顾客忠诚的理解主要聚焦于顾客的重购行为,有关顾客忠诚的分类也就自然是同一维度下的不同忠诚水平。比如 Brown (1952) 根据顾客的重购行为把顾客忠诚细分为未叛离的、叛离的、不稳定的和没有顾客忠诚四大类 (Macintosh and Lockshin, 1997)。Ehrenberg 和 Goodhardt (1970) 基于顾客的面板数据把顾客忠诚划分为单一品牌和多品牌购买。Keng 和 Ehrenberg (1984) 基于顾客的面板数据把顾客忠诚划分为单一店铺和多店铺光顾。Enis 和 Paul (1970) 基于顾客的购买比例把顾客忠诚划分为非常忠诚 (购买比例 > M + SD)[①]、忠诚 (M < 购买比例 ≤ M + SD)、不忠诚 (M - SD ≤ 购买比例 < M) 以及非常不忠诚 (购买比例 < M - SD) 四大类。Yim 和 Kannan (1999) 把顾客忠诚划分为核心忠诚与强化忠诚。所谓核心忠诚是指顾客唯一重购某一产品或品牌;所谓强化忠诚是指顾客基于一定范围重购一个或几个产品或品牌。总的来说,由于当时顾客忠诚的二维思想 (行为、态度) 尚未确定,上述的顾客忠诚划分较多关注顾客的行为层面而忽略了顾客的态度偏好。

### (二) 后期的顾客忠诚分类

时至 20 世纪 90 年代,学术界已普遍接受顾客忠诚的二维思想 (行为、态度),至此,很多顾客忠诚的分类开始兼顾行为与态度两个维度。通过梳理相关研究文献,笔者发现主要有以下几种分类方式。

1. Dick 和 Basu 的分类

Dick 和 Basu (1994) 结合顾客的态度取向与重购行为,把顾客忠诚划分为真正忠诚 (Really loyalty)、潜在忠诚 (Latent loyalty)、虚假忠诚 (Spurious loyalty) 以及不忠诚 (No loyalty) 四大类。如图 2 - 15 所示,高情感态度取向[②]—高重复购买行为即为真正忠诚,低情感态度取向—高重复购买行为即为虚假忠诚,高情感态度取向—低重复购买行为即为潜在忠诚,低情感态度取向—低重复购买行为即为不忠诚。

---

① 根据顾客的面板数据计算出顾客购买比例的平均数 (M) 和标准差 (SD),然后用 M、M + SD、M - SD 这三个值将顾客忠诚分为四大类。

② 如支持、信赖等。

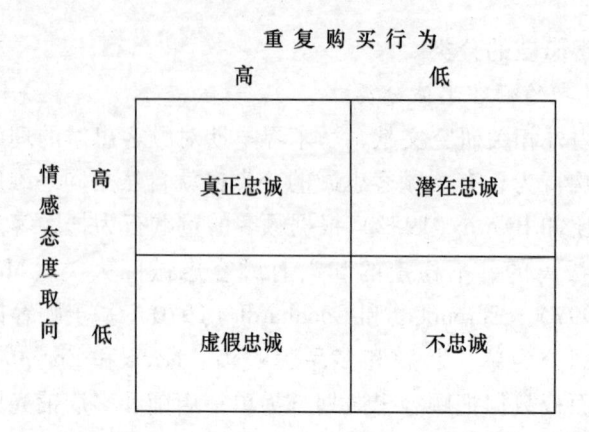

```
                    重复购买行为
                   高              低
         ┌─────────────────┬─────────────────┐
      高 │                 │                 │
情       │    真正忠诚     │    潜在忠诚     │
感       │                 │                 │
态       ├─────────────────┼─────────────────┤
度       │                 │                 │
取       │                 │                 │
向    低 │    虚假忠诚     │    不忠诚       │
         │                 │                 │
         └─────────────────┴─────────────────┘
```

**图 2-15 Dick 和 Basu 对顾客忠诚的分类**

资料来源：Dick, A. S. and Basu, K., "Customer Loyalty: Toward an Integrated Conceptual Framework", *Journal of the Academy of Marketing Science*, 1994, 22 (2), p. 101。

真正忠诚、虚假忠诚、潜在忠诚和不忠诚的具体特征详见表 2-10。真正忠诚主要受到产品差异评价的影响，虚假忠诚可能由方便、习惯或替代品缺乏等原因所致，潜在忠诚可能由产品脱销或顾客购买力有限等原因所致，不忠诚可能由替代品过多或产品宣传推广力度不够等原因所致。显然，对企业而言，上述四类顾客忠诚中只有"真正忠诚"才具有现实意义，企业应尽一切努力把潜在忠诚、虚假忠诚以及不忠诚的顾客转化为真正忠诚顾客，以便给企业带来巨额收益，并使企业赢得竞争优势。

2. Jones 和 Sasser 的分类

Jones 和 Sasser（1995）基于顾客满意和顾客忠诚的关系视角构建了顾客忠诚的直觉化分类，如表 2-11 所示。在 Jones 和 Sasser 的分类中，顾客被区分为四种类型：满意度及忠诚度双高的顾客即为忠诚者/传道者，满意度及忠诚度双低的顾客即为背叛者/恐怖分子，高满意度—低忠诚度的顾客被界定为唯利是图者，低满意度—高忠诚度的顾客被界定为人质顾客。Jones 和 Sasser 的分类方法，在某种程度上间接揭示了顾客的满意和忠诚间的关系——满意顾客未必忠诚，忠诚顾客未必满意，所以企业应基于顾客满意度与忠诚度的实际状况，实施相应的关系营销策略，以便有效管理顾客忠诚以给企业带来价值。

表 2-10　　　　　　　Dick 和 Basu 对顾客忠诚的分类

|  | 不忠诚 | 虚假忠诚 | 潜在忠诚 | 真正忠诚 |
|---|---|---|---|---|
| 情感忠诚度 | 低 | 低 | 高 | 高 |
| 购买行为 | 低频率的重复购买或不购买 | 高频率的重复购买 | 低频率的重复购买或不购买 | 高频率的重复购买 |
| 综合表现 | 很少或从不惠顾，也不想惠顾 | 经常惠顾并购买企业的产品，但情感忠诚度较低[①] | 希望惠顾并购买企业的产品，但实际条件不允许[②] | 对企业和产品有很高的情感忠诚度，同时不断重复购买 |

资料来源：Dick, A. S. and Basu, K., "Customer Loyalty: Toward an Integrated Conceptual Framework", *Journal of the Academy of Marketing Science*, 1994, 22 (2), pp. 99–113。

表 2-11　　　　　　　Jones 和 Sasser 对顾客忠诚分类的矩阵形态

|  |  | 顾客满意度 ||
|---|---|---|---|
|  |  | 高 | 低 |
| 顾客忠诚度 | 高 | 忠诚者/传道者 | 人质顾客 |
|  | 低 | 唯利是图者 | 背叛者/恐怖分子 |

资料来源：Jones, T. and Sasser Jr., W. E., "Why Satisfied Customers Defect", *Harvard Business Review*, 1995, 73 (6), 88–91。

3. Gremler 和 Brown 的分类

Gremler 和 Brown (1996) 根据程度深浅将顾客忠诚区分为行为忠诚、意向忠诚及情感忠诚[③]三个不同的层次和类型。他们指出，在行为忠诚、意向忠诚和情感忠诚这三类忠诚中，应着重评价顾客的行为趋向。

4. Kathleen Sindell 的分类

Kathleen Sindell (1998) 认为，顾客与企业间的情感联系是极为重

---

[①] 虚假忠诚的表现可能是受购买便利性、优惠条件及环境等因素的影响，也可能是因为缺乏可供选择的替代品。因此，虚假的顾客忠诚很容易受外部环境变化的影响而转换为不忠诚的顾客。

[②] 引起顾客潜在忠诚的原因很多，可能是由于企业店铺较少，或者是因为某产品脱销等。一旦条件具备，他们就能转变为真正忠诚的顾客。

[③] 行为忠诚是指顾客实际呈现的重复购买行为；意向忠诚是指顾客在未来可能购买的意向；情感忠诚是指顾客对企业及其产品或服务的积极态度（如支持、信赖及口碑宣传等）。

要的。顾客与企业间的情感联系是维系顾客真正忠诚（高重复购买行为和高情感态度取向）的实质性原因。基于顾客忠诚的情感来源，Kathleen Sindell（1998）将顾客忠诚划分为如表 2-12 所示的七种类型。

**表 2-12　　　　　Kathleen Sindell 对顾客忠诚的分类**

| 忠诚类型 | 特征描述 |
| --- | --- |
| 垄断忠诚 | 因为市场只有一个供应商，这类顾客别无选择，是低依恋、高重复的购买者 |
| 惰性忠诚 | 由于惰性而不愿意寻找其他供应商。这类顾客是低依恋、高重复的购买者 |
| 潜在忠诚 | 顾客希望不断地购买产品和服务，但是企业的一些内部规定或其他环境因素限制了他们的购买行为。这类顾客是低依恋、低重复购买的顾客 |
| 方便忠诚 | 类似于惰性忠诚。这类顾客是低依恋、高重复的购买者 |
| 价格忠诚 | 对价格十分敏感，倾向于提供最低价格的零售商，是低依恋、高重复的购买者 |
| 激励忠诚 | 因经常惠顾而享受企业提供的奖励。这类顾客是低依恋、高重复的购买者 |
| 超值忠诚 | 这类顾客是企业产品的传道者，具有典型的情感或品牌忠诚，是高依恋、高重复的购买者 |

资料来源：[美] 凯瑟琳·辛德尔：《忠诚营销》，阙澄宇等译，中国三峡出版社 2001 年版。

**5. Baldinger 和 Rubinson 的分类**

Baldinger 和 Rubinson（1996）也基于行为与态度划分顾客忠诚，但把每个维度细致划分为高[①]、中[②]、低[③]，由此把顾客分为真正忠诚（Real loyalty）、展望忠诚（Prospect loyalty）和脆弱忠诚（Vulnerable loyalty）三大类（见图 2-16）。其中，"高行为—高态度"被界定为真正忠诚；"低行为—高态度""低行为—中态度"以及"中行为—高态度"被界定为展望忠诚；而"中行为—低态度""高行为—低态度"以及"高行为—中态度"则被界定为脆弱忠诚。

---

① 购买或偏好比例超过全部购买的 50% 为高。
② 购买或偏好比例介于全部购买的 10%—50% 为中。
③ 购买或偏好比例介于全部购买的 0%—9% 为低。

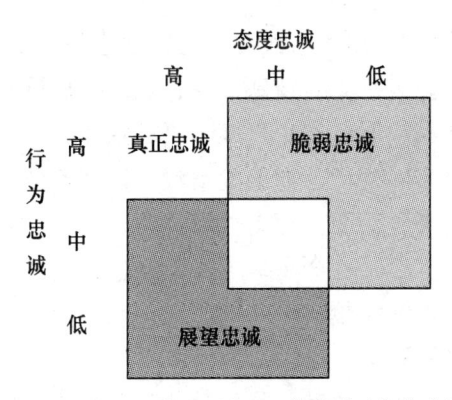

图 2-16 Baldinger 和 Rubinson 的行为/态度忠诚矩阵

资料来源：Baldinger, A. L. and Rubinson, J., "Brand Loyalty: the Link Between Attitude and Behavior", *Journal of Advertising Research*, 1996, 36 (6), pp. 22-34。

6. Oliver 的分类

Oliver (1999) 指出顾客忠诚的形成过程是个动态过程。顾客忠诚按其形成过程可划分为认知性忠诚（Cognitive loyalty）、情感性忠诚（Affective loyalty）、意向性忠诚（Affective loyalty）和行为性忠诚（Affective loyalty）（见图 2-17）。认知性忠诚是指顾客对企业的产品或服

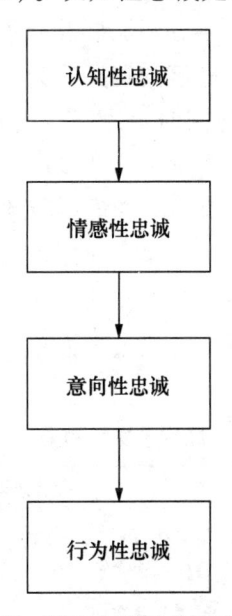

图 2-17 顾客忠诚形成的四个阶段

资料来源：Oliver, R. L., "Whence Consumer Loyalty?", *Journal of Marketing*, 1999, 63 (4), pp. 33-44。

务的信息（如价格、性能等）忠诚；情感性忠诚是指顾客购买企业的产品或服务是出于偏爱它，有情感依附；意向性忠诚是指顾客基于消费满意对某企业的产品或服务产生再次购买的意愿；行为性忠诚是指顾客的忠诚意向转化为实际行动，如偏爱信赖、口碑宣传、对竞争对手有免疫力、多次重复购买，甚至愿意支付溢价等。

综上所述，顾客忠诚是个多维的复杂概念，用其中的某个维度去界定都会有失偏颇，不够完整。

### 三　顾客忠诚的测量

综观国内外相关研究文献，前人对顾客忠诚的测量主要包括行为测量、态度测量以及组合测量三种方法。行为测量方法重点关注顾客的购买行为，测量指标主要有购买量、购买频率、重复购买以及推荐行为等，如 Fornell（1992）、Griffin（1995）、Heskett 等（1994）和 Selnes（1993）等众多学者均指出"重复购买"可作为顾客忠诚的测量指标。态度测量方法重点关注顾客的购买意向与态度偏好，并视之为重复购买的动机，测量指标主要包括重购意愿、口碑推荐、价格容忍、对竞争产品免疫等，如 Zeithaml、Berry 和 Parasuraman（1996）指出可将重购意愿、价格容忍、口碑宣传、推荐亲朋好友购买等作为顾客忠诚的测量指标。组合测量方法不仅关注顾客的购买行为，而且同时关注顾客的购买意向与态度偏好，测量指标同时兼顾行为忠诚与态度忠诚。Chaudhuri 和 Holbrook（2001）、Dick 和 Basu（1994）、Jacoby 和 Kyner（1973）、Lim 和 Razzaque（1997）等众多学者均认为顾客忠诚测量必须包括行为与态度两个方面，如 Fornell（1992）指出顾客忠诚可通过重复购买与价格容忍两方面的指标进行测量。总而言之，学者们对于顾客忠诚的测量有着各自不同的观点，本书将其整理汇总于表 2-13。

表 2-13　　　　　　　　　　顾客忠诚的测量

| 学者 | 年份 | 顾客忠诚的测量指标 |
| --- | --- | --- |
| Athanassopoulos | 2001 | （1）口碑相传<br>（2）转换商店意愿<br>（3）持续光顾意愿 |
| Baker、Parasuraman 和 Grewal | 2002 | （1）再购意愿<br>（2）推荐他人 |

续表

| 学者 | 年份 | 顾客忠诚的测量指标 |
|---|---|---|
| Bloemer 和 Odekerken – Schrodel | 2002 | （1）口碑相传<br>（2）购买行为强度：频率等 |
| Bowen 和 Chen | 2001 | （1）行为衡量：指重复购买的行为<br>（2）态度衡量：指顾客内在心理所引发的忠诚<br>（3）合成衡量：结合行为与态度忠诚度，即由顾客对产品的偏好、品牌转变的习性、购买频率与全部购买数量来衡量 |
| Fornell | 1992 | （1）重复购买<br>（2）价格容忍度 |
| Griffin | 1995 | （1）重复购买<br>（2）愿意购买公司提供的各种产品或服务<br>（3）愿意为公司建立口碑<br>（4）对其他竞争促销的免疫程度 |
| Gronholdt、Martensen 和 Kristensen | 2000 | （1）重购意愿<br>（2）向他人推荐<br>（3）价格容忍度<br>（4）顾客交叉购买意愿 |
| Heskett 等 | 1994 | （1）重复购买 |
| Van Montfort、Masurel 和 Van Rijn | 2000 | （1）花费更多的金钱购买该公司产品或服务<br>（2）鼓励其他人购买该公司的产品<br>（3）相信购买该公司的产品是有价值的 |
| Jones 和 Sasser | 1995 | （1）重购意愿：顾客未来可能再度购买该公司的产品或服务的意愿<br>（2）主要行为：顾客最近一次购买的时间、购买频率、购买数量、续购率等<br>（3）次要行为：顾客愿意帮公司介绍、推荐及建立口碑等 |
| Kotler | 1999 | （1）经常惠顾<br>（2）经常向公司提出建议<br>（3）公司提供的服务成本较低<br>（4）较能体谅涨价的措施 |
| Mittal 和 Kamakura | 2001 | （1）重购行为和意愿 |
| Selnes | 1993 | （1）重复购买<br>（2）向他人推荐 |

续表

| 学者 | 年份 | 顾客忠诚的测量指标 |
|---|---|---|
| Singh 和 Sirdeshmukh | 2000 | （1）持续光顾意愿 |
| Sirohi、Mclaughlin 和 Wittink | 1998 | （1）再购意愿<br>（2）推荐他人<br>（3）购买数量 |
| Zeithaml、Berry 和 Parasuraman | 1996 | （1）重购意愿<br>（2）口碑推荐<br>（3）价格容忍度<br>（4）转换抱怨 |

注：按学者姓名首字母排序。
资料来源：笔者根据相关文献整理汇总而成。

由表 2-13 我们不难发现，在测量顾客忠诚时，学者们大都依据具体的研究目的与研究情境而选择不同的测量指标。本书拟运用组合测量方法对顾客的整体忠诚进行测量，重点关注顾客忠诚整体概念（而非顾客忠诚各维度）在消费者伦理信念和消费者伦理行为之间起到的调节作用。

### 四 顾客忠诚的理论模型

顾客忠诚对于企业品牌资产及营销绩效的重要影响，激发着国内外学者对其展开研究并构建了诸多理论模型。此类理论模型的构建目标均在于试图清晰阐释顾客忠诚的影响/驱动因素并探索其实现路径。

#### （一）顾客价值驱动的顾客忠诚模型

Blackwell、Szeinbach 和 Barnses 等（1999）构建了顾客价值驱动的顾客忠诚模型（见图 2-18）。在该模型中，顾客忠诚的直接驱动因素是顾客价值。此处，顾客价值意指顾客感知价值，也即顾客基于感知利得与利失间的权衡。在权衡过程中，顾客的个人偏好会通过影响感知利得及利失的构成权重，进而影响权衡结果——顾客价值。此外，该模型中的顾客忠诚、顾客价值、个人偏好、感知利得、感知利失五个变量均受到情景因素的影响。

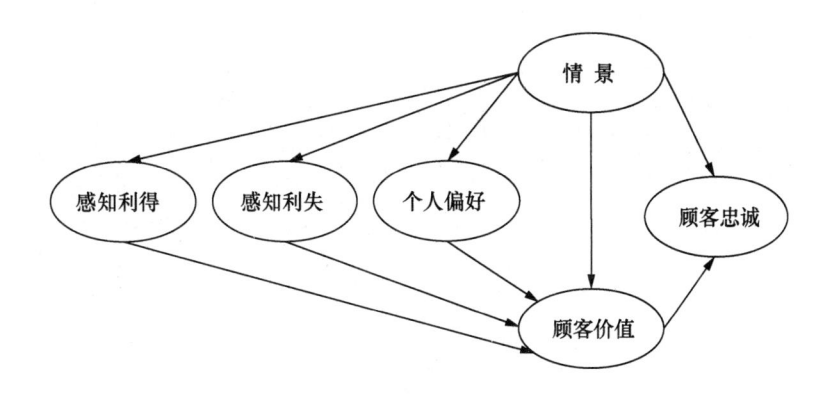

**图 2-18 顾客价值驱动的顾客忠诚模型**

资料来源：Blackwell, S. A., Szeinbach, S. L., Barnses, J. H., Garner, D. W. and Bush, V., "The Antecedents of Customer Loyalty", *Journal of Service Research*, 1999, 1 (4), pp. 362-375。

（二）具体服务行业的顾客忠诚模型

针对具体服务行业，Ryan、Rayner 和 Morrison（1999）构建了能源服务机构顾客忠诚模型，Macintosh 和 Lockshin（1997）构建了零售商店顾客忠诚模型。

Ryan、Rayner 和 Morrison（1999）基于能源服务机构建立的顾客忠诚模型（见图 2-19），并不适用于其他行业。在该模型中，顾客价值、公司信誉以及顾客满意这三个变量都是顾客忠诚的直接和主要驱动因素，并且它们都受到诸如能源供应、价格、公司活动、核心关系、售后服务以及账单等因素的影响。此外，顾客满意会影响顾客价值感知及公司信誉，顾客价值也会影响到公司信誉。

Macintosh 和 Lockshin（1997）构建了零售商店顾客忠诚模型，见图 2-20。该模型主要适用于顾客对店员及零售商店的信任与其重购意向间的关系研究。经验研究表明，如顾客与店员间存在很好的个人关系，则顾客对于店员的信任和承诺会直接影响顾客的重购意向，并通过"商店态度"间接影响顾客的重购意向。如顾客与店员间不存在很好的个人关系，则顾客对商店的满意和信任会通过"商店态度"这个中间变量引发商店忠诚，但不会直接影响顾客的重购意向。该模型表明，顾客对店员及商店的信任有助于顾客忠诚，但没能清晰阐释顾客是怎样与店员以及对商店产生信任关系的。

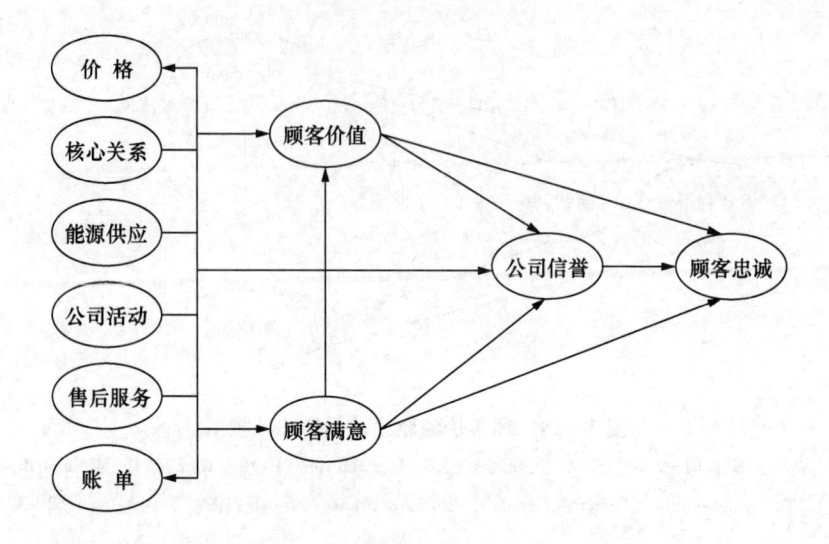

**图 2-19 能源服务机构顾客忠诚模型**

资料来源：Ryan, M. J., Rayner, R. and Morrison, A., "Diagnosing Customer Loyalty Drivers", *Marketing Research*, 1999, (2)。

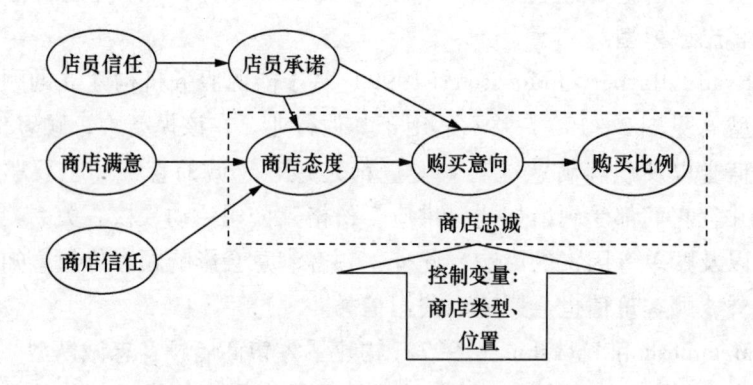

**图 2-20 零售关系与零售商店顾客忠诚模型**

资料来源：Macintosh, G. and Lockshin, L. S., "Retail Relationships and Store Loyalty: A Multi-Level Perspective", *International Journal of Research in Marketing*, 1997, 14, pp. 487-497。

(三) 我国学者提出的顾客忠诚模型

我国学者也对顾客忠诚展开了大量的学术研究，并尝试着基于各种背景构建顾客忠诚模型。

王月兴和冯绍津 (2002) 构建了顾客忠诚模型，这两位学者指出：真正的顾客忠诚包括态度忠诚和行为忠诚两个层面。顾客满意与顾客价值作为顾客忠诚的全驱动因素，会同时引发顾客的态度及行为忠诚；而社会规范、认知风险以及转换成本则属于顾客忠诚的半驱动因素，仅对顾客的行为忠诚产生一定程度影响。

韩小芸和汪纯孝（2003）构建了服务企业顾客忠诚模型。该模型包括13个结构变量，其中顾客忠诚被划分成四个结构变量，分别是顾客的认知忠诚、情感忠诚、意向忠诚及行为忠诚；并且情感归属感与持续归属感作为两个中介变量被加入顾客满意和顾客忠诚之间；顾客满意的六个前置影响因素分别为顾客信任、服务质量、商业友谊和交往、程序及结果的公平性，上述影响因素间也存在一些影响关系。

温碧燕、汪纯孝和岑成德（2004）也构建了一个服务企业顾客忠诚模型，较之于韩小芸和汪纯孝（2003）构建的服务企业顾客忠诚模型，该模型具有如下特点：其一，顾客忠诚并未在该模型中被直接提及，而是使用了"顾客意向忠诚[①]"。其二，该模型属于整体框架模型，十分深入全面。其三，该模型深入探究了顾客的感性因素——消费前后的情感，基于实证研究结果得出：正面的消费情感会直接、正向影响消费价值以及顾客满意。

陆娟（2005）在整合国内外相关理论及实证研究主要发现的基础上，构建了综合性的服务品牌忠诚驱动模型。该模型由13个结构变量组成，包括涉及企业的两个变量（企业形象、企业承诺），涉及特征的两个变量（顾客特征、行业特征），涉及质量的四个变量（技术、过程、服务和感知质量），涉及满意的两个变量（顾客满意、顾客埋怨），涉及忠诚的两个变量（态度忠诚、服务忠诚），外加一个服务预期变量。该模型对服务品牌忠诚的驱动因素及其形成机理进行了清晰、全面的阐释。

严浩仁和贾生华（2005）构建了移动通信顾客忠诚模型，该模型由六个结构变量组成，其中，顾客满意和关系信任这两个变量均会影响顾客的态度忠诚以及行为忠诚，而替代吸引力仅影响顾客的态度忠诚，转换成本则仅仅影响顾客的行为忠诚。

**五 顾客忠诚的影响因素**

从既有文献来看，学术界关于顾客忠诚影响因素的探究众说纷纭，

---

[①] 顾客意向忠诚，如"再购意向"和"口头宣传意向"，属于顾客忠诚的一部分。

莫衷一是，迄今尚无统一定论。通过对相关研究成果的系统回顾与梳理，本书发现顾客忠诚的影响因素可划分为直接驱动因素与调节因素两大类。

（一）顾客忠诚的直接驱动因素

从现有的相关研究文献来看，顾客忠诚的直接驱动因素主要有三类，分别是顾客满意、关系信任以及转换成本。

1. 顾客满意

顾客满意[1]是学术界较早用于解释顾客忠诚的理论之一，在所有探讨顾客忠诚影响因素的文献中，顾客满意的提及率是最高的。基于以往的相关研究文献，众多学者就"顾客满意与顾客忠诚的关系问题"进行深入探讨后普遍认同：顾客满意是顾客忠诚的直接、主要驱动因素，它有助于顾客忠诚的形成及维系。比如 Reichheld 和 Sasser（1990）就指出顾客满意通常被学者们认为是顾客忠诚的决定性要素，它能有效阻止顾客"叛逃"，有助于显著提高企业利润率。Kotler（1999）认为，较高的顾客满意度会导致顾客更多购买，从而顾客对该企业及品牌的忠诚也就越持久。Heskett、Sasser 和 Schlesinger（1997）在其构建的"服务利润链"模型中明确指出较高的顾客满意会直接引发顾客忠诚。Anderson 和 Sullivan（1993）、Taylor 和 Baker（1994）均指出：顾客满意与顾客忠诚间确实存在一定的正相关关系。Reichheld（1993）的经验研究也表明，顾客满意与顾客忠诚间确实存在着正相关的关系，但它们之间并非简单的线性关系。Oliver（1992）的实证研究表明，伴随着顾客满意度达到某一水平，顾客的忠诚度将会快速增长。Hart 和 Johnson（1999）基于施乐公司的经验研究，发现了"无差异区域"[2]（Zone of indifference）的存在——那些处于"基本满意或满意"状态下的顾客，其顾客忠诚度都非常低；只有那些处于"非常满意"状态下的顾客，才会表现出高度的顾客忠诚（如超高的重购率以及超强的口碑传播意愿，等等）；研究结果表明"非常满意"状态下的顾客忠诚度高达"满意"状态下顾客忠诚度的6倍之多。但是，顾客满意并非顾客忠诚的唯

---

[1] 学界对顾客满意的概念界定比较一致，普遍采用菲利普·科特勒（1999）的顾客满意定义：指一个人通过对一个产品的可感知效果（或结果）与他的期望值相比较后，所形成的愉悦或失望的感觉状态。

[2] 也有学者把"Zone of indifference"翻译成"质量不敏感区"。

一影响因素。Jones 和 Sasser（1995）的经验研究表明，顾客满意会伴随着竞争条件的变化而对顾客忠诚产生不同程度的影响作用，市场竞争越激烈，其影响作用就越强烈。

2. 关系信任

学术界迄今尚无"关系信任"的统一定义，其中被广泛认可的是 Moorman 等（1992）、Schurr 和 Ozanne（1985）、Swan 和 Nolan（1985）等学者对关系信任基本一致的界定：顾客对企业履行交易承诺的一种感觉或信心。基于该定义，我们不难发现：关系信任包括"可信性"[①]（Credibility）和"友善性"[②]（Benevolence）两个维度。如果顾客对企业缺乏（没有建立起）某种程度的信任，那么顾客与企业间的关系就不可能长久。在市场营销研究中，关系信任通常被学术界认为是一个在顾客忠诚形成过程中有着重要影响作用的变量。Morgan 和 Hunt（1994）指出，关系信任是一种可导致其他积极关系（如顾客忠诚）形成与产生的因素。Bove 和 Johnson（2000）的研究显示，顾客感知利益与感知风险、关系（信任）年限、顾客及员工的关系导向、沟通密度等因素均会影响顾客忠诚的形成与产生。Frenzen 和 Davis（1990）指出，由关系信任所带来的社会收益明显区别于顾客从产品中获取的收益。尤其是在顾客对企业的产品或服务并不十分满意的情况下，关系信任有助于维持顾客关系，并缓冲由低顾客满意度所带来的负面影响。有学者指出，顾客满意只有在低水平顾客关系状态下起决定性的作用，只有在顾客满意转化为顾客信任时，顾客关系才能向更高水平发展与维持，所以关系信任是顾客忠诚的基础。

3. 转换成本

Sharma 等（1997）指出，顾客与企业间持续关系的保持，有可能缘于顾客忠诚，有可能缘于竞争企业的缺乏，也有可能存在竞争企业但顾客碍于转换成本。Zeithaml（1981）也指出顾客在服务消费过程中会经常面对转换成本所带来的障碍。转换成本是指顾客因改变服务供应商（从一个供应商转向另一个）对将要所付成本的感知，除货币成本外，

---

[①] 可信性，指对企业有效、可靠地完成工作的能力的相信程度。

[②] 友善性，指对企业在出现新情况或承诺中没有考虑到的情况时，利他意图和动机的相信程度。

还包括由新服务供应商的不确定性所引发的顾客在心理及时间上所需付出的成本（Porter，1980）。上述转换成本有助于顾客转换意向的削弱，驱动顾客的行为忠诚，维持与现有企业的关系。Anderson（1994）、Maute 和 Forrester（1993）也提出，转换成本可有效阻止顾客脱离企业服务关系。转换成本的高低会直接影响顾客忠诚的程度，Andreasen（1982）的研究发现，在医疗服务市场中高转换成本直接引发高顾客忠诚。Gremler 和 Brown（1996）则指出，一般情况下，服务较之于产品其转换成本要高得多。Morgan 和 Hunt（1994）认为，转换成本是一个有助于顾客与企业保持关系的要素。因此，转换成本常被学术界认为是顾客忠诚的直接驱动因素之一，在企业实践中，通过提高转换成本来强化顾客忠诚也不失为一种较好的管理策略。

综上所述，企业可通过追求顾客满意、促使顾客与企业建立关系信任以及建立高转换壁垒[①]，以有效驱动顾客忠诚的形成与维系。

（二）顾客忠诚的调节因素

通过对相关研究成果的系统回顾与梳理，本书发现顾客忠诚的影响因素众多，除了顾客满意、关系信任以及转换成本这三个主要的直接驱动因素，还存在诸多调节因素，如产品经验、利益相关性、替代选择性以及产品复杂性等均会对直接驱动起到某种程度的调节作用。

1. 产品经验

从相关研究文献来看，Patterson（2000），Patterson 和 Johnson（1995），Woodruff、Cadotte 和 Jenkins（1983）等学者均认为：产品经验通常作为一个情景因素，在顾客忠诚的形成过程中发挥着调节作用。产品经验是指顾客对产品或服务质量的先验知识及信息。Mazursky 和 Geva（1989）认为，产品经验的形成既可依赖于顾客实际消费的产品或服务经验，也可依赖于顾客大量消费某类产品或服务累积经验的类推。上面我们已论及顾客满意对顾客忠诚有着直接的驱动作用，并且我们也知道顾客满意与否取决于顾客期望和感知绩效之间的差距。Halstead、Hartman 和 Schmidt（1994）认为具有产品经验的顾客基于自身消费体验更容易形成精确、稳定的期望，Sujan（1985）也指出如果顾客产品经验缺乏，就难以表达、描述复杂性高的产品消费体验。一般来

---

① 企业实施产品或服务的差异化策略也可以建立转换壁垒。

说，缺乏产品经验的顾客往往只能借助于外界因素形成不确定的期望，如依赖于产品或服务的市场口碑、企业的各种有形线索以及与销售人员的沟通等。如顾客具有丰富的产品或服务经验，他们就有信心对产品或服务的质量做出有效评价，否则，顾客将难以做出可信赖的有效评价。上面我们也论及了关系信任对顾客忠诚有着直接的驱动作用，如果顾客对企业缺乏（没有建立起）某种程度的信任，那么顾客与企业间的关系就不可能长久。有学者指出顾客满意只在低水平顾客关系状态下起决定性的作用，只有在顾客满意转化为顾客信任时，顾客关系才能向更高水平发展与维持，所以关系信任是顾客忠诚的基础。如果产品或服务具有高关系信任属性，鉴于知识的密集性和技术的复杂性，缺乏产品经验的顾客就难以对产品或服务质量及结果做出有效评价。

2. 利益相关性

所谓利益相关性是指顾客在购买决策过程中呈现的一种心理活动，它对顾客会产生多方面的影响，如对产品信息的搜集、对产品质量的评价以及对产品的态度等。一般地，当感知到一项产品或服务的利益相关性较高时，顾客就会花费大量的时间精力，通过各种渠道去获悉有关产品或服务的属性、品牌声誉以及企业形象等多方面的信息。当感知一项产品或服务消费的利益相关性高且带有较大风险时，人们通常会转购高品牌价值的产品或服务以尽可能规避消费风险，在该情形下人们对忠诚更加渴望，关系信任也就成为顾客忠诚的主要影响因素。当顾客感知一项产品或服务的利益相关性较低时，顾客就不会花费大量时间精力去做认知努力——获悉各方面的信息，在该情形下顾客满意就会对顾客忠诚起着决定性的显著影响作用。Crano（1995）的研究也证实：利益相关性作为一个调节变量，在"顾客满意对顾客忠诚的影响"以及"关系信任对顾客忠诚的影响"中发挥着重要作用，它不仅对顾客满意和关系信任产生影响，还会影响顾客忠诚的形成。

3. 替代选择性

所谓替代选择性是指市场中可供顾客选择的替代性产品或服务对顾客产生的吸引力。在高度竞争的市场中，当顾客感知竞争企业能提供更为齐全、便利和便宜的产品或服务项目时，就有可能终止与现有企业的关系而转向竞争企业，也即当产品或服务具有较高的替代选择性时，顾客满意对顾客忠诚会有较大的影响作用；在低度竞争的市场中，富有吸引力的竞争企业的缺失使得顾客即使不满意也不得不保持与现有企业的关系，也即当产品或服务的替代选择性非常弱时，顾客满意对顾客忠诚只有较小的影响作用。总之，产品或服务的替代选择性越高，顾客关系就越难维系；产品或服务的替代选择性越低，顾客忠诚就越容易得到维系。

4. 产品复杂性

所谓产品复杂性是指产品或服务就客观而言在知识或技术上的复杂程度，产品复杂性越高则产品质量就越难以评价，或拥有多种潜在的解释（Hoch and Deighton, 1989）。当顾客面临的产品或服务复杂性较高，比如产品的技术复杂、产品的质量测量缺乏客观标准、产品缺乏透明度（需特殊知识、技术来评估其质量）等，此时（顾客对企业的）关系信任就会显著影响顾客对产品或服务质量的评价，进而影响顾客忠诚；当顾客面临的产品或服务复杂性较低时，先前消费形成的顾客满意就会主导顾客忠诚的产生。总而言之，产品复杂性作为一种调节因素，在"顾客满意对顾客忠诚的影响"以及"关系信任对顾客忠诚的影响"中发挥着重要作用。

## 六 顾客忠诚的作用效应

顾客忠诚之所以倍受学术界、实务界的关注与重视，其根本原因在于它是企业收入的主要源泉，能给企业带来价值，使企业赢得竞争优势（Day, 2000）。诸多学者对顾客忠诚的作用效应展开了研究。

Fornell 和 Wernerfelt（1987）指出，顾客忠诚可为企业节省大笔的营销费用，其理由是企业维系老顾客的成本远低于开拓新顾客的成本。Rosenberg 和 Czepiel（1984）的研究进一步证实，企业维系一个老顾客的成本仅需开拓一个新顾客成本的六分之一。Reichheld（1996）以及 Reichheld 和 Sasser（1990）基于14个不同行业的研究发现，顾客忠诚提升5%，企业利润净现值的提升幅度在25%—95%（不同行业有所不同）。

顾客忠诚之所以成为企业收入的主要源泉，能为企业创造价值，是因为它能引发许多消费者行为。比如，O'Brien 和 Jones（1995）、Reichheld 和 Sasser（1990）均认为忠诚顾客将更多购买企业的产品；Day（1969）则认为忠诚顾客较之于一般顾客对促销活动并不热衷，但会使用得更多；Baldinger 和 Rubinson（1996）、Martin 和 Goodell

(1994)以及 Taher 等(1996)均认为忠诚顾客对价格不是很敏感；Sivakumar(1995)的研究表明顾客的忠诚度与价格敏感呈现明显的负相关关系；Aaker(1996)、Reichheld 和 Sasser(1990)则指出忠诚顾客甚至愿为自己所忠诚的品牌支付溢价；Dick 和 Basu(1994)、Martin 和 Goodell(1994)、Reichheld 和 Sasser(1990)、Reichheld 和 Teal(1996)、Richins 和 Root – Schaffer(1988)均指出忠诚顾客更乐意宣传，能为企业带来良好的口碑；Crosby 和 Taylor(1983)则指出忠诚顾客的偏好相对稳定；Barnard 和 Ehrenberg(1997)、Dick 和 Basu(1994)、Martin 和 Goodell(1994)以及 Wood(1982)均认为忠诚顾客对竞争品牌有着很强的免疫力；Baldinger 和 Rubinson(1996)也指出忠诚顾客不太可能转移到别的品牌；Raj(1985)认为一旦竞争者入侵，忠诚顾客可确保企业市场份额不至于大幅缩减；Oliver(1997)指出忠诚顾客有利于企业保有稳定的顾客群。

综上所述，顾客忠诚能给企业带来巨大的收益。也正因为此，顾客忠诚被视为客户关系管理的重要变量之一。Anderson 和 Weitz(1992)，Dwyer、Schurr 和 Oh(1987)，Moorman、Zaltman 和 Deshpande(1992)等诸多学者均指出"关系维持"是顾客忠诚最直接的结果之一。Zeithaml、Berry 和 Parasuraman(1996)指出忠诚顾客与不忠诚顾客各自与企业间的关系表现是完全不同的。Dick 和 Basu(1994)以及 Gremler(1995)的研究表明，忠诚顾客除了经济利益，非常看重与企业间的长期关系。Reichheld 和 Sasser(1990)指出，忠诚顾客较之于不忠诚顾客价格敏感性低，乐意支付溢价与其所偏爱的企业建立关系。

此外，我国学者刘怀伟(2003)认为顾客忠诚还能给企业带来诸多间接效应，比如：①忠诚顾客的集聚有可能引发再次、多次销售及顾客间口碑传播，导致市场份额扩大、企业收入增加，进而激发企业可持续的业务增长；②企业可持续的业务增长，有助于吸引、留住优秀员工，在强化顾客忠诚的同时也强化员工忠诚；③忠诚（优秀、熟练）员工降低成本，改善质量所导致的节余可用于员工培训及福利，进一步强化员工忠诚；④生产力的大幅提升，忠诚顾客及员工引发的高效率，都是竞争对手不可企及与模仿的核心竞争力。

**七 顾客忠诚相关研究小结**

梳理与回顾"顾客忠诚"相关研究文献不难发现：顾客忠诚自20

世纪60年代成为研究热点以来，一直延续至今。顾客忠诚之所以备受学术界、实务界关注成为永恒的研究主题，其根本原因在于：它能引发许多消费者行为，是企业收入的主要源泉，能给企业带来价值，使企业赢得竞争优势（Day，2000）。几十年来学者们深入探讨、分析了顾客忠诚的概念界定、分类与测量、众多的影响因素及其作用效应，并在此基础上提出了一系列理论模型，为该领域后续的理论及实践研究奠定了基础。总体而言，国外顾客忠诚理论相对成熟，既有研究也已取得一定进展，但仍有不少问题值得进一步探索和完善。基于顾客忠诚的研究现状，笔者认为日后研究展开的突破口将会聚焦在以下几个方面。

（一）顾客忠诚概念的明确统一

顾客忠诚作为企业收入的主要源泉，能给企业带来巨额收益，使企业在竞争中赢得优势（Day，2000），其重要性是不言而喻的。然而，对顾客忠诚重要性的共识并不意味着理解上的一致性，顾客忠诚迄今尚无一个广泛认同的概念界定。自Copeland（1923）和Churchill（1942）把忠诚概念引入商业领域，海内外众多学者对顾客忠诚概念进行了大量的探讨与界定，长期以来，众多学者一直困惑于顾客忠诚到底是一种行为还是一种情感依附（态度），尽管后期学术界普遍认同其应基于行为与态度两维来考察，但迄今尚无顾客忠诚概念的明确统一界定。科学的概念界定是进行科学研究的前提，概念界定不清会导致相关研究结论出现偏差，进一步探讨顾客忠诚的概念范畴，科学、明确、统一的概念界定是当务之急，也是促进顾客忠诚理论进一步发展的重要前提。

（二）理论模型的进一步发展与完善

经过众多学者长期不懈的努力，诸多顾客忠诚理论模型得以构建。如Blackwell、Szeinbach和Barnses等（1999）构建了顾客价值驱动的顾客忠诚模型；Ryan、Rayner和Morrison（1999）基于能源服务机构建立了顾客忠诚模型；Macintosh和Lockshin（1997）构建了零售商店顾客忠诚模型。我国学者也尝试着基于各种背景构建顾客忠诚模型，如王月兴和冯绍津（2002）构建了顾客忠诚模型，韩小芸和汪纯孝（2003）构建了服务企业顾客忠诚模型，温碧燕、汪纯孝和岑成德（2004）构建了有别于韩小芸和汪纯孝（2003）的服务企业顾客忠诚模型，陆娟（2005）构建了综合性的服务品牌忠诚驱动模型，严浩仁和贾生华（2005）构建了移动通信顾客忠诚模型等。上述顾客忠诚理论模型的构建目标均在于试图清晰阐释顾客忠诚的影响因素并探索顾客忠诚的实现路径。但就总体而言,顾客忠诚理论模型的开发与构建目前仍处于探索阶段,至今尚未形成完整、公认的理论模型,需进一步发展和完善,这也将成为后续研究的热点之一。

(三) 测量工具的进一步探索与开发

与众多的顾客忠诚分类研究相比,顾客忠诚测量量表的开发显得相对滞后。目前仍处于百家争鸣阶段,至今尚未形成公认的权威测量方法。纵观国内外相关研究文献,对顾客忠诚的测量主要包括行为测量、态度测量以及组合测量三种方法。行为测量方法重点关注顾客的购买行为,测量指标主要有购买量、购买频率、重复购买以及推荐行为等;态度测量方法重点关注顾客的购买意向与态度偏好,并视之为重复购买的动机,测量指标主要包括重购意愿、口碑推荐、价格容忍、对竞争产品免疫等;组合测量方法不仅关注顾客的购买行为,还同时关注顾客的购买意向与态度偏好,测量指标同时兼顾行为忠诚与态度忠诚。综上,学者们对于顾客忠诚的测量有着各自不同的观点,并且在测量顾客忠诚时,学者们大都依据各自的研究目的与情境而选择不同的测量指标。从整体上来看,顾客忠诚至今缺乏成熟统一的测量量表,致使研究结果间缺乏可比性。如何进一步开发科学统一的测量量表,实现测量方法聚焦,促使相关研究成果相互融合,是后续研究的重要突破口,也是学者们需长期协作共同努力的方向。

(四) 影响因素及作用效应的探索

通过系统回顾与梳理相关研究成果,本书发现影响顾客忠诚的因素众多,大致可划分为直接驱动因素与调节因素两大类。从现有的相关研究文献来看,顾客忠诚的直接驱动因素主要有三类,分别是顾客满意、关系信任以及转换成本 (如 Kotler, 1999; Morgan and Hunt, 1994; Reichheld and Sasser, 1990; Sharma 等, 1997; Zeithaml, 1981)。此外,还有诸多调节因素存在,如产品经验、利益相关性、替代选择性以及产品复杂性等均会对直接驱动起到某种程度的调节作用 (如 Crano, 1995; Hoch and Deighton, 1989; Patterson, 2000; Patterson and Johnson, 1995; Woodruff, Cadotte and Jenkins, 1983)。如何基于更广泛的层面探讨顾客忠诚的影响因素以及充分考虑本地化因素的影响将成为后续研究关注的新热点之一。

从作用效应来看，顾客忠诚会引发多种顾客行为，诸如更多购买和使用、对价格不敏感、乐意宣传为企业带来良好口碑、乐意支付溢价、对竞争品牌有较强免疫力等（如 Aaker, 1996; Baldinger and Rubinson, 1996; Barnard and Ehrenberg, 1997; Day, 1969; Dick and Basu, 1994; Martin and Goodell, 1994; O'Brien and Jones, 1995; Reichheld and Sasser, 1990; Reichheld and Teal, 1996; Richins and Root – Schaffer, 1988; Wood, 1982），进而导致企业保有稳定的顾客群（Oliver, 1997），节省大笔的营销费用[①]（Fornell and Wernerfelt, 1987）和实现企业利润净现值的大幅提升（Reichheld, 1996; Reichheld and Sasser, 1990）。对于管理者而言，如何利用顾客忠诚的作用效应达到预期目的，是很有研究意义和参考价值的。所以，这也将成为后续研究的突破口之一。

（五）顾客忠诚作为调节或中介变量的探索

在顾客忠诚的实证研究中，学术界基本上都把顾客忠诚作为结果变量来研究，迄今鲜有研究把顾客忠诚作为调节或中介变量来考察，这在一定程度上制约了顾客忠诚研究的进一步发展，与此同时也为后续研究留下了广阔的空间。如何进一步研究顾客忠诚的调节或中介作用，是后续研究的重要突破口之一，也是学者们需长期协作共同努力的方向。

# 本章小结

本章围绕"消费者伦理""面子威胁感知""自我概念"和"顾客忠诚"四个核心概念，对既有相关研究文献进行了回顾、梳理与评析，为后续研究奠定了理论基础。本章各单元内容主要可归为以下几个部分：

第一部分侧重回顾与梳理核心概念的概念界定、分类、维度与测量以及理论模型等，这为后续研究进行变量操作化定义、测量工具选择与调研问卷设计等奠定了基础。

第二部分着重剖析"消费者伦理""面子威胁感知""自我概念"

---

[①] 企业维系老顾客的成本远低于开拓新顾客的成本。

和"顾客忠诚"的相关研究归类、影响因素与作用效应等,这一定程度上也为后续的理论拓展、模型建构提供了文献基础与研究指引。①

第三部分是笔者针对既有相关研究文献展开的综合性述评,结合当下的前沿问题,展望未来的研究发展方向与趋势。

总之,本章是整个研究的起点。前人的相关研究成果有助于启发笔者的研究设想与思路、锁定聚焦本书拟解决的问题,与此同时也能为本书提供值得借鉴的研究方法。

---

① 通过对前人的文献综览,不仅有利于研究切入点的选择,而且有利于研究的论证框架构建、方法的选择和步骤的确定(李怀祖,2004)。

# 第三章 理论拓展与模型构建

科学研究是具有继承性的创新和发展。本章内容安排如下：首先，基于国内外相关文献的回顾、梳理与评析，归纳总结出"以往相关研究取得的进展"和"后续研究有待拓展的空间"。其次，凝练、确定本书拟解决的问题，并对本书中频繁涉及的几个核心概念进行可操作化的清晰界定。再次，借鉴、融合多学科研究成果，简要介绍本书所依据的理论基础。最后，基于核心概念间的相互关系，提出本书的理论假设，进而汇总构建本书的理论框架模型。

## 第一节 以往相关研究取得的进展

学术界在过去的数十年间围绕着消费者伦理、面子威胁感知、自我概念及顾客忠诚的概念界定、维度划分与测量、理论模型、影响因素及作用效应展开了大量的理论探索与经验研究。就本书拟探索的主题，以往相关研究所取得的进展主要集中在以下六个方面。

### 一 消费者伦理概念的修正、维度与测量的细化及完善

从既有文献看，在消费者伦理为数不多的定义中，Muncy 和 Vitell（1992）的概念界定是相对规范且广为引用的。曾伏娥（2006）考虑到其所涉及的直接利益相关者模糊不清，易将消费伦理也介入其中，将其修正为："消费者伦理是指消费者在取得、使用和处置产品和服务时，所表现出来的直接针对产品和服务提供者的符合道德行为的一种法则、标准、惯例或原则。"修正后的定义明确指出产品和服务提供者是消费者的直接利益相关者，消费者伦理概念的科学、准确、清晰界定有助于促进该理论的发展。

与此同时，消费者伦理的维度与测量也不断得到了细化及完善。迄

今，学者们对于消费者伦理问题的研究主要围绕"消费者伦理信念"展开，Muncy 和 Vitell（1992）开发的 CES 四维量表是最重要、最主流的测量工具。Vitell 和 Muncy（2005）通过重述、新增测量条款把 CES 量表由四维扩展到七维，Vitell、Singh 和 Paolillo（2007）的实证研究结果又将 CES 量表由七维简化为五维。总的来看，CES 量表的维度与测量得以不断细化及完善。但需要特别说明的是，Vitell、Singh 和 Paolillo（2007）的 CES 五维量表缺乏大量实证研究的支持，迄今只有少量学者尝试采用 CES 五维量表，大部分学者仍多采用被学术界广泛接受的 CES 四维量表检验消费者伦理状况。

**二 消费者伦理基于单一及多元文化的实证研究，取得了丰硕的研究成果**

自 Muncy 和 Vitell（1992）开发出 CES 四维量表以来，学者们借助该量表检验美国及其他国家/地区（单一文化背景下）的消费者伦理现状，或是进行跨文化（跨国界/地区的多元文化背景下）的对比研究，均取得了丰硕的研究成果。

CES 四维量表问世以来的近 20 年间，众多学者对不同国家/地区（单一文化背景下）的消费者伦理现状进行了测度。单一文化背景下的消费者伦理实证研究，就样本选取来看，既有特定文化背景下的"一般人群"[①]，也有特定文化背景下的"特定人群"。就研究内容来看，学者们主要把消费者伦理信念、伦理意识与马基雅弗利主义等目标变量与某些人口统计学变量相结合，以便在验证量表维度结构的同时深入剖析：面临同一消费情境，拥有不同人口统计特征的消费者，其伦理判断与决策存在差异性；也有部分学者试图跨越人口统计学范畴另寻新的原因变量——引入心理感知特点的变量。此外，学者 Strutton、Vitell 和 Pelton（1994）指出，消费者在特定情境下会采用多种中和技术来抵消或中和社会规范的束缚，使其不符伦理规范的行为动机合理化。Gardner、Harris 和 Kim（1999）指出，从事不符伦理规范行为的成功或失败会影响一个人的行为。Bateman、Fraedrich 和 Iyer（2002）指出场景可能导致道德推理上的差异。国内学者刘接忠（2010）和曾伏娥（2005，2007）分别指出，文化价值观、关系质量在消费者伦理信念与行为间

---

[①] 此处"一般人群"能够较为客观地反映本地消费者特征。

起着一定的调节作用。综上，随着经典的 CES 四维量表的开发与应用，众多学者对不同国家/地区的消费者伦理现状进行测度并积极寻找原因变量，极大地丰富了消费者伦理这一主题的研究。

自 CES 四维量表 1992 年问世后，也有不少学者致力于消费者伦理"跨国家/地区的多元文化背景下"的比较研究。Lascu（1993）率先检验 CES 量表是否适用于跨文化比较研究，经检验适用后，众多学者纷纷采用该量表研究不同文化背景下的消费者伦理信念状况及其在伦理决策上的差异。既有的消费者伦理跨文化研究主要基于三个视角选择国家/地区：一是考虑选择相异的国家/地区；二是考虑选择具有较多相似点的国家/地区；三是考虑选择多个国家/地区。迄今，多元文化背景下的消费者伦理实证研究已延伸至全球多个国家/地区。大量的跨文化比较研究尽管侧重点有所不同，但都普遍支持了 CES 量表的基本维度结构，也即这些研究尽管文化背景不同，但消费者伦理判断仍基于以下三个焦点问题：（1）消费者获利行为是否是主动的；（2）行为是否被感知为非法；（3）行为是否被感知到对他人造成伤害（Vitell, 2003）。

**三 基于不同研究视角切入的消费者伦理影响因素研究，取得了丰硕的研究成果**

与消费者伦理状态相关联的影响因素研究，向来是消费者伦理经验研究的主要内容之一，学者们对此进行了大量的探索与总结，取得了丰硕的研究成果。消费者伦理的影响因素大致可归结为人口统计学因素、心理因素、文化环境因素和其他因素四大类。其中，人口统计学因素中的性别、年龄、受教育程度以及婚姻状况等率先引起学者们的关注，受到了多次验证并取得基本一致的研究结论。心理因素方面，除了消费者伦理意识、马基雅弗利主义等变量，学者们还发掘了许多其他心理感知方面的变量，例如，消费者的冒险倾向、自主倾向、进攻倾向和物质主义倾向，消费者对政府、企业、营销人员所持的态度，消费者对人性的本质及非法行为的态度，等等。文化环境因素方面，学者们主要借助 Hofstede 的文化维度来阐释消费者的伦理选择差异：在单一文化背景下，学者们主要研究 Hofstede 的各个文化维度与消费者伦理决策的关系，个人主义维度得到了大量的实证支持，其余三个维度尚需进一步验证；在多元文化背景下，Hofstede 的文化维度常被学者们用作提出研究假设的依据，其研究结论可间接反映文化背景与消费者伦理决策间的关系。也有学者验证了特定亚文化对消费者伦理判断的显著影响。至于其他影响因素，诸如失误所在地、欺骗行为的表现形式、伤害程度，产品类型、购物环境以及产品价格，社会奖惩、周围人群压力、学习因素、经验因素和政治上极"左"还是极右、场景及情境知觉等，显得较为散乱、不成体系。

**四 面子威胁感知作为一个独立变量的界定及测量量表的初步构建**

从既有文献看，面子感知研究多集中于有可能丢失面子的负面感知，即面子威胁感知。朱瑞玲（1987）指出，所谓面子威胁感知是指个人因某种社会性回馈而觉察到的负向自我认知，是一种兼具认知和动机性的心理历程。赵卓嘉（2009）借鉴朱瑞玲（1987）的观点，认为：通俗来讲，面子威胁感知就是个体由某一特定事件或行为而感知到的丢面子或没面子的可能性和风险。面子威胁感知作为一个独立变量的科学、准确、清晰界定，有助于面子理论的丰富和进一步深化发展，也为后续相关研究展开奠定了坚实的理论基础。

既有的面子威胁感知研究多聚焦于社会语言学领域，且多关注言语行为本身所固有的面子威胁感知，迄今尚无明确统一的维度划分，测量往往借助于个体对语言行为的具体内容、表达形式与强度以及整个互动过程中语言的直接性、礼貌性和对抗性的感知。而基于社会心理学的面子威胁感知研究，迄今实证研究仍较为缺乏，概念测量方面仅有中国香港学者王红（Wang，2002）提出"感知到的面子受威胁程度"单条款测量方法，中国内地学者赵卓嘉（2009）借鉴 Lim（1994）、金耀基（1988）、王轶楠（2006）等的观点，结合研究主题，在其博士学位论文中尝试着提出基于能力要素、关系要素、道德要素和自主要素四维度的面子威胁感知测量量表。赵卓嘉（2011）又在《知识团队内部任务冲突的处理：感知面子威胁的中介作用研究》一文中基于能力要素、个人品德与人际关系这三个维度测度面子威胁感知。上述基于社会心理学的面子威胁感知测量研究虽然量极少，但对于面子威胁感知测量量表的初步构建却意义重大，也为后续研究提供了很好的启示与思考。

**五 自我概念从单维到多维的理论模型建构以及相应量表的开发，取得了丰硕的研究成果**

自我概念经众多学者长期不懈努力，构建了诸多理论模型。20 世纪 80 年代之前，学者们构建的自我概念理论模型大多是单维的。其共同点在于：仅从宏观上对个体的一般（总体）自我价值信念展开研究，在元分析时尽管也提及具体成分自我概念，但各类测量问卷均为单维（无内容结构维度），并不考察具体成分自我概念。自 Shavelson 等（1976）及以后的研究则认为自我概念是拥有较多特定构面或层次的多维结构。其共同点在于：自我概念具有类似金字塔的结构，顶端是整体（一般）自我概念，底下则由不同层次具体领域的特定自我概念组成，数个特定因子彼此间独立。综观国内外相关研究文献，学者们依据理论建构的维度及层次，总体上把自我概念结构划分为单维、多维以及多维度多层次理论模型。从 James（1890）的成分维度元分析与单维理论模型到 Hater（1984，1985，1986）的多维阶段理论模型，再到 Shavelson 等（1976）的多维度多层次理论模型以及后期众多学者对该模型的修正，自我概念的理论模型不断得以改进。

自我概念的测量是伴随着自我概念理论、统计方法及测量技术的发展而发展的。早期的自我概念量表多为基于单维理论模型编制的单维、笼统测量问卷（没有内部结构维度），强调整体自我概念。20 世纪 80 年代以后，自我概念量表多为基于多维理论模型编制的多维测量问卷，在测量整体自我概念的同时还单测某些特定构面，有理论支持，测量效度高，结果全面具体，易于统计与解释。自我概念测量量表众多，学者们大都依据各自的研究目的与情境而选择不同的测量指标，测量日益精细完善。

**六 顾客忠诚的维度划分与测量从行为→态度→行为—态度综合，取得了丰硕的研究成果**

纵观国内外相关文献，学者们对顾客忠诚的探究主要从行为与态度两个维度展开，并由此形成三大学派：行为学派、态度学派和行为—态度学派。行为学派基于行为维度对顾客忠诚进行界定，认为顾客行为是衡量顾客忠诚的唯一尺度，从而将顾客忠诚界定为对产品或服务所承诺重购的一种行为。态度学派则认为只有顾客态度才是衡量真正顾客忠诚的唯一尺度，从而将顾客忠诚界定为对产品或服务的一种偏好与依赖。行为—态度学派认为无论是单一的行为维度还是单一的态度维度，都难以对顾客忠诚进行完整界定，应综合行为与态度两个维度对顾客忠诚进行界定，真正的顾客忠诚兼具积极的态度取向和重购行为。

顾客忠诚的测量伴随着顾客忠诚理论的发展而发展。与维度划分相对应，顾客忠诚的测量主要包括行为测量、态度测量以及组合测量三种方法。行为测量方法重点关注顾客的购买行为，测量指标主要有购买量、购买频率、重复购买以及推荐行为等。态度测量方法重点关注顾客的购买意向与态度偏好，并视之为重复购买的动机，测量指标主要包括重购意愿、口碑推荐、价格容忍、对竞争产品免疫等。组合测量方法不仅关注顾客的购买行为，而且同时关注顾客的购买意向与态度偏好，测量指标同时兼顾行为忠诚与态度忠诚。

综合前人的研究我们不难发现，不同学派对顾客忠诚维度及测量研究的分歧焦点主要在于：顾客忠诚到底是一种行为还是情感依附（态度）。总的来说，学术界迄今普遍接受行为—态度学派的观点，综合顾客的行为特征与态度特征对顾客忠诚展开研究，这有助于顾客忠诚理论的丰富和完整，也为后续相关研究展开奠定了坚实的理论基础。

## 第二节 后续研究有待拓展的空间

既有研究已在消费者伦理、面子威胁感知、自我概念和顾客忠诚领域取得了较大进展，然而仍有不少可进一步拓展的空间，主要表现在：

**一 集体主义文化背景下的消费者伦理研究相对欠缺，针对中国内地消费者的研究更是非常有限，现有量表在中国文化背景下的适用性也有待考证**

消费者伦理研究主要是在西方个人主义文化背景下进行的——无论是研究对象，还是从事研究的力量都主要集中在西方。Vitell（2003）指出，消费者伦理的诸多研究结论需获得其他文化背景下类似研究的支持与补充。从既有的相关研究文献来看，集体主义文化背景下的消费者伦理研究相对欠缺，针对中国内地消费者的相关研究更是非常有限，只有极少数学者涉及该领域的研究，研究成果极为稀缺、零散且以研究综述居多。如何进一步组织研究力量，以中国内地消费者为研究样本展开深入研究，是消费者伦理后续研究的重要突破口，也是学者们需长期协作共同努力的方向。

迄今，CES 四维量表、EPQ 问卷（理想主义量表、相对主义量表）和 Mach – Ⅳ 量表已成为西方消费者伦理经验研究的主流测量工具。但由于消费者伦理会受到特定文化或亚文化的影响，所以现有量表的跨文化普适性有待考察与验证。鉴于东西方文化差异，学者们在研究中国消费者伦理状况时，势必要充分考虑中国集体主义文化背景，在量表中纳入与中国消费者典型消费者伦理行为相关的测量条款，以提高量表的信效度，这也是测量工具进一步完善的主要内容之一。

### 二 开发专门的消费者伦理决策过程模型还有待进一步深入研究

综观国内外相关研究文献，学者们基于伦理决策过程构建和发展了多个组织中的个人伦理决策模型（Cottone, 2001; Dubinsky and Loken, 1989; Ferrell and Gresham, 1985; Ferrell, Gresham and Fraedrich, 1989; Hunt and Vitell, 1986; Jones, 1991; Rest, 1986; Trevino, 1986）。这些模型从不同角度阐释了个人伦理决策的过程、影响因素及众多影响因素间的关系等，对于消费者伦理决策研究具有一定的借鉴意义。但迄今为止，学术界尚无专门针对消费者伦理决策的模型。如何进一步借鉴组织中的个人伦理决策模型，尝试着开发专门的消费者伦理决策过程模型，还有待进一步深入研究，这是后续研究的重要突破口，也是学者们需长期协作共同努力的方向。

### 三 消费者伦理基于文化环境和心理的影响因素仍有待进一步深入研究

综观国内外相关研究文献，消费者伦理的影响因素大致可归结为人口统计学因素、心理因素、文化环境因素以及其他因素四大类。其中，消费者伦理基于文化环境和心理的影响因素仍有许多可进一步拓展的空间。

在文化环境因素方面，学者们主要借助 Hofstede 的文化维度来阐释消费者的伦理选择差异：在单一文化背景下，学者们主要研究 Hofstede 的各个文化维度与消费者伦理决策的关系；在多元文化背景下，Hofstede 的文化维度常被学者们用作提出研究假设的依据，其研究结论可间接反映文化背景与消费者伦理决策间的关系。也有学者验证了特定亚文化对消费者伦理判断的显著影响。然而，文化环境因素方面的研究还不够深入，一些能反映文化背景特征的衍生变量尚需进一步深入挖掘，如中国人典型的面子文化、节俭保守的消费理念等对消费者伦理决策的影响。消费者的心理因素也会对消费者伦理感知及决策产生重要影响。在以往的相关研究中，除了消费者伦理意识、马基雅弗利主义等变量，学者们还发掘了冒险、自主、进攻倾向和物质主义倾向等许多其他心理感知方面的变量。但总的来说，消费者伦理心理影响因素方面的研究还不够深入，迄今仍有很多变量值得进一步深入挖掘，如消费者的社会化程度、人格特征以及自我概念等对消费者伦理决策的影响都还尚未涉及，仍有待进一步深入研究。

上述文化环境因素和心理因素中尚未得到验证的诸多变量将是消费者伦理领域后续研究的重要突破口之一，进一步深入细致的研究极可能会带来新的研究发现与突破。

**四　消费者伦理信念与行为间的调节或中介效应的进一步探索**

从既有文献看，学者们极少关注消费者伦理信念与消费者伦理行为两者间的关系（Kenhove，Wulf and Steenhaut，2003）。迄今，学术界尚无直接测度消费者伦理行为的工具，绝大部分典型的消费者伦理实证研究都沿袭"借助 CES 量表测度消费者伦理信念，进而映射或预测消费者伦理行为"的研究思路。基于"感知—行为"模型视角，感知在某种程度上确实可以决定行为；然而，社会心理学的研究结果却表明：尽管感知与行为间存在某种因果关系，但特定感知状态并不能保证对等现实行为的必然发生。因此，学术界从消费者伦理信念到消费者伦理行为的假设过于直接，疏于考察各种调节或中介变量在两者间的影响作用，这在一定程度上制约了消费者伦理研究的进一步发展，与此同时，也为后续研究留下了广阔的空间。如何进一步开发和寻找更多的调节或中介变量，从而更为真实、全面地反映消费者伦理行为，是后续研究的重要突破口，也是学者们需长期协作共同努力的方向。

**五　面子威胁感知、自我概念和顾客忠诚均缺乏完整、公认的理论模型，有待进一步探索与开发**

面子及面子威胁感知理论模型的构建，大多沿袭"刺激—认知—反应"的研究思路，学者们往往将个体关于情境及具体面子事件的认知过程或结果（反应）单列，并把它作为"面子事件—个体反应"关系中的中介变量进行重点考察（如 Chou，1996；Wang，2002；陈之昭，1988；黄光国，1987；赵卓嘉，2011；朱瑞玲，1987；佐斌，1997）。这在一定程度上也导致各个面子及面子威胁感知理论模型间存在差异性。

自我概念理论模型的构建与开发，经众多学者长期不懈努力得到了蓬勃发展，不但有单维度的，还有多维度的，不但有单层次的，还有多层次的。从 James（1890）的成分维度元分析与单维理论模型到 Hater（1984，1985，1986）的多维阶段理论模型，再到 Shavelson 等（1976）的多维多层次理论模型以及后期众多学者对该模型的修正，自我概念的理论模型不断得以改进。但由于自我概念的内涵及外延都未统一界定，不同理论模型的层次分布、测量维度以及统计处理方法都不尽相同，各研究结果自然也就不一致，可比性并不强。

顾客忠诚理论模型的构建，经过众多学者长期不懈的努力，也得到了蓬勃发展，如 Blackwell 等（1999）构建了顾客价值驱动的顾客忠诚模型，Ryan、Rayner 和 Morrison（1999）基于能源服务机构建立了顾客忠诚模型，Macintosh 和 Lockshin（1997）构建了零售商店顾客忠诚模型，我国学者也尝试着基于各种背景构建了多个顾客忠诚模型。上述顾客忠诚理论模型的构建目标均在于试图清晰阐释顾客忠诚的影响因素并探索其实现路径，但由于各理论模型基于的层面及强调的忠诚客体不同，各研究结果自然也就不一致，可比性并不强。

就总体而言，无论是面子及面子威胁感知理论模型、自我概念理论模型，还是顾客忠诚理论模型的开发与构建，目前都仍处于探索阶段，至今尚未形成完整、公认的理论模型，需进一步发展和完善，这也将成为后续研究的热点之一。

**六 面子威胁感知、自我概念和顾客忠诚均缺乏成熟统一的测量量表，有待进一步探索与开发**

面子及面子威胁感知测量量表的开发，目前仍处于百家争鸣阶段，至今尚未形成公认的权威测量方法。既有的面子威胁感知研究多聚焦于社会语言学领域，学者们各自依据研究需要对具体情境进行编码、计量和分析，没有统一的测量标准。而基于社会心理学的面子威胁感知研究，实证研究较为缺乏，仅有中国香港学者王红博士（Wang，2002）提出单条款测量方法（感知到的面子受威胁程度），国内学者赵卓嘉（2009，2011）分别在其博士学位论文及相关学术论文中提出四维度和三维度的测量量表。

自我概念测量量表也处于百家争鸣阶段，至今尚未形成公认的权威测量方法。早期的自我概念量表多为单维度测量问卷，强调整体自我概念。20世纪80年代以后，自我概念量表多为多维度测量问卷，在测量整体自我概念的同时还单项测量某些特定构面，结果全面具体，易于统计与解释，体现了自我概念测量的主流发展方向。迄今，自我概念测量量表众多，学者们大都依据各自的研究目的与情境而选择不同的测量指标。

顾客忠诚测量量表的开发，同样处于百家争鸣阶段，迄今尚未形成公认的权威测量方法。综观国内外相关研究文献，对顾客忠诚的测量主要包括行为测量、态度测量以及组合测量三种方法。行为测量方法重点关注顾客的购买行为，测量指标主要有购买量、购买频率、重复购买以及推荐行为等；态度测量方法重点关注顾客的购买意向与态度偏好，并视之为重复购买的动机，测量指标主要包括重购意愿、口碑推荐、价格容忍、对竞争产品免疫等；组合测量方法不仅关注顾客的购买行为，还同时关注顾客的购买意向与态度偏好，测量指标同时兼顾行为忠诚与态度忠诚。综上，学者们对于顾客忠诚的测量有着各自不同的观点，并且在测量顾客忠诚时，学者们大都依据各自的研究目的与情境而选择不同的测量指标。

就总体而言，无论是面子威胁感知、自我概念还是顾客忠诚，迄今均缺乏成熟统一的测量量表，致使研究结果间缺乏可比性。如何进一步开发科学、统一的测量量表，实现测量方法聚焦，促使相关研究成果的相互融合，是后续研究的重要突破口，也是学者们需长期协作共同努力的方向。

**七　面子威胁感知、自我概念和顾客忠诚作为自变量、调节或中介变量的探索相对欠缺，还有待进一步探析**

在以往的实证研究中，学术界基本上把面子威胁感知作为"面子事件—个体反应"关系中的中介变量进行重点考察，而自我概念和顾客忠诚则更多作为结果变量来研究。迄今鲜有研究把面子威胁感知、自我概念作为自变量，把顾客忠诚作为调节或中介变量来考察，这在一定程度上制约了面子威胁感知、自我概念和顾客忠诚研究的进一步发展，与此同时，也为后续研究留下了广阔的空间。如何进一步研究面子威胁感知、自我概念的自变量作用，顾客忠诚的调节或中介作用，是后续研究的重要突破口之一，也是学者们需长期协作共同努力的方向。

**八　消费者伦理、面子威胁感知、自我概念和顾客忠诚研究方法多元综合化的探索相对欠缺，有待进一步探讨**

就总体而言，目前学术界对消费者伦理、面子威胁感知、自我概念和顾客忠诚的研究方法较为单一，大多采用自我报告式的问卷法。该方法虽能获取大量实证资料，但仍有较大局限性——无法更为全面地检验各概念的结构及其影响因素。此外，CES量表主要是通过"自我报告式问卷"来调查消费者的伦理信念感知，缺乏对消费者实际伦理行为的直接测量，必然也存在一定程度的社会称许性偏差。Bentler（1990）指出研究的突破往往在研究方法的变革上，一个成熟的理论需要多种方法获取的经验事实来加以证实。迄今，无论是消费者伦理、面子威胁感知、自我概念，还是顾客忠诚，在研究方法上都有待多元综合或出现新突破。为了尽量避免社会称许性偏差，更全面地检验各概念的结构及其影响因素，后续相关研究可尝试采用主观性报告与客观性评价相互印证的方法（如自我报告式问卷与访谈、案例分析以及实验设计等相结合）进行实证研究，以便进一步提高研究效度和研究结论的信服力。

## 第三节 拟解决的问题与核心概念界定

### 一 拟解决的问题

前人的理论探索与经验研究，不仅为后续研究奠定了坚实的基础，也为后续研究开辟了广阔的拓展空间。根据以往相关研究取得的进展，结合后续研究有待拓展的空间，笔者从中选择一小部分内容，作为本书拟解决的问题。

（一）中国内地消费者伦理现状

根据前述分析，消费者伦理研究主要集中在西方，诸多研究结论需获得其他文化背景下类似研究的支持与补充（Vitell，2003）。从既有文献看，集体主义文化背景下的消费者伦理研究相对欠缺，以中国内地消费者为研究对象的消费者伦理研究尤为稀缺。目前在中国内地，消费者伦理这一概念还没有被广泛接受，至今尚未对该领域进行系统研究。这与中国作为世界人口第一大国，占全世界消费者总数五分之一还多，且中国内地的消费者伦理现状不容乐观间形成了强烈的对比和反差。本书拟对此予以关注，将研究对象聚焦于中国内地消费者，从消费者伦理信念、伦理意识、马基雅弗利主义等角度检验中国消费者伦理的现状及特点，在集体主义文化背景下，对源自西方个体主义文化背景下的消费者伦理理论及相关研究结论进行检验。本书将有助于消费者伦理理论的补充、丰富与发展。

（二）人口统计变量因素对消费者伦理信念的影响

在消费者伦理的诸多影响因素中，人口统计变量因素率先引起学者们的关注，频频出现在消费者伦理的研究文献之中。迄今，人口统计变量因素中的性别、年龄、受教育程度以及婚姻状况等，受到了多次验证并取得基本一致的研究结论，但消费者的职业状况、收入水平、出生地等变量的影响还有待进一步实证检验。本书拟运用独立样本T检验与单因素方差分析，在中国内地集体主义文化背景下，聚焦于中国内地消费者，检验这些人口统计变量因素对消费者伦理信念的影响效应。

（三）面子威胁感知对消费者伦理信念的影响作用探索

从以往相关研究来看，消费者伦理文化环境影响因素方面的研究还不够深入，迄今仍有一些能反映文化背景特征的衍生变量尚需进一步深入挖掘，如中国人典型的面子文化、节俭保守的消费理念等对消费者伦理决策的影响都还尚未涉及，仍有待进一步深入研究。上述衍生变量的进一步深入细致研究极可能会带来新的研究发现与突破。中国人典型的面子文化是众所周知的，相对于"争面子"，人们对"丢面子"更为关注和敏感（如 Chou，1996；Markus and Kitayama，1991；何友晖，1994）。既有的面子感知研究也就多集中于有可能丢失面子的负面感知，即面子威胁感知。面子威胁感知极有可能引发个体强烈的负面情绪反应，以及随之而来的一系列面子整饰行为。Goffman（1955，1967）认为，当个体感知到面子威胁时，会采取一定的行为以避免丢面子或破坏与别人的社会关系。由此可见，面子威胁感知在一定程度上会影响人们的行为。此处的"行为"当然也包括消费者伦理行为在内，根据知信行理论[①]我们可在理论分析基础上进行如下逻辑推理：面子威胁感知通过影响消费者伦理信念，进而影响消费者伦理行为。本书拟结合中国内地的集体主义文化背景，聚焦于中国内地消费者，探索面子威胁感知对消费者伦理信念的影响作用。为了对面子威胁感知影响消费者伦理信念的作用机理进行深入探讨，本书将面子威胁感知细化到三个维度（基于能力要素、基于个人品德与基于人际关系的面子威胁感知），将

---

① 知信行理论认为，信念反映行为倾向性，要转变行为需先转变信念。

消费者伦理信念细化到四个维度（主动获利的非法行为、被动获利行为、主动获利的问题行为、无伤害行为）。本书拟在上述基础上，借助大样本数据统计分析，检验面子威胁感知、消费者伦理相关量表的信度、效度，并就面子威胁感知与消费者伦理信念之间的作用关系及强度做出判断。

（四）自我概念对消费者伦理信念的影响作用探索

从以往相关研究来看，消费者伦理心理影响因素方面的研究还不够深入，迄今仍有很多变量值得进一步深入挖掘，如消费者的社会化程度、人格特征以及自我概念等对消费者伦理决策的影响都还尚未涉及，仍有待进一步深入研究。上述诸多变量的进一步深入细致研究极可能会带来新的研究发现与突破。Burns（1982）系统阐释了自我概念的心理作用，并指出自我概念主要具有三大功能：保持内在一致性、决定个体对经验的解释和决定个人的期望。这三大功能在客观上决定了自我概念对行为的调节和定向作用。此处的"行为"当然也包括消费者伦理行为在内，根据知信行理论我们可在理论分析基础上进行如下逻辑推理：自我概念通过影响消费者伦理信念，进而影响消费者伦理行为。本书拟结合中国内地的集体主义文化背景，聚焦于中国内地消费者，探索自我概念对消费者伦理信念的影响作用。为了对自我概念影响消费者伦理信念的作用机理进行深入探讨，本书将自我概念细化到五个维度（生理自我、道德伦理自我、心理自我、家庭自我和社会自我），将消费者伦理信念细化到四个维度（主动获利的非法行为、被动获利行为、主动获利的问题行为、无伤害行为）。本书拟在上述基础上，借助大样本数据统计分析，检验自我概念、消费者伦理相关量表的信度、效度，并就自我概念与消费者伦理信念之间的作用关系及强度做出判断。

（五）顾客忠诚在消费者伦理信念与行为间的调节作用探索

迄今为止，学术界尚无直接测度消费者伦理行为的工具，绝大部分典型的消费者伦理实证研究都沿袭了"借助 CES 量表测度消费者伦理信念，进而映射或预测消费者伦理行为"的研究思路。事实上，消费者伦理行为的实施，除了受消费者伦理信念影响，还会受到其他诸多调节或中介变量的影响。迄今为止，在消费者伦理的实证研究中，学术界极少探讨消费者伦理信念与伦理行为间的直接关系，更少考察各种调节或中介变量在两者间的影响作用。本书拟将顾客忠诚作为调节变量引入

"消费者伦理信念—消费者伦理行为"的关系中,进而探讨消费者伦理信念与行为间的关系以及顾客忠诚在两者间的影响作用。本书不但有助于消费者伦理研究的丰富与发展,也有助于顾客忠诚研究的进一步发展。

上述拟解决的五个问题源于不同的研究领域,但同时又可有机整合且贯穿于本书之中,成为三个具有关联的研究空白:研究一,中国内地消费者伦理现状及特征,由拟解决问题一、二共同构成;研究二,面子威胁感知和自我概念对消费者伦理信念的影响,由拟解决问题三、四共同构成;研究三,顾客忠诚在消费者伦理信念与行为间的调节作用,即拟解决问题五。

**二 核心概念界定**

概念的清晰界定是科学研究的前提和基础。从本书第二章"文献回顾与述评"的内容不难发现,由于研究目的、范围及视角的不同,学者们对消费者伦理、面子威胁感知、自我概念、顾客忠诚等概念有着不同的理解与描述。因此,在进行"研究假设推演"与"概念(理论)模型构建"之前,有必要对本书涉及的核心概念进行清晰界定,一来有助于消除歧义,二来有助于后续的概念操作化测量。本书需清晰界定的核心概念有四大类:一是消费者伦理,包括消费者伦理行为/信念、消费者伦理意识、马基雅弗利主义;二是面子威胁感知,包括基于能力要素、基于人际关系和基于个人品德的面子威胁感知;三是自我概念,包括生理、道德伦理、心理、家庭与社会自我;四是顾客忠诚,包括行为忠诚和态度忠诚。

(一)消费者伦理

学术界有关消费者伦理的定义非常少。迄今,Muncy 和 Vitell (1992)提出的定义相对规范且被广为引用,但该定义易将消费伦理(Consumption ethics)也介入其中。曾伏娥(2006)指出 Muncy 和 Vitell (1992)的消费者伦理定义应进行修正,明确指出产品和服务提供者是其直接利益相关者。

借鉴 Muncy 和 Vitell (1992)、曾伏娥(2006)的研究成果,结合研究对象及目的,本书将消费者伦理定义为:消费者伦理是指消费者在取得、使用和处置产品和服务时,所表现出来的直接针对产品和服务提供者的符合道德行为的一种法则、标准、惯例或原则。在本书中,消费者伦理又涵盖了消费者伦理行为/信念、消费者伦理意识、马基雅弗利主义等几个次一级的核心概念。其中，消费者伦理行为往往通过消费者伦理信念进行映射（反映），而消费者伦理意识与马基雅弗利主义则是影响消费者伦理信念的两个哲学变量。下面分别对它们进行一一界定。

1. 消费者伦理行为/信念

鉴于上述消费者伦理概念界定，我们就不难理解消费者伦理行为（Consumer ethical behavior）的含义：消费者伦理行为是个广义的概念，泛指一切涉及伦理性争议的消费者行为，包括合乎消费者伦理要求的行为[1]和不合乎消费者伦理要求的行为[2]。

综观国内外相关文献，消费者伦理行为往往通过消费者伦理信念进行映射（反映）。借鉴 Muncy 和 Vitell（1992）的观点，本书将消费者伦理信念（Consumer ethical belief）定义为：消费者伦理信念是消费者在进行伦理评估与判断过程中的感知状态，也即消费者认为特定选择是伦理的或是不伦理的程度，它对消费者伦理行为具有很强的解释力，可以映射消费者的伦理倾向及水平。[3] 基于此，消费者伦理信念也就成了消费者伦理行为实证研究中备受关注的重要变量。学者们主要通过测度消费者对伦理上受到质疑的消费者行为的感知状态来反映消费者的伦理信念状况进而映射其伦理倾向与水平。他们一致认同在伦理上受到质疑的消费者行为可归结为主动获利的非法行为、被动获利行为、主动获利的问题行为、无伤害行为四种类型。本书把主动获利的非法行为定义为从非法行为中主动获利，如偷喝超市苏打水而不付钱、把"高价商品的价格标签"偷换成"低价商品的价格标签"去结账等。本书把被动获利行为定义为从他人失误中被动获利，如购物时获得过多找零而不作声、明知店员失误算错账单默不作声装不知等。本书把主动获利的问题行为定义为从问题或可疑行为中主动获利，如在新车购买过程中，为能在讨价还价中占优势而撒谎等。本书把无伤害行为定义为从无伤害的行为中获益，如在商场花数小时试穿衣服但一件也没买、安装使用自己未付费购买的电脑软件或游戏软件等。

---

[1] 即狭义的消费者伦理行为。
[2] 即狭义的消费者非伦理行为。
[3] 此处映射主要基于社会心理学的研究成果：社会规范的伦理标准被行为个体感知内化后，可在一定程度上反映到其随后的行为中。

需要特别说明的是：本书在研究一①和研究二②中，通过测量消费者对伦理上受到质疑的消费者行为的感知状态来反映其伦理信念状况进而映射其伦理倾向与水平；在研究三（顾客忠诚在消费者伦理信念与行为间的调节作用）中，除了测度消费者伦理信念，还用本书开发、设计的专门量表测度消费者伦理行为。

2. 消费者伦理意识

消费者伦理意识（Consumer ethical ideology）作为一个解释消费者伦理信念差异性的重要哲学变量，在评估个体伦理差异性方面起着非常重要的作用（如 Al-Khatib et al., 1997；Lee and Sirgy, 1999；Rawwas, 2001）。借鉴 Forsyth（1980, 1992）的观点，本书将伦理意识划分为理想主义（Idealism）伦理意识和相对主义（Relativism）伦理意识。③ 其中，理想主义伦理意识更多关注行为本身对错的程度，而不注重行为结果，它强调行为发生的内在合理性，遵循广泛的道德规范；而相对主义伦理意识则正好相反，它更多关注情境因素和行为的实际后果，而不注重可能要违背的广泛的道德规范（Van Kenhove, Vermeir and Verniers, 2001）。

3. 马基雅弗利主义

马基雅弗利主义（Machiavellianism）和伦理意识一样，也是一个用来解释消费者伦理信念差异性的重要哲学变量。借鉴 Rawwas（1996）的观点，本书将马基雅弗利主义定义为：马基雅弗利主义又称权术主义，常与利己主义④（Egoism）联系在一起，具有马基雅弗利主义倾向的个体重视实效、保持情感距离，相信结果能替手段辩护，坚持"只要行得通就采用"的一贯准则。马基雅弗利主义是个贬义词，Hunt 和 Chonko（1984）认为马基雅弗利主义至少暗示着利用操纵他人的手段去实现自己的目的。

（二）面子威胁感知

本书借鉴朱瑞玲（1987）和赵卓嘉（2009）的观点，将面子威胁感知定义为：个人因某种社会性回馈而觉察到的负向自我认知，是一种

---

① 研究一：中国内地消费者伦理现状及特征。
② 研究二：面子威胁感知和自我概念对消费者伦理信念的影响。
③ 理想主义与相对主义伦理意识是导致个体伦理信念差异的两个重要来源。
④ 利己主义追求个体利益最大化。

兼具认知和动机性的心理历程。简言之，面子威胁感知就是个体由某一特定事件或行为而感知到的丢面子或没面子的可能性和潜在风险。本书借鉴 Lim（1994）、宝贡敏和赵卓嘉（2009）、金耀基（1988）、王轶楠（2006）等的观点，结合研究主题，将面子威胁感知细分为基于能力要素、基于人际关系和基于个人品德的面子威胁感知三种基本类型。其中，基于能力要素的面子威胁感知是指个体由某一特定事件或行为而感知到的"有关自身能力方面"丢面子或没面子的可能性和潜在风险，如个体预感他人对自身能力认同、尊重将有可能消失或减弱。基于人际关系的面子威胁感知是指个体由某一特定事件或行为而感知到的"有关自身人际关系方面"丢面子或没面子的可能性和潜在风险，例如，个体预感和谐、融洽的人际关系有可能被破坏，或有可能不再被欣赏、接纳，或广泛的人脉网络有可能受损，抑或在群体中发挥的积极影响力有可能受损等。基于个人品德的面子威胁感知是指个体由某一特定事件或行为而感知到的"有关自身个人品德方面"丢面子或没面子的可能性和潜在风险，如个体预感原本受到他人认可的自身品格和道德水准等将有可能受损。

需要特别说明的是：本书的面子威胁感知反映的是消费者对实施"不合乎消费者伦理规范"行为可能引致结果的预期与判断，侧重于行为的隐含威胁或潜在风险[1]，强调消费者的个人感受。

### （三）自我概念

学术界迄今尚未对自我概念定义形成统一认识，不同学者对自我概念的界定各有侧重，但究其实质仍存在较高的相容性与共通性。借鉴前人的研究成果，结合研究对象及目的，本书将自我概念界定为：自我概念是个体对自己所有方面的觉知总和，是一个多维度、多层次、有组织的结构，除具有评价性且可与他人分别开来之外，还具有稳定性和可变性。自我概念从内容上可划分为生理自我、道德伦理自我、心理自我、家庭自我和社会自我五个维度。本书分别将其界定如下：生理自我（Physical self），是指个体对其自身身体健康状态、外貌以及技能等方面的感觉与评价；道德伦理自我（Moral - ethical self），是指个体对其

---

[1] 并非传统研究所关注的因语言或行为的对抗性、直接性、侵略性而导致的固有的、现实的威胁。

自身道德价值、宗教信仰及好坏人等的看法与评价；心理自我（Personal self），是指个体对其自身个人价值及能力等的评价；家庭自我（Family self），是指个体对其自身作为家庭中的一分子的价值感及胜任感的评价；社会自我（Social self），是指个体对其自身在与他人交往中的价值感及胜任感的评价。

（四）顾客忠诚

学术界迄今尚未对顾客忠诚概念形成统一认识，不同学派对顾客忠诚的界定各有侧重，"顾客忠诚到底是一种行为还是情感依附（态度）"是不同学派概念界定的分歧焦点所在。借鉴前人的研究成果，结合研究对象及目的，本书将顾客忠诚界定为：顾客忠诚是一种行为上和态度上的综合反应，不仅表现为重复购买等行为忠诚，而且还包括对一个企业或品牌所持有的积极态度取向的态度忠诚。顾客忠诚从内容上可划分为行为忠诚和态度忠诚两个维度。本书把行为忠诚界定为对产品或服务所承诺重购的一种行为，可通过顾客的购买份额、购买频率等指标来进行测度。本书把态度忠诚界定为对产品或服务的一种偏好与依赖，可通过顾客的购买意愿、偏好程度等指标来进行测度。

需要特别说明的是：本书的关注重点在于"顾客忠诚整体概念"在消费者伦理信念与行为之间起到的调节作用，而非"顾客忠诚的各维度"在消费者伦理信念与行为之间起到的调节作用。

## 第四节 理论基础

中国消费者伦理行为的测度及其影响因素研究涵盖了较广泛的理论基础，前述消费者伦理、面子威胁感知、自我概念和顾客忠诚的相关理论及经验研究是本书研究的基石，除此之外，计划行为理论、知信行理论、社会学习理论、挫折理论、地位剥夺及偏差副文化理论、社会控制理论以及中和技术理论也为本书深入探索中国内地消费者伦理现状及特征、面子威胁感知与自我概念对消费者伦理信念的影响、顾客忠诚在消费者伦理信念与行为间的调节作用等提供了有效理论支持。在"研究假设提出"和"概念（理论）模型构建"之前，本节首先对本书的理论基础进行阐述。

## 一　中国内地消费者伦理现状测度的理论基础

计划行为理论（TPB）是得到普遍认同能有效解释个体行为的通用行为理论模型。该理论认为：行为信念、规范信念和控制信念分别影响行为态度、主观规范和知觉行为控制，进而影响行为意向，最终影响行为。知信行理论（KAP 或 KABP）也是一个得到普遍认同的通用行为理论模型。该理论认为：知识（信息）是行为改变的必要条件，信念（态度）反映行为倾向性，要转变行为需先转变信念（态度）。无论是计划行为理论的"信念最终影响行为"，还是知信行理论的"信念（态度）反映行为倾向性"，都为本书通过测度中国内地消费者伦理信念状况来映射（反映）中国内地消费者伦理行为现状提供了有效的理论支持。

### （一）计划行为理论

Ajzen（1985）在理性行为理论（Theory of reasoned action, TRA; Fishbein and Ajzen, 1975）基础上新增知觉行为控制（Perceived behavioral control）作为单独变量，从而催生了一个新的理论——计划行为理论（Theory of planned behavior, TPB）。Ajzen（1991）正式发表《计划行为理论》一文，标志着该理论的发展成熟。

计划行为理论是一个得到普遍认同的能有效解释个体行为的通用行为理论模型。Ajzen（1991）指出，计划行为理论的核心论点在于构建影响个体行为的关键因素和途径。计划行为理论通过三个阶段来剖析个体行为的形成过程（见图 3-1）：首先，个体的行为（Behavior）与行为意向（Behavioral intention）需加以区分。行为指个体的实际行为，而行为意向则是指产生行为的意图与倾向，行为会直接受到行为意向的影响。其次，行为意向反过来又会受到行为态度（Attitude toward the behavior）、主观规范（Subjective norm）与知觉行为控制（Perceived behavioral control）这三个内生心理变量的影响。换言之，"行为"由"行为意向"所决定，"行为意向"又由"行为态度""主观规范"和"知觉行为控制"三者所决定，与此同时"知觉行为控制"也可直接作用于"行为"。其中，行为态度指个体对某行为所持的正面或负面感觉，也即偏爱程度；主观规范指个体对是否实施某行为所感受到的社会压力，也即重要人群（参照群体）的影响；知觉行为控制指个体认为完成某行为的难易程度，也即执行该行为的能力。计划行为理论假设个体对于某行为的态度越正面及主观规范越正向，则个体实施某行为的意向就越强，当预测行为不完全在意志控制下时，知觉行为控制就可能对行为产生影响。① 最后，"行为态度""主观规范"与"知觉行为控制"这三个内生心理变量又分别受到行为信念（Behavioral beliefs）、规范信念（Normative beliefs）和控制信念（Control beliefs）等外生变量的影响。其中，行为信念指个体对某行为带来结果的信念；规范信念指个体预期感知到重要人群（参照群体）对其是否实施某行为的期望；控制信念指个体感知到可能促进或阻碍行为的因素。这三个信念既彼此独立，又两两相关；行为信念、规范信念和控制信念分别影响着行为态度、主观规范与知觉行为控制，可用公式表示为：行为态度 = $f$（行为信念，结果评估），主观规范 = $f$（规范信念，顺从动机），知觉行为控制 = $f$（控制信念，知觉强度）。②

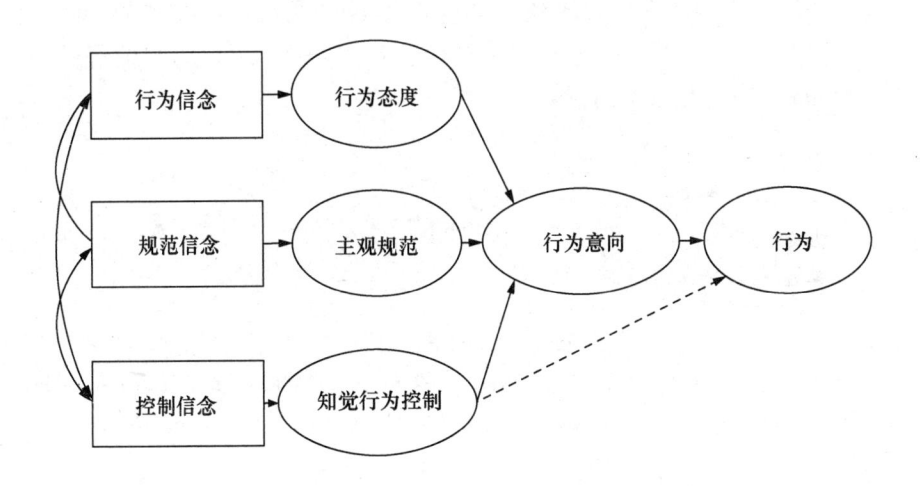

**图 3-1 计划行为理论模型**

资料来源：Ajzen, I., "The Theory of Planned Behavior", *Organizational Behavior and Human Decision Processes*, 1991, 50 (2), pp. 179-211。

总而言之，计划行为理论认为，行为信念、规范信念和控制信念分

---

① 个体对某行为的态度与主观规范越正向且知觉行为控制也越强，则个体的行为意向就越强。

② 此处表示行为态度是行为信念和结果评估的函数，主观规范是规范信念与顺从动机的函数，知觉行为控制是控制信念与知觉强度的函数。

别影响行为态度、主观规范和知觉行为控制，进而影响行为意向，最终影响行为。该理论作为有效解释个体行为的主要理论基础，迄今已广泛运用于各学科领域。当然，也存在一定的局限性，如行为态度、主观规范及知觉行为控制并不能为行为提供动机性动力；忽略了目标在决策过程中的作用；也没有考虑期望、情感、行为主体的过去行为等因素的影响。

（二）知信行理论

知信行是知识（Knowledge）、信念（Belief）、态度（Attitude）和行为（Practice）的简称，知信行理论（Knowledge – attitude – belief – practice，KABP 或 KAP）由美国哈佛教授 Mayo 于 20 世纪 60 年代首次提出，后经 Gochman 发展成功应用于健康行为改变。知信行理论是旨在探讨人们行为改变的理论，该理论认为教育的目的在于使人们的行为发生改变，但人们的行为改变并非一蹴而就，而是存在"获取知识""产生信念"及"形成行为"三个连续过程，可简单表示为知信行模型（KAP model，见图 3 – 2）。

认知和学习 → 态度和信念 → 行　为

图 3 – 2　知信行模型

资料来源：Carling, P., Fung, T., Killion, A., Terrin, N. and Barza, M., "Favorable Impact of a Multidisciplinary Antibiotic Management Program Conducted during 7 Years", *Infect Control Hosp Epidemiol*, 2003, 24（9），pp. 699 – 706。

在知信行模型中，知指人的"认知和学习"；信指人的"态度和信念"；行指人的"行为改变"（如好行为产生、坏行为消除）。知、信、行分别是个体行为的基础、动力和目标，三者会呈现一定的因果关系。当个体具备一定的"知识"后，进行积极思考上升为"信念"，才有可能采取积极"态度"去改变"行为"。可见，个体行为的改变与其知识、信念都有关，相关"知识"的内化会强化"信念"；有了坚定的"信念"，才有"态度"的改变，才能实现"行为"的改进。在行为改变这个复杂过程中，最为关键的应是"信念"的确立与"态度"的改变。人们通常采用增加信息权威性、增强传播效能、利用恐惧因素、提高行为效果和效益等方法以有效促进"信念"确立和"态度"改变。

总之，知识（信息）是行为改变的必要条件，信念（态度）反映行为倾向性，要转变行为需先转变信念（态度）。知信行理论是一个得到普遍认同的通用行为理论模型，最初被用于个体健康管理行为的解释与干预，后引申至个体一般行为的解释与干预，迄今已在卫生健康、教育学、心理学、社会营销和行为变革等领域中得到普遍推崇和应用。当然，知信行理论也存在一定的局限性，如过度强调知识宣教的作用，忽略了情感因素的作用等。

**二 面子威胁感知影响消费者伦理信念的理论基础**

总的来说，偏差行为理论（Deviant behavior theory）是"不合乎消费者伦理要求行为"的理论基础。戴维·波普诺（1989）在其专著《社会学》一书中指出：所谓偏差行为（Deviant behavior），又称越轨或偏离行为，是指那些超出常规、违反社会规范的社会行为，是社会成员对其所属群体、社会或文化体系的行为模式或社会期待的偏离。根据此定义，一切违反道德和法律的非理性行为都可称为偏差行为。消费者所从事的"不合乎消费者伦理要求的行为"当然也属于偏差行为，我们可通过若干个经典的偏差行为理论来寻求对"不合乎消费者伦理要求的行为"的解释。以下的"社会学习理论"便是经典的偏差行为理论之一。

社会学习理论由传统行为主义中的"刺激—反应"学习原理发展而来，聚焦于人类如何在社会环境中学习的研究。该理论早期由 Neal Miller 和 John Dollard 提出，Albert Bandura 发展了社会学习理论的观点，是社会学习理论的集大成者。Bandura 主张综合直接经验与间接经验（观察学习）的学习来阐明人类是怎样在社会环境中学习的。Bandura（1977）指出人类的行为是由内因（如信念、期望及思维等）和外因（如奖励、惩罚等）共同决定的。面对新出现的问题，人们往往会凭借自身对行为的预期来试图解决问题。在此过程中，人们过去的经验（包括直接经验和间接经验——观察学习）将会影响他们的判断。Bandura（1977）认为观察学习是间接经验学习的重要形式，在不同文化背景及年龄段的学习者中普遍存在。个体通过观察他人行为获得某种认知，并将之储存于大脑中，日后遇类似情境且具行为动机时，即可以之指导自身行为。至于观察学习到的行为表现出来与否，取决于人们对自身行为结果的预期。人们的这种预期可得之于对"榜样"的观察，即当人们观察到"榜样"的行为受到奖励时，会预期自身行为也将会得到相同结果，从而大大增加了行为发生的可能性。当然，反之亦然。总而言之，Bandura的社会学习理论构建了人类认知、环境及行为三者间的互动模式，特别强调主体认知因素（如期望和结果预期等）在行为形成中的重要影响作用。因此，对于某亚文化中的个体而言，其主体认知会在偏差行为的形成中起着决定性的影响作用。

社会学习理论也可用于解释、研究消费者伦理行为：作为某一特殊亚文化群体中一员的消费者，其在观察学习中会获取很多关于"不合乎消费者伦理要求的行为"的认知，该认知将伴随着"榜样"在"不合乎消费者伦理要求的行为"中的"奖励"而得到"替代性强化"，结果就大大增强了消费者从事"不合乎消费者伦理要求的行为"的可能性。当然，反之亦然。

上述社会学习理论对"不合乎消费者伦理要求的行为"的解析，以及前述知信行理论①"信念反映行为倾向性，要转变行为需先转变信念"的观点，都为本书的"面子威胁感知影响消费者伦理信念"提供了有效的理论支持。简言之，面子威胁感知就是个体由某一特定事件或行为而感知到的丢面子或没面子的可能性和潜在风险。当人们观察到"榜样"因"不合乎消费者伦理要求的行为"而导致"面子受威胁"甚至被"惩罚"时，会预期自身行为也将会得到相同的结果，从而就会大大减少"不合乎消费者伦理要求的行为"发生的可能性。根据知信行理论，面子威胁感知极有可能通过影响消费者伦理信念，进而影响消费者伦理行为。

### 三 自我概念影响消费者伦理信念的理论基础

总的来说，偏差行为理论是"不合乎消费者伦理要求行为"的理论基础。我们可通过若干个经典的偏差行为理论来寻求对"不合乎消费者伦理要求行为"的解释。以下的"地位剥夺及偏差副文化理论""挫折理论"和"社会控制理论"便是三个经典的偏差行为理论。

---

① 知信行理论是旨在探讨人们行为改变的理论，在本节一中已详细介绍该理论，这里就不再赘述。

(一) 地位剥夺及偏差副文化理论

美国社会学家 A. K. Cohen 于 1955 年提出了地位剥夺及偏差副文化理论，该理论运用"地位剥夺"概念解析了社会低层的偏差行为。Cohen（1955）指出：在传统社会，社会低层的人们极易受到歧视，当他们察觉自身无法得到社会的接纳和获得一定社会地位时，就会引发"地位剥夺挫折反应"，该反应极易导致偏差行为的产生。

地位剥夺及偏差副文化理论对"不合乎消费者伦理要求的行为"具有较好的预测作用。总的来看，社会低层的消费者往往容易受到歧视，如被限入内、同等付出却被提供较低质量的服务等，极易伤害社会低层消费者的自尊心，进而引发其"地位剥夺挫折反应"——以偏差行为来弥补其心理或物质上的损失，最终导致"不合乎消费者伦理要求的行为"的产生。

(二) 挫折理论

每个人在其社会化过程中都不可避免地遭受各种挫折。人在遭受挫折后，会出现自尊心受损、自信心下降、愧疚与挫败感油然而生等复杂的负面情绪反应，进而处于紧张和焦虑之中。由紧张、焦虑导致的能量郁积会使得个体做出多种行为反应，如指向外界的攻击行为和指向自身的自责行为等。对于挫折理论，精神分析学派的心理学家们进行了诸多研究，尤以 Alfred Adler 和 Sigmund Freud 为典型代表。Alfred Adler 指出，人都有超越、支配他人的愿望和需求，每个人都在为此而不断努力奋斗。然而，人难免会存在各种缺陷，缺陷很容易引发人的自卑感。一部分人会通过发愤图强来弥补自身缺陷以克服自卑，而另一部分人则无法超越自卑，因而产生"自卑情结"。"自卑情结"会使一些人产生心理障碍，进而对社会产生不正确的认知，在行为上则表现为用过度自尊来掩饰其内心自卑，在此状况下偏差行为就极易出现。Sigmund Freud 的研究则很好地阐释了挫折与宣泄之间的关系。Freud 指出，当人们追寻快乐的冲动受阻时，会引发攻击障碍物的"原始反应"，但现实的自我会阻拦人们做出攻击任何人的举动，所以人们经常会发生迁移性攻击行为。在后期的研究中，Freud 引进了"死本能"的概念。死本能具有自我毁灭倾向，但自我会阻拦自己毁灭，把这种倾向转向外界。不断积聚的"死本能"能量在缺乏超我控制能力的人身上极可能以非理性行为（偏差行为）的形式突然释放。

挫折理论适用于对某些情绪性的"不合乎消费者伦理要求的行为"进行解释。情绪性的"不合乎消费者伦理要求的行为"更多的是为了寻求发泄和心理平衡,而不是为了寻求利益。当消费者遭遇不公正待遇时,就有可能激发起其内心深处的挫折感,这种挫折感极易发生在"有自卑情结"[①]和"死本能占优势"[②]的两类人身上。挫折感的产生往往会引发应激反应,情绪性的"不合乎消费者伦理要求的行为"就是应激反应的结果,此时消费者借助于报复、发泄以示不满和达成心理平衡。

### (三) 社会控制理论

社会控制理论认为偏差行为的产生源于环境因素和心理因素两个方面,美国社会学家 Travis Hirschi 是社会控制理论的代表性人物。Hirschi (1969) 指出:任何个体都具潜在越轨倾向,而个体与社会间的联系则可遏制个体从事违反社会准则的偏差或犯罪行为。当个体与社会间的联系弱化或遭到破坏时,社会对个体的约束力减弱,偏差或犯罪行为就有可能产生。Hirschi (1969) 赞同 Hobbes 的观点,认为人就本质而言是非道德动物,"越轨"属人类本性。社会控制理论认为,一个社会中的大多数个体之所以没有违反社会规范和法律[③],主要缘于其受到了外在社会控制[④]机制的有效控制。如果这种控制机制弱化或失效,偏差或犯罪行为就会发生。

Hirschi (1969) 强调,社会控制理论的核心概念是社会联系 (Social bond),个体在社会化过程中与社会所建立起的各种社会联系[⑤]对"个体何以不违背社会规范"问题具有较高的解释效力。易言之,个体与社会建立的社会联系可防止个体偏差行为的产生。Hirschi (1969) 认为社会联系由四个要素构成:(1) 依恋 (Attachment) ——对他人或群体的感情联系。一般而言,此类感情联系是偏差行为的重要抑制因素。当个体对他人或群体存在高度依恋时,其在从事某活动或做出决策前,就会较多地顾及他人或群体的期待、看法和感情。如不存在这种依恋,

---

① 根据 Adler 的理论。
② 根据 Freud 的理论。
③ 即没有"越轨"。
④ 这里外在社会控制指的是诸如家庭、学校、同伴群体和教会等社会力量的作用。
⑤ 指各种强度大小不同的社会联系。

则个体不会拘泥于共同的社会规范而容易产生偏差行为。社会控制理论认为依恋程度越高则偏差行为的可能性越小。（2）奉献（Commitment）——花时间精力致力于对传统目标的追求。如个体有着强烈的为传统目标而奋斗的动机，就会较多地顾及行为后果而有意识地规避偏差行为。反之，就会较少顾及行为后果而增加从事偏差行为的可能性。（3）卷入（Involvement）——花时间精力参与和偏差行为不容的传统活动。Hirschi 认为较深的卷入，即个体花大量的时间精力参与和偏差行为不容的传统活动，致力于各种传统事务，就会缺少进行偏差行为的时间与精力。如个体卷入的是非传统活动，则出现偏差行为的可能性就会大大增加。（4）信念（Belief）——对共同"价值体系"与"道德观念"的赞同、承认和信任。如个体在社会化过程中内化了社会共同的"价值体系"与"道德观念"，则会增强个体的自我控制能力，这时个体就可有效控制、缓解甚至遏制进行偏差行为的原始本能。如个体在社会化过程中未能内化社会共同的"价值体系"与"道德观念"，就容易出现偏差行为。

社会控制理论动态剖析了偏差行为的形成过程，当个体与传统社会的联系弱化，即依恋程度降低时，个体会因缺乏安全感而依附于小群体（与社会主流文化相背离），放弃传统目标的追求而卷入小群体的活动中，进而逐渐内化小群体的价值观念、道德规范和行为方式，这样就很容易导致偏差行为的产生。

社会控制理论也适用于对部分"不合乎消费者伦理要求的行为"进行解释。正是由于 Hirschi（1969）所强调的社会联系弱化或遭破坏，社会对一些消费者的约束力量大为削弱，进而大大增加了他们从事"不合乎消费者伦理要求的行为"的可能性。因此，基于 Hirschi（1969）的社会控制理论，从"社会控制"这一角度入手可有效提升消费者伦理水平。

上述地位剥夺及偏差副文化理论对社会低层消费者"不合乎消费者伦理要求的行为"的解析，挫折理论对某些情绪性的"不合乎消费者伦理要求的行为"的解析，社会控制理论对部分消费者社会联系弱化（或遭破坏）导致"不合乎消费者伦理要求的行为"的解析，以及前述知信行理论"信念反映行为倾向性，要转变行为需先转变信念"的观点，都为本书的"自我概念影响消费者伦理信念"提供了有效的理论支持。自我概念是个体对自己所有方面的觉知总和,当消费者觉知到自己被"地位剥夺",或觉知到自己"遭遇不公正待遇激起内心深处挫折感",或觉知到自己"与社会联系弱化进而社会约束力大为削弱"时,都极有可能通过影响消费者伦理信念进而引发、导致"不合乎消费者伦理要求的行为"产生。

**四 顾客忠诚在消费者伦理信念及行为中发挥调节作用的理论基础**

中和技术理论(Techniques of neutralization theory)由 Sykes 和 Matza 于 1957 年在其合著的 "Techniques of Neutralization: A Theory of Delinquency"一文中首次提出,其实质是一种探讨罪犯如何合理化其犯罪行为的理论,也即罪犯是如何挣脱社会规范约束而采取违法、错误行为的(Sykes and Matza, 1957)。中和技术理论认为,各个社会阶层大都承认并愿意遵循社会主流的价值观和社会规范。罪犯实施犯罪活动时,同样会受到社会主流的价值观和社会规范的阻抑和排拒,从而产生负疚或罪恶感。在特定情境下,罪犯为了顺利实施犯罪行为,往往采用中和技术抵消或中和社会规范的反对,使其行为动机合理化。

对违反社会规范的行动者而言,中和技术理论提供了诸多"合理"的理由(Sykes and Matza, 1957)。Sykes 和 Matza(1957)在其研究中提出五大中和技术心理路径:否认责任(Denial of responsibility)、否认损害(Denial of injury)、否认被害人(Denial of victim)、谴责批判者(The condemnation of the condemners)和忠于他人(The appeal to higher loyalties)。在此基础上,Klockars(1974)和 Minor(1980)又补充了四大中和技术心理路径:瑕不掩瑜(Metaphor of the ledger)、法不责众(Claim of normalcy)、否认负面故意(Denial of negative intent)和相对可以接受性(Claim of relative acceptability)。试图逃避社会主流价值观和社会规范(道德、伦理和法律)束缚的行为者,往往借助上述中和技术九大心理路径,使自己错误行为动机合理化(见表 3-1)。

类似于外部归因理论的中和技术理论,最初用于对青少年犯罪行为的解释,后被广泛应用于社会学、心理学和管理学等领域中与社会规范存在偏差的行为研究。类似地,该理论也可用于解释、研究消费者伦理行为:消费者实施"不合乎消费者伦理要求的行为",并不一定是其消费者伦理信念与社会规范根本对立。当消费者实施"不合乎消费者伦理要求的行为"时,同样会受到社会主流价值观和社会规范的阻抑和

表 3-1　　　　　　　　　中和技术九大心理路径

| 研究者（年份） | 中和技术典型路径 | 路径解释 | 典型托词 |
| --- | --- | --- | --- |
| Sykes 和 Matza（1957） | 否认责任 | 不愿承认自己是行为的主体，而认为自己是行为客体，只是环境的受害者 | "这可不能怪我。" |
| Sykes 和 Matza（1957） | 否认损害 | 并不承认自己的行为对社会或他人造成损害 | "我干的事情不会给别人造成大的伤害。" |
| Sykes 和 Matza（1957） | 否认被害人 | 认为被害人行为不当或故意挑起事端，所以理应受到攻击和惩罚 | "他们活该，没有人受到不应该的损失。" |
| Sykes 和 Matza（1957） | 谴责批判者 | 认为所有谴责自己的人都是伪君子，戴假面具的恶人 | "想想他们自己是多么的糟糕吧，还敢批判我？" |
| Sykes 和 Matza（1957） | 忠于他人 | 认为以忠诚和顺从的名义为他人或小集团谋利，就可以不顾或破坏整个社会的要求 | "我有更重要的人需要照顾。" |
| Klockars（1974）Minor（1980） | 瑕不掩瑜 | 借口这只是特殊情况下的错误行为，偶尔为之并不影响自己善的形象 | "如果全面衡量我做过的坏事和好事，你会认为我是一个好人。" |
| Klockars（1974）Minor（1980） | 法不责众 | 认为问题行为是普遍和经常的，许多人一直在做，所以不会是错的 | "看，每个人都在这样做，所以怎么会是错的呢。" |
| Klockars（1974）Minor（1980） | 否认负面故意 | 推脱该行为只是一种玩笑、事故而不是故意的 | "我又不是故意要造成伤害的。" |
| Klockars（1974）Minor（1980） | 相对可以接受性 | 通过比较更加不理智的行为来淡化过失，试图将造成的伤害描述为最小 | "至少我不是一个谋杀犯或强奸犯；别人还干比这坏得多的事情哪。" |

资料来源：笔者根据 Sykes 和 Matza（1957）、Klockars（1974）以及 Minor（1980）相关文献整理汇总而成。

排拒，从而产生负疚或罪恶感。在特定情境下，消费者会采用多种中和技术抵消或中和社会规范的束缚，使其"不合乎消费者伦理要求的行为"动机合理化。这样，消费者从事"不合乎消费者伦理要求的行为"及行为再犯的可能性就会增大。如能有效阻断消费者的中和化过程，则将有助于消费者伦理信念和行为水平的提高。

诸多研究表明，忠诚顾客非常看重与其偏爱企业间的长期关系（Dick and Basu, 1994; Gremler, 1995; Reichheld and Sasser, 1990）。本书认为，如果消费者是某企业的忠诚顾客，即便具有某种不合乎消费者伦理要求的行为倾向，为了维持与偏爱企业间的长期关系，他/她也可能会减少或避免"不合乎消费者伦理要求的行为"发生，所以，顾客忠诚作为消费者伦理信念与"不合乎消费者伦理要求的行为"的调节变量是恰当的，也即顾客忠诚一定程度上能起到有效阻断消费者中和化过程的作用。本书认为，中和技术理论为"顾客忠诚在消费者伦理信念及行为中发挥调节作用"提供了有效的理论支持。

## 五 本书理论基础的整合

本书所涉及的计划行为理论、知信行理论和多种经典偏差行为理论，虽然关注的问题和研究视角各有不同，但它们之间相互补充、有机结合，共同为整体研究框架的构建奠定理论基础。各种基础理论在整体研究框架中的作用，详见图3-3。

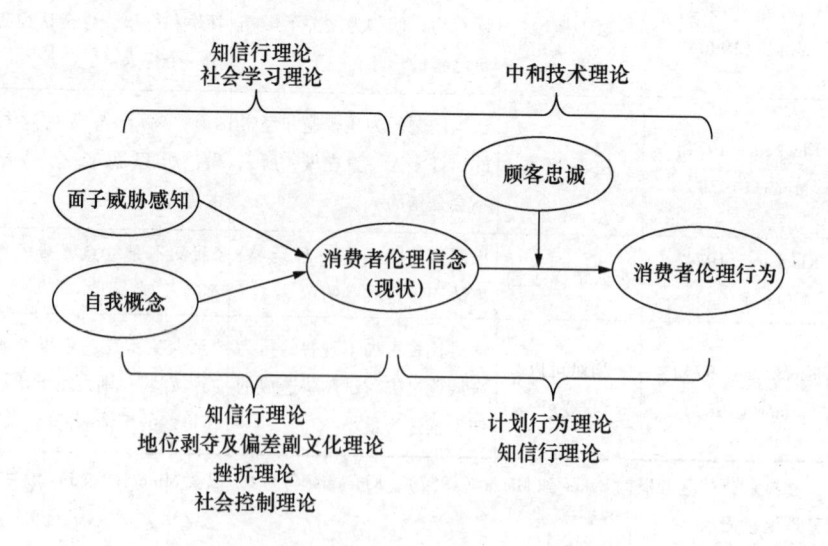

**图3-3 各种基础理论在整体研究框架中的作用**

## 第五节 理论拓展
—— 假设的提出

在清晰界定本书拟考察的核心变量、阐述本书的理论基础之后,本节拟探究上述核心变量间的影响关系。基于理论分析、逻辑推理,结合实地访谈资料印证和已有研究结论佐证,形成清晰表达变量间关系的研究假设,进而共同构建整体研究模型以待验证。结合研究主题,本节拟聚焦以下三类关系的研究假设推演:(1)中国内地消费者伦理现状及特征;(2)面子威胁感知和自我概念对消费者伦理信念的影响;(3)顾客忠诚在消费者伦理信念与行为间的调节作用。

**一 中国内地消费者伦理现状及特征**

(一)消费者伦理信念

消费者伦理信念是消费者在进行伦理评估与判断过程中的感知状态,也即消费者认为特定选择是伦理的或是不伦理的程度,它对于消费者伦理行为具有很强的解释力,可以映射消费者的伦理倾向及水平(Muncy and Vitell, 1992)。Muncy 和 Vitell(1992)开发出经典的 CES 量表,通过测度消费者对伦理上受到质疑的消费者行为的感知状态来反映其伦理信念状况进而映射其伦理水平(如 Muncy and Vitell, 1992; Vitell and Muncy, 1992)。学者们普遍认同伦理上受到质疑的消费者行为可归结为"主动获利的非法行为""被动获利行为""主动获利的问题行为"和"无伤害行为"四个维度,认为这四个维度下的伦理感知状态(信念)一定程度上可映射(反映)消费者的伦理行为倾向及水平。在以往相关研究中,学者们多利用这四个维度来检验消费者的伦理状况。

综观国内外相关研究文献,文化环境在塑造消费者伦理信念方面扮演着非常重要的角色(Hunt and Vitell, 1993)。任何一个社会成员都受到特定文化或亚文化的影响,文化是影响消费者伦理判断与决策的重要环境因素(如 Rawwas, 2001; Singhapakdi, Rawwas, Marta and Ahmed, 1999; Singhapakdi, Vitell and Leelakulthanit, 1994; Swaidan, Vitell and Rawwas, 2003; Vitell, Nwachukwu and Barnes, 1993),消费者伦理的差异一定程度上也反映出文化的变异(England, 1975)。Hofstede

（1980）提炼了文化的四个维度：权力差距、个人/集体主义、男性/女性化以及不确定性规避，使文化由复杂概念演变成为可测量的操作变量，也便于学者们直接比较文化差异或比较因文化差异而导致的行为差异。一般说来，权力差距指数（PDI）得分越高，行为个体就越遵从规范、服从领导，个人主义倾向（IDV）得分越高，行为个体就越不愿遵守伦理规范与标准（如 Chonko and Hunt, 1985；Verma, 1985）。一项新近调查[①]显示，中国内地的 PDI 得分为 80，远高于世界均值 55，而美国的 PDI 得分仅为 40；与此同时，中国内地 IDV 得分为 20，远低于世界均值 43，而美国的 IDV 得分高达 91。鉴于此，中国人常被确认为"绝对主义者"和"遵循者"。集体主义文化背景下的中国人，尊崇领导意见、注重群体和谐、分享与合作（Morris, Davis and Allen, 1994），愿意遵守道德行为规范（Rawwas, 2001）是其惯常表现；至于"个人对伦理规范和行为规范的遵从"是理所当然受到推崇和鼓励的（何静和韩怀仁，2002），这与追求"社会普遍和谐"的儒家文明精髓也是吻合的。赵宝春（2008）基于中国武汉地区的经验研究也证实了中国内地消费者总体上具有较高的消费者伦理水平。此外，在笔者对中国内地消费者的访谈中，也有部分言论为"中国内地消费者总体上具有较高的消费者伦理水平"提供了很好的印证。

> 中国人大多极好面子，又胆小怕事，对于"偷喝超市饮料而不付钱""把高价商品的价格标签偷换成低价商品的价格标签去结账"等行为，大多数消费者应该是不敢的，也不认可的。
>
> 中国是文明古国、礼仪之邦，中国消费者的总体素质应该说还是比较高的吧。如果大多数消费者都不遵守伦理道德规范，那岂不是乱套了？哪里还会有现在的安定团结局面？
>
> 就我个人的感觉和体会，中国内地消费者的伦理水平总体上应该还是比较高的，某些个案说明存在一些问题，但不能就此代表整体伦理水平比较低。

---

① 此数据来源于 Hofstede scores 专业网站，http://www.geert-hofstede.com/index.shtml, 2007 年 9 月 20 日。

基于上述的理论分析和逻辑推理，结合实地访谈资料的梳理，本书提出如下假设：

H1：中国内地消费者具有较高的消费者伦理水平（即较不能容忍"主动获利的非法行为""被动获利行为""主动获利的问题行为"和"无伤害行为"等伦理上受到质疑的消费者行为）。

（二）消费者伦理意识

消费者伦理意识作为解释消费者伦理信念差异性的重要哲学变量，在评估个体伦理差异性方面起着非常重要的作用（如 Al - Khatib et al., 1997；Lee and Sirgy, 1999；Rawwas, 2001）。Forsyth（1980，1992）把伦理意识划分为理想主义和相对主义，并用于检验不同群体的伦理状况（如 Rawwas, Vitell and Al - Khatib, 1994；Singhapakdi, Rawwas, Marta and Ahmed, 1999）。其中，理想主义伦理意识更多关注行为本身对错的程度，而不注重行为结果，它强调行为发生的内在合理性，遵循广泛的道德规范；而相对主义伦理意识则正好相反，它更多关注情境因素和行为的实际后果，而不注重可能要违背的广泛的道德规范（Van Kenhove, Vermeir and Verniers, 2001）。诸多研究表明，理想主义往往和较高的伦理水平相关联，而相对主义则往往和较低的伦理水平相关联（如 Erffmeyer, Keillor and LeClair, 1999；Rawwas, Vitell and Al - Khatib, 1994；Singhapakdi, Rawwas, Marta and Ahmed, 1999；Van Kenhove, Vermeir and Verniers, 2001；赵宝春, 2008）。基于已有研究结论及上述分析，本书提出如下假设：

H2：理想主义程度高的消费者比理想主义程度低的消费者具有更高的消费者伦理水平（即更不能容忍"主动获利的非法行为""被动获利行为""主动获利的问题行为"和"无伤害行为"等伦理上受到质疑的消费者行为）。

H3：相对主义程度低的消费者比相对主义程度高的消费者具有更高的消费者伦理水平（即更不能容忍"主动获利的非法行为""被动获利行为""主动获利的问题行为"和"无伤害行为"等伦理上受到质疑的消费者行为）。

（三）马基雅弗利主义

马基雅弗利主义（权术主义）和伦理意识一样，也是一个用来解释消费者伦理信念差异性的重要哲学变量。Rawwas（1996）认为，具有马基雅弗利主义倾向的个体往往注重实效而保持情感距离，坚信结果可为手段辩护，坚持"只要行得通就采用"的一贯准则。Hunt 和 Chonko（1984）则指出马基雅弗利主义至少暗示着利用操纵他人的手段去实现自己的目的。诸多实证研究（如 Al-Khatib et al., 1997; Erffmeyer et al., 1999; Rawwas, 1996; Vitell et al., 1991; 赵宝春, 2008）表明，消费者的马基雅弗利主义程度越高，则消费者的伦理程度越低。例如，Rawwas（1996）、Vitell、Lumpkin 和 Rawwas（1991）的研究均显示消费者伦理水平与马基雅弗利主义呈现出负相关的关系；且 Vitell、Lumpkin 和 Rawwas（1991）的研究发现，马基雅弗利主义会影响到各种不同类型的消费者伦理信念。基于已有研究结论及上述分析，本书提出如下假设：

H4：马基雅弗利主义程度低的消费者比马基雅弗利主义程度高的消费者具有更高的消费者伦理水平（即更不能容忍"主动获利的非法行为""被动获利行为""主动获利的问题行为"和"无伤害行为"等伦理上受到质疑的消费者行为）。

（四）人口统计变量因素

本书拟检验性别、年龄、受教育程度、婚姻状况、职业状况、收入水平、出生地这七个人口统计变量因素对中国内地消费者伦理信念的影响效应。[1] 在以往的相关研究中，极少涉及消费者的职业状况、收入水平、出生地等变量对消费者伦理信念的影响。

1. 性别

性别作为消费者伦理决策的重要影响变量，比其他人口统计学特征变量受到更多的验证（Ford and Richardson, 1994）。Vitell、Lumpkin 和 Rawwas（1991）指出性别是美国消费者伦理信念的重要决定因素之一。许多伦理研究表明女性往往比男性更为关注伦理问题（如 Ford and Richardson, 1994; Jones and Gautschi, 1988; Rawwas and Isakson, 2000; Ruegger and King, 1992）。此外，Beltramini、Peterson 和 Kozmetsky（1984）发现同为学生女性要比男性更为关注伦理问题；Chonko 和 Hunt（1985）指出同为经理女性要比男性更为关注伦理问题；Ferrell 和 Skinner（1988）发现女性营销研究人员比男性营销研究人员表现出更高水平的伦理行为；Whipple 和 Swords（1992）发现在对待伦

---

[1] 拥有不同人口统计特征的消费者，在面临同一消费情境时其消费者伦理信念的差异性。

理问题上女性比男性更具批判性；Rawwas（1996）进一步指出，在评估伦理上受到质疑的消费者行为时，女性消费者往往比男性消费者更趋伦理性。国内学者赵宝春（2008）和刘汝萍（2008，2009）分别基于中国武汉地区和沈阳地区的消费者伦理实证研究也基本验证了 Rawwas（1996）的观点。基于已有研究结论及上述分析，本书提出如下假设：

H5：女性消费者比男性消费者具有更高的消费者伦理水平（即更不能容忍"主动获利的非法行为""被动获利行为""主动获利的问题行为"和"无伤害行为"等伦理上受到质疑的消费者行为）。

2. 年龄

年龄也是对消费者伦理决策产生显著影响的重要人口统计学变量。Kohlberg（1969，1984）指出人们随着不断成熟会比年轻时拥有更高水平的道德理性。诸多研究支持该观点，即年长者比年轻者伦理程度更高。例如，Vitell（1986）发现年长的美国销售主管拥有较少的伦理冲突；Vitell、Lumpkin 和 Rawwas（1991）研究表明美国老年消费者比年轻消费者更符合伦理规范；Ruegger 和 King（1992）也发现年纪较大的学生往往更具伦理倾向；Serwinek（1992）发现年长的工人对伦理标准有着更为严格的解释。Rawwas 和 Singhapakdi（1998）发现美国成年、青少年及儿童消费者的伦理程度依次递减。Erffmeyer、Keillor 和 LeClair（1999）以日本消费者为研究对象，Swaidan、Vitell 和 Rawwas（2003）以非洲裔美国人为研究对象，也都取得了类似的研究结论。上述研究结论和 Kohlberg（1976）的道德发展理论（Moral development theory）基本吻合。国内学者赵宝春（2008）基于中国武汉地区的消费者伦理实证研究也基本验证了上述观点。不过，刘汝萍（2008，2009）基于中国沈阳地区的消费者伦理实证研究并不支持上述观点，其原因可能是由于年长的消费者样本偏少且样本年龄分布不够宽泛所致。基于已有研究结论及上述分析，本书提出如下假设：

H6：年长的消费者比年轻的消费者具有更高的消费者伦理水平（即更不能容忍"主动获利的非法行为""被动获利行为""主动获利的问题行为"和"无伤害行为"等伦理上受到质疑的消费者行为）。

3. 受教育程度

受教育程度也是影响消费者伦理信念的一个重要人口统计学变量。尽管有些研究并未发现受教育程度与消费者伦理信念间存在显著正相关关系（如 Kidwell et al., 1987; Laczniak and Inderrieden, 1987; 赵宝春, 2008 等），但学者们发现：就总体而言，受教育程度越高的消费者，其伦理程度往往也越高（如 Browning and Zabriskie, 1983; Goolsby and Hunt, 1992; Kelley et al., 1990; Swaidan, Vitell and Rawwas, 2003; 刘汝萍, 2008）。例如，Browning 和 Zabriskie（1983）发现与其他采购经理相比，受教育程度高的采购经理具有更高的伦理性。Swaidan、Vitell 和 Rawwas（2003）研究发现：面临复杂伦理情景，消费者受教育程度越高就越能做出正确判断。国内学者刘汝萍（2008）基于中国沈阳地区的消费者伦理实证研究也表明：相比之下，受教育程度高的消费者更不能接受伦理上受到质疑的消费者行为，也即伦理程度更高。这与 Kohlberg（1984）的研究结果一致。总之，受教育程度应该会提升一个人做出伦理决策的能力。基于已有研究结论及上述分析，本书提出如下假设：

H7：受过大学教育的消费者比未受过大学教育的消费者具有更高的消费者伦理水平（即更不能容忍"主动获利的非法行为""被动获利行为""主动获利的问题行为"和"无伤害行为"等伦理上受到质疑的消费者行为）。

4. 婚姻状况

有关婚姻状况这一影响变量的研究，前期研究结论并不一致。某些研究表明婚姻状况和伦理决策之间并不存在显著关系。比如，Rawwas 和 Isakson（2000）的研究并未发现婚姻状况和伦理之间存在相关性，Serwinek（1992）的研究也得出相似的结果。但更多研究支持已婚消费者伦理程度更高的论断（Swaidan, Vitell and Rawwas, 2003）。例如，Erffmeyer、Keillor 和 LeClair（1999）的研究表明已婚者更易于接受伦理上受到质疑的消费者行为，也更可能具有相对主义或马基雅弗利主义倾向；Poorsoltan 等（1991）发现同为学生已婚比未婚的更加保守和伦理；Swaidan、Vitell 和 Rawwas（2003）通过对 315 名非洲裔美国消费者的研究也发现，已婚的、年长的及受教育程度高的消费者更容易拒绝伦理上受到质疑的行为。虽然上述研究发现似乎存在冲突，但已有充分的证据支持已婚者往往更加伦理。基于已有研究结论及上述分析，本书提出如下假设：

H8：已婚消费者比未婚消费者具有更高的消费者伦理水平（即更不能容忍"主动获利的非法行为""被动获利行为""主动获利的问题行为"和"无伤害行为"等伦理上受到质疑的消费者行为）。

5. 职业状况

在既有的相关文献中，很少有学者涉及职业状况对消费者伦理信念影响的研究，迄今只有国内学者赵宝春做了一些有益的探索。赵宝春（2008）进行的相关研究表明职业状况对消费者伦理决策的影响并不显著，他认为很可能是由于职业类型划分不当所致。一般来说，一个人的职业较大程度上决定了其收入水平和所处社会地位的高低。不同职业的人因工作性质不同，所受到的职业道德教育会有所不同，与此同时，社会对其的期望也会有所不同。如在中国的集体主义文化背景下，政府部门或事业单位工作的人员，社会地位高且受到较多的思想政治、传统文化和职业道德教育，社会对其伦理、道德方面的期望也就更高一些；而在企业工作的人员，其社会地位就相对低些，且企业长期以创造利润为首要目标也导致其工作人员更多注重行为结果。基于已有研究结论及上述分析，本书提出如下假设：

H9：在政府或事业单位工作的消费者比在企业工作的消费者具有更高的消费者伦理水平（即更不能容忍"主动获利的非法行为""被动获利行为""主动获利的问题行为"和"无伤害行为"等伦理上受到质疑的消费者行为）。

6. 收入水平

Vitell（2003）指出在消费者伦理的相关研究中，收入水平对消费者伦理决策的影响作用尚需验证。按照 Maslow（1943）的需求层次理论，当基本的生理（生存）和安全这些较低级的需要得到满足或保障后，社会个体就会向高层次发展，开始追求社交、社会尊重以及自我实现（Wahba and Bridgewell，1976）。由此，我们可以推测：收入高的消费者相较于收入低的消费者，更有内在动力去接受社会规范的约束，同时也更少可能迫于生计做那些伦理上受到质疑的行为。赵宝春（2008）的研究发现收入高的消费者更不能容忍那些伦理上受到质疑的行为，这和基于 Maslow 需求层次理论的分析推理基本一致，但赵宝春（2008）的研究同时还发现并不是收入越高的人群其伦理水平也越高，实证研究表明中等收入人群的伦理水平是最高的。基于已有研究结论及上述分析，本书提出如下假设：

H10：年收入水平高的消费者比年收入水平低的消费者具有更高的消费者伦理水平（即更不能容忍"主动获利的非法行为""被动获利行

为""主动获利的问题行为"和"无伤害行为"等伦理上受到质疑的消费者行为)。

7. 出生地

在既有的相关文献中，很少有学者涉及出生地对消费者伦理信念影响的研究，迄今只有国内学者赵宝春做了一些有益的探索。赵宝春（2008, 2011）研究发现：出生地会显著影响消费者的伦理决策。当面临受到质疑的伦理情境时，出生于农村的消费者会较多地表现出遵循传统的社会伦理规范和行为准则，也即出生于农村的消费者在消费者伦理信念方面表现出来的伦理水平，要明显高于出生于城镇的消费者。赵宝春（2008, 2011）认为这主要是由于农村相对封闭落后、较少受到外来文化的侵蚀和干扰，农村消费者也就相对更为传统、纯朴、善良和循规蹈矩、更愿意接受社会伦理规范约束所致。基于已有研究结论及上述分析，本书提出如下假设：

H11：出生于农村的消费者比出生于城市的消费者具有更高的消费者伦理水平（即更不能容忍"主动获利的非法行为""被动获利行为""主动获利的问题行为"和"无伤害行为"等伦理上受到质疑的消费者行为)。

本书通过对上述 11 个假设的检验，来分析中国内地消费者伦理的现状及特征。上述 11 个假设间的关系如图 3-4 所示。

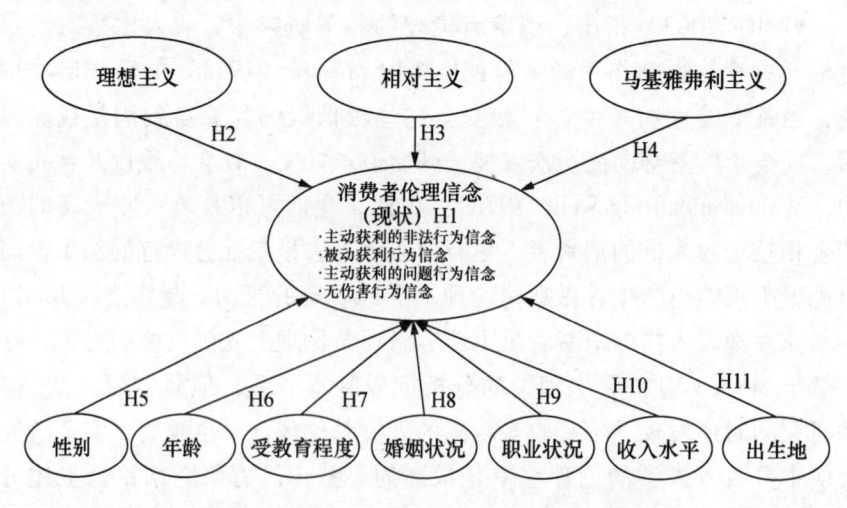

**图 3-4 中国内地消费者伦理现状及特征假设**

资料来源：笔者在回顾、梳理相关文献基础上，基于理论分析和逻辑推理、结合实地访谈资料的梳理，提出上述 11 个假设。

## 二 面子威胁感知和自我概念对消费者伦理信念的影响

（一）面子威胁感知对消费者伦理信念的影响

面子并非中国人独有的概念，也非亚洲集体文化的产物（Lebra, 1976; Pharr, 1989），但中国人"重视面子"的文化特质较之于西方社会确实尤为凸显（朱瑞玲，1987），面子广泛、深入且具体地，甚至几乎无所不在地影响着中国人社会生活的方方面面（Lin, 1936）。需要特别说明的是：本书的面子威胁感知反映的是消费者对实施"不合乎伦理/道德[①]规范"的消费者行为可能引致结果的预期与判断，侧重于行为的隐含威胁或潜在风险[②]，强调消费者的个人感受。综观国内外相关文献，面子获得与面子受到威胁都与道德规范有着紧密的联系。道德规范是一个社会对于个人行为最为基本的约束，一个人的面子有赖于其在道德行为上的合宜性。Earley（1997）指出面子是基于内外部判断基础上的一种自我评价，而该判断与一个人所处的社会地位及其行为是否符合道德规范有关。Goffman（1955）提出，就社会机构而言，面子是一种维持社会秩序的工具；就个人而言，面子反映一定的社会地位或声望，但必须透过遵循社会规范而得。胡先晋（1944）指出一个人如没有履行做人的道德规范，就有丢脸[③]的威胁。美国汉学家费正清认为中国人的个人价值是外塑的，也即从外部社会获得的；他指出，个人的尊严、面子是从合乎社会道德规范的行为以及社会赞许中获得的；如果不能遵照行为的法则，就会处于不利的地位——面子就有可能受到威胁。朱瑞玲（1987）构建面子知觉与整饰过程模型时也指出：个体对面子威胁的知觉（感知）首先受到社会规范的影响，当个体行为与社会规范不符时，他人给予的惩罚性回馈即使个体感知到面子威胁。

面子威胁感知会引发个体强烈的负面情绪反应，以及随之而来的一系列面子整饰行为。面子整饰是个体为了拥有面子或避免面子威胁而采

---

[①] 如把道德视为个人内在的自觉，那么伦理可视为个人外在的道德表现或实践。在当代中国人的日常语言中，"伦理"与"道德"这两个词经常被混同使用。在西方学者眼中，伦理学和道德哲学基本上也是通用的。本书不刻意区分这两个相近的概念。

[②] 并非传统研究所关注的因语言或行为的对抗性、直接性、侵略性而导致的固有的、现实的威胁。

[③] 胡先晋（1944）提出脸面划分法，脸代表群体赋予具有道德声望者的尊敬，面子代表个人通过人生经历中的成就或夸耀而获取的声誉。为了方便研究，本书不刻意区分脸和面子这两个相近的概念，统称为面子。

取的相应行动，尤以维护性措施最为普遍，学者们也较多探讨此类面子策略。Goffman（1955，1967）认为当个体感知到面子威胁时，会采用一定的面子功夫策略以避免丢面子或破坏与别人的社会关系。Goffman 将其归纳为两种基本类型：一是修正型（Corrective）——侧重于丢面子后的挽回或增加面子。二是规避型（Avoidance）——侧重于维护和保全面子，当个体由某一特定事件或行为而感知到丢面子或没面子的可能性和潜在风险时，就对自己的行为有所限制，减少、取消或放弃它。一般来说，当个体感知到面子威胁时，常会采用规避型面子功夫策略——对自己的行为有所限制，减少甚至取消、放弃某行为以避免面子受损，进而维护和保全自己的面子。具体表现在消费者伦理行为上，当感知到"不合乎消费者伦理/道德规范"的行为可能给自己带来面子威胁时，消费者通常会减少或放弃该不合乎消费者伦理要求的行为。换言之，消费者的面子威胁感知越强烈，实施不合乎消费者伦理要求行为的倾向性就越小。在笔者对中国内地消费者的访谈中，也有部分言论为"面子威胁感知与实施不合乎消费者伦理要求行为间的关系"提供了很好的印证。

> "在超市偷喝饮料而不付钱"被发现的可能性是很大的，众目睽睽之下，多丢脸，多没面子啊！这种事情我可不敢做，再说这事本身也是不对的。
> 
> 中国人大都好面子，哪怕原来想做的，出于面子顾虑，大多数人应该也会减少或放弃一些不恰当的行为。
> 
> 如果知道那个商家一旦发现把"高价商品的价格标签"偷换成"低价商品的价格标签"去结账等行为就严肃、公开处理，当事人就会有很大的面子压力，面子受到威胁的程度越高，就越不敢去做类似的事情。

根据知信行理论，消费者转变行为——减少或放弃不合乎消费者伦理要求的行为，首先需转变信念——认为不合乎消费者伦理要求的行为是错误的、不可取的（表明消费者的伦理感知状态良好）。诸多实证研究也表明，消费者伦理信念（即消费者的伦理感知状态）对消费者伦理行为具有很强的解释力，可以映射消费者的伦理倾向及水平（Muncy and Vitell，1992）。由此我们可进一步推论：消费者的面子威胁感知越强烈，其消费者伦理信念状况就越好，也即消费者的面子威胁感知对消费者伦理信念具有正向影响作用。

本书借鉴 Lim（1994）、宝贡敏和赵卓嘉（2009）、金耀基（1988）、王轶楠（2006）等的观点，结合研究主题，将面子威胁感知细分为基于能力要素、基于人际关系和基于个人品德的面子威胁感知三种基本类型。其中，基于个人品德的面子威胁感知是指个体由某一特定事件或行为而感知到的"有关自身个人品德方面"丢面子或没面子的可能性和潜在风险，如个体预感原本受到他人认可的自身品格和道德水准等将有可能受损。一般来说，消费者对涉及个人品德方面的面子威胁，都是很敏感也很在乎和重视的。当消费者预感因"不合乎消费者伦理要求的行为"，个体原本受到他人认可的自身品格和道德水准等将有可能受损时，一般都会尽量规避——减少或放弃该不合乎消费者伦理要求的行为。根据知信行理论，此时该消费者也往往认为不合乎消费者伦理要求的行为是错误和不可取的，即具有较好的消费者伦理信念状况。综观国内外相关文献，学者们主要通过测度消费者对"主动获利的非法行为""被动获利行为""主动获利的问题行为"和"无伤害行为"四种类型行为的感知状态来反映消费者伦理信念状况。

基于上述的理论分析和逻辑推理，本书提出如下假设：

H12a：基于个人品德的面子威胁感知对主动获利的非法行为信念有正向影响作用。

H12b：基于个人品德的面子威胁感知对被动获利行为信念有正向影响作用。

H12c：基于个人品德的面子威胁感知对主动获利的问题行为信念有正向影响作用。

H12d：基于个人品德的面子威胁感知对无伤害行为信念有正向影响作用。

基于人际关系的面子威胁感知是指个体由某一特定事件或行为而感知到的"有关自身人际关系方面"丢面子或没面子的可能性和潜在风险，例如，个体预感和谐、融洽的人际关系有可能被破坏，或有可能不再被欣赏、接纳，或广泛的人脉网络有可能受损，抑或在群体中发挥的积极影响力有可能受损等。一般来说，消费者对涉及人际关系的面子威胁，都是很敏感也很在乎和重视的。尤其是集体主义文化背景下的中国人，重视面子，对面子威胁敏感，他们大多尽量回避冲突而追求人际和谐（Ting-Toomey and Kurogi，1998）。当消费者预感因"不合乎消费者伦理要求的行为"，原本和谐、融洽的人际关系有可能被破坏，或有可能不再被欣赏、接纳，或广泛的人脉网络有可能受损，抑或在群体中发挥的积极影响力有可能受损等时，一般都会尽量规避——减少或放弃该不合乎消费者伦理要求的行为。根据知信行理论，此时该消费者也往往认为不合乎消费者伦理要求的行为是错误和不可取的，即具有较好的消费者伦理信念状况。综观国内外相关文献，学者们主要通过测度消费者对"主动获利的非法行为""被动获利行为""主动获利的问题行为"和"无伤害行为"四种类型行为的感知状态来反映消费者伦理信念状况。

基于上述的理论分析和逻辑推理，本书提出如下假设：

H13a：基于人际关系的面子威胁感知对主动获利的非法行为信念有正向影响作用。

H13b：基于人际关系的面子威胁感知对被动获利行为信念有正向影响作用。

H13c：基于人际关系的面子威胁感知对主动获利的问题行为信念有正向影响作用。

H13d：基于人际关系的面子威胁感知对无伤害行为信念有正向影响作用。

基于能力要素的面子威胁感知是指个体由某一特定事件或行为而感知到的"有关自身能力方面"丢面子或没面子的可能性和潜在风险，如个体预感他人对自身能力认同、尊重将有可能消失或减弱。一般来说，消费者对涉及自身能力方面的面子威胁，都极为敏感、在乎和重视。当消费者预感因"不合乎消费者伦理要求的行为"，他人对自身能力的认同、尊重将有可能消失或减弱时，一般都会尽量规避——减少或放弃该不合乎消费者伦理要求的行为。根据知信行理论，此时该消费者也往往认为不合乎消费者伦理要求的行为是错误和不可取的，即具有较好的消费者伦理信念状况。综观国内外相关文献，学者们主要通过测度消费者对"主动获利的非法行为""被动获利行为""主动获利的问题行为"和"无伤害行为"四种类型行为的感知状态来反映消费者伦理信念状况。

基于上述的理论分析和逻辑推理，本书提出如下假设：

H14a：基于能力要素的面子威胁感知对主动获利的非法行为信念

有正向影响作用。

H14b：基于能力要素的面子威胁感知对被动获利行为信念有正向影响作用。

H14c：基于能力要素的面子威胁感知对主动获利的问题行为信念有正向影响作用。

H14d：基于能力要素的面子威胁感知对无伤害行为信念有正向影响作用。

本书通过对上述12个假设的检验，来分析面子威胁感知各维度对消费者伦理信念各维度的影响。上述12个假设间的关系如图3-5所示。

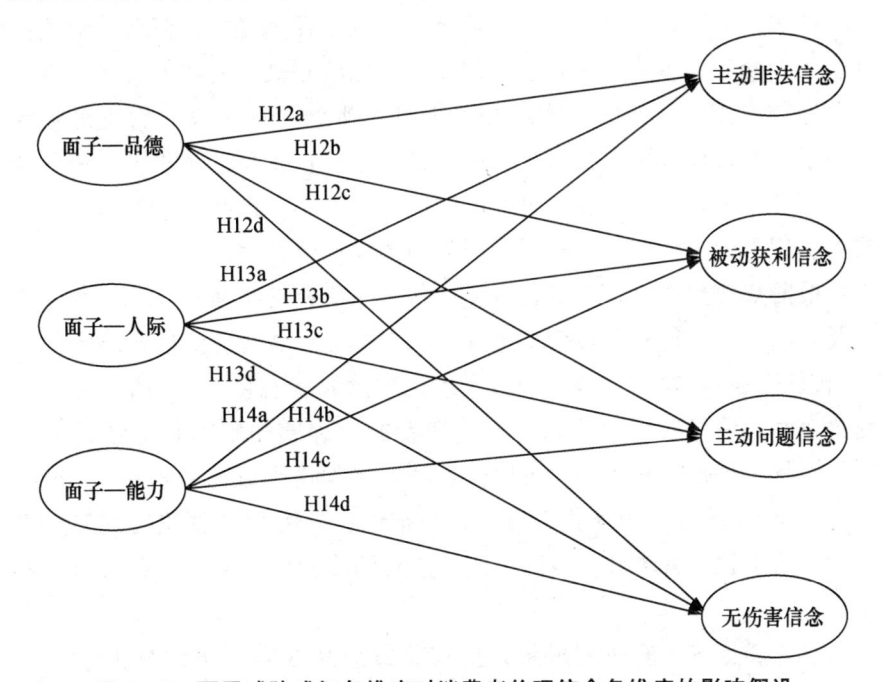

**图 3-5　面子威胁感知各维度对消费者伦理信念各维度的影响假设**

资料来源：笔者在回顾、梳理相关文献基础上，基于理论分析和逻辑推理、结合实地访谈资料的梳理，提出上述12个假设。

（二）自我概念对消费者伦理信念的影响

自我概念[①]在人的认知及发展过程中扮演着极为重要的角色，通常

---

① 自我概念是个体对自己所有方面的觉知总和，是一个多维度、多层次、有组织的结构，除具有评价性且可与他人分别开来外，还具有稳定性和可变性。自我概念从内容上可划分为生理自我、道德伦理自我、心理自我、家庭自我和社会自我五个维度。

被视为影响人类行为的极重要和显著的心理变量。自我概念有助于人们了解自我，并对自己的行为进行控制和调节（Markus and Nurius，1984）。Burns（1982）系统阐释了自我概念的心理作用，并指出自我概念具有"保持内在的一致性""决定个人对经验的解释"和"决定个人的期望"三大功能。自我概念的这三大功能在客观上决定了它对行为的调节和定向作用。具体表现在消费者伦理行为上，如既有的自我概念是积极的，则会在积极自我概念基础上决定自己的期望；并将每一种经验都赋予积极的含义；且在其后续行为中按照保持内在一致性的方式（与积极自我概念保持一致）做出积极的合乎消费者伦理要求的行为反应。反之，如既有的自我概念是消极的，则会在消极自我概念基础上决定自己的期望；并将每一种经验都赋予消极的含义；且在其后续行为中按照保持内在一致性的方式（与消极自我概念保持一致）做出消极的不合乎消费者伦理要求的行为反应。换言之，自我概念越积极，消费者实施不合乎消费者伦理要求行为的倾向性就越小；自我概念越消极，消费者实施不合乎消费者伦理要求行为的倾向性就越大。

根据知信行理论，消费者转变行为——减少或放弃不合乎消费者伦理要求的行为，首先需转变信念——认为不合乎消费者伦理要求的行为是错误的、不可取的（表明消费者的伦理感知状态良好）。诸多实证研究也表明，消费者伦理信念（即消费者的伦理感知状态）对消费者伦理行为具有很强的解释力，可以映射消费者的伦理倾向及水平（Muncy and Vitell，1992）。由此我们可进一步推论：自我概念越积极，其消费者伦理信念状况就越好，也即自我概念对消费者伦理信念具有正向影响作用。

本书借鉴前人的研究成果，把自我概念从内容上可划分为生理自我、道德伦理自我、心理自我、家庭自我和社会自我五个维度。其中，生理自我（Physical self），是指个体对其自身身体健康状态、外貌以及技能等方面的感觉与评价。一般来说，当消费者拥有一个积极的生理自我概念时，会引发其积极的自我期望，而且期待外部社会的积极评价与对待，在其后续行为中按照保持内在一致性的方式做出积极的行为反应。表现在具体的消费者行为上，也就会减少或放弃不合乎消费者伦理要求的行为。在笔者对中国内地消费者的访谈中，也有部分言论为"生理自我概念与实施不合乎消费者伦理要求行为间的关系"提供了很好的印证。

> 这么猥琐的事情（在超市偷喝饮料而不付钱）和我太不般配了吧？我长得这么高大健壮，我怎么会去做这种事情呢，再说这事本身就不应该。

> 我这么漂亮的美女怎么会去做你说的那些不恰当的行为呢？这太对不起我这张漂亮的脸蛋了。

> 作为一个小有名气的帅哥，我是不会去做您举例说的那些事情和行为的。长得帅，行为也要帅哦。

根据知信行理论，此时该消费者也往往认为不合乎消费者伦理要求的行为是错误和不可取的，即具有较好的消费者伦理信念状况。综观国内外相关文献，学者们主要通过测度消费者对"主动获利的非法行为""被动获利行为""主动获利的问题行为"和"无伤害行为"四种类型行为的感知状态来反映消费者伦理信念状况。

基于上述的理论分析和逻辑推理，结合实地访谈资料的梳理，本书提出如下假设：

H15a：生理自我概念对主动获利的非法行为信念有正向影响作用。
H15b：生理自我概念对被动获利行为信念有正向影响作用。
H15c：生理自我概念对主动获利的问题行为信念有正向影响作用。
H15d：生理自我概念对无伤害行为信念有正向影响作用。

道德伦理自我（Moral-ethical self），是指个体对其自身道德价值、宗教信仰及好坏人等的看法与评价。一般来说，当消费者拥有一个积极的道德伦理自我概念时，会引发其积极的自我期望，而且期待外部社会的积极评价与对待，在其后续行为中按照保持内在一致性的方式做出积极的行为反应。表现在具体的消费者行为上，也就会减少或放弃不合乎消费者伦理要求的行为。在笔者对中国内地消费者的访谈中，也有部分言论为"道德伦理自我概念与实施不合乎消费者伦理要求行为间的关系"提供了很好的印证。

> 我是一个有道德的人，我肯定不会去做类似于"把高价商品的价格标签偷换成低价商品的价格标签去结账"的事情/行为。

> 我自认为我是个好人，我想应该做好事，而不是去做你刚才所说的那些不适当行为的。

根据知信行理论，此时该消费者也往往认为不合乎消费者伦理要求的行为是错误和不可取的，即具有较好的消费者伦理信念状况。综观国内外相关文献，学者们主要通过测度消费者对"主动获利的非法行为""被动获利行为""主动获利的问题行为"和"无伤害行为"四种类型行为的感知状态来反映消费者伦理信念状况。

基于上述的理论分析和逻辑推理，结合实地访谈资料的梳理，本书提出如下假设：

H16a：道德伦理自我概念对主动获利的非法行为信念有正向影响作用。

H16b：道德伦理自我概念对被动获利行为信念有正向影响作用。

H16c：道德伦理自我概念对主动获利的问题行为信念有正向影响作用。

H16d：道德伦理自我概念对无伤害行为信念有正向影响作用。

心理自我（Personal self），是指个体对其自身个人价值及能力等的评价。一般来说，当消费者拥有一个积极的心理自我概念时，会引发其积极的自我期望，而且期待外部社会的积极评价与对待，在其后续行为中按照保持内在一致性的方式做出积极的行为反应。表现在具体的消费者行为上，也就会减少或放弃不合乎消费者伦理要求的行为。在笔者对中国内地消费者的访谈中，也有部分言论为"心理自我概念与实施不合乎消费者伦理要求行为间的关系"提供了很好的印证。

> 我自认为是个有能力的人，我不会也没必要做诸如"在超市偷喝饮料而不付钱"这么猥琐的事情。
>
> 我是个追求个人价值的人，您举例说的那些事情和行为于我绝对不会去做的。

根据知信行理论，此时该消费者也往往认为不合乎消费者伦理要求的行为是错误和不可取的，即具有较好的消费者伦理信念状况。综观国内外相关文献，学者们主要通过测度消费者对"主动获利的非法行为"

"被动获利行为""主动获利的问题行为"和"无伤害行为"四种类型行为的感知状态来反映消费者伦理信念状况。

基于上述的理论分析和逻辑推理,结合实地访谈资料的梳理,本书提出如下假设:

H17a:心理自我概念对主动获利的非法行为信念有正向影响作用。
H17b:心理自我概念对被动获利行为信念有正向影响作用。
H17c:心理自我概念对主动获利的问题行为信念有正向影响作用。
H17d:心理自我概念对无伤害行为信念有正向影响作用。

家庭自我(Family self),是指个体对其自身作为家庭中的一分子的价值感及胜任感的评价。一般来说,当消费者拥有一个积极的家庭自我概念时,会引发其积极的自我期望,而且期待外部社会的积极评价与对待,在其后续行为中按照保持内在一致性的方式做出积极的行为反应。表现在具体的消费者行为上,也就会减少或放弃不合乎消费者伦理要求的行为。在笔者对中国内地消费者的访谈中,也有部分言论为"家庭自我概念与实施不合乎消费者伦理要求行为间的关系"提供了很好的印证。

> 我的家人都很爱我,我怎么能做"在超市偷喝饮料而不付钱"这样的事情呢?这也太对不起家里人了。再说这事本身就不对。
> 我是一家之主,是家里的主心骨,家里人都很敬重我。您举例说的那些事情和行为我可绝对不会做的。

根据知信行理论,此时该消费者也往往认为不合乎消费者伦理要求的行为是错误和不可取的,即具有较好的消费者伦理信念状况。综观国内外相关文献,学者们主要通过测度消费者对"主动获利的非法行为""被动获利行为""主动获利的问题行为"和"无伤害行为"四种类型行为的感知状态来反映消费者伦理信念状况。

基于上述的理论分析和逻辑推理,结合实地访谈资料的梳理,本书提出如下假设:

H18a:家庭自我概念对主动获利的非法行为信念有正向影响作用。
H18b:家庭自我概念对被动获利行为信念有正向影响作用。
H18c:家庭自我概念对主动获利的问题行为信念有正向影响作用。

H18d：家庭自我概念对无伤害行为信念有正向影响作用。

社会自我（Social self），是指个体对其自身在与他人交往中的价值感及胜任感的评价。一般来说，当消费者拥有一个积极的社会自我概念时，会引发其积极的自我期望，而且期待外部社会的积极评价与对待，在其后续行为中按照保持内在一致性的方式做出积极的行为反应。表现在具体的消费者行为上，也就会减少或放弃不合乎消费者伦理要求的行为。在笔者对中国内地消费者的访谈中，也有部分言论为"社会自我概念与实施不合乎消费者伦理要求行为间的关系"提供了很好的印证。

> 咱在社会上也是有头有脸的人，咋能做"在超市偷喝饮料而不付钱"这样的事情呢。
> 
> 您举例说的那些事情和行为（指不合乎消费者伦理要求的行为），和我的社会地位和形象太不相符了，我肯定不会做的啦。

根据知信行理论，此时该消费者也往往认为不合乎消费者伦理要求的行为是错误和不可取的，即具有较好的消费者伦理信念状况。综观国内外相关文献，学者们主要通过测度消费者对"主动获利的非法行为""被动获利行为""主动获利的问题行为"和"无伤害行为"四种类型行为的感知状态来反映消费者伦理信念状况。

基于上述的理论分析和逻辑推理，结合实地访谈资料的梳理，本书提出如下假设：

H19a：社会自我概念对主动获利的非法行为信念有正向影响作用。
H19b：社会自我概念对被动获利行为信念有正向影响作用。
H19c：社会自我概念对主动获利的问题行为信念有正向影响作用。
H19d：社会自我概念对无伤害行为信念有正向影响作用。

本书通过对上述 20 个假设的检验，来分析自我概念各维度对消费者伦理信念各维度的影响。上述 20 个假设间的关系如图 3-6 所示。

### 三 顾客忠诚在消费者伦理信念与行为间的调节作用

如前所述，消费者伦理信念（Consumer ethical belief）是指消费者在进行伦理评估与判断过程中的感知状态，也即消费者认为特定选择是伦理的或是不伦理的程度（Muncy and Vitell, 1992）。关于消费者伦理

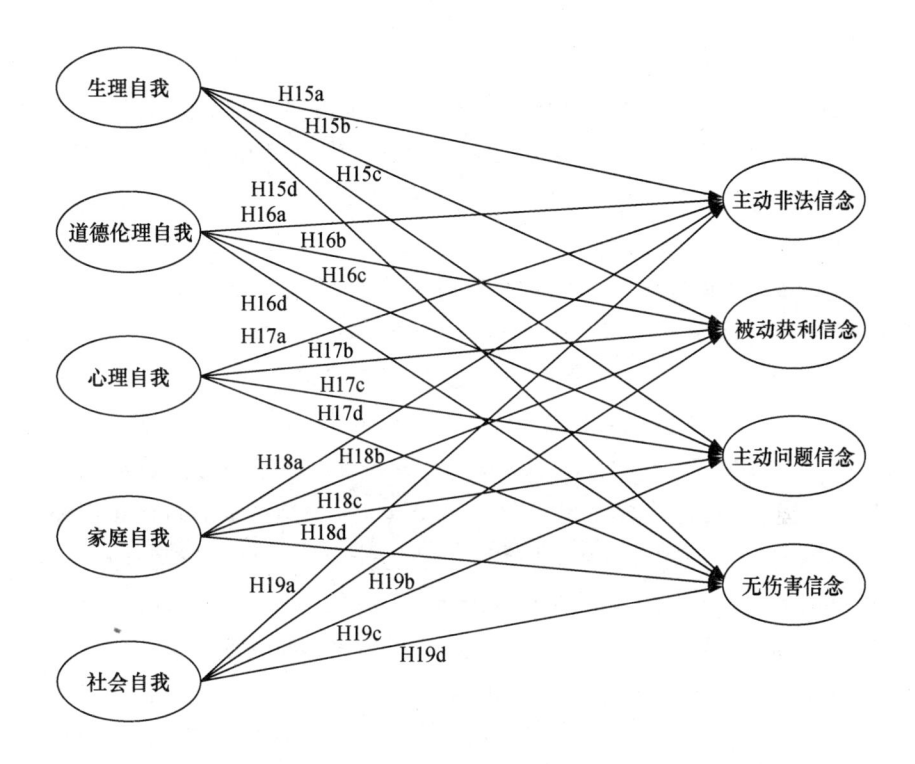

**图 3-6　自我概念各维度对消费者伦理信念各维度的影响假设**

资料来源：笔者在回顾、梳理相关文献基础上，基于理论分析和逻辑推理、结合实地访谈资料的梳理，提出上述 20 个假设。

信念和不合乎消费者伦理要求的行为之间的关系，Muncy 和 Vitell（1992）认为，消费者伦理信念对消费者伦理行为具有很强的解释力，可以映射消费者的伦理倾向及水平。Kenhove、Wulf 和 Steenhaut（2003）则指出，作为消费者特殊价值取向指针的"消费者伦理信念"，同时也是不合乎消费者伦理要求行为的前因（先行者）。此外，曾伏娥和甘碧群（2007）验证了消费者伦理信念和不合乎消费者伦理要求的行为之间的关系。而 Ajzen（1985）的计划行为理论（TPB）也表明信念对行为具有正向的影响作用。正因如此，迄今众多学者诸如 Al-Khatib 等（1995）、Chan 等（1998）、Muncy 和 Vitell（1992）、Rallapalli 等（1994）、Rawwas（1996）、Rawwas 等（1998）、Vitell 和 Muncy（1992）、Vitell 等（1991），对于消费者伦理问题的研究基本上都围绕着"消费者伦理信念"展开，而 CES 量表正是通过对消费者伦理信念状况的测度来映射其行为倾向。

基于上述的理论分析和逻辑推理，本书提出如下假设：

H20：消费者认同不合乎消费者伦理要求行为的信念强度与消费者实施不合乎消费者伦理要求行为的倾向性呈正相关关系。

顾客忠诚是顾客在行为和态度上的一种综合反应，它能引发许多消费者行为，诸如忠诚顾客将更多购买、重复购买企业的产品（如 O'Brien and Jones, 1995; Reichheld and Sasser, 1990）；忠诚顾客较之于一般顾客对促销活动不热衷，但会使用得更多（Day, 1969）；忠诚顾客对价格不是很敏感（如 Baldinger and Rubinson, 1996; Martin and Goodell, 1994; Taher et al., 1996; Sivakumar, 1995）；忠诚顾客甚至愿为自己所忠诚的品牌支付溢价（如 Aaker, 1996; Reichheld and Sasser, 1990）；忠诚顾客更乐意宣传，能为企业带来良好的口碑（如 Dick and Basu, 1994; Martin and Goodell, 1994; Reichheld and Sasser, 1990; Reichheld and Teal, 1996; Richins and Root - Schaffer, 1988）；忠诚顾客对竞争品牌有着很强的免疫力（如 Barnard and Ehrenberg, 1997; Dick and Basu, 1994; Martin and Goodell, 1994; Wood, 1982）；等等。顾客忠诚除了引发上述种种消费者行为从而给企业带来巨大收益，还有非常重要的一点，Anderson 和 Weitz（1992），Dwyer、Schurr 和 Oh（1987），Moorman、Zaltman 和 Deshpande（1992）等诸多学者均指出"关系维持"是顾客忠诚最直接的结果之一。Zeithaml、Berry 和 Parasuraman（1996）指出忠诚顾客与不忠诚顾客各自与企业间的关系表现是完全不同的。Dick 和 Basu（1994）以及 Gremler（1995）的研究表明，忠诚顾客除了经济利益，非常看重与企业间的长期关系。Reichheld 和 Sasser（1990）指出，忠诚顾客较之于不忠诚顾客价格敏感性低，乐意支付溢价与其所偏爱的企业建立长久关系。一个消费者其顾客忠诚程度越高，越倾向于和自己所忠诚、偏爱的企业建立长期导向的关系。一般来说，一个忠诚顾客不会也不愿因某些风险行动导致双方关系受到破坏，具体表现在消费者伦理行为上，通常是减少或放弃不合乎消费者伦理要求的行为，所以一个顾客越忠诚其实施不合乎消费者伦理要求的行为倾向就越小。

此外，在笔者对中国内地消费者的访谈中，也有部分言论为"顾客忠诚程度与实施不合乎消费者伦理要求行为间的关系"提供了很好的印证。

  如果那个商家是我所偏爱的、经常去买东西的，我想我应该不会在那里实施您所说的"偷喝超市饮料而不付钱""把高价商品的价格标签偷换成低价商品的价格标签去结账"等不适当行为。好像自己感情上也通不过的。
  我觉得也是。即便有的顾客在其他商家会实施您提到的那些不适当行为，在自己偏爱的、经常去买东西的商家此类不适当行为我觉得也会有所减少或收敛，甚至放弃。毕竟是自己偏爱的、经常去买东西的商家，应该不想破坏建立起来的良好的、长久的关系。

基于上述的理论分析和逻辑推理，结合实地访谈资料的梳理，本书提出如下假设：

H21：顾客忠诚程度与消费者实施不合乎消费者伦理要求行为的倾向性呈负相关关系。

本书认为，在消费者伦理信念与实施不合乎消费者伦理要求行为的研究中，除了主效应的探索，交互效应的探索也是一个较好的发展方向。本书预期，顾客忠诚不仅对不合乎消费者伦理要求的行为具有独立影响作用，而且也会调节消费者伦理信念与不合乎消费者伦理要求行为间的关系。如果消费者对某组织具有较高的顾客忠诚，那他/她会很看重其与该组织间的关系，并更为积极、谨慎地处理该关系，当然也包括减少或放弃采取伤害对方的不合乎消费者伦理要求的行为。而顾客忠诚一旦与消费者伦理信念发生交互作用，极有可能影响或改变消费者伦理信念对不合乎消费者伦理要求行为的主效应，从而使两者间原有的因果关系发生一定程度的变异。

基于上述的理论分析和逻辑推理，本书提出如下假设：

H22：对于感知到的较高的顾客忠诚，倾向于降低消费者伦理信念与消费者实施不合乎消费者伦理要求行为之间的正相关关系。

本书通过对上述3个假设的检验，来分析消费者伦理信念与消费者伦理行为间的关系以及顾客忠诚在其间起到的调节作用。上述3个假设间的关系如图3-7所示。

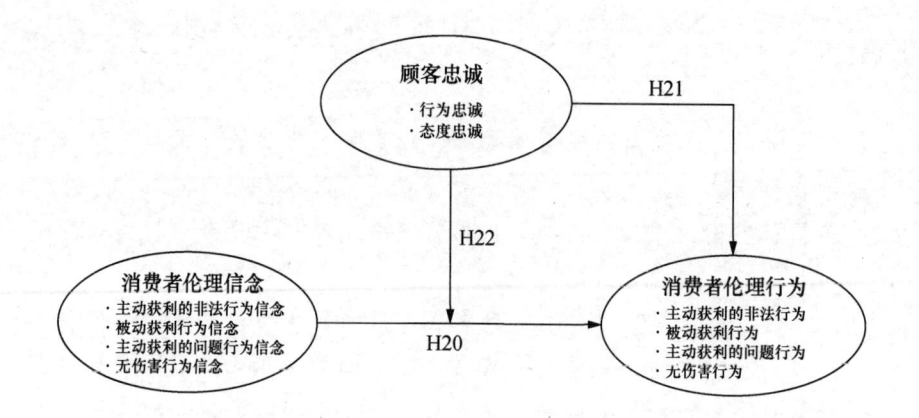

**图 3-7 消费者伦理信念与行为间的关系及顾客忠诚的调节作用假设**

资料来源：笔者在回顾、梳理相关文献基础上，基于理论分析和逻辑推理、结合实地访谈资料的梳理，提出上述 3 个假设。

## 第六节 假设汇总和概念模型构建

本书依据理论分析及逻辑推理，结合实地访谈和已有类似研究结论，最终形成待检验的 46[①] 个假设（见表 3-2）。这些假设又可进一步细分为两大类：（1）验证性假设，是指先前已有学者进行过具体理论分析，并获得相关经验研究证实的假设；基于本书框架的整体性，将在后续研究中再做进一步的考察验证。（2）开拓性假设，是指先前学者尚未进行过相关研究，或虽有相关的理论层面探讨，但未经经验研究证实的假设。参照上述分类标准，笔者对本书提出的 46 个待检验假设进行归类。

表 3-2　　　　　　　　　　研究假设汇总

| 编号 | 假设内容 | 类型 |
| --- | --- | --- |
| H1 | 中国内地消费者具有较高的消费者伦理水平 | 验证性假设 |
| H2 | 理想主义程度高的消费者比理想主义程度低的消费者具有更高的消费者伦理水平 | 验证性假设 |

---

① H12—H19 中的每一个又都分为 a、b、c、d，也即 H12—H19 共有 32 个待检验的假设。

续表

| 编号 | 假设内容 | 类型 |
| --- | --- | --- |
| H3 | 相对主义程度低的消费者比相对主义程度高的消费者具有更高的消费者伦理水平 | 验证性假设 |
| H4 | 马基雅弗利主义程度低的消费者比马基雅弗利主义程度高的消费者具有更高的消费者伦理水平 | 验证性假设 |
| H5 | 女性消费者比男性消费者具有更高的消费者伦理水平 | 验证性假设 |
| H6 | 年长的消费者比年轻的消费者具有更高的消费者伦理水平 | 验证性假设 |
| H7 | 受过大学教育的消费者比未受过大学教育的消费者具有更高的消费者伦理水平 | 验证性假设 |
| H8 | 已婚消费者比未婚消费者具有更高的消费者伦理水平 | 验证性假设 |
| H9 | 在政府或事业单位工作的消费者比在企业工作的消费者具有更高的消费者伦理水平 | 验证性假设 |
| H10 | 年收入水平高的消费者比年收入水平低的消费者具有更高的消费者伦理水平 | 验证性假设 |
| H11 | 出生于农村的消费者比出生于城市的消费者具有更高的消费者伦理水平 | 验证性假设 |
| H12a | 基于个人品德的面子威胁感知对主动获利的非法行为信念有正向影响作用 | 开拓性假设 |
| H12b | 基于个人品德的面子威胁感知对被动获利行为信念有正向影响作用 | 开拓性假设 |
| H12c | 基于个人品德的面子威胁感知对主动获利的问题行为信念有正向影响作用 | 开拓性假设 |
| H12d | 基于个人品德的面子威胁感知对无伤害行为信念有正向影响作用 | 开拓性假设 |
| H13a | 基于人际关系的面子威胁感知对主动获利的非法行为信念有正向影响作用 | 开拓性假设 |
| H13b | 基于人际关系的面子威胁感知对被动获利行为信念有正向影响作用 | 开拓性假设 |
| H13c | 基于人际关系的面子威胁感知对主动获利的问题行为信念有正向影响作用 | 开拓性假设 |
| H13d | 基于人际关系的面子威胁感知对无伤害行为信念有正向影响作用 | 开拓性假设 |
| H14a | 基于能力要素的面子威胁感知对主动获利的非法行为信念有正向影响作用 | 开拓性假设 |
| H14b | 基于能力要素的面子威胁感知对被动获利行为信念有正向影响作用 | 开拓性假设 |
| H14c | 基于能力要素的面子威胁感知对主动获利的问题行为信念有正向影响作用 | 开拓性假设 |
| H14d | 基于能力要素的面子威胁感知对无伤害行为信念有正向影响作用 | 开拓性假设 |
| H15a | 生理自我概念对主动获利的非法行为信念有正向影响作用 | 开拓性假设 |
| H15b | 生理自我概念对被动获利行为信念有正向影响作用 | 开拓性假设 |

续表

| 编号 | 假设内容 | 类型 |
| --- | --- | --- |
| H15c | 生理自我概念对主动获利的问题行为信念有正向影响作用 | 开拓性假设 |
| H15d | 生理自我概念对无伤害行为信念有正向影响作用 | 开拓性假设 |
| H16a | 道德伦理自我概念对主动获利的非法行为信念有正向影响作用 | 开拓性假设 |
| H16b | 道德伦理自我概念对被动获利行为信念有正向影响作用 | 开拓性假设 |
| H16c | 道德伦理自我概念对主动获利的问题行为信念有正向影响作用 | 开拓性假设 |
| H16d | 道德伦理自我概念对无伤害行为信念有正向影响作用 | 开拓性假设 |
| H17a | 心理自我概念对主动获利的非法行为信念有正向影响作用 | 开拓性假设 |
| H17b | 心理自我概念对被动获利行为信念有正向影响作用 | 开拓性假设 |
| H17c | 心理自我概念对主动获利的问题行为信念有正向影响作用 | 开拓性假设 |
| H17d | 心理自我概念对无伤害行为信念有正向影响作用 | 开拓性假设 |
| H18a | 家庭自我概念对主动获利的非法行为信念有正向影响作用 | 开拓性假设 |
| H18b | 家庭自我概念对被动获利行为信念有正向影响作用 | 开拓性假设 |
| H18c | 家庭自我概念对主动获利的问题行为信念有正向影响作用 | 开拓性假设 |
| H18d | 家庭自我概念对无伤害行为信念有正向影响作用 | 开拓性假设 |
| H19a | 社会自我概念对主动获利的非法行为信念有正向影响作用 | 开拓性假设 |
| H19b | 社会自我概念对被动获利行为信念有正向影响作用 | 开拓性假设 |
| H19c | 社会自我概念对主动获利的问题行为信念有正向影响作用 | 开拓性假设 |
| H19d | 社会自我概念对无伤害行为信念有正向影响作用 | 开拓性假设 |
| H20 | 消费者认同不合乎消费者伦理要求行为的信念强度与消费者实施不合乎消费者伦理要求行为的倾向性呈正相关关系 | 验证性假设 |
| H21 | 顾客忠诚强度与消费者实施不合乎消费者伦理要求行为的倾向性呈负相关关系 | 开拓性假设 |
| H22 | 对于感知到的较强的顾客忠诚，倾向于降低消费者伦理信念与消费者实施不合乎消费者伦理要求行为之间的正相关关系 | 开拓性假设 |

## 一 关于中国内地消费者伦理现状及特征

一些学者探讨了消费者伦理信念对消费者伦理行为的解释和映射作用，如 Muncy 和 Vitell（1992）认为，消费者伦理信念对于消费者伦理行为具有很强的解释力，可以映射消费者的伦理倾向及水平；在具体操作上可通过测量消费者对伦理上受到质疑的消费者行为的感知状态来反映其伦理信念状况进而映射其伦理水平。学者们普遍认同伦理上受到质疑的消费者行为可归结为四个维度，即主动获利的非法行为、被动获利行为、主动获利的问题行为以及无伤害行为，这四个维度下的伦理感知状态（信念）一定程度上可映射（反映）消费者的伦理行为倾向及水平。与此同时，有学者指出文化环境在塑造消费者伦理信念方面扮演着非常重要的角色（Hunt and Vitell，1993），文化是影响消费者伦理判断与决策的重要环境因素（如 Rawwas，2001；Vitell and Rawwas，2003等）。在集体主义文化环境下，中国人常表现得尊崇领导意见、注重群体和谐、分享与合作（Morris，Davis and Allen，1994），愿意遵守道德行为规范（Rawwas，2001）；至于"个人对伦理规范和行为规范的遵从"更是理所当然受到推崇和鼓励的（何静和韩怀仁，2002），这与追求"社会普遍和谐"的儒家文明精髓也是吻合的。赵宝春（2008）、刘汝萍（2008，2009）分别基于中国武汉和沈阳地区的经验研究表明，中国内地消费者总体上具有较高的消费者伦理水平。因此，H1 属于验证性假设。此外，诸多研究表明，理想主义与较高伦理水平具有关联性，而相对主义则与较低伦理水平具有关联性（如 Erffmeyer，Keillor and LeClair，1999；Rawwas，Vitell and Al – Khatib，1994；Singhapakdi，Rawwas，Marta and Ahmed，1999；Van Kenhove，Vermeir and Verniers，2001；赵宝春，2008）。因此，H2、H3 属于验证性假设。诸多实证研究（如 Al – Khatib et al.，1997；Erffmeyer et al.，1999；Rawwas，1996；Vitell et al.，1991；赵宝春，2008）表明，消费者的马基雅弗利主义程度越高，则消费者的伦理程度越低。因此，H4 属于验证性假设。学者们还对"拥有不同人口统计特征的消费者，在面临同一消费情境时其消费者伦理信念的差异性"展开了研究。比如，Vitell、Lumpkin 和 Rawwas（1991）研究发现性别是美国消费者伦理信念的重要决定因素之一，许多伦理研究显示女性比男性更关注伦理问题（如 Ford and Richardson，1994；Jones and Gautschi，1988；Rawwas and Isakson，2000；Ruegger and King，1992；刘汝萍，2008，2009；赵宝春，2008）。众多研究支持年长者比年轻者伦理程度更高（如 Kohlberg，1976；Rawwas and Singhapakdi，1998；Ruegger and King，1992；Serwinek，1992；Swaidan，Vitell and Rawwas，2003；Vitell，1986；Vitell，Lumpkin and Rawwas，1991；赵宝春，2008）。尽管有些研究未能发现受教育程度与消费者伦理信念间存在显著正相关关系，但更多证据表明，受教育程度越高的消费者，其伦理程度往往也越高（如 Browning and Zabriskie, 1983; Goolsby and Hunt, 1992; Kelley et al., 1990; Swaidan, Vitell and Rawwas, 2003; 刘汝萍，2008）。尽管某些研究表明婚姻状况和伦理决策之间并不存在显著关系，但更多研究结果表明已婚消费者伦理程度更高（如 Erffmeyer, Keillor and LeClair, 1999; Poorsoltan et al., 1991; Swaidan, Vitell and Rawwas, 2003）。在以往的相关研究中，极少涉及消费者的职业状况、收入水平、出生地等变量对消费者伦理信念的影响。迄今只有国内学者赵宝春做了一些有益的探索。赵宝春（2008）指出：职业状况对消费者伦理决策的影响并不显著[①]；收入越高的人群并非伦理水平也越高，反而中等收入人群的伦理水平是最高的。赵宝春（2008，2011）还指出出生地会显著影响消费者的伦理决策。因此，H5、H6、H7、H8、H9、H10、H11 均属于验证性假设。对于上述的验证性假设 H1—H11，本书将在更广泛调研[②]的基础上，基于研究框架的整体性，在后续研究中做进一步的考察验证。

## 二 关于面子威胁感知与消费者伦理信念间的关系

众多学者对面子及面子威胁感知展开研究，相对于"争面子"人们对"丢面子"更为关注和敏感，既有的面子感知研究也就多聚焦于负面感知（即面子威胁感知）。Earley（1997）、Goffman（1955）、胡先晋（1944）和朱瑞玲（1987）等学者均指出面子获得与面子受到威胁都与道德、社会规范有着紧密的联系，当个体行为与道德、社会规范不符时，他人给予的惩罚性回馈即使个体感知到面子威胁。而面子威胁感知极可能引发个体强烈的负面情绪反应以及随之而来的一系列面子整饰行为。Goffman（1955，1967）、朱瑞玲（1989）指出当感知到面子威胁时，人们会采用一定的面子功夫策略以避免丢面子或破坏与别人的社会关系：其一是修正型——侧重于丢面子后的挽回或增加面子，其二是规避型——侧重于维护和保全面子，当个体由某一特定事件或行为而感知到丢面子或没面子的可能性和潜在风险时，就对自己的行为有所限制、减少、取消或放弃它。尽管学者们展开了大量的相关研究，但关于面子威胁感知各维度对消费者伦理信念各维度的正向影响作用及其内在

---

[①] 赵宝春（2008）认为很可能是由于职业类型划分不当所致。
[②] 本书的调研范围涉及全国 14 个省市区，相比同类研究是广泛的。

机理，至今尚无国内外学者进行相关理论探索与经验研究，因此 H12a、H12b、H12c、H12d，H13a、H13b、H13c、H13d，H14a、H14b、H14c、H14d 均属于开拓性假设。

### 三 关于自我概念与消费者伦理信念间的关系

众多学者对自我概念展开了研究，自我概念也被普遍认为在人的认知及发展过程中扮演着极为重要的角色，是影响人类行为的极重要和显著的心理变量，有助于人们了解自我，并对自己的行为进行控制和调节（Markus and Nurius，1984）。Burns 早在 1982 年就指出自我概念具有"保持内在的一致性""决定个人对经验的解释"和"决定个人的期望"三大功能。但关于自我概念各维度对消费者伦理信念各维度的正向影响作用及其内在机理，至今尚无国内外学者进行相关理论探索与经验研究，因此，H15a、H15b、H15c、H15d，H16a、H16b、H16c、H16d，H17a、H17b、H17c、H17d，H18a、H18b、H18c、H18d，H19a、H19b、H19c、H19d 均属于开拓性假设。

关于消费者伦理信念和不合乎消费者伦理要求的行为之间的关系，Muncy 和 Vitell（1992）的研究表明：消费者伦理信念对消费者伦理行为具有很强的解释力，可以映射消费者的伦理倾向及水平。Kenhove、Wulf 和 Steenhaut（2003）的研究证实，"消费者伦理信念"不但是消费者特殊价值取向的指针，也是不合乎消费者伦理要求行为的前因（先行者）。众多学者诸如 Al – Khatib 等（1995）、Chan 等（1998）、Muncy 和 Vitell（1992）、Rallapalli 等（1994）、Rawwas（1996）、Rawwas 等（1998）、Vitell 和 Muncy（1992）、Vitell 等（1991），基于不同的国家或地区验证了消费者伦理信念和不合乎消费者伦理要求的行为之间的关系。曾伏娥（2007）基于中国武汉地区的经验研究也证实了该关系。因此，H20 属于验证性假设，基于本书框架的整体性，将在后续研究中再做进一步的考察验证。关于顾客忠诚在消费者伦理信念与消费者伦理行为间的调节作用，目前尚无国内外学者进行相关理论探索与经验研究，因此 H21、H22 属于开拓性假设。

基于计划行为理论、知信行理论、社会学习理论、地位剥夺及偏差副文化理论、挫折理论和社会控制理论，本书在梳理核心变量间逻辑线索的基础上，提出了一系列相应的研究假设，进而沿着"中国内地消费者伦理现状—影响因素—调节作用"的研究思路，构建了本书的整体研究框架（见图3-8），拟探究中国消费者伦理现状的重要影响、调节因素及其内在机理。

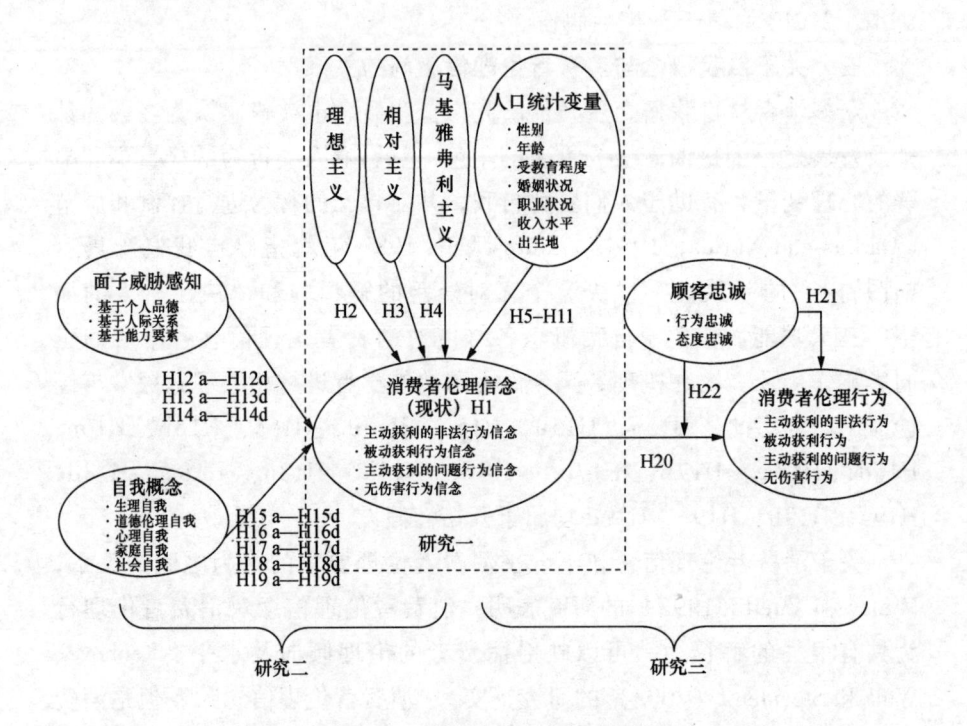

**图3-8 本书的整体研究框架**

资料来源：笔者在回顾、梳理相关文献的基础上，基于理论分析和逻辑推理、结合实地访谈资料的梳理，提出上述46个假设。

# 本章小结

本章关注的主要是理论拓展与模型构建。首先，对以往相关研究取得的进展、后继研究有待拓展的空间进行归纳总结，从中提炼出本书拟解决的核心问题。其次，对本书所涉及的核心概念进行科学、清晰且可操作化的定义，包括：消费者伦理（消费者伦理行为/信念、伦理意识、马基雅弗利主义）、面子威胁感知（基于个人品德的、基于人际关系的与基于能力要素的）、自我概念（生理、道德伦理、心理、家庭与社会自我)和顾客忠诚(行为忠诚、态度忠诚)。再次,在借鉴融合多学科研究成果的基础上,对本书所依据的诸多理论基础进行梳理与整合,共同为整体研究框架的构建奠定理论基础。最后,结合主题进行理论拓展,基于核心概念间相互关系提出本书具体的研究假设,经汇总最终形成本书的理论框架模型。

# 第四章 问卷设计、研究数据获取及质量评估

基于前述的研究设计，本章旨在为研究假设与理论模型的检验设计科学有效的调研问卷，并通过问卷调查获取收集本研究[①]所需的大样本数据，进而对大样本数据进行统计描述与质量评估，以确保本研究科学、规范与可信。本章具体内容做如下安排：一是问卷设计。交代问卷设计的原则与过程，结合以往相关成熟量表和小规模深入访谈形成初始调研问卷，进一步通过小样本预测试筛选，净化初始调研问卷中的测量条款，形成本研究的正式调研问卷。二是正式调研大样本数据的获取与收集，包括调研对象的选择，具体的调研时间、地点和方法以及调研问卷的发放及回收情况等。三是对正式调研所获取的大样本数据的基本特征进行统计描述，如样本分布和数据整体情况等。四是对正式调研所获取的大样本数据进行质量评价，包括调研偏差分析和缺失值处理方法选择等。五是对正式调研问卷中的各变量测量量表进行信度、效度检验。六是对本章内容进行小结。

## 第一节 问卷设计

问卷调查法是实证研究获取数据最为普遍和常用的方法之一，兼具相对质量高、成本低、速度快的特点（谢家琳，2008）。因此，本研究采用该方法获取实证数据。问卷设计的科学、合理与否对保证数据的信度、效度至关重要。为了确保问卷质量，在设计过程中，研究者就需遵循一定的问卷设计原则，与此同时采取一些相应的措施（王重鸣，2001）。

---

[①] 本章为问卷调查，以下简称"本研究"。

## 一 问卷设计的原则与过程

### (一) 问卷设计原则

Ajzen (2005), Bradburn、Sudman 和 Wansink (2004) 以及 Oppenheim (1992) 均指出, 问卷的内容、表述、结构以及形式是有效问卷设计必须考虑的几个方面。为了确保调研问卷能够真实获取所需信息, 对研究变量进行科学测量, 对研究假设进行正确检验, 本研究在问卷设计时遵循以下原则。

第一, 围绕研究目的展开问题设计, 尽可能使经由问题获取的资料和所要研究的问题及假设相契合、相呼应 (杨国枢、文崇一和吴聪贤等, 2006)。

第二, 在问题内容方面, 除考虑问题的必要性、敏感性、威胁性以及引导性等因素外, 还需充分考虑被访者的知识水平、经验与能力范围, 确保问题被正确理解 (如荣泰生, 2005; 文崇一, 2006a)。

第三, 在问题答案方面, 应确保备选答案的完备、互斥, 避免出现"非互斥"与"非穷尽"的情况 (荣泰生, 2005)。

第四, 问卷表述应清晰、明确、具体、易懂, 尽量避免模糊、抽象、产生歧义或使用专业术语; 尽可能中性用词以避免暗示性、引导性的产生 (如 Ajzen, 2005; 荣泰生, 2005; 赛卡瑞安, 2005)。

第五, 问卷结构编排, 应具有一定的逻辑性。首先对研究目的加以说明, 并承诺由该问卷所获取的资料仅供研究之用, 绝对保护填答者的隐私, 且将填答者的有关基本信息放于问卷末尾 (荣泰生, 2005); 然后把属于同一主题的问题放在一起, 且把问题按时间序列, 由一般到特殊、从易到难等顺序进行排列, 此类漏斗式提问 (Festinger and Katz, 1966) 有助于被访者顺利完成问卷。

第六, 问卷形式[①]对被调查者的填答意愿与配合程度会产生较大的影响。除了以上好的纸张品质赢取好感, 还需通过良好的问卷排版、设计来提升问卷的界面友好, 进而引发被调查者的兴趣和配合。一份好问卷, 应该长度适中, 通过适量问题及备选答案获取必要信息, 且确保被调查者能在较短时间内完成 (杨国枢、文崇一和吴聪贤等, 2006)。

---

① 也可称为问卷的实体风貌。

## (二) 问卷设计过程

基于对上述问卷设计原则的综合考虑，并借鉴汪洁（2009）、赵卓嘉（2009）等学者的设计过程，本研究按以下步骤展开问卷设计（见图4-1）。

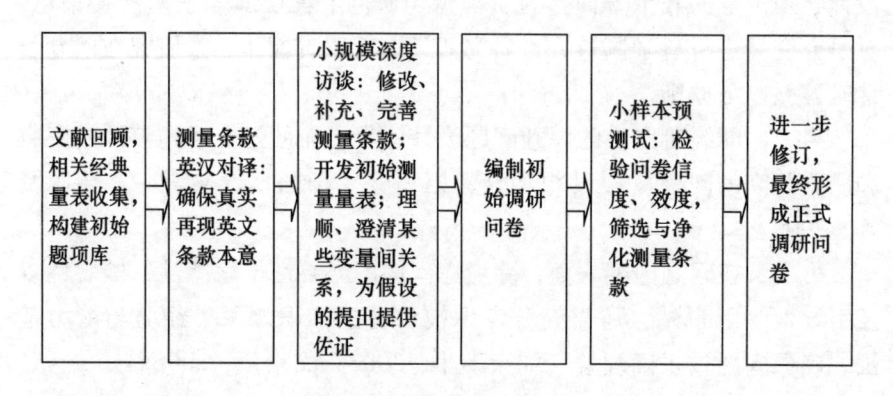

文献回顾，相关经典量表收集，构建初始题项库 → 测量条款英汉对译：确保真实再现英文条款本意 → 小规模深度访谈：修改、补充、完善测量条款；开发初始测量量表；理顺、澄清某些变量间关系，为假设的提出提供佐证 → 编制初始调研问卷 → 小样本预测试：检验问卷信度、效度，筛选与净化测量条款 → 进一步修订，最终形成正式调研问卷

**图4-1　调研问卷设计过程**

1. 文献回顾，相关经典量表收集，构建初始题项库

本研究在全面回顾国内外相关文献的基础上，结合理论构思及核心变量概念界定，广泛收集和汇总本研究相关核心变量（消费者伦理信念、理想主义、相对主义、马基雅弗利主义、面子威胁感知、自我概念、消费者伦理行为等）的测量量表，并在对原始量表信度、效度及研究对象具体情况进行综合考虑的基础上，选取部分相对成熟、适用的测量条款，形成初始题项库，用于编制本研究的初始调查问卷。

2. 测量条款英汉对译

在完成相关测量条款的收集、汇总和选取后，还需把其中的英文版原始测量条款转换为中文条款，此时翻译的准确性就尤为重要（谢家琳，2008）。因为翻译不当，就无法真实再现原条款的本意，会导致调研收集信息与研究构思及目的一定程度上的偏离（徐碧祥，2007）。为确保翻译的准确、到位，本研究采取"测量条款英汉对译"的方式：对相关的英文版测量条款，先请2—3位英语专业的博士研究生将之翻译成中文，再请2—3位在英语国家攻读市场营销专业博士学位的"海归精英"将上述中文条款重新译回英文；经对照、比较两个英文版本，修正和重新翻译有明显差异或分歧的测量条款，直至英文原版的本意能被中文版测量条款准确、到位地表达。

3. 小规模深度访谈

在中国文化情境下，某些源于西方的理论及量表是否适用和可行值得探究（谢家琳，2008）。基于此，本研究对相关领域的部分专家学者以及部分中国内地消费者（研究对象）展开了小规模半结构化的深度访谈，目的有三：第一，修改、补充与完善核心变量现有量表的测量条款，新增中国文化情境下的若干条款，并使条款措辞更准确、简洁、易懂且贴近本研究背景，确保各测量条款在中国文化情境下适用、可行。第二，对于缺乏成熟测量量表的核心变量，可结合已有相关文献与访谈资料，开发、编制新的初始测量量表。第三，小规模深度访谈也有助于理顺、澄清某些变量间关系，为某些假设的提出提供佐证（文崇一，2006b），为后续实证研究奠定基础。小规模深度访谈相关内容在本节二"小规模深度访谈"以及第三章第五节"理论拓展——假设的提出"中有所集中呈现。

4. 编制初始调研问卷

结合既有的相关经典量表和小规模深度访谈（包括专家、消费者）所得，参照相关问卷设计原则（包括问卷内容、表述、结构及形式等方面），最终编制本研究的初始调查问卷。

5. 小样本预测试

在初始调查问卷形成后，本研究经由小样本预测对问卷的信度、效度进行检验，进而对测量条款进行筛选与净化，并尽早发现初始调查问卷存在的不足，为问卷的进一步修订、完善提供依据。相关内容在本节三"小样本预测试"和本节四"问卷中各核心变量测量量表的具体内容"中有所集中呈现。

6. 进一步修订，最终正式调研问卷形成

基于小样本预测试中发现的问题，再次与相关领域的部分专家学者及部分研究对象进行交流沟通，进一步修改、补充与完善相关测量条款，形成最终正式调研问卷。相关内容在本节四"问卷中各核心变量测量量表的具体内容"中有所集中呈现。

（三）问卷社会称许性偏差的处理

本研究对中国内地消费者的伦理行为及影响因素采用自我报告式的问卷测量，这就有可能导致社会称许性偏差的产生。人们渴望社会的认同及赞赏（Arnold and Feldman，1981），出于自尊、给他人留个好印象或避免责罚与批评，往往在问卷填答时表现出迎合社会规范及他人期望——对自身具有社会赞许的特质予以肯定，而对自身那些不被社会称许的特征及行为倾向予以否认（Zerbe and Paulhus，1987）。一般来说，禁忌性问题和敏感性问题（诸如，社会价值规范与自我间存在的差异，涉及压力、面子和人际等的问题）都会促使社会称许性偏差产生。杨国枢（2005）指出社会称许性偏差在中国文化背景下表现得尤为突出，这源于人们对面子更为关注，对社会期望则更多强调顺从。社会称许性偏差作为被试者的一种反应偏差，会大大降低测量问卷的信度、效度，进而对研究产生负面影响。为了最大限度地减少社会称许性偏差可能带来的负面影响，使测量问卷尽可能如实反映被试者的心理感知、态度与行为，本研究在问卷设计过程中采取了以下应对措施。

第一，基于严谨的理论构思展开问卷内容设计，尽可能选用已被证实有效的成熟测量量表与测量条款，确保问卷条款具有坚实的理论基础和严谨性。

第二，赢取被测者的理解支持，消除其戒备心理。具体做法：在问卷开篇醒目位置的指导语处，着重说明本次调研的纯学术性、匿名性、保密性及重要意义；问卷由调研人员确定参与被试后，当场直接发放并回收[①]，确保问卷不会被其他人看到；调研人员当面致谢并恳请被测者全力配合，并再次口头郑重承诺匿名填答、保护个人隐私；特别强调具体的填答选项无所谓对错，按本人真实想法填写即可，且获取数据仅作研究之用。

第三，设置反向问题。通过设置反向问题，与相应正向内容相互验证，以此为据推测填答数据的真实性，作为筛选及确认有效问卷的依据之一。

第四，在各具体测量条款的表述上，尽量规避敏感性、诱导性的词语表达，尽可能使用客观、中性的用语，避免主观倾向性的流露。

第五，问卷结构编排上，遵循漏斗式提问原则：把属于同一主题的

---

[①] 本研究也有部分问卷是通过电子邮件联系完成的：对于愿意配合作答但当时时间紧张的消费者，本研究允许其采用电子邮件方式作答。笔者亲自直接发送电子问卷到被调查者邮箱，填答后的电子问卷也直接反馈笔者，确保问卷不会被其他人看到。

问题放在一起,且把问题按时间序列,由一般到特殊、从易到难等顺序进行排列。如此编排有助于被访者顺利填答完成问卷。

## 二 小规模深度访谈

小规模深度访谈,是调研问卷设计的必经之路(鞠芳辉,2007)。通过小规模深度访谈,不但可以对研究框架的合理性加以验证,还可对现有量表的测量条款进行修改、补充与完善;对那些缺乏成熟测量量表的核心变量,也可结合已有相关文献与访谈资料,开发、编制出新的初始测量量表。因此,小规模深度访谈非常有助于问卷质量的提高(马庆国,2002)。

### (一)小规模深度访谈的目的

除如前所述的通过小规模深度访谈确定研究变量及框架的可行性,理顺、澄清某些变量间关系,为某些假设的提出提供佐证之外,本研究对相关领域的部分专家学者以及部分中国内地消费者(研究对象)展开小规模深度访谈的主要目的有两个:一是对核心变量现有量表的测量条款进行修改、补充与完善[1],新增中国文化情境下的若干条款,并使条款措辞更为准确、简洁、易懂且贴近本研究背景,确保各测量条款在中国文化情境下适用、可行;二是对于缺乏成熟测量量表的核心变量,结合已有相关文献与小规模深度访谈资料,开发、编制新的初始测量量表。

### (二)小规模深度访谈的对象

为了使小规模深度访谈达到预设目的,本研究精心挑选相关领域的部分专家学者(包括笔者的导师、博士研究生同学以及其他与本研究相关的专家学者)与研究对象——部分中国内地消费者(包括不同的性别、年龄、受教育程度、婚姻状况、职业状况、收入水平以及出生地)展开小规模深度访谈,基于实践视角广泛收集、补充与完善本研究所需要的相关资料。

### (三)小规模深度访谈的过程

小规模深度访谈于2012年6月初开始至2012年7月下旬结束,分两个阶段进行。第一个阶段,笔者选取了20位中国内地消费者(包括

---

[1] 在中国文化情境下,某些源于西方的理论及量表是否适用和可行值得探究(谢家琳,2008)。

不同的性别、年龄、受教育程度、婚姻状况、职业状况、收入水平以及出生地），分别展开面对面、一对一的深度访谈。为了更好地达到访谈目标，笔者事先根据访谈目的拟定访谈大纲提供给受访者，以便受访者对后续访谈的内容有所了解，并与受访者商定具体的访谈时间和地点。访谈时间尽可能考虑受访者的空闲与方便，访谈地点也由受访者确定，尽可能选择在其认为合适的、愿意敞开心扉谈的地方（诸如受访者的家或寝室、附近的茶室、咖啡厅或环境幽静的公园一角，如受访者愿意也可在其办公室或会议室等）。

为了有一个好的访谈效果，笔者基本上把访谈时间控制在 0.5—1 小时，平均耗时大约是 45 分钟；整个访谈采用开放式询问法，从聊日常的学习、工作、生活及爱好（诸如，在哪学习或工作？有什么爱好？平时如何打发时间？孩子多大了？）等开始切入，以营造宽松、愉悦和融洽的访谈氛围；随后，笔者围绕访谈大纲提出一些线索性的问题，让受访者自由作答，在问答互动中，尽可能让受访者畅所欲言，表达自己的观点，有时候根据研究需要进行适当追问与延伸，以便更多了解本研究的相关信息。正式访谈的基本内容主要包括：

1. 请您回忆一下，作为一名消费者，您有无对产品和服务提供者（如商家、服务机构等）从事过一些您事后认为不太适当的行为？请举几个例子说明。（若回答无，则继续追问您身边的人有没有？也请举几个例子说明。）

2. 您觉得您自己或他人从事这些行为对吗？换句话说，道不道德？符不符合伦理规范？从事这些行为对产品和服务提供者（如商家、服务机构等）会造成什么样的影响？

3. 您认为中国内地消费者这方面的总体情况如何？做出评判的依据是什么？

4. 您觉得有哪些因素会促使您中止或不去做您前面列举的这些不适当行为呢？（认真倾听，并进行追问，直至了解其意图产生的相关原因。）

5. 在您看来，中国人是否特别注重面子？如您由上述提及的不适当行为，而感知到"丢面子或没面子的可能性或潜在风险"，是否会影响您从事这些不适当的行为？是如何影响的？并请举例说明。

6. 您觉得一个消费者对自己各方面的觉知（包括生理自我、道德伦理自我、心理自我、家庭自我以及社会自我）会不会影响其从事前面提及的不适当行为？是如何影响的？并请举例说明。

7. 如果您是某商家的忠诚顾客，这会不会影响您在该商家从事前述的不适当行为？是如何影响的？并请举例说明。

8. 事先提供给您的那些测量条款（由英文版原始测量条款转换为中文条款）是否符合我们的日常表达习惯？有歧义或难以理解之处吗？

9. 您认为本研究的研究框架、逻辑路线可行吗？某些变量间关系是否与实际情况相吻合？（此问题只选择那些受教育程度高的消费者进行访谈。）

在第一阶段针对研究对象的小规模深度访谈的基础上，笔者初步整理、编制出本研究各核心变量的初始测量量表。而后进入第二阶段的小规模深度访谈，就各核心变量量表具体内容及问卷结构、编排等与相关领域的部分专家学者（包括笔者的导师、8 位博士研究生同学以及其他与本研究相关的 10 位专家学者）进行专门的交流、讨论。对前述初步整理、编制的各核心变量初始测量量表中的测量条款，做进一步的修改、补充和完善；确保各具体测量条款在表述上使用客观、中性的用语，避免主观倾向性的流露；确保问卷结构编排的合理性。

笔者结合小规模深度访谈所得和既有的相关经典量表，参照相关问卷设计原则，最终编制出本研究的初始调查问卷。

### 三　小样本预测试

在初始调查问卷出来之后、正式调查之前，本研究进行了多次小样本预测试，以便对问卷中各测量条款的语意表达准确性和测量效果进行评估。本研究的小样本预测试于 2012 年 8 月初开始至 2012 年 9 月下旬前后共进行了三轮，在完成每一轮小样本预测试后，都对问卷中存在的问题进行认真修正。在第一轮小样本预测试时，本研究共拜访了 20 位在某高校附近的中国内地消费者，包括不同性别及年龄段的学生、教师及管理人员（事业单位员工）、该高校的 MBA 学员（企业职工）和MPA 学员（政府人员）、门卫及附近的农民和小商贩，面对面地请他们逐题进行填答；笔者仔细询问他们对问卷中的各测量条款（题项）是如何理解的，并询问他们选择填答项的依据；在此轮测试中，本研究发现受试者对某些测量条款（题项）的理解存在一些歧义和偏差，需进一步修改。在第二轮小样本预测试时，本研究再次诚邀参与第一轮测试的 20 位中国内地消费者填答问卷，以便检验修正后的表述是否有利于消除原先理解上的歧义和偏差；基于第二轮测试结果，本研究又对其中的 4 个测量条款（题项）做了表述上的修正。在第三轮小样本预测试时，笔者带领 3 位本专业研究生利用周末时间（周末人流量大，受访者面广）在商场附近随机拦截了 60 位中国内地消费者，请他们配合逐题填答调研问卷。根据第三轮测试结果，本研究对问卷中各核心变量测量量表的信度、效度进行检验，进而对测量条款进行筛选与净化——删除那些效果不好的测量条款，相关内容在本节四"问卷中各核心变量测量量表的具体内容"中有所集中呈现。基于小样本预测试中发现的问题，再次与相关领域的部分专家学者及部分研究对象进行交流沟通，进一步修改、补充与完善相关测量条款，至此形成正式调研问卷。

### 四 问卷中各核心变量测量量表的具体内容

本研究的核心变量主要包括：消费者伦理信念、理想主义、相对主义、马基雅弗利主义、面子威胁感知、自我概念、顾客忠诚以及消费者伦理行为。各核心变量的测量量表具体如下。

#### （一）消费者伦理信念

综观国内外相关研究文献，消费者伦理信念的维度划分与测量呈现出多样化的趋势。Muncy 和 Vitell（1992）基于实证研究开发了专门用于测量消费者伦理信念的量表——CES 量表。CES 量表通过测量消费者对伦理上受到质疑的消费者行为的感知状态来反映其伦理信念状况进而映射其伦理水平（如 Muncy and Vitell，1992；Vitell and Muncy，1992），共由 27 个测量条款组成，采用 Likert 五级评分法，按照"1"（深信是错的）到"5"（深信没有错）评定，分值越大意味着对伦理上值得怀疑的消费者行为的认同程度越高，也即越能接受此类行为，表明被试者从事不符合伦理规范的消费者行为的倾向性越大，消费者伦理水平越低。CES 量表由主动获利的非法行为、被动获利行为、主动获利的问题行为和无伤害行为四个维度[①]构成（如 Muncy and Vitell，1992；Vitell and Muncy，1992）。鉴于上述四个维度的伦理感知状态（信念）一定程度上可映射消费者的行为倾向，众多学者均采用 CES 四维量表这一研究工具来检验消费者伦理状况，该量表已成为消费者伦理信念研究中

---

[①] 有关每一维度的具体内容在前面已作了详细介绍，此处不再赘述。

最重要的测量工具。时隔四年之久,Fullerton、Kerch 和 Dodge 于 1996 年开发出了消费伦理指数量表。但只有 Muncy 和 Vitell 的 CES 四维量表被学术界广泛接受(Vitell,2003),后续相关研究基本上都借助此量表进行,且其四维结构也得到了不同文化背景下大量实证研究的支持(如 Muncy and Vitell,1992;Polonsky,Brito,Pinto and Higgs - Kleyn,2001;Rallapalli,Vitell,Wiebe and Barnes,1994;Rawwas,1996;Van Kenhove,Vermeir and Verniers,2001;Vitell,Lumpkin and Rawwas,1991)。

Vitell 和 Muncy(2005)对上述 CES 四维量表进行了更新与修改——包括重述一些测量条款和增加一些新的测量条款。除了某些条款措辞改变以更加普遍化,也新增了一些测量条款。修订后的量表在原有四维基础上又新增了三个维度:(1)下载受版权保护的资料或购买仿冒品;(2)循环再利用或环保意识;(3)做好事或做正当的事。其中,"下载受版权保护的资料或购买仿冒品"是作为 CES 量表既有四个维度避免做错某事的新增测量条款出现的,而"循环再利用或环保意识"和"做好事或做正当的事"则抓住消费者做正确事情的愿望,与原有量表测量条款中抵抗伦理的诱惑相比,这将具有更多的消费者伦理。但 Vitell 和 Muncy(2005)并未对修订后的七维新量表进行实证研究。直到 2007 年,Vitell、Singh 和 Paolillo 对 Vitell 和 Muncy(2005)修订的七维量表进行了实证研究,因子分析结果表明,有关"下载受版权保护的资料或购买仿冒品"维度的测量条款进入了"无伤害"维度,而"循环再利用或环保意识"和"做好事或做正当的事"维度的测量条款则合并为"环保和做好事"一个维度,也即实证研究结果支持 5 个维度——主动获利的非法行为、被动获利行为、主动获利的问题行为、无伤害行为以及环保和做好事。从理论上来讲,Vitell、Singh 和 Paolillo(2007)的五维新量表包括了消费者不合乎伦理规范行为的负向维度与合乎伦理规范行为的正向维度,能更为全面地评估消费者伦理行为,但缺乏大量实证研究的支持,迄今尚未被学术界广泛接受。

此外,华人学者曾伏娥和甘碧群(2007)、赵宝春(2008)和刘接忠(2010)在中国文化情境下对消费者伦理信念的维度与测量进行了探索,他们以 Muncy 和 Vitell(1992)的四维 CES 量表为蓝本进行适当修改与调整,分别形成 13 条款、24 条款和 12 条款的测量量表,其实证分析结果均支持 Muncy 和 Vitell（1992）的 CES 量表的四维结构。而刘汝萍（2008，2009）尝试着以 Vitell、Singh 和 Paolillo（2007）的五维 CES 量表为蓝本进行适当修改与调整，形成 30 条款和 27 条款的测量量表，但其实证研究结果并不支持 Vitell、Singh 和 Paolillo（2007）的五维结构，具体的因子结构出现较大变化："主动获利的问题行为"被并入"无伤害行为"中，"侵权"因子被单列。迄今，众多学者仍多采用被学术界广泛接受的 CES 四维量表检验消费者伦理状况。

本研究以 Muncy 和 Vitell（1992）的四维 CES 量表为蓝本，借鉴曾伏娥（2007）、赵宝春（2008）、刘接忠（2010）和刘汝萍（2008，2009）等的研究，并结合中国国情和对中国内地消费者的深度访谈所得对 CES 量表进行适当修改与调整。依据具体的研究目的与研究情境，本研究共用 27 个测量条款分"主动获利的非法行为""被动获利行为""主动获利的问题行为"和"无伤害行为"四个维度对消费者伦理信念进行测量。采用五级评分法，按照"1"（深信是错的）到"5"（深信没有错）评定，分值越大意味着对伦理上值得怀疑的消费者行为的认同程度越高，也即消费者伦理信念（水平）越低。

在小样本预测试中，本研究发现："顺手偷带走旅馆或餐馆的烟灰缸'做纪念'""遗失物品说成'被盗'向保险公司虚假理赔""在超市不断'品尝'各式试吃品但根本不打算购买""长期使用不属于自己的密码获取所需要的电子资源""购买仿冒商品而非正宗品牌商品""超市购物顺手多拿几个装食品的塑料袋回家当垃圾袋"这 6 个测量条款分别与其维度总项的相关系数均在 0.5 以下，且这 6 个测量条款被删除后，将会显著提高各维度及总体量表的 Cronbach's α 系数。鉴于此，本研究把这些效果不好的测量条款删除了。所以，本研究大样本正式调研最终采用的量表为 4 个维度共 21 个测量条款，具体如下。

**维度 1：主动获利的非法行为（信念）**

XN - FF1 在乘坐无人售票公交车时，不投硬币或少投硬币。

XN - FF2 超市购物，擅自拆开不能复原的商品包装，放回货架不买。

XN - FF3 把"高价商品的价格标签"偷换成"低价商品的价格标签"去结账。

XN - FF4 为不缴费使用有线电视，从公共线箱偷牵一根连至自己家中。

XN - FF5 偷喝超市饮料而不付钱。

XN - FF6 购买"未标价商品"时，故意给予不真实价格信息误导店员以使自己获益。

**维度2：被动获利行为（信念）**

XN - BD1 发现收银员多找零钱，一声不吭走人了事。

XN - BD2 趁收银员不注意使用破损（按银行规定已不能用的）人民币购物。

XN - BD3 利用店员的粗心大意使用超过有效期的折价券或优惠券。

XN - BD4 商品退还商家，私自偷偷扣下购买时的促销赠品。

XN - BD5 明知店员失误算错了账单，自己默不作声装不知。

XN - BD6 看到有人在商店行窃，装没见到。

**维度3：主动获利的问题行为（信念）**

XN - ZD1 在新车的购买过程中，为能在讨价还价中占些优势而撒谎。

XN - ZD2 提供虚假的高收入证明，以顺利办理房贷或车贷。

XN - ZD3 参加商家提供的影音俱乐部，压根儿就不想购买任何影音产品，只为获取免费影音资料。

XN - ZD4 手机电话卡欠费后就直接将它废弃，另办一张电话卡。

XN - ZD5 在 A 商家购物后，发现 B 商家在对同款商品打折，就要求 A 商家退货。

**维度4：无伤害行为（信念）**

XN - WSH1 用贵宾卡或积分打折卡帮朋友买的商品打折。

XN - WSH2 购买盗版 CD 而非正版 CD。

XN - WSH3 安装使用自己没有购买的电脑软件或游戏软件。

XN - WSH4 花数小时对不同衣服进行一一试穿，但一件也不购买。

（二）理想主义

理想主义伦理意识更多关注行为本身对错的程度，而不注重行为结果，它强调行为发生的内在合理性，遵循广泛的道德规范。关于理想主义的测量，一般采用 Forsyth（1980，1992）开发的伦理立场/意识问卷（EPQ）中的理想主义量表，在一些经验研究中被证明是可靠和有效的（如 Erffmeyer, Keillor and LeClair, 1999；Rawwas, 1996；Swaidan, Vitell and Rawwas, 2003; Van Kenhove, Vermeir and Verniers, 2001; Vitell, Lumpkin and Rawwas, 1991)。理想主义量表由 10 个测量条款组成,用于测量理想主义——对伦理规范、广泛道德原则的绝对接受性,该量表采用五级评分法,按照"1"(完全不认同)到"5"(完全认同)评定,分值越大意味着对理想主义的认同程度越高。

而本研究最终采用的理想主义量表与 Forsyth (1980, 1992) 开发的伦理立场/意识问卷(EPQ)中的理想主义量表又略有差异。在小样本预测试中,本研究发现,"通过权衡行为结果的利弊来决定是否采取行动是不道德的"和"人的尊严与利益,无论在哪个社会都理应受到重视和关注"这两个测量条款与理想主义总项的相关系数均在 0.5 以下,且这两个测量条款被删除后,将会显著提高理想主义量表的 Cronbach's α 系数。鉴于此,本研究把这两个效果不好的测量条款删除了。所以,本研究大样本正式调研最终采用的量表为 8 个测量条款,具体如下。

LX-1 任何一个人都不应故意伤害别人,哪怕程度是极其轻微的。
LX-2 我们永远不该伤害他人,不管伤害程度是大是小。
LX-3 任何可能对他人造成潜在伤害的行为都是不对的,哪怕该行为能为自己带来较大利益。
LX-4 我们永远不应该对他人造成生理和心理方面的伤害。
LX-5 有可能对他人的利益和尊严造成伤害的行为都是不可取的。
LX-6 如果某行为有可能伤及无辜,那该行为就不应该去做。
LX-7 我们永远不该损害别人的利益。
LX-8 凡是那些符合道德规范的行为,往往都是最接近完美的。

(三) 相对主义

相对主义伦理意识更多关注行为的实际后果,强调环境的影响作用,认为道德是主流文化、情境因素和个体属性综合作用的结果,反对遵循广泛的道德规范 (Van Kenhove, Vermeir and Verniers, 2001)。关于相对主义的测量,一般采用 Forsyth (1980, 1992) 开发的伦理立场/意识问卷 (EPQ) 中的相对主义量表,在一些经验研究中被证明是可靠和有效的 (如 Erffmeyer, Keillor and LeClair, 1999; Rawwas, 1996; Swaidan, Vitell and Rawwas, 2003; Van Kenhove, Vermeir and Verniers, 2001; Vitell, Lumpkin and Rawwas, 1991)。相对主义量表由 10 个测量条款组成,用于测量相对主义——拒绝普适性伦理规范的程度,该量表采用五级评分法,按照"1"(完全不认同)到"5"(完全认同)评定,分值越大意味着对相对主义的认同程度越高。

而本研究最终采用的相对主义量表与 Forsyth(1980,1992)开发的伦理立场/意识问卷(EPQ)中的相对主义量表又略有差异。在小样本预测试中,本研究发现,"每个人都有自己的个人道德准则,不能强迫别人接受""伦理问题错综复杂,个人应该被允许形成各自的伦理准则"和"应该建立严格的法规来约束那些阻碍人际关系融洽和改善的行为"这3个测量条款与相对主义总项的相关系数均在0.5以下,且这3个测量条款被删除后,将会显著提高相对主义量表的 Cronbach's α 系数。鉴于此,本研究把这3个效果不好的测量条款删除了。所以,本研究大样本正式调研最终采用的相对主义量表为7个测量条款,具体如下。

XD-1 放之四海皆准的伦理准则是不存在的。

XD-2 不同社会、环境和场合中的伦理准则是不同的。

XD-3 道德准则具有个体差异。对于同一行为,不同人会做出道德与否的不同评判。

XD-4 对于不同类型的道德体系,我们不能进行对错是非的比较。

XD-5 某行为道德与否取决于个人判断,所以道德伦理的内容因人而异。

XD-6 任何规范都无法约束撒谎。对于撒谎人们接受与否,完全取决于当时的情景。

XD-7 对于某谎言是道德的还是不道德的判断,应视谎言产生的背景而定。

### (四)马基雅弗利主义

马基雅弗利主义又常被称为权术主义,和伦理意识一样,也是一个用来解释消费者伦理信念差异性的重要哲学变量。具有马基雅弗利主义倾向的个体重视实效、保持情感距离,相信结果能替手段辩护,坚持"只要行得通就采用"的一贯准则(Rawwas,1996)。Singhapakdi 和 Vitell(1990)首次把马基雅弗利主义这个概念引入消费者伦理的研究中。Vitell、Lumpkin 和 Rawwas(1991)研究发现,马基雅弗利主义会影响到各类消费者的伦理信念。Rawwas(1996)指出马基雅弗利主义适用于测度消费者的伦理现状。Bonsu 和 Zwick（2007）则提出：以往的消费者伦理文献表明马基雅弗利主义量表是单维结构的。消费者的马基雅弗利主义程度可通过 Christie 和 Geis（1970）开发的马基雅弗利主义量表（Mach - Ⅳ）来测量。Mach - Ⅳ 量表由 20 个测量条款组成，其中 10 个正向测量条款，10 个反向测量条款。该量表采用五级评分法，按照"1"（完全不认同）到"5"（完全认同）评定，分值越大意味着对马基雅弗利主义的认同程度越高。Mach - Ⅳ 量表由 Christie 和 Geis（1970）基于 Mach - Ⅲ 量表精心修订而成，相较于 Mach - Ⅴ 及其他的后续测量工具，Mach - Ⅳ 量表更为精准（Williams, Hazleton and Renshaw, 1975）。

而本研究最终采用的量表与 Christie 和 Geis（1970）开发的马基雅弗利主义量表（Mach - Ⅳ）又略有差异。在小样本预测试中，本研究发现，该量表中的反向测量条款测试效果不佳，如"任何事情只有符合道德标准才能做""无论何时何地，诚实都是上策"和"不管什么原因，撒谎总是不对的""宁可地位卑微但诚实可信，也不要位高权重却不诚实""有求于他人时，我们最好给出真实理由，而不是捏造或夸大事实""大部分社会精英的生活是清白、有道德性的""绝大部分人都是勇敢的""各方面都优秀的全才是可能的"这八个反向测量条款以及正向测量条款中的"除非另有企图，决不透露做某事的真正原因""煎熬于绝症痛苦中的人们应该有选择安乐死的权利"和"对大部分人来讲，财产损失远比父亲过世更让人记忆深刻"分别与马基雅弗利主义总项的相关系数均在 0.5 以下，且这几个测量条款被删除后，将会显著提高马基雅弗利主义量表的 Cronbach's α 系数。鉴于此，本研究把这些效果不好的测量条款删除了。所以，本研究大样本正式调研最终采用的量表为 9 个测量条款，具体如下。

MJY - 1 说那些人们愿意听的话，是与人相处最好的方式。

MJY - 2 这个世界上的绝大部分人，基本上都是心地善良且友好相处的。(R[①])

MJY - 3 最安全的处事原则——任何人都存在邪恶的一面，一旦时机成熟就会暴露。

---

① R 表示反向问题，下同。

MJY-4 总的来说，人们只有在被迫（有压力）的情况下才会努力工作。

MJY-5 对他人的百分百信任，将会带来很大的麻烦，让自己吃尽苦头。

MJY-6 罪犯因蠢笨而被抓，这是罪犯和非罪犯的最大区别所在。

MJY-7 吹捧、讨好重要的大人物是明智之举。

MJY-8 "这个世界每一分钟都有笨蛋诞生"，该说法是不对的。(R)

MJY-9 不走捷径，想要成功是不可能和困难的。

### （五）面子威胁感知

综观国内外相关研究文献，既有的面子威胁感知研究多聚焦于社会语言学研究领域，一般通过个体对特定语言或行为的感知（包括内容、强度、表现形式、结果）以及对整个互动过程对抗性的感知、语言直接性及礼貌性的感知来衡量（如 Chen, 2001; Hodgins and Liebeskind, 2003; Keltner, Yong, Heerey et al., 1998; Ting-Toomey and Kurogi, 1998），缺乏科学、清晰且具操作性的相关定义。而基于社会心理学的面子威胁感知研究，学者们则侧重于概念界定、维度划分、理论模型、影响因素以及作用效应等理论探索，实证研究较为缺乏，概念测量方面仅有中国香港学者王红（Wang, 2002）提出"感知到的面子受威胁程度"单条款测量方法，内地学者赵卓嘉（2009）在其博士学位论文中尝试着提出能力要素、关系要素、道德要素和自主要素四维度面子威胁感知测量量表。赵卓嘉（2011）又在《知识团队内部任务冲突的处理：感知面子威胁的中介作用研究》一文中基于能力要素、个人品德与人际关系这三个维度测度面子威胁感知。就整体而言，不管是基于礼貌理论还是基于社会心理学的"面子威胁感知"至今都缺乏成熟统一的测量量表，致使研究结果间缺乏可比性。

本研究的"面子威胁感知"属于社会心理学的范畴，反映的是消费者对实施"不符合伦理规范"的消费者行为可能引致结果的预期与判断，侧重于行为的隐含威胁或潜在风险，强调消费者的个人感受。本研究借鉴 Lim（1994）、宝贡敏和赵卓嘉（2009）、金耀基（1988）、王轶楠（2006）、赵卓嘉（2011）等的观点，结合研究主题和中国国情以及对中国内地消费者的深度访谈所得，自行开发"面子威胁感知量表"。该量表共由 20 个测量条款组成；采用五级评分法，按照"1"（完全不认同）到"5"（完全认同）评定，分值越大意味着对面子威胁感知的认同程度越高。该量表可划分为三个维度，其中，基于品德维度的面子威胁感知是指个体由某一特定事件或行为而感知到的"有关自身个人品德方面"丢面子或没面子的可能性和潜在风险，包括6个测量条款；基于人际关系的面子威胁感知是指个体由某一特定事件或行为而感知到的"有关自身人际关系方面"丢面子或没面子的可能性和潜在风险，包括9个测量条款；基于能力要素的面子威胁感知是指个体由某一特定事件或行为而感知到的"有关自身能力方面"丢面子或没面子的可能性和潜在风险，包括5个测量条款。

本研究小样本预测试结果显示："顺手偷偷带走旅馆或餐馆的烟灰缸做纪念，别人会认为我有顺手牵羊的毛病""偷喝超市饮料而不付钱，我的朋友们知道后都会觉得丢脸，我将会被孤立""遗失物品说成'被盗'向保险公司虚假理赔，一旦曝光我在他人心目中的形象将会受到损害"以及"在超市不断'品尝'各式试吃品但根本不打算购买，有人会觉得我有购物欲望但消费能力不强"这4个测量条款分别与其维度总项的相关系数均在0.5以下，且这4个测量条款被删除后，将会显著提高各维度及总体量表的 Cronbach's α 系数。鉴于此，本研究把这些效果不好的测量条款删除了。所以，本研究大样本正式调研最终采用的面子威胁感知量表为3个维度共16个测量条款，具体如下：

**维度1：面子威胁感知——品德维度**

MZ-PD1 购买"未标价商品"时故意给予不真实价格信息以误导店员使自己获益，别人会觉得我耍手段想占便宜。

MZ-PD2 私自篡改保修卡日期以获取免费保修，别人会觉得我是个弄虚作假、不守规矩的人。

MZ-PD3 打翻超市的一瓶黄酒，尽快逃离装作什么也没发生，大家会觉得我不道德、缺乏责任心。

MZ-PD4 逛书店时，偷偷把书中喜欢的内容相关页撕下携带出店。别人发现后会觉得我不守公德、人品不好。

MZ-PD5 超市购物擅自拆开不能复原的商品包装后放回货架不买，会让人觉得我没有消费道德。

**维度2：面子威胁感知——人际关系维度**

MZ – RJ1 偷夹带未付款商品出店，如被发现自己会下不来台，亲戚朋友也会觉得丢脸，很难再从他们那里得到支持和帮助。

MZ – RJ2 以"本来就是坏的"为由要求商家收回人为损坏的商品，让人觉得我为了利益不择手段，别人会对我敬而远之。

MZ – RJ3 购买"未标价商品"时，故意给予不真实价格信息误导店员以使自己获益。我的朋友们知道后将不会再信任我。

MZ – RJ4 在乘坐无人售票公交车时，不投硬币或少投硬币。别人知道后可能不敢再与我多交往。

MZ – RJ5 手机电话卡欠费后就直接将它废弃，另办一张电话卡。周围人知道后可能不愿再理我。

MZ – RJ6 退换已有损害的新买商品（外观上不易觉察），故意隐瞒不告知商家。别人知道后会觉得我太有手段，不敢再与我多交往。

MZ – RJ7 花数小时对不同衣服进行一一试穿，但一件也不购买，会让人觉得我挑剔、不太好相处。

**维度3：面子威胁感知——能力维度**

MZ – NL1 为不缴费使用有线电视，从公共线箱偷牵一根连至自己家中。别人可能会觉得我缺乏相应的缴费能力。

MZ – NL2 为获半价优惠而低报小孩年龄，有人可能会觉得我消费能力有问题。

MZ – NL3 把"高价商品的价格标签"偷换成"低价商品的价格标签"去结账，别人会觉我无力购买高价商品而偷梁换柱。

MZ – NL4 在 A 商家购物后，发现 B 商家在对同款商品打折，就要求 A 商家退货。除了我的精明外，我的消费能力一定程度上会受到大家的质疑。

（六）自我概念

学术界对自我概念进行测量的方法众多，但多采用基于 Likert 量表的自我报告问卷。就整体而言，自我概念的测量是伴随着自我概念理论、统计方法及测量技术的发展而发展的。早期的自我概念量表基于自我概念单维理论模型编制，多为自尊量表，且强调整体自我概念，主要包括 Rosenberg（1965）的自尊量表、Coopersmith（1967）的自尊测量问卷、Fitts（1965）的田纳西自我概念量表（Tennessee self – concept scale，TSCS）（第一版）以及 Piers 和 Harris（1969）编制的 Piers – Harris

儿童概念量表等。上述量表由于强调的是整体自我概念，所以对自我概念某些特定构面的测量效度并不高。20世纪80年代以后的自我概念量表多基于自我概念多维理论模型编制，主要包括 Marsh 等（1984）编制的自我描述问卷——SDQ Ⅰ、SDQ Ⅱ、SDQ Ⅲ[①]，Piers（1984）的 Piers - Harris 儿童概念量表（修正版），Song 和 Hattie（1984）的 Song - Hattie 自我概念量表，Harter（1984，1985，1986）编制的分别适用于学龄前儿童、学龄儿童、青春期学生、大学生以及成人的5种自我概念测量问卷，Brown 和 Alexander（1991）的自尊指标，Coopersmith（1989）的自尊调查（成人版）以及 Roid 和 Fitts（1991）的田纳西自我概念量表（Tennessee self - concept scale，TSCS）（修订版）、Bracken（1992）的多维度自我概念量表（The multidimentional self concept scale，MSCS）、黄希庭等（1998）的青年学生自我价值感量表、魏运华（1997）的儿童自尊量表等。上述自我概念量表不仅测量整体自我概念，还单项测量自我概念的某些特定构面。在探究自我概念和其他变量间的关系时，特定（构面）自我概念较之于整体自我概念更有意义。与此同时，此类自我概念测量工具不但有理论支持，测量效度高，而且结果全面具体，易于统计与解释，迄今已成为自我概念测量的主流发展方向。综观国内外相关研究文献，Fitts 的田纳西自我概念量表是众多自我概念量表中使用最为广泛的。

在自我概念研究中，学者们经常采用美国田纳西州心理医生 Fitts（1965）、Roid 和 Fitts（1991）的田纳西自我概念量表进行测量，该量表在一些经验研究中被证明是可靠和有效的。TSCS 量表由70个测量条款（自我描述的句子）组成，以原始分作为自我概念的测量指标。该量表包括自我概念的两大维度以及综合状况。其中，结构维度由自我认同（Identity）、自我满意（Self satisfaction）、自我行动（Behavior）构成；内容维度由生理自我[②]（Physical self）、道德伦理自我[③]（Moral -

---

[①] SDQ Ⅰ、SDQ Ⅱ、SDQ Ⅲ，分别适用于青春期前学生、青春期学生与成人（青春期后）的自我概念。
[②] 指对自身身体健康、外貌、技能等方面的评价。
[③] 指对自身道德价值、宗教信仰以及好人、坏人等的看法。

ethical self)、心理自我①（Personal self）、家庭自我②（Family self）、社会自我③（Social self）构成；综合状况由自我总分（Total）与自我批评（Self criticism）构成。TSCS 量表采用 Likert 五级评分法，按照"1"（完全不符合）到"5"（完全符合）评定，对前九个因子而言，得分越高意味着自我概念越积极，而自我批评得分越高，则意味着自我概念越消极。中国台湾学者林邦杰于 1978 年对田纳西自我概念量表（第三版）进行了本土化修订，经本土化修订后该量表的重测信度为 0.67—0.85，折半信度为 0.76—0.90，并已建立国内适用常模，且在国内研究中运用甚广。

本研究采用中国台湾学者林邦杰于 1978 年修订后的田纳西自我概念量表（第三版）。根据研究需要并结合中国国情和对中国内地消费者的深度访谈所得，选取由生理自我、道德伦理自我、心理自我、家庭自我、社会自我构成的内容维度，采用五级评分法，按照"1"（完全不认同）到"5"（完全认同）评定，分值越大表明被试消费者对自我的评价程度越高，也就意味着自我概念越积极。本研究小样本预测试结果显示：生理自我维度中的"我觉得身体不是很舒服""我全身都是病痛""我的身体有病""我的身体健康"和"对于自己的外貌，我觉得满意"，道德伦理自我维度中的"有时候为了达到胜过别人的目的，我会使用一些非正当手段""在日常生活中，我常凭良心做事情""对于自己的道德行为，我感到满意"和"我时常贸然行事，而不经事先考虑"，心理自我维度中的"我一般都能轻而易举地解决遭遇的困难""我不满意我自己""对自己现有的情形，我感到满意"和"我时常心怀恨意"，家庭自我维度中的"对家人，我觉得我不够信任""我感觉家人并不信任我""我感觉我的家人并不爱我""我的家庭幸福美满"和"与他人在一起相处，我常感觉不自在"，社会自我维度中的"我感觉与陌生人谈话有困难""关于自己与他人相处，我感觉不是很理想""在社交方面，我感觉我自己不太理想（很差）""对于自己的社交能力方面，我感到满意"和"对于这个世界，我觉得讨厌"，以上散布于 5

---

① 指对自身个人价值与能力的评价。
② 指对自身作为家庭成员的价值以及胜任感的评价。
③ 指对自身与他人关系中的价值以及胜任感的评价。

个维度中的23个测量条款测试效果好,各测量条款与其维度总项的相关系数均在0.5以上,且这些测量条款如被删除后,将会显著降低各维度及总体量表的Cronbach's α系数,所以以上测量条款均被保留用于后面的大样本测试。量表中其余测试效果不好的测量条款(分别与其维度总项的相关系数均在0.5以下,且该测量条款被删除后,将会显著提高各维度及总体量表的Cronbach's α系数),均被本研究删除,所以,本研究大样本正式调研最终采用的量表为5个维度共23个测量条款,具体如下。

**维度1：生理自我**

ZW – SL1 我觉得身体不是很舒服。(R)

ZW – SL2 我全身都是病痛。(R)

ZW – SL3 我的身体有病。(R)

ZW – SL4 我的身体健康。

ZW – SL5 对于自己的外貌,我觉得满意。

**维度2：道德伦理自我**

ZW – DD1 有时候为了达到胜过别人的目的,我会使用一些非正当手段。

ZW – DD2 在日常生活中,我常凭良心做事情。

ZW – DD3 对于自己的道德行为,我感到满意。

ZW – DD4 我时常贸然行事,而不经事先考虑。(R)

**维度3：心理自我**

ZW – XL1 我一般都能轻而易举地解决遭遇的困难。

ZW – XL2 我不满意我自己。

ZW – XL3 对自己现有的情形,我感到满意。

ZW – XL4 我时常心怀恨意。(R)

**维度4：家庭自我**

ZW – JT1 对家人,我觉得我不够信任。(R)

ZW – JT2 我感觉家人并不信任我。

ZW – JT3 我感觉我的家人并不爱我。(R)

ZW – JT4 我的家庭幸福美满。

ZW – JT5 与他人在一起相处,我常感觉不自在。

**维度5：社会自我**

ZW - SH1 我感觉与陌生人谈话有困难。
ZW - SH2 关于自己与他人相处，我感觉不是很理想。(R)
ZW - SH3 在社交方面，我感觉我自己不太理想（很差）。(R)
ZW - SH4 对于自己的社交能力方面，我感到满意。
ZW - SH5 对于这个世界，我觉得讨厌。(R)

（七）顾客忠诚

综观国内外相关研究文献，前人对顾客忠诚的测量主要包括行为测量、态度测量以及组合测量三种方法。行为测量方法重点关注顾客的购买行为，测量指标主要有购买量、购买频率、重复购买以及推荐行为等（Fornell, 1992; Griffin, 1995; Heskett et al., 1994; Selnes, 1993）；态度测量方法重点关注顾客的购买意向与态度偏好，测量指标主要包括重购意愿、口碑推荐、价格容忍、对竞争产品免疫等（Zeithaml, Berry and Parasuraman, 1996）；组合测量方法不仅关注顾客的购买行为，而且同时关注顾客的购买意向与态度偏好，测量指标同时兼顾行为忠诚与态度忠诚（Chaudhuri and Holbrook, 2001; Dick and Basu, 1994; Jacoby and Kyner, 1973; Lim and Razzaque, 1997）。就总体而言，学者们对于顾客忠诚的测量有着各自不同的观点。在测量顾客忠诚时，学者们大都依据具体的研究目的与研究情境而选择不同的测量指标。

本研究运用组合测量方法对顾客的整体忠诚进行测量，依据具体的研究目的与研究情境共采用12个测量条款分态度和行为两个维度对顾客忠诚进行测量，采用五级评分法，按照"1"（完全不认同）到"5"（完全认同）评定，分值越大表明被试消费者对商家的顾客忠诚程度越高。具体施测时，首先请被试消费者回忆一家经常光顾的商家（如超市、商店等，后面统称为B商家），然后再请被试消费者在每一个具体测量条款①中，根据其认同程度，选择一个与其最相符的选项。如选择"1"，就表示被试消费者"完全不认同"测量条款中的描述；而选择"5"，则表示被试消费者"完全认同"测量条款中的描述。

在小样本预测试中，本研究发现，"即使B商家价格有所提升，我仍乐意在B商家继续消费购物""我很少考虑从B商家转向其他商家"和"我经常对我的朋友加以劝阻，叫他们不要成为其他商家的顾客"

---

① 具体描述被试消费者对B商家的态度或被试消费者在B商家的具体行为。

这3个测量条款分别与其维度总项的相关系数在0.5以下,且这3个测量条款被删除后,将会显著提高各维度及总体量表的Cronbach's α系数。鉴于此,本研究把这些效果不好的测量条款删除了。所以,本研究大样本正式调研最终采用的量表为2个维度共9个测量条款,具体如下。

**维度1:行为忠诚**

ZC - XW1 我在B商家消费购物,已有不少年头了。

ZC - XW2 我在B商家花的钱,较之其他的商家,要多很多。

ZC - XW3 我到B商家的次数,较之其他的商家,要多得多。

ZC - XW4 B商家在我总的购物消费开支中占的比例较大。

ZC - XW5 对任何关于商家方面征求我建议的人,我总把B商家推荐给他。

**维度2:态度忠诚**

ZC - TD1 对别人谈起B商家时,我都会用积极肯定的话。

ZC - TD2 我很乐意把B商家推荐给我的亲朋好友。

ZC - TD3 即使在未来,我想我也会使用B商家推出的一系列新产品或服务。

ZC - TD4 我愿意一直(继续)在B商家消费购物。

(八)消费者伦理行为

自1992年Muncy和Vitell的CES四维量表问世以来,消费者伦理研究取得了长足进展,但以往研究主要聚焦于消费者伦理信念的测度及其相关影响因素的探索等方面,极少关注消费者伦理信念与消费者伦理行为两者间关系(Kenhove, Wulf and Steenhaut, 2003)。迄今为止,学术界尚无直接测度消费者伦理行为的工具,绝大部分典型的消费者伦理实证研究都沿袭了"借助CES量表测度消费者伦理信念,进而映射或预测消费者伦理行为"的研究思路。基于"感知—行为"模型视角,感知在某种程度上确实可以决定行为;然而,社会心理学的研究结果却表明:尽管感知与行为间存在某种因果关系,但特定感知状态并不能保证对等现实行为的必然发生。因此,学术界从消费者伦理信念到消费者伦理行为的假设过于直接,仅凭消费者伦理信念来映射其伦理行为不够真实、全面。

本研究采用自行开发的消费者伦理行为量表,该量表的开发源于

Muncy 和 Vitell（1992）的四维 CES 量表①，并结合中国国情和对中国内地消费者的深度访谈所得进行适当修改与调整。本研究自行开发的消费者伦理行为量表分为主动获利的非法行为、被动获利行为、主动获利的问题行为和无伤害行为四个维度，共由 20 个测量条款组成，采用五级评分法，按照"1"（完全不可能）到"5"（完全可能）评定，分值越大表明被试消费者从事不合乎消费者伦理要求行为的可能性越大。具体施测时，首先请被试消费者回忆一家经常光顾的商家（如超市、商店等，后面统称为 B 商家），然后再请被试消费者作答：在 B 商家您会实施下列描述行为的可能性有多大？在每一个具体测量条款中，都请被试消费者根据可能程度，选择一个与自己最相符的选项。如选择"1"，就表示被试消费者"完全不可能"实施测量条款中描述的行为；而选择"5"，则表示被试消费者"完全可能"实施测量条款中描述的行为；分值越大意味着被试者实施伦理上值得怀疑的消费者行为的可能性越大。

在小样本预测试中，本研究发现："在 B 商家花数小时对不同衣服进行一一试穿，但一件也不购买""在 B 商家不断'品尝'各式试吃品但根本不打算购买""在 B 商家购买仿冒品而非正宗品牌商品""在 B 商家购物时顺手多拿几个装食品的塑料袋回家当垃圾袋"这 4 个测量条款分别与其维度总项的相关系数在 0.5 以下，且这 4 个测量条款被删除后，将会显著提高各维度及总体量表的 Cronbach's α 系数。鉴于此，本研究把这些效果不好的测量条款删除了。所以，本研究大样本正式调研最终采用的量表为 4 个维度共 16 个测量条款，具体如下。

**维度 1：主动获利的非法行为（行为②）**

XW – FF1 您实施行为可能性：在 B 商家购物时，擅自拆开不能复原的商品包装，放回货架不买。

XW – FF2 您实施行为可能性：私自篡改保修卡日期以获取 B 商家免费保修。

XW – FF3 您实施行为可能性：在 B 商家把"高价商品的价格标

---

① 消费者伦理信念量表。
② 旨在表明：此处是消费者伦理行为的一个维度，而非消费者伦理信念的一个维度。下三个维度同。

签"偷换成"低价商品的价格标签"去结账。

**维度 2：被动获利行为（行为）**

XW-BD1 您实施行为可能性：发现 B 商家收银员多找零钱，一声不吭走人了事。

XW-BD2 您实施行为可能性：利用 B 商家店员的粗心大意使用超过有效期的折价券或优惠券。

XW-BD3 您实施行为可能性：明知 B 商家店员失误算错了账单，自己默不作声装不知。

**维度 3：主动获利的问题行为（行为）**

XW-ZD1 您实施行为可能性：提供虚假证明，以顺利办理 B 商家提供的耐用消费品贷款。

XW-ZD2 您实施行为可能性：参加 B 商家提供的影音俱乐部，压根儿就不想购买任何影音产品，只为获取免费影音资料。

XW-ZD3 您实施行为可能性：谎报小孩年龄以获取 B 商家提供的半价优惠。

XW-ZD4 您实施行为可能性：退换已有损害的新买商品（外观上不易觉察），故意隐瞒不告知 B 商家。

XW-ZD5 您实施行为可能性：试用后觉得不喜欢的商品就退回 B 商家。

XW-ZD6 您实施行为可能性：在 B 商家购物后，发现其他商家在对同款商品打折，就要求 B 商家退货。

**维度 4：无伤害行为（行为）**

XW-WSH1 您实施行为可能性：在 B 商家用贵宾卡或积分打折卡帮朋友买的商品打折。

XW-WSH2 您实施行为可能性：在 B 商家提供的休闲娱乐区，从网上下载音乐但不支付版权费。

XW-WSH3 您实施行为可能性：在 B 商家购买盗版 CD 而非正版 CD。

XW-WSH4 您实施行为可能性：在 B 商家提供的休闲娱乐区，安装使用自己没有购买的电脑软件或游戏软件。

## 第二节 大样本研究数据获取

科学、有效的正式调研问卷形成之后，本研究就可借此获取、收集后续经验研究所需的研究数据。本节报告大样本调研数据的收集情况，具体如下。

### 一 调研对象的确定

本研究主要关注中国消费者伦理行为及其影响因素，由此，每一位中国内地消费者均可作为本研究正式调研的研究样本。因人力、物力、财力与时间所限，本研究的正式调研主要在辽宁、北京、天津、山东、河南、陕西、上海、湖北、四川、浙江、贵州、广东、广西、新疆14个省市区展开，鉴于地域分布的覆盖面较广（地理方位上的东、南、西、北、中和经济发达程度上的差异均有所体现），在一定程度上能代表中国消费者的全貌。

### 二 样本量的确定

关于样本量的确定，本研究采纳 Everitt（1975），Nunnally（1978），Roscoe（1975），侯杰泰、温忠麟和成子娟（2004）等学者的观点——"多变量研究中，被试人数（样本规模）最好是研究变量数目的10倍以上"。综合考虑调研问卷的总测量条款数、后续研究运用因子分析和结构方程建模等统计分析方法所需的样本量底线、相关研究的问卷回收率（敏感性问题回收率一般较低）以及无效问卷的必要冗余设置等，本研究拟对上述14个省市区的消费者发放调研问卷2800份。

### 三 取样方法的确定

参考以往相关研究的做法，本研究采用街头随机拦截法对消费者进行问卷调查。之所以采取街头随机拦截，主要基于以下考虑：（1）笔者在小规模深度访谈中发现，绝大部分消费者或多或少都有过不适当的消费者行为（不符合消费者伦理要求的行为），说明具有一定的普遍性，这使街头随机拦截调查成为可能；（2）消费者伦理行为属于敏感性问题，小样本预测试时发现，对于匿名填答此类问卷，陌生人更无顾忌和不设防，所以在正式大样本调研中我们考虑采用街头随机拦截调查；（3）本研究需要大样本调研，而街头随机拦截法也是一种理想选择；(4) 街头随机拦截法属现场填答，如受试者有疑问，也方便现场解释和解答。(需说明的是，本次调研通过街头随机拦截下来表示愿意配合调查的 2800 名消费者中，有 2352 名愿意做现场填答，其余的 448 名表示时间比较紧，但愿意事后通过电子邮件方式作答。)

### 四 问卷的发放、回收与筛选

大样本正式调研始于 2012 年 10 月 1 日，止于 2013 年 1 月 16 日，历时整整三个半月。笔者带领研究团队奔赴辽宁、北京、天津、山东、河南、陕西、上海、湖北、四川、浙江、贵州、广东、广西、新疆这 14 个较有代表性的省市区对研究对象展开充分调研。笔者对研究团队的 6 名成员进行了技术培训，并把他们分成 2 个组（3 人 1 组），利用周末时间①历时三个半月——奔赴各拟调研地点②展开街头随机拦截调研。我们一般选择店铺集中、人流量密集、周边又建有广场或公园等便于展开调研的点，每个点安排 1 组调研人员，笔者则总体上协助调研，负责对两组调研人员展开现场指导。在具体的调研过程中，每组 3 名调研人员分工合作、有机配合：1 名调研人员专门负责随机拦截消费者，并说明研究目的、强调调研结果仅做整体分析、保证被调查者的个人信息会严格保密，尽可能减少被调查者的顾虑和设防；另 1 名调研人员则专门负责分发问卷，并说明填答过程的注意事项；还有 1 名调研人员具体组织、安排被调查者进行问卷填答，除当场解答疑问外，还要求与被调查者保持一定距离以使其安心作答，同时还需不时观察被调查者的表情和作答时的态度情况，以判别其问卷的有效程度。填答整份调研问卷所需的时间为 15—20 分钟，一旦填答完毕，其中 1 名调研人员会当场收回问卷，以确保问卷不会被其他人看到。

对于愿意配合作答但当时时间紧张的消费者，本研究允许其采用电子邮件方式作答。笔者亲自直接发送电子问卷到被调查者邮箱，除真诚致谢并恳请配合之外，在电子问卷开篇醒目位置的指导语处，着重说明本次调研的纯学术性、匿名性、保密性及重要意义；填答后的电子问卷也直接反馈笔者，确保问卷不会被其他人看到。

---

① 利用周末时间主要出于人流量大、施测对象广的考虑。
② 在笔者所在地展开调研时，除既有研究团队成员之外，经过技术培训的本校市场营销专业学生也参与调研工作。

整个调研期间，本研究共计发出调研问卷 2800 份（其中，发出当场填答纸质问卷 2352 份，发出电子问卷 448 份），共计回收 1754 份（其中，当场收回纸质问卷 1479 份，收回电子问卷 275 份），问卷总体回收率达到 62.64%。消费者伦理属于敏感性问题，与国内外同类研究相比，本次调研 62.64% 的问卷总体回收率属正常情况。

为确保后续研究的数据质量，还需逐一检视回收来的问卷，以便剔除无效问卷。本研究基于以下标准进行严格筛选：

1. 对信号题的填答趋于"不认同"或"不确定"，则该问卷予以剔除（为检测被调查者是否认真填答问卷，本研究在问卷主体部分安插了"我应该热爱自己的祖国"作为信号题）。

2. 问卷中个人基本信息部分，7 个人口统计变量中如有一个未填答，则该问卷予以剔除。

3. 问卷主体部分填答不完整，如发现 1 处漏填，则该问卷予以剔除（注：一般地，缺答测量条款 5 处以上或累计达 10% 及以上，该问卷予以剔除）。本研究对此标准规定得比较严，一来考虑到消费者伦理属于敏感性问题，消费者是否会故意漏填某些测量条款；二来本研究认为有漏填现象，说明填答态度不是非常认真，所以希望通过放大样本量（共发放 2800 份）和提高此标准来获取尽可能真实有效的问卷。

4. 对于问卷中的多项反向测量条款，如前后填答结果后不一致、自相矛盾，则该问卷予以剔除。

5. 问卷主体部分填答"不确定"选项过多（超过 20 项或三分之一），则该问卷予以剔除。

6. 同一个点回收上来的多份问卷，如存在明显雷同，则该雷同问卷全部予以剔除或仅保留一份。

7. 问卷主体部分的填答呈现明显规律性[①]，则该问卷予以剔除。

按上述标准筛选、剔除无效问卷后，本研究共计获取有效问卷 1247 份（其中，当场填答纸质问卷 1052 份，电子问卷 195 份），总体有效问卷回收率达 71.09%。

---

① 问卷填答呈现明显规律性是指出现如下情况：整张问卷所有测量条款都填选同一选项，或成片呈现相同或相近选择，或连续填选 1、2、3、4、5 等，或答案呈明显的"Z"形排列。

## 第三节 大样本数据描述

### 一 样本特征描述

本研究通过大样本正式调研获取1247个有效样本,其样本特征情况见表4-1的统计、描述。

表4-1 大样本调研所得有效样本的统计特征描述(N=1247)

| 基本特征 | 分类 | 样本数目 | 百分比(%) | 累计百分比(%) |
|---|---|---|---|---|
| 性别 | 男 | 698 | 56.0 | 56.0 |
|  | 女 | 549 | 44.0 | 100 |
| 年龄 | 20岁及以下 | 113 | 9.1 | 9.1 |
|  | 21—30岁 | 410 | 32.9 | 42.0 |
|  | 31—40岁 | 428 | 34.3 | 76.3 |
|  | 41—50岁 | 201 | 16.1 | 92.4 |
|  | 51岁及以上 | 95 | 7.6 | 100 |
| 受教育程度 | 小学及以下 | 44 | 3.5 | 3.5 |
|  | 中学 | 445 | 35.7 | 39.2 |
|  | 大学 | 576 | 46.2 | 85.4 |
|  | 研究生及以上 | 182 | 14.6 | 100 |
| 职业 | 政府/事业单位工作人员 | 244 | 19.6 | 19.6 |
|  | 公司/企业职员 | 559 | 44.8 | 64.4 |
|  | 学生 | 297 | 23.8 | 88.2 |
|  | 个体经营者/务农/其他 | 147 | 11.8 | 100 |
| 婚姻状况 | 单身 | 524 | 42.0 | 42.0 |
|  | 已婚 | 723 | 58.0 | 100 |
| 家庭年现金收入 | 低于5万元 | 715 | 57.3 | 57.3 |
|  | 5万—10万元 | 358 | 28.7 | 86.0 |
|  | 10万元以上 | 174 | 14.0 | 100 |
| 出生地 | 城市 | 680 | 54.5 | 54.5 |
|  | 农村 | 567 | 45.5 | 100 |

注:1247个均为有效样本,凡是回答不全或不合要求的样本均已被剔除。

从性别结构来看，在1247份有效问卷中，有698位被调查消费者是男性，有549位被调查消费者是女性，分别占总数的56.0%和44.0%。①

从年龄分布来看，在31—40岁的被调查消费者人数最多，共计428位，占总数的34.3%；其次是21—30岁的被调查消费者，共计410位，占总数的32.9%；再次是41—50岁的被调查消费者，共计201位，占总数的16.1%；最后依次为20岁及以下和51岁及以上的被调查消费者，别有113位和95位，各占9.1%和7.6%。

从受教育程度来看，具有大学（包括本科、专科）学历的被调查消费者人数最多，共计576位，占总数的46.2%；其次是具有中学学历的被调查消费者，共计445位，占总数的35.7%；再次是具有研究生及以上学历的被调查消费者，共计182位，占总数的14.6%；人数最少的是小学及小学以下学历的被调查消费者，共计44位，占总数的3.5%。

从职业构成来看，来自公司/企业的被调查消费者人数最多，共计559位，占总数的44.8%；其次是来自学校的学生，共计297位，占总数的23.8%；再次是来自政府/事业单位的被调查消费者，共计244位，占总数的19.6%；人数最少的是个体经营者/务农/其他，共计147位，占总数的11.8%。

从婚姻状况来看，有723位被调查消费者是已婚人士，有524位被调查消费者是未婚人士，分别占总数的58.0%和42.0%。

从家庭年现金收入来看，家庭年现金收入低于5万元的被调查消费者人数最多，共计715位，占总数的57.3%；其次是家庭年现金收入在5万—10万元的被调查消费者，共计358位，占总数的28.7%；最后是家庭年现金收入在10万元以上的被调查消费者，共计174位，占总数的14.0%。

从出生地来看，有680位被调查消费者出生于城市，有567位被调查消费者出生于农村，分别占总数的54.5%和45.5%。

总体来看，本次调研的有效样本统计特征与日常生活中的消费者实际情况基本相符，这说明本研究通过街头随机拦截获取的有效样本具有

---

① 这和现实生活中的男女性别比例构成大致一致。

一定的代表性。

## 二 各变量测量条款评价值的统计描述

在下一步分析之前，有必要对大样本正式调研获取的数据是否服从正态分布进行检验，表4-2是对各变量测量条款评价值（包含样本量、均值、标准差以及偏度和峰度）的统计描述。由表4-2可知，本研究大样本调研数据在各变量测量条款上的偏度最大值为2.110，最小值为-1.692；峰度最大值为5.711，最小值为-2.011。Bentler 和 Chou（1987）、Kline（1998，2005）以及侯杰泰、温忠麟和成子娟（2004）等学者均指出：若偏度绝对值在3以下，且峰度绝对值在10以下，即可认为数据基本服从正态分布。据此，本研究各变量测量条款数据（见表4-2），就总体而言基本服从正态分布，也即满足了进一步展开后续数据处理的基本条件。

表4-2  大样本调研所得各变量测量条款评价值的统计描述

| 测量条款 | 样本量统计 | 均值统计 | 标准差统计 | 偏度统计 | 偏度标准差 | 峰度统计 | 峰度标准差 |
|---|---|---|---|---|---|---|---|
| XN-FF1 | 1247 | 1.31 | 0.510 | 1.349 | 0.131 | 0.823 | 0.261 |
| XN-FF2 | 1247 | 1.54 | 0.659 | 1.056 | 0.131 | 0.997 | 0.261 |
| XN-FF3 | 1247 | 1.22 | 0.418 | 1.324 | 0.131 | -0.248 | 0.261 |
| XN-FF4 | 1247 | 1.51 | 0.673 | 0.964 | 0.131 | -0.267 | 0.261 |
| XN-FF5 | 1247 | 1.34 | 0.475 | 0.665 | 0.131 | -1.567 | 0.261 |
| XN-FF6 | 1247 | 1.22 | 0.445 | 1.714 | 0.131 | 1.908 | 0.261 |
| XN-BD1 | 1247 | 1.88 | 0.822 | 0.987 | 0.131 | 0.835 | 0.261 |
| XN-BD2 | 1247 | 2.41 | 1.008 | 0.530 | 0.131 | -0.160 | 0.261 |
| XN-BD3 | 1247 | 2.33 | 1.063 | 0.571 | 0.131 | -0.513 | 0.261 |
| XN-BD4 | 1247 | 2.59 | 1.025 | 0.134 | 0.131 | -0.695 | 0.261 |
| XN-BD5 | 1247 | 2.14 | 0.920 | 0.405 | 0.131 | -0.674 | 0.261 |
| XN-BD6 | 1247 | 2.46 | 0.903 | 0.093 | 0.131 | -0.335 | 0.261 |
| XN-ZD1 | 1247 | 3.26 | 1.054 | -0.125 | 0.131 | -0.666 | 0.261 |
| XN-ZD2 | 1247 | 3.21 | 0.977 | -0.214 | 0.131 | -0.386 | 0.261 |
| XN-ZD3 | 1247 | 3.41 | 0.971 | -0.511 | 0.131 | 0.010 | 0.261 |
| XN-ZD4 | 1247 | 2.78 | 1.004 | 0.134 | 0.131 | -0.680 | 0.261 |
| XN-ZD5 | 1247 | 2.76 | 1.056 | 0.096 | 0.131 | -0.624 | 0.261 |

续表

| 测量条款 | 样本量统计 | 均值统计 | 标准差统计 | 偏度统计 | 偏度标准差 | 峰度统计 | 峰度标准差 |
|---|---|---|---|---|---|---|---|
| XN-WSH1 | 1247 | 4.44 | 0.497 | 0.239 | 0.131 | -1.954 | 0.261 |
| XN-WSH2 | 1247 | 3.82 | 0.758 | -0.329 | 0.131 | -0.106 | 0.261 |
| XN-WSH3 | 1247 | 4.18 | 0.386 | 1.659 | 0.131 | 0.758 | 0.261 |
| XN-WSH4 | 1247 | 4.10 | 0.884 | -0.999 | 0.131 | 0.509 | 0.261 |
| LX-1 | 1247 | 3.99 | 0.900 | -1.019 | 0.131 | 0.953 | 0.261 |
| LX-2 | 1247 | 3.51 | 0.995 | -0.374 | 0.131 | -0.529 | 0.261 |
| LX-3 | 1247 | 3.57 | 0.963 | -0.425 | 0.131 | -0.429 | 0.261 |
| LX-4 | 1247 | 3.70 | 0.913 | -0.684 | 0.131 | 0.068 | 0.261 |
| LX-5 | 1247 | 3.76 | 0.889 | -0.696 | 0.131 | 0.065 | 0.261 |
| LX-6 | 1247 | 3.73 | 0.968 | -0.587 | 0.131 | -0.277 | 0.261 |
| LX-7 | 1247 | 3.46 | 0.925 | -0.249 | 0.131 | -0.405 | 0.261 |
| LX-8 | 1247 | 3.46 | 0.962 | -0.361 | 0.131 | -0.440 | 0.261 |
| XD-1 | 1247 | 3.66 | 1.192 | -0.725 | 0.131 | -0.605 | 0.261 |
| XD-2 | 1247 | 4.01 | 0.773 | -1.297 | 0.131 | 2.086 | 0.261 |
| XD-3 | 1247 | 4.00 | 0.707 | -0.843 | 0.131 | 1.422 | 0.261 |
| XD-4 | 1247 | 4.00 | 0.709 | -0.831 | 0.131 | 1.369 | 0.261 |
| XD-5 | 1247 | 3.65 | 0.851 | -0.716 | 0.131 | -0.169 | 0.261 |
| XD-6 | 1247 | 3.61 | 0.916 | -0.694 | 0.131 | -0.516 | 0.261 |
| XD-7 | 1247 | 4.20 | 0.402 | 1.493 | 0.131 | 0.230 | 0.261 |
| MJY-1 | 1247 | 3.13 | 1.148 | 0.004 | 0.131 | -0.924 | 0.261 |
| MJY-2 | 1247 | 1.80 | 0.400 | -1.516 | 0.131 | 0.299 | 0.261 |
| MJY-3 | 1247 | 3.66 | 0.946 | -0.249 | 0.131 | -0.824 | 0.261 |
| MJY-4 | 1247 | 2.47 | 0.956 | 1.242 | 0.131 | 1.181 | 0.261 |
| MJY-5 | 1247 | 3.13 | 1.088 | -0.266 | 0.131 | -0.958 | 0.261 |
| MJY-6 | 1247 | 2.13 | 0.617 | -0.090 | 0.131 | -0.439 | 0.261 |
| MJY-7 | 1247 | 3.14 | 1.203 | -0.263 | 0.131 | -0.721 | 0.261 |
| MJY-8 | 1247 | 3.20 | 1.110 | 0.481 | 0.131 | -1.114 | 0.261 |
| MJY-9 | 1247 | 2.73 | 0.927 | 0.551 | 0.131 | 0.579 | 0.261 |
| MZ-PD1 | 1247 | 4.14 | 0.698 | -1.126 | 0.131 | 2.496 | 0.261 |
| MZ-PD2 | 1247 | 4.05 | 0.668 | -0.056 | 0.131 | -0.747 | 0.261 |

续表

| 测量条款 | 样本量统计 | 均值统计 | 标准差统计 | 偏度统计 | 偏度标准差 | 峰度统计 | 峰度标准差 |
|---|---|---|---|---|---|---|---|
| MZ - PD3 | 1247 | 4.25 | 0.736 | -0.433 | 0.131 | -1.052 | 0.261 |
| MZ - PD4 | 1247 | 4.55 | 0.548 | -0.678 | 0.131 | -0.649 | 0.261 |
| MZ - PD5 | 1247 | 3.82 | 0.950 | -0.537 | 0.131 | -0.566 | 0.261 |
| MZ - RJ1 | 1247 | 4.22 | 0.958 | -1.443 | 0.131 | 1.923 | 0.261 |
| MZ - RJ2 | 1247 | 3.64 | 0.959 | -0.789 | 0.131 | 0.209 | 0.261 |
| MZ - RJ3 | 1247 | 3.69 | 0.929 | -0.292 | 0.131 | -0.741 | 0.261 |
| MZ - RJ4 | 1247 | 3.76 | 0.989 | -0.612 | 0.131 | -0.623 | 0.261 |
| MZ - RJ5 | 1247 | 3.55 | 1.091 | -0.223 | 0.131 | -1.263 | 0.261 |
| MZ - RJ6 | 1247 | 3.36 | 0.988 | -0.032 | 0.131 | -1.112 | 0.261 |
| MZ - RJ7 | 1247 | 2.78 | 1.218 | 0.484 | 0.131 | -0.946 | 0.261 |
| MZ - NL1 | 1247 | 2.72 | 0.912 | 0.582 | 0.131 | -0.733 | 0.261 |
| MZ - NL2 | 1247 | 2.38 | 0.970 | 1.200 | 0.131 | 1.007 | 0.261 |
| MZ - NL3 | 1247 | 3.07 | 1.167 | 0.331 | 0.131 | -1.233 | 0.261 |
| MZ - NL4 | 1247 | 2.36 | 0.722 | 1.230 | 0.131 | 0.640 | 0.261 |
| ZW - SL1 | 1247 | 3.55 | 1.006 | -0.354 | 0.131 | -0.806 | 0.261 |
| ZW - SL2 | 1247 | 4.69 | 0.499 | -1.249 | 0.131 | 0.453 | 0.261 |
| ZW - SL3 | 1247 | 4.07 | 0.839 | -0.746 | 0.131 | 0.553 | 0.261 |
| ZW - SL4 | 1247 | 4.21 | 0.631 | -0.407 | 0.131 | 0.343 | 0.261 |
| ZW - SL5 | 1247 | 3.50 | 0.868 | -0.364 | 0.131 | -0.659 | 0.261 |
| ZW - DD1 | 1247 | 4.10 | 0.912 | -0.984 | 0.131 | 0.624 | 0.261 |
| ZW - DD2 | 1247 | 4.29 | 0.707 | -1.260 | 0.131 | 3.495 | 0.261 |
| ZW - DD3 | 1247 | 4.14 | 0.689 | -1.206 | 0.131 | 3.875 | 0.261 |
| ZW - DD4 | 1247 | 3.27 | 0.997 | -0.065 | 0.131 | -1.091 | 0.261 |
| ZW - XL1 | 1247 | 2.87 | 0.779 | 0.457 | 0.131 | -0.013 | 0.261 |
| ZW - XL2 | 1247 | 3.64 | 1.084 | -0.651 | 0.131 | -0.392 | 0.261 |
| ZW - XL3 | 1247 | 3.35 | 1.055 | -0.377 | 0.131 | -0.759 | 0.261 |
| ZW - XL4 | 1247 | 4.27 | 0.704 | -0.874 | 0.131 | 1.053 | 0.261 |
| ZW - JT1 | 1247 | 4.25 | 0.938 | -1.294 | 0.131 | 1.119 | 0.261 |
| ZW - JT2 | 1247 | 4.53 | 0.689 | -1.478 | 0.131 | 1.947 | 0.261 |
| ZW - JT3 | 1247 | 4.71 | 0.492 | -1.357 | 0.131 | 0.775 | 0.261 |

续表

| 测量条款 | 样本量统计 | 均值统计 | 标准差统计 | 偏度统计 | 偏度标准差 | 峰度统计 | 峰度标准差 |
| --- | --- | --- | --- | --- | --- | --- | --- |
| ZW－JT4 | 1247 | 4.28 | 0.708 | －0.748 | 0.131 | 0.384 | 0.261 |
| ZW－JT5 | 1247 | 3.73 | 0.900 | －0.619 | 0.131 | 0.009 | 0.261 |
| ZW－SH1 | 1247 | 3.37 | 1.030 | －0.243 | 0.131 | －0.946 | 0.261 |
| ZW－SH2 | 1247 | 3.45 | 0.959 | －0.418 | 0.131 | －0.529 | 0.261 |
| ZW－SH3 | 1247 | 3.22 | 1.081 | －0.057 | 0.131 | －1.122 | 0.261 |
| ZW－SH4 | 1247 | 3.30 | 0.967 | －0.232 | 0.131 | －0.729 | 0.261 |
| ZW－SH5 | 1247 | 4.37 | 0.831 | －1.692 | 0.131 | 3.648 | 0.261 |
| ZC－XW1 | 1247 | 3.80 | 0.931 | －0.842 | 0.131 | 0.371 | 0.261 |
| ZC－XW2 | 1247 | 3.70 | 0.957 | －0.742 | 0.131 | 0.222 | 0.261 |
| ZC－XW3 | 1247 | 4.02 | 0.775 | －1.153 | 0.131 | 2.483 | 0.261 |
| ZC－XW4 | 1247 | 3.59 | 0.934 | －0.298 | 0.131 | －0.500 | 0.261 |
| ZC－XW5 | 1247 | 3.18 | 0.974 | －0.056 | 0.131 | －0.641 | 0.261 |
| ZC－TD1 | 1247 | 3.44 | 0.828 | －0.529 | 0.131 | 0.030 | 0.261 |
| ZC－TD2 | 1247 | 3.75 | 0.700 | －0.925 | 0.131 | 1.550 | 0.261 |
| ZC－TD3 | 1247 | 3.53 | 0.734 | －0.159 | 0.131 | 0.474 | 0.261 |
| ZC－TD4 | 1247 | 3.21 | 0.923 | 0.019 | 0.131 | －0.257 | 0.261 |
| XW－FF1 | 1247 | 1.42 | 0.637 | 1.512 | 0.131 | 2.231 | 0.261 |
| XW－FF2 | 1247 | 1.48 | 0.673 | 1.483 | 0.131 | 2.396 | 0.261 |
| XW－FF3 | 1247 | 1.24 | 0.481 | 2.110 | 0.131 | 5.711 | 0.261 |
| XW－BD1 | 1247 | 2.48 | 1.139 | 0.315 | 0.131 | －0.876 | 0.261 |
| XW－BD2 | 1247 | 2.96 | 1.076 | －0.233 | 0.131 | －0.764 | 0.261 |
| XW－BD3 | 1247 | 2.61 | 1.136 | 0.199 | 0.131 | －0.925 | 0.261 |
| XW－ZD1 | 1247 | 3.87 | 1.091 | －0.715 | 0.131 | －0.185 | 0.261 |
| XW－ZD2 | 1247 | 3.69 | 1.035 | －0.678 | 0.131 | －0.043 | 0.261 |
| XW－ZD3 | 1247 | 2.61 | 1.451 | 0.346 | 0.131 | －1.291 | 0.261 |
| XW－ZD4 | 1247 | 2.33 | 0.959 | 0.258 | 0.131 | －0.861 | 0.261 |
| XW－ZD5 | 1247 | 4.03 | 0.913 | －0.933 | 0.131 | 0.245 | 0.261 |
| XW－ZD6 | 1247 | 3.04 | 1.250 | 0.034 | 0.131 | －1.098 | 0.261 |
| XW－WSH1 | 1247 | 4.75 | 0.434 | －1.155 | 0.131 | －.669 | 0.261 |
| XW－WSH2 | 1247 | 4.54 | 0.499 | －0.157 | 0.131 | －1.987 | 0.261 |

续表

| 测量条款 | 样本量统计 | 均值统计 | 标准差统计 | 偏度统计 | 偏度标准差 | 峰度统计 | 峰度标准差 |
|---|---|---|---|---|---|---|---|
| XW－WSH3 | 1247 | 4.33 | 0.660 | －0.473 | 0.131 | －0.730 | 0.261 |
| XW－WSH4 | 1247 | 4.50 | 0.501 | －0.017 | 0.131 | －2.011 | 0.261 |
| 有效样本 | 1247 | | | | | | |

注：1247个均为有效样本，凡是回答不全或不合要求的样本均被剔除。

# 第四节 大样本数据质量评估

除前述对问卷有效性的直观检验之外，本研究还参照以往学者（如赵卓嘉，2009；王国保，2010；汪洁，2009）的做法，分别针对不同调研方式对数据质量的影响、非响应偏差对数据质量的影响展开了检验，并明确缺失值处理方法选择，以进一步确保数据可用。

## 一 不同调研方式对数据质量的影响

如前所述，本研究采用街头随机拦截法对中国内地14个省市区的消费者展开调研。在整个调研期间，共计发出调研问卷2800份，对被拦截下来愿意做现场填答的消费者发出纸质问卷2352份；对被拦截下来因时间紧愿以电子邮件方式作答的消费者发出电子问卷448份。整个大样本调研结束，共计回收问卷1754份（其中，当场收回的纸质问卷1479份，收回电子问卷275份）；最后，按一定标准筛选、剔除无效问卷后，共计获取有效问卷1247份，其中，当场填答纸质问卷1052份，电子问卷195份。本研究对实地走访当场填答和电子邮件方式收集的两组问卷数据，展开独立样本T检验，以检验对应测量条款的差异性。检验结果表明：在0.1的显著性水平下，两组数据在绝大多数测量条款上并不存在显著性差异，只有极少数测量条款例外；而在0.05的显著性水平下，两组数据在所有测量条款上均无显著性差异（见表4－3）。据此，我们可推断：本研究实地走访和电子邮件两种不同调研方式所取得数据并无显著差异，由此所产生的偏差亦在可接受范围内。

表4-3　　　不同调研方式获取数据的独立样本 T 检验

| 测量条款 | F 值 | 显著性概率 | T 值 | 显著性概率 | 均值差异 | 标准差差异 |
| --- | --- | --- | --- | --- | --- | --- |
| XN-FF1 | 11.993 | 0.001 | -1.830 | 0.068 | -0.102 | 0.056 |
| XN-FF2 | 5.157 | 0.024 | -1.385 | 0.167 | -0.104 | 0.075 |
| XN-FF3 | 1.545 | 0.215 | 0.631 | 0.529 | 0.030 | 0.047 |
| XN-FF4 | 3.409 | 0.066 | -1.111 | 0.267 | -0.085 | 0.076 |
| XN-FF5 | 11.434 | 0.001 | -1.860 | 0.064 | -0.096 | 0.052 |
| XN-FF6 | 0.251 | 0.617 | -0.391 | 0.696 | -0.020 | 0.052 |
| XN-BD1 | 0.233 | 0.630 | -0.594 | 0.553 | -0.049 | 0.083 |
| XN-BD2 | 3.803 | 0.052 | 0.631 | 0.528 | 0.061 | 0.097 |
| XN-BD3 | 0.610 | 0.435 | -1.290 | 0.198 | -0.125 | 0.097 |
| XN-BD4 | 0.496 | 0.482 | 0.525 | 0.600 | 0.054 | 0.103 |
| XN-BD5 | 0.006 | 0.941 | -0.406 | 0.685 | -0.037 | 0.092 |
| XN-BD6 | 1.333 | 0.249 | 0.752 | 0.453 | 0.074 | 0.098 |
| XN-ZD1 | 0.718 | 0.397 | -1.561 | 0.120 | -0.175 | 0.112 |
| XN-ZD2 | 1.836 | 0.176 | -1.479 | 0.140 | -0.149 | 0.101 |
| XN-ZD3 | 0.222 | 0.638 | 0.117 | 0.907 | 0.011 | 0.093 |
| XN-ZD4 | 6.415 | 0.012 | -1.661 | 0.098 | -0.187 | 0.113 |
| XN-ZD5 | 0.052 | 0.821 | -0.204 | 0.839 | -0.023 | 0.114 |
| XN-WSH1 | 3.0989 | 0.047 | -0.934 | 0.351 | -0.052 | 0.056 |
| XN-WSH2 | 1.209 | 0.272 | 0.624 | 0.533 | 0.035 | 0.056 |
| XN-WSH3 | 0.150 | 0.699 | 0.194 | 0.846 | 0.008 | 0.043 |
| XN-WSH4 | 0.390 | 0.533 | -0.062 | 0.951 | -0.006 | 0.092 |
| LX-1 | 0.086 | 0.770 | 1.555 | 0.121 | 0.157 | 0.101 |
| LX-2 | 0.574 | 0.449 | -0.544 | 0.587 | -0.059 | 0.108 |
| LX-3 | 0.017 | 0.897 | 1.352 | 0.177 | 0.147 | 0.109 |
| LX-4 | 3.421 | 0.065 | -0.674 | 0.501 | -0.069 | 0.103 |
| LX-5 | 14.040 | 0.000 | -1.593 | 0.113 | -0.167 | 0.105 |
| LX-6 | 3.112 | 0.079 | -0.079 | 0.937 | -0.009 | 0.109 |
| LX-7 | 2.048 | 0.153 | 1.378 | 0.169 | 0.141 | 0.103 |
| LX-8 | 0.010 | 0.921 | 1.247 | 0.213 | 0.135 | 0.108 |
| XD-1 | 1.203 | 0.274 | -1.101 | 0.272 | -0.124 | 0.112 |
| XD-2 | 1.037 | 0.309 | -0.091 | 0.927 | -0.007 | 0.073 |

续表

| 测量条款 | F 值 | 显著性概率 | T 值 | 显著性概率 | 均值差异 | 标准差差异 |
| --- | --- | --- | --- | --- | --- | --- |
| XD-3 | 5.117 | 0.024 | 0.380 | 0.704 | 0.031 | 0.081 |
| XD-4 | 0.844 | 0.359 | 0.809 | 0.419 | 0.070 | 0.086 |
| XD-5 | 2.245 | 0.135 | 0.142 | 0.887 | 0.017 | 0.118 |
| XD-6 | 0.323 | 0.570 | 0.523 | 0.601 | 0.053 | 0.101 |
| XD-7 | 1.681 | 0.196 | 0.942 | 0.347 | 0.062 | 0.066 |
| MJY-1 | 0.945 | 0.332 | 0.749 | 0.455 | 0.078 | 0.105 |
| MJY-2 | 3.247 | 0.073 | 0.335 | 0.738 | 0.025 | 0.073 |
| MJY-3 | 0.007 | 0.935 | -0.596 | 0.552 | -0.058 | 0.098 |
| MJY-4 | 0.325 | 0.569 | -0.650 | 0.516 | -0.058 | 0.089 |
| MJY-5 | 1.270 | 0.261 | 1.129 | 0.260 | 0.126 | 0.112 |
| MJY-6 | 0.206 | 0.650 | -0.274 | 0.784 | -0.025 | 0.091 |
| MJY-7 | 5.984 | 0.015 | 1.521 | 0.129 | 0.137 | 0.090 |
| MJY-8 | 0.131 | 0.718 | 0.643 | 0.520 | 0.070 | 0.108 |
| MJY-9 | 0.024 | 0.876 | 0.921 | 0.358 | 0.080 | 0.087 |
| MZ-PD1 | 0.092 | 0.762 | 1.127 | 0.261 | 0.092 | 0.082 |
| MZ-PD2 | 1.305 | 0.254 | 1.718 | 0.087 | 0.136 | 0.079 |
| MZ-PD3 | 0.025 | 0.873 | 0.514 | 0.607 | 0.035 | 0.069 |
| MZ-PD4 | 4.010 | 0.046 | 1.888 | 0.060 | 0.109 | 0.058 |
| MZ-PD5 | 1.927 | 0.166 | 0.994 | 0.321 | 0.101 | 0.101 |
| MZ-RJ1 | 0.504 | 0.478 | 1.700 | 0.090 | 0.168 | 0.099 |
| MZ-RJ2 | 1.942 | 0.164 | 1.710 | 0.088 | 0.170 | 0.099 |
| MZ-RJ3 | 4.706 | 0.031 | 1.749 | 0.081 | 0.190 | 0.109 |
| MZ-RJ4 | 0.429 | 0.513 | -0.666 | 0.506 | -0.074 | 0.111 |
| MZ-RJ5 | 0.002 | 0.965 | 0.749 | 0.454 | 0.084 | 0.112 |
| MZ-RJ6 | 2.369 | 0.125 | 0.147 | 0.883 | 0.015 | 0.102 |
| MZ-RJ7 | 5.203 | 0.023 | 0.716 | 0.475 | 0.090 | 0.125 |
| MZ-NL1 | 0.924 | 0.337 | 1.629 | 0.104 | 0.178 | 0.109 |
| MZ-NL2 | 9.907 | 0.002 | 1.210 | 0.227 | 0.117 | 0.096 |
| MZ-NL3 | 1.568 | 0.211 | 0.501 | 0.617 | 0.062 | 0.124 |
| MZ-NL4 | 0.086 | 0.769 | -0.202 | 0.840 | -0.022 | 0.110 |
| ZW-SL1 | 0.871 | 0.351 | -0.807 | 0.420 | -0.085 | 0.105 |

续表

| 测量条款 | F值 | 显著性概率 | T值 | 显著性概率 | 均值差异 | 标准差差异 |
|---|---|---|---|---|---|---|
| ZW-SL2 | 0.834 | 0.362 | -1.244 | 0.214 | -0.091 | 0.073 |
| ZW-SL3 | 0.163 | 0.686 | -1.554 | 0.121 | -0.144 | 0.093 |
| ZW-SL4 | 0.004 | 0.948 | -1.676 | 0.095 | -0.132 | 0.079 |
| ZW-SL5 | 0.311 | 0.578 | -0.019 | 0.985 | -0.002 | 0.102 |
| ZW-DD1 | 0.308 | 0.579 | -0.222 | 0.824 | -0.020 | 0.089 |
| ZW-DD2 | 3.083 | 0.080 | -0.421 | 0.674 | -0.033 | 0.078 |
| ZW-DD3 | 0.158 | 0.691 | -0.091 | 0.928 | -0.007 | 0.073 |
| ZW-DD4 | 0.054 | 0.817 | -0.064 | 0.949 | -0.007 | 0.116 |
| ZW-XL1 | 0.812 | 0.368 | 0.484 | 0.629 | 0.039 | 0.081 |
| ZW-XL2 | 0.047 | 0.829 | -0.088 | 0.930 | -0.010 | 0.110 |
| ZW-XL3 | 0.144 | 0.704 | -0.299 | 0.765 | -0.033 | 0.109 |
| ZW-XL4 | 0.276 | 0.600 | 0.229 | 0.819 | 0.018 | 0.077 |
| ZW-JT1 | 0.449 | 0.504 | 1.291 | 0.198 | 0.125 | 0.097 |
| ZW-JT2 | 1.718 | 0.191 | 1.696 | 0.091 | 0.148 | 0.087 |
| ZW-JT3 | 1.410 | 0.236 | -0.647 | 0.518 | -0.041 | 0.064 |
| ZW-JT4 | 0.056 | 0.814 | 1.727 | 0.085 | 0.169 | 0.098 |
| ZW-JT5 | 8.289 | 0.004 | -1.873 | 0.062 | -0.186 | 0.099 |
| ZW-SH1 | 1.091 | 0.297 | -0.943 | 0.346 | -0.108 | 0.114 |
| ZW-SH2 | 0.090 | 0.764 | 0.034 | 0.973 | 0.004 | 0.108 |
| ZW-SH3 | 0.000 | 0.998 | 0.423 | 0.672 | 0.049 | 0.116 |
| ZW-SH4 | 0.851 | 0.357 | 0.112 | 0.911 | 0.012 | 0.107 |
| ZW-SH5 | 0.179 | 0.673 | -1.713 | 0.088 | -0.171 | 0.100 |
| ZC-XW1 | 3.888 | 0.050 | 1.441 | 0.151 | 0.152 | 0.105 |
| ZC-XW2 | 0.336 | 0.563 | 0.599 | 0.550 | 0.065 | 0.108 |
| ZC-XW3 | 0.685 | 0.408 | 1.003 | 0.317 | 0.088 | 0.087 |
| ZC-XW4 | 1.149 | 0.285 | 0.086 | 0.931 | 0.009 | 0.105 |
| ZC-XW5 | 3.756 | 0.054 | -0.471 | 0.638 | -0.051 | 0.109 |
| ZC-TD1 | 0.079 | 0.779 | -0.832 | 0.406 | -0.078 | 0.094 |
| ZC-TD2 | 0.002 | 0.961 | -0.060 | 0.953 | -0.005 | 0.078 |
| ZC-TD3 | 0.392 | 0.532 | 0.037 | 0.971 | 0.003 | 0.083 |
| ZC-TD4 | 0.017 | 0.895 | -0.133 | 0.894 | -0.014 | 0.103 |

续表

| 测量条款 | F值 | 显著性概率 | T值 | 显著性概率 | 均值差异 | 标准差差异 |
| --- | --- | --- | --- | --- | --- | --- |
| XW-FF1 | 0.430 | 0.512 | 0.247 | 0.805 | 0.025 | 0.099 |
| XW-FF2 | 0.120 | 0.729 | 0.026 | 0.979 | 0.002 | 0.076 |
| XW-FF3 | 10.763 | 0.001 | -1.717 | 0.087 | -0.089 | 0.052 |
| XW-BD1 | 0.139 | 0.710 | -0.479 | 0.633 | -0.059 | 0.124 |
| XW-BD2 | 2.760 | 0.098 | -0.102 | 0.919 | -0.012 | 0.119 |
| XW-BD3 | 0.610 | 0.435 | -0.430 | 0.667 | -0.054 | 0.125 |
| XW-ZD1 | 1.953 | 0.163 | -1.601 | 0.110 | -0.177 | 0.110 |
| XW-ZD2 | 4.501 | 0.035 | -1.189 | 0.235 | -0.129 | 0.108 |
| XW-ZD3 | 0.001 | 0.974 | 0.116 | 0.908 | 0.019 | 0.163 |
| XW-ZD4 | 0.434 | 0.510 | -1.524 | 0.128 | -0.144 | 0.094 |
| XW-ZD5 | 6.633 | 0.010 | -1.547 | 0.123 | -0.191 | 0.123 |
| XW-ZD6 | 0.171 | 0.680 | 0.484 | 0.629 | 0.060 | 0.125 |
| XW-WSH1 | 0.042 | 0.838 | 0.146 | 0.884 | 0.009 | 0.059 |
| XW-WSH2 | 13.255 | 0.000 | -0.905 | 0.366 | -0.065 | 0.072 |
| XW-WSH3 | 4.096 | 0.044 | -1.927 | 0.055 | -0.133 | 0.069 |
| XW-WSH4 | 8.241 | 0.004 | -1.324 | 0.186 | -0.089 | 0.067 |

## 二 非响应偏差对数据质量的影响

街头随机拦截当场发放的纸质问卷，绝大多数现场填答、当场回收，本研究认为其基本没有非响应偏差。所以，非响应偏差对数据质量影响的检验，本研究在以电子邮件发放的问卷（电子问卷）中展开。参考以往学者（王国保，2010；汪洁，2009；赵卓嘉，2009）的做法，本研究用后回的电子问卷代替无应答/回音问卷，并与先收回的电子问卷之间展开对比与分析。本研究共发出电子问卷 448 份，收回有效电子问卷 195 份。以电子问卷发出后 7 天为界限，本研究共获取先回（7 天内回收）有效电子问卷 163 份，后回（7 天以后回收）有效电子问卷 32 份。本研究针对先回和后回的两组有效电子问卷数据，展开独立样本 T 检验，以检验对应测量条款的差异性。检验结果表明：在 0.1 的显著性水平下，两组数据在绝大多数测量条款上并不存在显著性差异，只有极少数测量条款例外；而在 0.05 的显著性水平下，两组数据在所有测量条款上均无显著性差异（见表 4-4）。据此，我们可推断：本研究的非响应偏差属正常、可接受范围。

表 4-4　　非响应偏差的独立样本 T 检验

| 测量条款 | F 值 | 显著性概率 | T 值 | 显著性概率 | 均值差异 | 标准差差异 |
| --- | --- | --- | --- | --- | --- | --- |
| XN-FF1 | 2.405 | 0.122 | -0.751 | 0.453 | -0.040 | 0.053 |
| XN-FF2 | 3.143 | 0.077 | -1.202 | 0.230 | -0.093 | 0.077 |
| XN-FF3 | 1.260 | 0.262 | 0.905 | 0.366 | 0.092 | 0.101 |
| XN-FF4 | 1.609 | 0.206 | -0.859 | 0.391 | -0.068 | 0.079 |
| XN-FF5 | 5.218 | 0.023 | -1.256 | 0.210 | -0.067 | 0.053 |
| XN-FF6 | 0.616 | 0.433 | -0.489 | 0.625 | -0.026 | 0.054 |
| XN-BD1 | 0.220 | 0.640 | -0.734 | 0.463 | -0.063 | 0.085 |
| XN-BD2 | 5.676 | 0.018 | 0.666 | 0.506 | 0.069 | 0.103 |
| XN-BD3 | 0.114 | 0.736 | -0.731 | 0.466 | -0.073 | 0.100 |
| XN-BD4 | 2.626 | 0.106 | -0.225 | 0.822 | -0.024 | 0.106 |
| XN-BD5 | 0.251 | 0.617 | -0.455 | 0.649 | -0.043 | 0.095 |
| XN-BD6 | 5.765 | 0.017 | 0.782 | 0.435 | 0.082 | 0.105 |
| XN-ZD1 | 1.328 | 0.250 | -1.961 | 0.051 | -0.227 | 0.116 |
| XN-ZD2 | 2.111 | 0.147 | -1.820 | 0.070 | -0.190 | 0.104 |
| XN-ZD3 | 0.026 | 0.872 | 0.091 | 0.928 | 0.009 | 0.096 |
| XN-ZD4 | 0.584 | 0.445 | -0.729 | 0.466 | -0.039 | 0.054 |
| XN-ZD5 | 0.560 | 0.455 | 0.069 | 0.945 | 0.008 | 0.118 |
| XN-WSH1 | 3.967 | 0.047 | -1.081 | 0.281 | -0.062 | 0.057 |
| XN-WSH2 | 1.375 | 0.242 | 1.135 | 0.257 | 0.145 | 0.128 |
| XN-WSH3 | 28.145 | 0.000 | -1.630 | 0.105 | -0.103 | 0.063 |
| XN-WSH4 | 0.781 | 0.378 | 0.659 | 0.510 | 0.062 | 0.094 |
| LX-1 | 0.047 | 0.828 | 1.686 | 0.093 | 0.175 | 0.104 |
| LX-2 | 0.408 | 0.524 | 1.827 | 0.069 | 0.210 | 0.115 |
| LX-3 | 2.245 | 0.135 | 1.464 | 0.144 | 0.164 | 0.112 |
| LX-4 | 2.409 | 0.122 | 1.764 | 0.079 | 0.187 | 0.106 |
| LX-5 | 2.866 | 0.091 | 1.737 | 0.083 | 0.177 | 0.102 |
| LX-6 | 0.032 | 0.857 | 1.034 | 0.302 | 0.115 | 0.111 |
| LX-7 | 0.046 | 0.830 | 1.478 | 0.140 | 0.156 | 0.106 |

续表

| 测量条款 | F 值 | 显著性概率 | T 值 | 显著性概率 | 均值差异 | 标准差差异 |
|---|---|---|---|---|---|---|
| LX – 8 | 0.020 | 0.887 | 0.397 | 0.691 | 0.045 | 0.112 |
| XD – 1 | 0.056 | 0.813 | 0.097 | 0.923 | 0.011 | 0.116 |
| XD – 2 | 1.149 | 0.285 | – 0.560 | 0.576 | – 0.042 | 0.075 |
| XD – 3 | 2.693 | 0.102 | 0.294 | 0.769 | 0.025 | 0.084 |
| XD – 4 | 0.041 | 0.839 | 0.963 | 0.336 | 0.086 | 0.089 |
| XD – 5 | 0.159 | 0.691 | – 0.771 | 0.441 | – 0.094 | 0.121 |
| XD – 6 | 0.079 | 0.779 | 0.052 | 0.958 | 0.005 | 0.104 |
| XD – 7 | 0.158 | 0.691 | 0.582 | 0.561 | 0.040 | 0.068 |
| MJY – 1 | 0.241 | 0.624 | 0.982 | 0.327 | 0.106 | 0.108 |
| MJY – 2 | 0.462 | 0.497 | – 0.094 | 0.925 | – 0.007 | 0.076 |
| MJY – 3 | 1.102 | 0.295 | 0.001 | 0.999 | 0.000 | 0.101 |
| MJY – 4 | 0.630 | 0.428 | – 0.286 | 0.775 | – 0.026 | 0.092 |
| MJY – 5 | 0.056 | 0.814 | 0.322 | 0.748 | 0.037 | 0.115 |
| MJY – 6 | 1.519 | 0.219 | – 0.820 | 0.413 | – 0.077 | 0.093 |
| MJY – 7 | 7.072 | 0.008 | 1.379 | 0.169 | 0.133 | 0.096 |
| MJY – 8 | 0.203 | 0.652 | – 0.188 | 0.851 | – 0.021 | 0.112 |
| MJY – 9 | 0.054 | 0.816 | 0.341 | 0.733 | 0.031 | 0.090 |
| MZ – PD1 | 0.161 | 0.688 | 1.189 | 0.235 | 0.100 | 0.084 |
| MZ – PD2 | 1.071 | 0.302 | 1.737 | 0.083 | 0.142 | 0.082 |
| MZ – PD3 | 0.211 | 0.646 | 0.162 | 0.871 | 0.011 | 0.071 |
| MZ – PD4 | 2.182 | 0.141 | 1.458 | 0.146 | 0.087 | 0.060 |
| MZ – PD5 | 0.050 | 0.824 | 0.035 | 0.972 | 0.004 | 0.105 |
| MZ – RJ1 | 0.801 | 0.371 | 1.347 | 0.179 | 0.138 | 0.102 |
| MZ – RJ2 | 0.012 | 0.913 | – 0.652 | 0.515 | – 0.080 | 0.123 |
| MZ – RJ3 | 0.224 | 0.636 | 0.369 | 0.712 | 0.042 | 0.113 |
| MZ – RJ4 | 0.047 | 0.828 | 1.302 | 0.194 | 0.152 | 0.117 |
| MZ – RJ5 | 0.355 | 0.552 | – 0.228 | 0.820 | – 0.026 | 0.116 |
| MZ – RJ6 | 0.138 | 0.711 | 0.146 | 0.884 | 0.015 | 0.106 |
| MZ – RJ7 | 2.633 | 0.106 | 0.605 | 0.545 | 0.078 | 0.129 |
| MZ – NL1 | 0.016 | 0.900 | 0.666 | 0.506 | 0.075 | 0.113 |
| MZ – NL2 | 12.274 | 0.001 | 1.041 | 0.299 | 0.110 | 0.106 |

续表

| 测量条款 | F 值 | 显著性概率 | T 值 | 显著性概率 | 均值差异 | 标准差差异 |
| --- | --- | --- | --- | --- | --- | --- |
| MZ – NL3 | 0.007 | 0.933 | – 0.187 | 0.852 | – 0.024 | 0.128 |
| MZ – NL4 | 0.175 | 0.676 | – 0.275 | 0.784 | – 0.031 | 0.113 |
| ZW – SL1 | 0.069 | 0.793 | – 1.675 | 0.095 | – 0.181 | 0.108 |
| ZW – SL2 | 0.045 | 0.832 | – 0.697 | 0.486 | – 0.053 | 0.076 |
| ZW – SL3 | 0.140 | 0.709 | – 0.711 | 0.477 | – 0.055 | 0.077 |
| ZW – SL4 | 0.005 | 0.943 | – 1.122 | 0.263 | – 0.109 | 0.097 |
| ZW – SL5 | 0.094 | 0.759 | – 0.492 | 0.623 | – 0.052 | 0.105 |
| ZW – DD1 | 0.294 | 0.588 | 0.264 | 0.792 | 0.024 | 0.092 |
| ZW – DD2 | 2.869 | 0.091 | – 1.323 | 0.187 | – 0.106 | 0.080 |
| ZW – DD3 | 1.748 | 0.187 | – 1.318 | 0.189 | – 0.099 | 0.075 |
| ZW – DD4 | 0.104 | 0.747 | 1.205 | 0.229 | 0.144 | 0.120 |
| ZW – XL1 | 0.634 | 0.427 | 0.854 | 0.394 | 0.071 | 0.084 |
| ZW – XL2 | 0.576 | 0.448 | – 0.157 | 0.876 | – 0.018 | 0.113 |
| ZW – XL3 | 0.002 | 0.962 | – 0.796 | 0.427 | – 0.089 | 0.112 |
| ZW – XL4 | 0.012 | 0.913 | 0.386 | 0.700 | 0.031 | 0.080 |
| ZW – JT1 | 0.628 | 0.429 | 0.999 | 0.319 | 0.100 | 0.100 |
| ZW – JT2 | 0.474 | 0.492 | 1.572 | 0.117 | 0.142 | 0.090 |
| ZW – JT3 | 0.005 | 0.946 | 0.259 | 0.796 | 0.017 | 0.066 |
| ZW – JT4 | 0.663 | 0.416 | – 0.638 | 0.524 | – 0.051 | 0.080 |
| ZW – JT5 | 0.527 | 0.469 | – 1.217 | 0.224 | – 0.125 | 0.103 |
| ZW – SH1 | 0.761 | 0.384 | – 0.617 | 0.538 | – 0.073 | 0.118 |
| ZW – SH2 | 4.892 | 0.028 | 1.022 | 0.308 | 0.110 | 0.107 |
| ZW – SH3 | 3.613 | 0.058 | 0.272 | 0.786 | 0.032 | 0.119 |
| ZW – SH4 | 0.086 | 0.770 | – 0.306 | 0.760 | – 0.034 | 0.110 |
| ZW – SH5 | 0.068 | 0.794 | – 0.933 | 0.351 | – 0.096 | 0.103 |
| ZC – XW1 | 1.545 | 0.215 | 0.899 | 0.370 | 0.098 | 0.109 |
| ZC – XW2 | 1.015 | 0.314 | 0.134 | 0.893 | 0.015 | 0.112 |
| ZC – XW3 | 0.465 | 0.496 | 0.517 | 0.606 | 0.047 | 0.090 |
| ZC – XW4 | 0.000 | 0.988 | – 0.738 | 0.461 | – 0.080 | 0.108 |
| ZC – XW5 | 2.897 | 0.090 | – 0.633 | 0.527 | – 0.071 | 0.112 |
| ZC – TD1 | 1.396 | 0.238 | – 0.333 | 0.740 | – 0.032 | 0.097 |

续表

| 测量条款 | F值 | 显著性概率 | T值 | 显著性概率 | 均值差异 | 标准差差异 |
|---|---|---|---|---|---|---|
| ZC – TD2 | 0.146 | 0.703 | -1.128 | 0.260 | -0.091 | 0.080 |
| ZC – TD3 | 0.237 | 0.627 | -0.011 | 0.991 | -0.001 | 0.086 |
| ZC – TD4 | 0.025 | 0.874 | -0.103 | 0.918 | -0.011 | 0.106 |
| XW – FF1 | 0.841 | 0.360 | -0.458 | 0.648 | -0.055 | 0.121 |
| XW – FF2 | 0.022 | 0.882 | 1.869 | 0.062 | 0.237 | 0.127 |
| XW – FF3 | 0.054 | 0.816 | 0.237 | 0.813 | 0.029 | 0.123 |
| XW – BD1 | 0.035 | 0.852 | -0.895 | 0.371 | -0.114 | 0.127 |
| XW – BD2 | 5.742 | 0.017 | -0.024 | 0.981 | -0.003 | 0.127 |
| XW – BD3 | 0.893 | 0.345 | -1.191 | 0.235 | -0.153 | 0.129 |
| XW – ZD1 | 0.236 | 0.627 | 0.700 | 0.484 | 0.073 | 0.105 |
| XW – ZD2 | 4.538 | 0.034 | -1.090 | 0.277 | -0.126 | 0.116 |
| XW – ZD3 | 1.027 | 0.311 | 0.995 | 0.320 | 0.087 | 0.087 |
| XW – ZD4 | 0.667 | 0.415 | -0.869 | 0.386 | -0.085 | 0.097 |
| XW – ZD5 | 3.156 | 0.077 | -1.432 | 0.153 | -0.182 | 0.127 |
| XW – ZD6 | 1.956 | 0.163 | 0.972 | 0.332 | 0.125 | 0.129 |
| XW – WSH1 | 0.979 | 0.323 | -0.323 | 0.747 | -0.020 | 0.061 |
| XW – WSH2 | 5.827 | 0.016 | -0.190 | 0.849 | -0.015 | 0.079 |
| XW – WSH3 | 1.894 | 0.170 | -1.675 | 0.095 | -0.120 | 0.071 |
| XW – WSH4 | 5.938 | 0.015 | -0.907 | 0.366 | -0.068 | 0.075 |

根据上述分析，本研究不同调研方式所取得数据间并无显著差异，非响应偏差亦处于可接受范围内，据此我们断定：本研究获取的大样本调研数据质量较好。

### 三 缺失值处理

本研究采用"剔除有缺失值调查问卷"的做法——问卷填答不完整，如发现1处漏填，则该问卷被剔除。本研究对此标准规定得比较严，一是考虑到消费者伦理属于敏感性问题，消费者是否故意漏填某些测量条款；二是本研究认为有漏填现象，说明填答态度不是非常认真，所以希望通过放大样本量（共发放2800份）和提高筛选标准来获取尽可能真实有效的问卷。

# 第五节 各变量测量量表信度与效度检验

## 一 量表信度、效度检验的必要性

量表信度、效度水平高低会对后续数据处理结果产生直接影响，如果量表的信度、效度不理想，研究结论就必然难以让人置信。尽管本研究大多采用相关经典、成熟量表，但各量表在不同文化背景下的检测结果往往是不同的。再者，本研究结合小规模深度访谈所得、小样本预测试中发现的问题等，对既有相关经典量表进行较大幅度的修改后，才最终形成本研究正式调研问卷中的各个测量量表。此外，基于各潜变量间统计关系所做出的诸多判断或结论，均须以各构思变量测量的信度、效度得以保证为基本前提（王庆喜，2004）。因此，在验证假设之前，有必要对本研究采用的各量表信度、效度进行检验。

## 二 量表信度、效度检验的方法

### （一）量表信度检验方法

信度（Reliability），常又被称作"可靠性"，意在检验所发展的量表对相关变量进行测度时的稳定与一致性[①]。信度常用的检验指标有稳定性、等值性与内部一致性三个，学者们当前多采用内部一致性指标。测量条款的内部一致性程度高，则表明这些测量条款是"同性质的组合"，可用于独立测量同一概念（赛卡瑞安，2005）。在内部一致性的多种检验方法中，本研究选用 Cronbach's α 系数[②]作为衡量指标，Cronbach's α 系数越大，表明该变量各测量条款的相关程度越高，也即具有越高的内部一致性。一般来说，当 Cronbach's α 值大于 0.7 即被认为是高信度，小于 0.35 则被认为是低信度（Cuieford，1965），等于 0.5 则被认为是最低可接受的信度水平（Nunnally，1978）。在某项研究中，其量表的 Cronbach's α 值最好在 0.7 以上，如量表中的测量条款数目在 6 个以下，则 Cronbach's α 值在 0.6 以上也可接受（Nunnally and Bern-

---

[①] 具体而言，是指检验量表内各测量条款间相符合的程度以及重复检验时前后两次结果的一致性程度。

[②] 此处借鉴以往学者做法。

tein, 1994); 如是探索性量表, 则 Cronbach's α 值只需在 0.6 左右即可接受, 但应大于 0.5 (如 Churchill, 1979; Nunnally, 1975)。

与此同时, 本研究还将采用项目总分贡献率 (即各测量条款得分与本维度总分的相关性) 来剔除、净化"垃圾条款", 以便减少各测量条款的多因子荷载现象, 有助于呈现清晰、简明的因子结构 (Churchill, 1979)。Cronbach (1951) 认为项目总分贡献率在 0.5 以下的测量条款, 即可当作"垃圾条款"予以剔除, 也有学者如卢纹岱 (2002) 指出, 项目总分贡献率只要在 0.3 以上, 即可认为是符合科学研究要求的。本研究以 0.5 为标准, 进行测量条款的筛选。在测量条款剔除、净化之前以及之后, 都需对量表整体的 Cronbach's α 值加以计算, 如剔除某测量条款有助于整体 Cronbach's α 值的提升, 则该测量条款予以剔除①(刘怀伟, 2003; 杨志蓉, 2006)。

此外, Camines 和 Zeller (1979)、Reinhard (1991)、黄芳铭 (2005)、王重鸣 (2001) 等学者认为 Cronbach's α 系数值的大小会受到多种因素的影响, 诸如变量结构、测量条款的数目、内容同质程度及相互间相关均值等。鉴于此, 本研究还将采用验证性因子分析中的组成信度 (CR②) 进一步检验量表信度。组成信度能较好地映射一组结构指标的一致性程度, 其值可通过各测量条款的标准化因子荷载与测量误差计算得出, 其值越高表明各测量条款间的相关程度越高, 一般 CR 值在 0.6 以上即可接受③(黄芳铭, 2005)。

(二) 量表效度检验方法

效度 (Validity), 常又被称作"准确性", 意在检验所发展的量表是否能真正测到所要测量的变量, 真实反映被测变量的特征。信度常被学者们形容为"打靶时的稳定性", 而效度则常被学者们形容为"打中靶心的程度"。一个量表具有好的信度, 未必有好的效度; 但有好的效度, 就一定有好的信度, 也即信度是效度的必要条件 (李怀祖, 2004)。量表效度的检验方法有很多, 在当前的学术研究中, 学者们多

---

① 此时该测量条款不但可以而且应该予以删除。
② CR 是组成信度 (Construct reliability) 的简称, 也有学者将其翻译成建构信度、结构信度等。
③ CR 值在 0.6 以上即表示该测量量表具有可接受的信度。学者郑梅莲 (2008) 指出针对探索性、开拓性研究要求还可适当放宽。

采用内容效度（Content validity）与结构效度①（Construct validity）这两个衡量指标。

1. 内容效度

内容效度的建立，意在检验所发展的量表在内容上契合主题的程度，确保各测量条款兼具代表及完备性（赛卡瑞安，2005），真正测到所要测量的变量。内容效度是一个主观性的评价指标，常采用专家判断法②进行检验。

本研究正式调查问卷中所采用的各测量量表，基本上都建立在相关经典量表基础之上；除此之外，本研究还结合小规模深入访谈（包括专家、消费者）对各测量条款进行了修改、补充、完善或开发；在初始调查问卷形成后，本研究又经过三次小样本预测试，就预测试中发现的问题，再次与相关领域的部分专家学者及部分研究对象（中国内地消费者）进行交流沟通，进一步修改、补充与完善相关测量条款。因此，本研究最终采用的各测量量表的内容效度应是较好的。

2. 结构效度

结构效度的建立，意在检验所发展的量表是否能真正测量所要测量的变量，"测量条款共同指向同一变量（问题）并构成一个整体"是结构效度关注的焦点所在。结构效度的检验，主要有收敛效度与区别效度两个衡量指标。收敛效度（Convergent validity）重点关注测量同一潜变量/维度的不同测量条款间的聚合现象，也即一致性程度。从现有文献看，收敛效度的检验主要有三种方法（见表4-5）。

表4-5　　　　　　　　收敛效度检验方法小结

| 研究者（年份） | 具体方法 | 判断标准 |
| --- | --- | --- |
| Fornell 和 Larcker (1981) | 因子载荷判定法 | 所有测量条款的完全标准化因子载荷都应大于0.5，且呈显著水平，表明该量表具有收敛有效性 |
| Fornell 和 Larcker (1981) | 组成信度（CR）判定法 | 组成信度大于0.8，即 $CR = \dfrac{(\sum \lambda)^2}{(\sum \lambda)^2 + \sum \varepsilon_j}$ 大于0.8，表明该量表具有收敛有效性 |

---

① 结构效度，也有学者如杨智（2004）将其翻译成构念效度，杜鹏（2009）将其翻译成建构效度。

② 即由相关领域的专家、学者或专业人士对量表中的测量条款恰当与否（包括测量条款的准确性与周延性）展开评价与判断。

续表

| 研究者（年份） | 具体方法 | 判断标准 |
|---|---|---|
| Fornell 和 Larcker (1981) | 平均变异抽取量（AVE）判定法 | 计算各维度/潜变量的平均变异抽取量（Average variance extracted, AVE）大于0.5，即 $AVE = \frac{\sum \lambda^2}{\sum \lambda^2 + \sum \varepsilon_j}$ 大于0.5，表明该量表具有收敛有效性 |

资料来源：笔者根据相关研究文献整理汇总而成。

而区别效度（Discriminant validity）则重点关注对于不同潜变量/维度测量的区别现象，也即量表对不同特征变量/维度的辨别程度。从现有文献看，区别效度的检验方法主要也有三种（见表4-6）。

表4-6　　　　　　　　区别效度检验方法小结

| 研究者（年份） | 具体方法 | 判断标准 |
|---|---|---|
| Anderson (1987) | 计算相关维度（构面）的相关系数 | 如果该相关系数值的95%置信区间不包含1，则认为这两个维度（构面）间具有区别效度 |
| Anderson 和 Gerbing (1988) | 将两个维度/潜变量的相关系数设为1，计算模型的卡方统计值；然后计算两个维度/潜变量间相关系数不设定时模型的卡方统计值 | 如果两者之间的差额达到显著，则表明两个维度/潜变量具有区别效度 |
| Fornell 等 (1996) | 计算各维度/潜变量的平均变异抽取量（AVE）的平方根值和其他维度/潜变量的相关系数 | 如果每个维度/潜变量的平均变异抽取量（AVE）的平方根值都大于该维度/潜变量与其他维度/潜变量的相关系数，则表明维度/潜变量之间具有良好的区别效度 |

资料来源：笔者根据相关研究文献整理汇总而成。

就上述表4-5和表4-6中的各种检验方法，鉴于验证性因子分析（CFA）能同时对收敛与区别效度展开检验，本研究拟采用验证性因子分析（CFA），通过平均变异抽取量（AVE）结合因子载荷判定法检验各量表的收敛效度，通过各维度AVE平方根与其他维度相关系数的比较检验各量表的区别效度。

此外，需要注意的是，本研究运用结构方程建模技术进行验证性因子分析（CFA），还需对各测量模型的适配度加以检验[①]。借鉴以往诸多学者的操作方法，本研究将常用的测量模型适配度检验指标及其评估标准列于表4-7中。事实上，除了表4-7所列，还有其他的一些适配度检验指标[②]存在。但迄今为止，还没有一种适配度检验指标，具有"涵盖或完全取代"其他指标的功能；所以，"多数决定"并不适合作为适配与否的判断标准，有时各指标间甚至会出现相互冲突、不一致的现象。余民宁（2006）建议最好从各类指标中，基于"理论架构与假设模型"挑选几个具有关联的指标[③]。

表4-7　　常用的测量模型适配度检验指标及其评估标准

| 指标 | 用途 | 取值范围 | 理想值 | 资料来源 |
| --- | --- | --- | --- | --- |
| $\chi^2/df$<br>（卡方自由度比值） | $\chi^2$是一种差性适配指标，样本越大越易达显著，导致模型被拒绝，$\chi^2/df$可降低样本量的影响 | >0 | <5，<3更佳 | Medsker、Williams 和 Holahan（1994）<br>侯杰泰、温忠麟和成子娟（2004） |
| GFI<br>（拟合优度指数） | GFI类似于回归中的$R^2$，可用于反映模型整体的适配程度，但会受样本量大小影响 | 0—1，可能<0 | >0.9，>0.85亦可接受 | Anderson 和 Gerbing（1984，1988）<br>Bagozzi 和 Yi（1988）<br>Bollen（1989）<br>黄芳铭（2005） |

---

[①] 无论是涉及测量模型的信度效度检验，还是涉及结构模型的假设关系验证，运用结构方程建模技术进行分析的前提是对相关模型的适配度检验，也就是说，在进行模型各方面表现的分析之前，首先需要对整体模型的拟合状况进行评价（汪洁，2009）。

[②] 其他的一些适配度检验指标（除表4-7所列之外），如模型简约拟合指标，在本书第五章第二节中有提及。

[③] 在使用结构方程建模技术的研究中，最好从三大类指标中，根据理论架构与假设模型挑选几项最有关联的指标，并辅以测量模型与结构模型适配度的评估，来诠释检验假设模型与观察数据是否契合，如此SEM的分析才会具备理论建构的基础，而不会陷入以数据为引导的技术分析的迷局（余民宁，2006）——转引自吴明隆《结构方程模型——AMOS的操作与应用》，重庆大学出版社2009年版，第57—58页。

续表

| 指标 | 用途 | 取值范围 | 理想值 | 资料来源 |
|---|---|---|---|---|
| AGFI（调整拟合优度指数） | 利用自由度、观察变量的个数与待估计参数的个数对 GFI 进行调整，即得 AGFI | 0—1,可能<0 | >0.9,>0.85亦可接受 | Anderson 和 Gerbing（1984,1988）<br>Bagozzi 和 Yi（1988）<br>Bollen（1989）<br>黄芳铭（2005） |
| NFI（规范拟合指数） | NFI 是一种相对拟合指数，相对于基准模型，理论模型 $\chi^2$ 减少比例，易会受样本规模影响 | 0—1 | >0.9 | Bagozzi 和 Yi（1988）<br>Bentler 和 Bonett（1980）<br>Bollen（1989） |
| IFI（修正拟合指数） | IFI 是对 NFI 的修正，以降低 NFI 对样本量的依赖 | >0,大多为0—1 | >0.9 | Bagozzi 和 Yi（1988）<br>Bentler 和 Bonett（1980）<br>Bollen（1989） |
| CFI（比较拟合指数） | CFI 通过与独立模型相比较来评价拟合程度，进一步克服 NFI 在嵌套模型中的缺陷 | 0—1 | >0.9 | Bagozzi 和 Yi（1988）<br>Bentler 和 Bonett（1980）<br>Bollen（1989） |
| RMSEA（近似误差均方根） | RMSEA 是一个不需要基准模型的绝对性指标，主要依赖母体的近似误差进行估计。近年来，越来越受到重视 | >0 | <0.10,<0.05更佳 | Raykov（1998）<br>Rigdon（1996）<br>黄芳铭（2005）<br>侯杰泰、温忠麟和成子娟（2004） |

资料来源：笔者根据相关文献整理汇总。

## 三　各量表信度、效度检验结果

（一）消费者伦理信念量表

1. 信度检验

消费者伦理信念及其各维度的 Cronbach's α 系数值详见表 4－8。其中，消费者伦理信念量表的 Cronbach's α 系数值为 0.830，而主动获利的非法行为信念、被动获利行为信念、主动获利的问题行为信念、无伤害行为信念的 Cronbach's α 系数值分别为 0.697、0.826、0.656 与 0.745，基本达到 0.7 这一标准阈值（可接受水平）；从总分贡献率来看，XN-FF5、XN-FF6 的分项对总项的相关系数分别为 0.344 和 0.423，均在 0.5 以下，且这两个测量条款被删除后，其所在维度的 Cronbach's α 系数值会有显著提升，所以这两个测量条款予以删除；再者，XN-BD6、XN-ZD4、XN-ZD5 这三个测量条款若被删除，其所在维度的 Cronbach's α 系数值将会有显著提升，所以也予以删除。删除不合格测量条款后，消费者伦理信念量表的 Cronbach's α 系数值由 0.830 上升至 0.831（见表4-9）。从表4-9 中我们可看到，各维度的 Cronbach's α 系数值均大于 0.7（最小值高达 0.734），分项对总项的相关系数均在 0.5 以上（最小值高达 0.709），且删除任一测量条款后 Cronbach's α 系数值不会再有显著提升。

**表 4-8　　　　　消费者伦理信念量表的信度分析**

| 题项 | 分项对总项的相关系数 | 删除该题项后的 Cronbach's α 系数 | Cronbach's α 系数 |
|---|---|---|---|
| 消费者伦理信念（共计 21 个题项） | | | 0.830 |
| 主动获利的非法行为（信念） | | | 0.697 |
| XN-FF1　在乘坐无人售票公交车时，不投硬币或少投硬币 | 0.666 | 0.639 | |
| XN-FF2　超市购物，擅自拆开不能复原的商品包装，放回货架不买 | 0.777 | 0.597 | |
| XN-FF3　把"高价商品的价格标签"偷换成"低价商品的价格标签"去结账 | 0.782 | 0.597 | |
| XN-FF4　为不缴费使用有线电视，从公共线箱偷牵一根连至自己家中 | 0.759 | 0.613 | |
| XN-FF5　偷喝超市饮料而不付钱 | 0.344 | 0.740 | |
| XN-FF6　购买"未标价商品"时，故意给予不真实价格信息误导店员以使自己获益 | 0.423 | 0.712 | |
| 被动获利行为（信念） | | | 0.826 |

续表

| 题项 | 分项对总项的相关系数 | 删除该题项后的Cronbach's α 系数 | Cronbach's α 系数 |
|---|---|---|---|
| XN-BD1 发现收银员多找零钱，一声不吭走人了事 | 0.753 | 0.791 | |
| XN-BD2 趁收银员不注意使用破损（按银行规定已不能用的）人民币购物 | 0.823 | 0.772 | |
| XN-BD3 利用店员的粗心大意使用超过有效期的折价券或优惠券 | 0.797 | 0.782 | |
| XN-BD4 商品退还商家，私自偷偷扣下购买时的促销赠品 | 0.772 | 0.789 | |
| XN-BD5 明知店员失误算错了账单，自己默不作声装不知 | 0.720 | 0.801 | |
| XN-BD6 看到有人在商店行窃，装没见到 | 0.516 | 0.847 | |
| 主动获利的问题行为（信念） | | | 0.656 |
| XN-ZD1 在新车的购买过程中，为能在讨价还价中占些优势而撒谎 | 0.706 | 0.571 | |
| XN-ZD2 提供虚假的高收入证明，以顺利办理房贷或车贷 | 0.786 | 0.504 | |
| XN-ZD3 参加商家提供的影音俱乐部，压根儿就不想购买任何影音产品，只为获取免费影音资料 | 0.683 | 0.577 | |
| XN-ZD4 手机电话卡欠费后就直接将它废弃，另办一张电话卡 | 0.528 | 0.674 | |
| XN-ZD5 在A商家购物后，发现B商家在对同款商品打折，就要求A商家退货 | 0.551 | 0.671 | |
| 无伤害行为（信念） | | | 0.745 |
| XN-WSH1 用贵宾卡或积分打折卡帮朋友买的商品打折 | 0.809 | 0.637 | |
| XN-WSH2 购买盗版CD而非正版CD | 0.780 | 0.694 | |
| XN-WSH3 安装使用自己没有购买的电脑软件或游戏软件 | 0.742 | 0.693 | |
| XN-WSH4 花数小时对不同衣服进行一一试穿，但一件也不购买 | 0.806 | 0.738 | |

此外，消费者伦理信念量表各维度的组成信度[①]（CR）见表 4-10。我们从该表中可看到，消费者伦理信念四个维度的组成信度（CR）分别为 0.793、0.851、0.763、0.803，均远高于 0.6 的标准阈值（可接受水平），表明消费者伦理信念量表具有较高的内部一致性，信度较佳。

表 4-9　删除不合格测量条款后消费者伦理信念量表的信度分析

| 题项 | 分项对总项的相关系数 | 删除该题项后的 Cronbach's α 系数 | Cronbach's α 系数 |
|---|---|---|---|
| 消费者伦理信念（共计 16 个题项） | | | 0.831 |
| 主动获利的非法行为（信念） | | | 0.772 |
| XN-FF1　在乘坐无人售票公交车时，不投硬币或少投硬币 | 0.709 | 0.747 | |
| XN-FF2　超市购物，擅自拆开不能复原的商品包装，放回货架不买 | 0.800 | 0.717 | |
| XN-FF3　把"高价商品的价格标签"偷换成"低价商品的价格标签"去结账 | 0.800 | 0.691 | |
| XN-FF4　为不缴费使用有线电视，从公共线箱偷牵一根连至自己家中 | 0.814 | 0.711 | |
| 被动获利行为（信念） | | | 0.847 |
| XN-BD1　发现收银员多找零钱，一声不吭走人了事 | 0.772 | 0.819 | |
| XN-BD2　趁收银员不注意使用破损（按银行规定已不能用的）人民币购物 | 0.840 | 0.796 | |
| XN-BD3　利用店员的粗心大意使用超过有效期的折价券或优惠券 | 0.809 | 0.813 | |
| XN-BD4　商品退还商家，私自偷偷扣下购买时的促销赠品 | 0.777 | 0.824 | |
| XN-BD5　明知店员失误算错了账单，自己默不作声装不知 | 0.750 | 0.828 | |

---

① 组成信度由验证性因子分析中的标准化因子载荷计算得来，所以该数据就与验证性因子分析结果放在一起。后续各量表的信度检验也照此方式处理。

续表

| 题项 | 分项对总项的相关系数 | 删除该题项后的Cronbach's α系数 | Cronbach's α系数 |
|---|---|---|---|
| 主动获利的问题行为（信念） | | | 0.734 |
| XN-ZD1 在新车的购买过程中，为能在讨价还价中占些优势而撒谎 | 0.820 | 0.647 | |
| XN-ZD2 提供虚假的高收入证明，以顺利办理房贷或车贷 | 0.874 | 0.478 | |
| XN-ZD3 参加商家提供的影音俱乐部，压根儿就不想购买任何影音产品，只为获取免费影音资料 | 0.729 | 0.732 | |
| 无伤害行为（信念） | | | 0.745 |
| XN-WSH1 用贵宾卡或积分打折卡帮朋友买的商品打折 | 0.809 | 0.637 | |
| XN-WSH2 购买盗版CD而非正版CD | 0.780 | 0.694 | |
| XN-WSH3 安装使用自己没有购买的电脑软件或游戏软件 | 0.742 | 0.693 | |
| XN-WSH4 花数小时对不同衣服进行——试穿，但一件也不购买 | 0.806 | 0.738 | |

2. 效度检测

消费者伦理信念在本研究中是一个二阶因子，其测量量表共包括"主动获利的非法行为信念""被动获利行为信念""主动获利的问题行为信念"和"无伤害行为信念"4个维度，16个测量条款。消费者伦理信念基于大样本调研数据的验证性因子分析结果详见表4-10。从模型的拟合优度指标看，$\chi^2/df = 1.318$，不但小于5而且小于3；GFI = 0.851 > 0.85；IFI = 0.941 > 0.9，CFI = 0.938 > 0.9；RMSEA = 0.060 < 0.1；均达到或超过可接受标准，表明消费者伦理信念四因子测量模型是有效的，且拟合效果较好。此外，各测量条款的标准化因子载荷均大于0.5，且P值显示均达显著水平；"主动获利的非法行为信念""被动获利行为信念""主动获利的问题行为信念"和"无伤害行为信念"四个因子的AVE值分别为0.501、0.533、0.527和0.506，均大于0.5的

临界判定标准，由此可断定：该量表具有较好的收敛有效性。

表 4-10　　　　消费者伦理信念的二阶验证性因子分析

| 因子结构 | 测量条款 | 标准化因子载荷（λ） | 临界比（C. R.） | P 值 | 衡量误差（ε） | 组成信度 | 平均变异抽取量 |
| --- | --- | --- | --- | --- | --- | --- | --- |
| 主动获利的非法行为（信念） | XN-FF1 | 0.544 | — | — | 0.704 | 0.793 | 0.501 |
|  | XN-FF2 | 0.630 | 4.223 | *** | 0.603 |  |  |
|  | XN-FF3 | 0.812 | 4.771 | *** | 0.340 |  |  |
|  | XN-FF4 | 0.792 | 4.739 | *** | 0.372 |  |  |
| 被动获利行为（信念） | XN-BD1 | 0.743 | — | — | 0.447 | 0.851 | 0.533 |
|  | XN-BD2 | 0.799 | 7.082 | *** | 0.361 |  |  |
|  | XN-BD3 | 0.737 | 6.546 | *** | 0.456 |  |  |
|  | XN-BD4 | 0.713 | 6.328 | *** | 0.491 |  |  |
|  | XN-BD5 | 0.652 | 5.782 | *** | 0.574 |  |  |
| 主动获利的问题行为（信念） | XN-ZD1 | 0.718 | — | — | 0.484 | 0.763 | 0.527 |
|  | XN-ZD2 | 0.883 | 5.890 | *** | 0.220 |  |  |
|  | XN-ZD3 | 0.534 | 4.517 | *** | 0.714 |  |  |
| 无伤害行为（信念） | XN-WSH1 | 0.777 | — | — | 0.396 | 0.803 | 0.506 |
|  | XN-WSH2 | 0.696 | 5.797 | *** | 0.515 |  |  |
|  | XN-WSH3 | 0.738 | 6.055 | *** | 0.455 |  |  |
|  | XN-WSH4 | 0.625 | 5.255 | *** | 0.609 |  |  |

$\chi^2/df = 1.318$　　GFI = 0.851　　IFI = 0.941　　CFI = 0.938　　RMSEA = 0.060

注：*** 表示 P 值 < 0.001；** 表示 P 值 < 0.01；* 表示 P 值 < 0.05。

本研究对消费者伦理信念四个维度（主动获利的非法行为信念、被动获利行为信念、主动获利的问题行为信念和无伤害行为信念）间的区分效度进行检验，其结果详见表 4-11。在该表中，对角线上括号内数值是消费者伦理信念四个维度各自的 AVE 平方根值，分别为 0.708、0.730、0.726 和 0.711；而非对角线上的数值则是四个维度两两间的相关系数。不难发现，0.708、0.730、0.726 和 0.711 分别与其所在行或列上相关系数值相比，都显得大些。这就表明消费者伦理信念四个维度间可有效加以区分，该量表具有较好的区别效度。

表 4-11　　消费者伦理信念各维度间区别效度检验

| | 主动获利的非法行为（信念） | 被动获利行为（信念） | 主动获利的问题行为（信念） | 无伤害行为（信念） |
|---|---|---|---|---|
| 主动获利的非法行为（信念） | (0.708) | | | |
| 被动获利行为（信念） | 0.484 | (0.730) | | |
| 主动获利的问题行为（信念） | 0.164 | 0.606 | (0.726) | |
| 无伤害行为（信念） | -0.058 | 0.247 | 0.236 | (0.711) |

（二）理想主义量表

1. 信度检验

理想主义量表的 Cronbach's α 系数值为 0.876（见表 4-12），远大于 0.7 这一标准阈值（可接受水平）；从总分贡献率来看，各分项对总项的相关系数均在 0.5 以上（最小值高达 0.589）；还有 LX-8 这一测量条款若被删除，理想主义量表的 Cronbach's α 系数值将会有显著提升，所以予以删除。删除不合格测量条款 LX-8 后，理想主义量表的 Cronbach's α 系数值由 0.876 上升至 0.879（见表 4-13）。从表 4-13 中我们还可看到，各分项对总项的相关系数均在 0.5 以上（最小值高达 0.690），且删除任一测量条款后 Cronbach's α 系数值不会再有显著提升。

表 4-12　　理想主义量表的信度分析

| 题项 | 分项对总项的相关系数 | 删除该题项后的 Cronbach's α 系数 | Cronbach's α 系数 |
|---|---|---|---|
| 理想主义（共计8个题项） | | | 0.876 |
| LX-1　任何一个人都不应故意伤害别人，哪怕程度是极其轻微的 | 0.680 | 0.864 | |
| LX-2　我们永远不该伤害他人，不管伤害程度是大是小 | 0.775 | 0.866 | |
| LX-3　任何可能对他人造成潜在伤害的行为都是不对的，哪怕该行为能为自己带来较大利益 | 0.805 | 0.855 | |

续表

| 题项 | 分项对总项的相关系数 | 删除该题项后的Cronbach's α系数 | Cronbach's α系数 |
|---|---|---|---|
| LX-4 我们永远不应该对他人造成生理和心理方面的伤害 | 0.812 | 0.850 | |
| LX-5 有可能对他人的利益和尊严造成伤害的行为都是不可取的 | 0.781 | 0.849 | |
| LX-6 如果某行为有可能伤及无辜,那该行为就不应该去做 | 0.709 | 0.854 | |
| LX-7 我们永远不该损害别人的利益 | 0.706 | 0.864 | |
| LX-8 凡是那些符合道德规范的行为,往往都是最接近完美的 | 0.589 | 0.879 | |

表4-13　删除不合格测量条款后理想主义量表的信度分析

| 题项 | 分项对总项的相关系数 | 删除该题项后的Cronbach's α系数 | Cronbach's α系数 |
|---|---|---|---|
| 理想主义（共计7个题项） | | | 0.879 |
| LX-1 任何一个人都不应故意伤害别人,哪怕程度是极其轻微的 | 0.690 | 0.871 | |
| LX-2 我们永远不该伤害他人,不管伤害程度是大是小 | 0.785 | 0.872 | |
| LX-3 任何可能对他人造成潜在伤害的行为都是不对的,哪怕该行为能为自己带来较大利益 | 0.820 | 0.859 | |
| LX-4 我们永远不应该对他人造成生理和心理方面的伤害 | 0.830 | 0.852 | |
| LX-5 有可能对他人的利益和尊严造成伤害的行为都是不可取的 | 0.798 | 0.850 | |
| LX-6 如果某行为有可能伤及无辜,那该行为就不应该去做 | 0.707 | 0.855 | |
| LX-7 我们永远不该损害别人的利益 | 0.704 | 0.872 | |

此外，理想主义量表的组成信度（CR）为 0.881（见表 4-14），远高于 0.6 的标准阈值（可接受水平），表明理想主义量表的内部一致性高，信度较好。

2. 效度检验

理想主义在本研究中是个单维变量，其测量量表共由 7 个测量条款组成。理想主义基于大样本调研数据的验证性因子分析结果详见表 4-14。从模型的拟合优度指标看，$\chi^2/df = 3.339 < 5$；GFI = 0.964，IFI = 0.970，CFI = 0.970，均大于 0.9；RMSEA = 0.082 < 0.1；均达可接受标准，表明理想主义测量模型是有效的，且拟合效果较好。此外，各测量条款的标准化因子载荷均大于 0.5（最小达 0.612），且 P 值显示均达显著水平；且 AVE 的值为 0.518，大于 0.5 的临界判定标准，由此可断定：该量表具有较好的收敛有效性。

表 4-14　　　　　　　　　理想主义的一阶验证性因子分析

| 因子结构 | 测量条款 | 标准化因子载荷（λ） | 临界比（C.R.） | P 值 | 衡量误差（ε） | 组成信度 | 平均变异抽取量 |
|---|---|---|---|---|---|---|---|
| 理想主义 | LX-1 | 0.615 | —① | — | 0.622 | 0.881 | 0.518 |
| | LX-2 | 0.723 | 10.885 | *** | 0.478 | | |
| | LX-3 | 0.812 | 11.802 | *** | 0.340 | | |
| | LX-4 | 0.842 | 12.069 | *** | 0.291 | | |
| | LX-5 | 0.770 | 11.388 | *** | 0.407 | | |
| | LX-6 | 0.612 | 9.600 | *** | 0.625 | | |
| | LX-7 | 0.621 | 9.710 | *** | 0.614 | | |

$\chi^2/df = 3.339$　　GFI = 0.964　　IFI = 0.970　　CFI = 0.970　　RMSEA = 0.082

注：*** 表示 P 值 < 0.001；** 表示 P 值 < 0.01；* 表示 P 值 < 0.05。

---

① 横线表示设定为固定值，本章中其他涉及效度检测的表格相同。

(三) 相对主义量表

1. 信度检验

相对主义量表的 Cronbach's α 系数值为 0.826（见表 4-15），远大于 0.7 这一标准阈值（可接受水平）；从总分贡献率来看，各分项对总项的相关系数均在 0.5 以上（最小值高达 0.591）；还有，XD-6 这一测量条款若被删除，相对主义量表的 Cronbach's α 系数值将会有显著提升，所以予以删除。删除不合格测量条款 XD-6 后，相对主义量表信度分析（见表 4-16）显示：如删除 XD-5 这一测量条款，相对主义量表的 Cronbach's α 系数值还将会有显著提升，所以继续予以删除。删除 XD-5 后，相对主义量表的 Cronbach's α 系数值由最初的 0.826 上升至 0.840（见表 4-17）。从表 4-17 中我们还可看到，各分项对总项的相关系数均在 0.5 以上（最小值高达 0.748），且删除任一测量条款后 Cronbach's α 系数值不会再有显著提升。

表 4-15　　　　　　　　相对主义量表的信度分析

| 题项 | 分项对总项的相关系数 | 删除该题项后的 Cronbach's α 系数 | Cronbach's α 系数 |
| --- | --- | --- | --- |
| 相对主义（共计 7 个题项） | | | 0.826 |
| XD-1　放之四海皆准的伦理准则是不存在的 | 0.857 | 0.777 | |
| XD-2　不同社会、环境和场合中的伦理准则是不同的 | 0.752 | 0.791 | |
| XD-3　道德准则具有个体差异。对于同一行为，不同人会做出道德与否的不同评判 | 0.858 | 0.771 | |
| XD-4　对于不同类型的道德体系，我们不能进行对错是非的比较 | 0.683 | 0.804 | |
| XD-5　某行为道德与否取决于个人判断，所以道德伦理的内容是因人而异的 | 0.591 | 0.827 | |
| XD-6　任何规范都无法约束撒谎。对于撒谎人们接受与否，完全取决于当时的情景 | 0.592 | 0.832 | |
| XD-7　对于某谎言是道德的还是不道德的判断，应视谎言产生的背景而定 | 0.731 | 0.809 | |

表4-16　删除不合格测量条款 XD-6 后相对主义量表的信度分析

| 题项 | 分项对总项的相关系数 | 删除该题项后的 Cronbach's α 系数 | Cronbach's α 系数 |
|---|---|---|---|
| 相对主义（共计6个题项） | | | 0.832 |
| XD-1　放之四海皆准的伦理准则是不存在的 | 0.861 | 0.795 | |
| XD-2　不同社会、环境和场合中的伦理准则是不同的 | 0.777 | 0.792 | |
| XD-3　道德准则具有个体差异。对于同一行为，不同人会做出道德与否的不同评判 | 0.871 | 0.768 | |
| XD-4　对于不同类型的道德体系，我们不能进行对错是非的比较 | 0.693 | 0.812 | |
| XD-5　某行为道德与否取决于个人判断，所以道德伦理的内容是因人而异的 | 0.616 | 0.840 | |
| XD-7　对于某谎言是道德的还是不道德的判断，应视谎言产生的背景而定 | 0.770 | 0.812 | |

表4-17　继续删除 XD-5 测量条款后相对主义量表的信度分析

| 题项 | 分项对总项的相关系数 | 删除该题项后的 Cronbach's α 系数 | Cronbach's α 系数 |
|---|---|---|---|
| 相对主义（共计5个题项） | | | 0.840 |
| XD-1　放之四海皆准的伦理准则是不存在的 | 0.898 | 0.807 | |
| XD-2　不同社会、环境和场合中的伦理准则是不同的 | 0.766 | 0.813 | |
| XD-3　道德准则具有个体差异。对于同一行为，不同人会做出道德与否的不同评判 | 0.862 | 0.776 | |
| XD-4　对于不同类型的道德体系，我们不能进行对错是非的比较 | 0.748 | 0.816 | |
| XD-7　对于某谎言是道德的还是不道德的判断，应视谎言产生的背景而定 | 0.786 | 0.824 | |

此外，相对主义量表的组成信度（CR）为 0.880（见表 4-18），远高于 0.6 的标准阈值（可接受水平），表明相对主义量表内部一致性高，信度较好。

2. 效度检验

相对主义在本研究中是个单维变量，其测量量表共由 5 个测量条款组成。相对主义基于大样本调研数据的验证性因子分析结果详见表 4-18。从模型的拟合优度指标看，$\chi^2/df = 1.849$，不但小于 5 而且小于 3；GFI = 0.856 > 0.85；IFI = 0.917，CFI = 0.908，均大于 0.9；RMSEA = 0.098 < 0.1；均达可接受标准，表明相对主义测量模型是有效的，且拟合效果较好。此外，各测量条款的标准化因子载荷均大于 0.5（最小达 0.669），且 P 值显示均达显著水平；且 AVE 的值为 0.596，大于 0.5 的临界判定标准，由此可断定：该量表具有较好的收敛有效性。

表 4-18　　　　相对主义的一阶验证性因子分析

| 因子结构 | 测量条款 | 标准化因子载荷（$\lambda$） | 临界比（C.R.） | P 值 | 衡量误差（$\varepsilon$） | 组成信度 | 平均变异抽取量 |
|---|---|---|---|---|---|---|---|
| 相对主义 | XD-1 | 0.771 | — | — | 0.405 | 0.880 | 0.596 |
|  | XD-2 | 0.669 | 2.922 | *** | 0.553 |  |  |
|  | XD-3 | 0.868 | 3.884 | ** | 0.247 |  |  |
|  | XD-4 | 0.723 | 3.192 | *** | 0.477 |  |  |
|  | XD-7 | 0.812 | 3.638 | ** | 0.340 |  |  |

$\chi^2/df = 1.849$　　GFI = 0.856　　IFI = 0.917　　CFI = 0.908　　RMSEA = 0.098

注：*** 表示 P 值 < 0.001；** 表示 P 值 < 0.01；* 表示 P 值 < 0.05。

（四）马基雅弗利主义量表

1. 信度检验

马基雅弗利主义量表的 Cronbach's $\alpha$ 系数值为 0.849（见表 4-19），远大于 0.7 这一标准阈值（可接受水平）；从总分贡献率来看，各分项对总项的相关系数均在 0.5 以上（最小值高达 0.521）；还有，MJY-2 这一测量条款若被删除，马基雅弗利主义量表的 Cronbach's $\alpha$

系数值将会有显著提升，所以予以删除。删除不合格测量条款 MJY-2 后，马基雅弗利主义量表信度分析（见表 4-20）显示：如删除 MJY-6 这一测量条款，马基雅弗利主义量表的 Cronbach's α 系数值还将会有显著提升，所以继续予以删除。删除 MJY-6 后，马基雅弗利主义量表的 Cronbach's α 系数值由最初的 0.849 上升至 0.893（见表 4-21）。从表 4-21 中我们还可看到，各分项对总项的相关系数均在 0.5 以上（最小值高达 0.671），且删除任一测量条款后 Cronbach's α 系数值不会再有显著提升。

表 4-19　　　　　　　　马基雅弗利主义量表的信度分析

| 题项 | 分项对总项的相关系数 | 删除该题项后的 Cronbach's α 系数 | Cronbach's α 系数 |
|---|---|---|---|
| 马基雅弗利主义（共计 9 个题项） | | | 0.849 |
| MJY-1　说那些人们愿意听的话，是与人相处最好的方式 | 0.918 | 0.794 | |
| MJY-2　这个世界上的绝大部分人，基本上都是心地善良且友好相处的（R） | 0.594 | 0.889 | |
| MJY-3　最安全的处事原则——任何人都存在邪恶的一面，一旦时机成熟就会暴露 | 0.654 | 0.835 | |
| MJY-4　总的来说，人们只有在被迫（有压力）的情况下才会努力工作 | 0.670 | 0.833 | |
| MJY-5　对他人的百分百信任，将会带来很大的麻烦，让自己吃尽苦头 | 0.716 | 0.829 | |
| MJY-6　罪犯因蠢笨而被抓，这是罪犯和非罪犯的最大区别所在 | 0.521 | 0.845 | |
| MJY-7　吹捧、讨好重要的大人物是明智之举 | 0.865 | 0.804 | |
| MJY-8　"这个世界每一分钟都有笨蛋诞生"，该说法是不对的（R） | 0.750 | 0.824 | |
| MJY-9　不走捷径，想要成功是不可能和困难的 | 0.856 | 0.808 | |

表4-20 删除不合格测量条款MJY-2后马基雅弗利主义量表的信度分析

| 题项 | 分项对总项的相关系数 | 删除该题项后的Cronbach's α系数 | Cronbach's α系数 |
|---|---|---|---|
| 马基雅弗利主义（共计8个题项） | | | 0.889 |
| MJY-1 说那些人们愿意听的话，是与人相处最好的方式 | 0.915 | 0.852 | |
| MJY-3 最安全的处事原则——任何人都存在邪恶的一面，一旦时机成熟就会暴露 | 0.651 | 0.886 | |
| MJY-4 总的来说，人们只有在被迫（有压力）的情况下才会努力工作 | 0.685 | 0.882 | |
| MJY-5 对他人的百分百信任，将会带来很大的麻烦，让自己吃尽苦头 | 0.703 | 0.883 | |
| MJY-6 罪犯因蠢笨而被抓，这是罪犯和非罪犯的最大区别所在 | 0.528 | 0.893 | |
| MJY-7 吹捧、讨好重要的大人物是明智之举 | 0.863 | 0.861 | |
| MJY-8 "这个世界每一分钟都有笨蛋诞生"，该说法是不对的（R） | 0.754 | 0.876 | |
| MJY-9 不走捷径，想要成功是不可能和困难的 | 0.866 | 0.861 | |

表4-21 继续删除MJY-6测量条款后马基雅弗利主义量表的信度分析

| 题项 | 分项对总项的相关系数 | 删除该题项后的Cronbach's α系数 | Cronbach's α系数 |
|---|---|---|---|
| 马基雅弗利主义（共计7个题项） | | | 0.893 |
| MJY-1 说那些人们愿意听的话，是与人相处最好的方式 | 0.905 | 0.856 | |
| MJY-3 最安全的处事原则——任何人都存在邪恶的一面，一旦时机成熟就会暴露 | 0.677 | 0.891 | |
| MJY-4 总的来说，人们只有在被迫（有压力）的情况下才会努力工作 | 0.671 | 0.891 | |
| MJY-5 对他人的百分百信任，将会带来很大的麻烦，让自己吃尽苦头 | 0.690 | 0.892 | |
| MJY-7 吹捧、讨好重要的大人物是明智之举 | 0.863 | 0.865 | |
| MJY-8 "这个世界每一分钟都有笨蛋诞生"，该说法是不对的（R） | 0.787 | 0.877 | |
| MJY-9 不走捷径，想要成功是不可能和困难的 | 0.867 | 0.865 | |

此外，马基雅弗利主义量表的组成信度（CR）为0.886（见表4-22），远高于0.6的标准阈值（可接受水平），表明马基雅弗利主义量表具有较高的内部一致性，信度较佳。

2. 效度检验

马基雅弗利主义在本研究中是个单维变量，其测量量表共由7个测量条款组成。马基雅弗利主义基于大样本调研数据的验证性因子分析结果详见表4-22。从模型的拟合优度指标看，$\chi^2/df = 1.020$，不但小于5而且小于3；GFI = 0.856 > 0.85；IFI = 0.997，CFI = 0.996，均大于0.9；RMSEA = 0.038，不但小于0.1而且小于0.05；表明马基雅弗利主义测量模型是有效的，且拟合效果很好。此外，各测量条款的标准化因子载荷均大于0.5，且P值显示均达显著水平；且AVE的值为0.535，大于0.5的临界判定标准，由此可断定：该量表具有较好的收敛有效性。

表4-22　　　　　马基雅弗利主义的一阶验证性因子分析

| 因子结构 | 测量条款 | 标准化因子载荷（λ） | 临界比（C.R.） | P值 | 衡量误差（ε） | 组成信度 | 平均变异抽取量 |
|---|---|---|---|---|---|---|---|
| 马基雅弗利主义 | MJY-1 | 0.780 | — | — | 0.391 | 0.886 | 0.535 |
| | MJY-3 | 0.642 | 2.476 | * | 0.587 | | |
| | MJY-4 | 0.596 | 2.215 | * | 0.645 | | |
| | MJY-5 | 0.501 | 2.717 | ** | 0.749 | | |
| | MJY-7 | 0.848 | 3.454 | *** | 0.281 | | |
| | MJY-8 | 0.786 | 3.148 | ** | 0.382 | | |
| | MJY-9 | 0.885 | 3.597 | *** | 0.217 | | |

$\chi^2/df = 1.020$　GFI = 0.856　IFI = 0.997　CFI = 0.996　RMSEA = 0.038

注：*** 表示P值<0.001；** 表示P值<0.01；* 表示P值<0.05。

（五）面子威胁感知量表

1. 信度检验

面子威胁感知及其各维度的Cronbach's α系数值详见表4-23。其中，面子威胁感知量表的Cronbach's α系数值为0.873，而面子—品德维度、面子—人际维度和面子—能力维度的Cronbach's α系数值分别为0.813、0.876与0.703，远大于或接近0.7这一标准阈值（可接受水平）；从总分贡献率来看，MZ-NL4 的分项对总项的相关系数为 0.475，在 0.5 以下，且该测量条款被删除后，其所在维度的 Cronbach's α 系数值会有显著提升，所以该测量条款予以删除；再者，MZ-PD5、MZ-RJ7 这两个测量条款若被删除，其所在维度的 Cronbach's α 系数值将会有显著提升，所以也予以删除。删除不合格测量条款后，面子威胁感知量表的 Cronbach's α 系数值由 0.873 上升至 0.875（见表 4-24）。从表 4-24 中我们还可看到，各维度的 Cronbach's α 系数值均大于 0.7（最小值高达 0.760），分项对总项的相关系数均在 0.5 以上（最小值高达 0.767），且删除任一测量条款后 Cronbach's α 系数值不会再有显著提升。

表 4-23    面子威胁感知量表的信度分析

| 题项 | 分项对总项的相关系数 | 删除该题项后的 Cronbach's α 系数 | Cronbach's α 系数 |
|---|---|---|---|
| 面子威胁感知（共计16个题项） |  |  | 0.873 |
| 面子—品德 |  |  | 0.813 |
| MZ-PD1 购买"未标价商品"时故意给予不真实价格信息以误导店员使自己获益，别人会觉得我耍手段想占便宜 | 0.828 | 0.743 |  |
| MZ-PD2 私自篡改保修卡日期以获取免费保修，别人会觉得我是个弄虚作假、不守规矩的人 | 0.669 | 0.805 |  |
| MZ-PD3 打翻超市的一瓶黄酒，尽快逃离装作什么也没发生，大家会觉得我不道德、缺乏责任心 | 0.863 | 0.726 |  |
| MZ-PD4 逛书店时，偷偷把书中喜欢的内容相关页撕下携带出店。别人发现后会觉得我不守公德、人品不好 | 0.729 | 0.782 |  |
| MZ-PD5 超市购物擅自拆开不能复原的商品包装后放回货架不买，会让人觉得我没有消费道德 | 0.746 | 0.823 |  |
| 面子—人际 |  |  | 0.876 |

续表

| 题项 | 分项对总项的相关系数 | 删除该题项后的 Cronbach's α 系数 | Cronbach's α 系数 |
|---|---|---|---|
| MZ-RJ1 偷夹带未付款商品出店，如被发现自己会下不来台，亲戚朋友也会觉得丢脸，很难再从他们那里得到支持和帮助 | 0.732 | 0.861 | |
| MZ-RJ2 以"本来就是坏的"为由要求商家收回人为损坏的商品，让人觉得我为了利益不择手段，别人会对我敬而远之 | 0.804 | 0.850 | |
| MZ-RJ3 购买"未标价商品"时，故意给予不真实价格信息误导店员以使自己获益。我的朋友们知道后将不会再信任我 | 0.799 | 0.851 | |
| MZ-RJ4 在乘坐无人售票公交车时，不投硬币或少投硬币 | 0.800 | 0.850 | |
| MZ-RJ5 手机电话卡欠费后就直接将它废弃，另办一张电话卡。周围人知道后可能不愿再理我 | 0.802 | 0.851 | |
| MZ-RJ6 退换已有损害的新买商品（外观上不易觉察），故意隐瞒不告知商家。别人知道后会觉得我太有手段，不敢再与我多交往 | 0.859 | 0.840 | |
| MZ-RJ7 花数小时对不同衣服进行一一试穿，但一件也不购买，会让人觉得我挑剔、不太好相处 | 0.571 | 0.900 | |
| 面子—能力 | | | 0.703 |
| MZ-NL1 为不缴费使用有线电视，从公共线箱偷牵一根线至自己家中。别人可能会觉得我缺乏相应的缴费能力 | 0.816 | 0.542 | |
| MZ-NL2 为获半价优惠而低报小孩年龄，有人可能会觉得我消费能力有问题 | 0.720 | 0.648 | |
| MZ-NL3 把"高价商品的价格标签"偷换成"低价商品的价格标签"去结账，别人会觉我无力购买高价商品而偷梁换柱 | 0.852 | 0.534 | |
| MZ-NL4 在 A 商家购物后，发现 B 商家在对同款商品打折，就要求 A 商家退货。除了我的精明外，我的消费能力一定程度上会受到大家的质疑 | 0.475 | 0.760 | |

表 4-24　删除不合格测量条款后面子威胁感知量表的信度分析

| 题项 | 分项对总项的相关系数 | 删除该题项后的 Cronbach's α 系数 | Cronbach's α 系数 |
|---|---|---|---|
| 面子威胁感知（共计 13 个题项） | | | 0.875 |
| 面子—品德 | | | 0.823 |
| MZ-PD1　购买"未标价商品"时故意给予不真实价格信息以误导店员使自己获益，别人会觉得我耍手段想占便宜 | 0.827 | 0.768 | |
| MZ-PD2　私自篡改保修卡日期以获取免费保修，别人会觉得我是个弄虚作假、不守规矩的人 | 0.767 | 0.809 | |
| MZ-PD3　打翻超市的一瓶黄酒，尽快逃离装作什么也没发生，大家会觉得我不道德、缺乏责任心 | 0.859 | 0.748 | |
| MZ-PD4　逛书店时，偷偷把书中喜欢的内容相关页撕下携带出店。别人发现后会觉得我不守公德、人品不好 | 0.791 | 0.780 | |
| 面子—人际 | | | 0.900 |
| MZ-RJ1　偷夹带未付款商品出店，如被发现自己会下不来台，亲戚朋友也会觉得丢脸，很难再从他们那里得到支持和帮助 | 0.780 | 0.889 | |
| MZ-RJ2　以"本来就是坏的"为由要求商家收回人为损坏的商品，让人觉得我为了利益不择手段，别人会对我敬而远之 | 0.778 | 0.890 | |
| MZ-RJ3　购买"未标价商品"时，故意给予不真实价格信息误导店员以使自己获益。我的朋友们知道后将不会再信任我 | 0.822 | 0.881 | |
| MZ-RJ4　在乘坐无人售票公交车时，不投硬币或少投硬币 | 0.861 | 0.873 | |
| MZ-RJ5　手机电话卡欠费后就直接将它废弃，另办一张电话卡。周围人知道后可能不愿再理我 | 0.818 | 0.885 | |
| MZ-RJ6　退换已有损害的新买商品（外观上不易觉察），故意隐瞒不告知商家。别人知道后会觉得我太有手段，不敢再与我多交往 | 0.845 | 0.876 | |

续表

| 题项 | 分项对总项的相关系数 | 删除该题项后的 Cronbach's α 系数 | Cronbach's α 系数 |
|---|---|---|---|
| 面子—能力 | | | 0.760 |
| MZ - NL1 为不缴费使用有线电视,从公共线箱偷牵一根连至自己家中。别人可能会觉得我缺乏相应的缴费能力 | 0.825 | 0.644 | |
| MZ - NL2 为获半价优惠而低报小孩年龄,有人可能会觉得我消费能力有问题 | 0.781 | 0.736 | |
| MZ - NL3 把"高价商品的价格标签"偷换成"低价商品的价格标签"去结账,别人会觉我无力购买高价商品而偷梁换柱 | 0.866 | 0.649 | |

此外,面子威胁感知量表各维度的组成信度(CR)详见表 4 - 25。我们从该表中可以看到,面子威胁感知三个维度的组成信度(CR)分别为 0.828、0.901、0.770,均远高于 0.6 的标准阈值(可接受水平),表明面子威胁感知量表具有较高的内部一致性,信度较佳。

2. 效度检测

面子威胁感知在本研究中是一个二阶因子,其测量量表共包括"面子—品德""面子—人际"和"面子—能力"3 个维度,13 个测量条款。面子威胁感知基于大样本调研数据的验证性因子分析结果详见表 4 - 25。从模型的拟合优度指标看,$\chi^2/df = 1.195$,不但小于 5 而且小于 3;GFI = 0.876 > 0.85;IFI = 0.950,CFI = 0.947,均大于 0.9;RMSEA = 0.071 < 0.1;均达到或超过可接受标准,表明面子威胁感知三因子测量模型是有效的,且拟合效果较好。此外,各测量条款的标准化因子载荷均大于 0.5(最小达 0.621),且 P 值显示均达显著水平;"面子—品德""面子—人际"和"面子—能力"三个因子的 AVE 值分别为 0.549、0.604 和 0.529,均大于 0.5 的临界判定标准,由此可断定:该量表具有较好的收敛有效性。

表4-25　　　　　　面子威胁感知的二阶验证性因子分析

| 因子结构 | 测量条款 | 标准化因子载荷（λ） | 临界比（C.R.） | P值 | 衡量误差（ε） | 组成信度 | 平均变异抽取量 |
|---|---|---|---|---|---|---|---|
| 面子—品德 | MZ-PD1 | 0.712 | — | — | 0.494 | 0.828 | 0.549 |
|  | MZ-PD2 | 0.621 | 3.520 | *** | 0.614 |  |  |
|  | MZ-PD3 | 0.847 | 4.536 | *** | 0.283 |  |  |
|  | MZ-PD4 | 0.765 | 4.254 | *** | 0.415 |  |  |
| 面子—人际 | MZ-RJ1 | 0.721 | — | — | 0.481 | 0.901 | 0.604 |
|  | MZ-RJ2 | 0.729 | 4.373 | *** | 0.468 |  |  |
|  | MZ-RJ3 | 0.785 | 4.707 | *** | 0.384 |  |  |
|  | MZ-RJ4 | 0.824 | 4.936 | *** | 0.321 |  |  |
|  | MZ-RJ5 | 0.776 | 4.654 | *** | 0.398 |  |  |
|  | MZ-RJ6 | 0.823 | 4.930 | *** | 0.323 |  |  |
| 面子—能力 | MZ-NL1 | 0.737 | — | — | 0.457 | 0.770 | 0.529 |
|  | MZ-NL2 | 0.640 | 3.380 | *** | 0.591 |  |  |
|  | MZ-NL3 | 0.796 | 3.681 | *** | 0.367 |  |  |

$\chi^2/df = 1.195$　GFI = 0.876　IFI = 0.950　CFI = 0.947　RMSEA = 0.071

注：*** 表示 P 值 < 0.001；** 表示 P 值 < 0.01；* 表示 P 值 < 0.05。

　　本研究对面子威胁感知三个维度（面子—品德、面子—人际、面子—能力）间的区分效度进行检验，其结果详见表4-26。在该表中，对角线上括号内数值是面子威胁感知三个维度各自的 AVE 平方根值，分别为 0.741、0.777、0.727；而非对角线上的数值则是三个维度两两间的相关系数。不难发现，0.741、0.777、0.727 分别与其所在行或列上相关系数值相比，都显得大些。这就表明面子威胁感知三个维度间可有效加以区分，该量表具有较好的区别效度。

表 4-26　　面子威胁感知各维度间区别效度检验

|  | 面子—品德 | 面子—人际 | 面子—能力 |
|---|---|---|---|
| 面子—品德 | (0.741) |  |  |
| 面子—人际 | 0.521 | (0.777) |  |
| 面子—能力 | 0.414 | 0.433 | (0.727) |

（六）自我概念量表

1. 信度检验

自我概念及其各维度的 Cronbach's α 系数值详见表 4-27。其中，自我概念量表的 Cronbach's α 系数值为 0.788，而生理自我、道德伦理自我、心理自我、家庭自我和社会自我的 Cronbach's α 系数值分别为 0.641、0.607、0.660、0.687 和 0.820，均接近 0.7 这一标准阈值（可接受水平）；从总分贡献率来看，ZW-SL5、ZW-XL4、ZW-JT5、ZW-SH5 的分项对总项的相关系数分别为 0.458、0.467、0.494 和 0.226，均在 0.5 以下，且这四个测量条款被删除后，其所在维度的 Cronbach's α 系数值会有显著提升，所以该测量条款予以删除；再者，ZW-DD4 这一测量条款若被删除，其所在维度的 Cronbach's α 系数值将会有显著提升，所以也予以删除。删除不合格测量条款后，自我概念量表的 Cronbach's α 系数值由 0.788 上升至 0.846（见表 4-28）。从表 4-28 中我们还可看到，各维度的 Cronbach's α 系数值均大于 0.7（最小值高达 0.712），分项对总项的相关系数均在 0.5 以上（最小值高达 0.672），且删除任一测量条款后 Cronbach's α 系数值不会再有显著提升。

表 4-27　　自我概念量表的信度分析

| 题项 | 分项对总项的相关系数 | 删除该题项后的 Cronbach's α 系数 | Cronbach's α 系数 |
|---|---|---|---|
| 自我概念（共计 23 个题项） |  |  | 0.788 |
| 生理自我 |  |  | 0.641 |

续表

| 题项 | 分项对总项的相关系数 | 删除该题项后的 Cronbach's α 系数 | Cronbach's α 系数 |
|---|---|---|---|
| ZW-SL1 我觉得身体不是很舒服（R） | 0.758 | 0.544 | |
| ZW-SL2 我全身都是病痛（R） | 0.637 | 0.574 | |
| ZW-SL3 我的身体有病（R） | 0.716 | 0.541 | |
| ZW-SL4 我的身体健康 | 0.713 | 0.531 | |
| ZW-SL5 对于自己的外貌，我觉得满意 | 0.458 | 0.719 | |
| 道德伦理自我 | | | 0.607 |
| ZW-DD1 有时候为了达到胜过别人的目的，我会使用一些非正当手段 | 0.675 | 0.571 | |
| ZW-DD2 在日常生活中，我常凭良心做事情 | 0.820 | 0.354 | |
| ZW-DD3 对于自己的道德行为，我感到满意 | 0.778 | 0.405 | |
| ZW-DD4 我时常贸然行事，而不经事先考虑（R） | 0.541 | 0.770 | |
| 心理自我 | | | 0.660 |
| ZW-XL1 我一般都能轻而易举地解决遭遇的困难 | 0.648 | 0.613 | |
| ZW-XL2 我不满意我自己 | 0.820 | 0.487 | |
| ZW-XL3 对自己现有的情形，我感到满意 | 0.823 | 0.472 | |
| ZW-XL4 我时常心怀恨意（R） | 0.467 | 0.712 | |
| 家庭自我 | | | 0.687 |
| ZW-JT1 对家人，我觉得我不够信任（R） | 0.725 | 0.636 | |
| ZW-JT2 我感觉家人并不信任我 | 0.778 | 0.562 | |
| ZW-JT3 我感觉我的家人并不爱我（R） | 0.700 | 0.615 | |
| ZW-JT4 我的家庭幸福美满 | 0.756 | 0.576 | |
| ZW-JT5 与他人在一起相处，我常感觉不自在 | 0.494 | 0.774 | |
| 社会自我 | | | 0.820 |
| ZW-SH1 我感觉与陌生人谈话有困难 | 0.795 | 0.773 | |
| ZW-SH2 关于自己与他人相处，我感觉不是很理想（R） | 0.823 | 0.760 | |
| ZW-SH3 在社交方面，我感觉我自己不太理想（很差）（R） | 0.887 | 0.733 | |
| ZW-SH4 对于自己的社交能力方面，我感到满意 | 0.847 | 0.744 | |
| ZW-SH5 对于这个世界，我觉得讨厌（R） | 0.226 | 0.876 | |

表 4-28  删除不合格测量条款后自我概念量表的信度分析

| 题项 | 分项对总项的相关系数 | 删除该题项后的 Cronbach's α 系数 | Cronbach's α 系数 |
|---|---|---|---|
| 自我概念（共计18个题项） | | | 0.846 |
| 生理自我 | | | 0.719 |
| ZW-SL1  我觉得身体不是很舒服（R） | 0.793 | 0.700 | |
| ZW-SL2  我全身都是病痛（R） | 0.672 | 0.678 | |
| ZW-SL3  我的身体有病（R） | 0.797 | 0.612 | |
| ZW-SL4  我的身体健康 | 0.734 | 0.641 | |
| 道德伦理自我 | | | 0.770 |
| ZW-DD1  有时候为了达到胜过别人的目的，我会使用一些非正当手段 | 0.796 | 0.769 | |
| ZW-DD2  在日常生活中，我常凭良心做事情 | 0.890 | 0.538 | |
| ZW-DD3  对于自己的道德行为，我感到满意 | 0.830 | 0.656 | |
| 心理自我 | | | 0.712 |
| ZW-XL1  我一般都能轻而易举地解决遭遇的困难 | 0.688 | 0.711 | |
| ZW-XL2  我不满意我自己 | 0.849 | 0.545 | |
| ZW-XL3  对自己现有的情形，我感到满意 | 0.844 | 0.539 | |
| 家庭自我 | | | 0.774 |
| ZW-JT1  对家人，我觉得我不够信任（R） | 0.795 | 0.771 | |
| ZW-JT2  我感觉家人并不信任我 | 0.789 | 0.700 | |
| ZW-JT3  我感觉我的家人并不爱我（R） | 0.747 | 0.726 | |
| ZW-JT4  我的家庭幸福美满 | 0.817 | 0.678 | |
| 社会自我 | | | 0.876 |
| ZW-SH1  我感觉与陌生人谈话有困难 | 0.822 | 0.863 | |
| ZW-SH2  关于自己与他人相处，我感觉不是很理想（R） | 0.830 | 0.852 | |
| ZW-SH3  在社交方面，我感觉我自己不太理想（很差）（R） | 0.902 | 0.811 | |
| ZW-SH4  对于自己的社交能力方面，我感到满意 | 0.861 | 0.834 | |

此外,自我概念量表各维度的组成信度(CR)详见表4-29。我们从该表中可看到,自我概念五个维度的组成信度(CR)分别为0.799、0.825、0.750、0.805、0.878,均远高于0.6的标准阈值(可接受水平),表明自我概念量表具有较高的内部一致性,信度较佳。

2. 效度检测

自我概念在本研究中是一个二阶因子,其测量量表共包括"生理自我""道德伦理自我""心理自我""家庭自我"和"社会自我"5个维度,18个测量条款。自我概念基于大样本调研数据的验证性因子分析结果详见表4-29。从模型的拟合优度指标看,$\chi^2/df=1.478$,不但小于5而且小于3;GFI = 0.852 > 0.85;IFI = 0.929,CFI = 0.926,均大于0.9;RMSEA = 0.066 < 0.1;均达可接受标准,表明自我概念五因子测量模型是有效的,且拟合效果较好。此外,各测量条款的标准化因子载荷均大于0.5,且P值显示均达显著水平;"生理自我""道德伦理自我""心理自我""家庭自我"和"社会自我"五个因子的AVE值分别为0.503、0.623、0.502、0.511和0.644,均大于0.5的临界判定标准,由此可断定:该量表具有较好的收敛有效性。

表4-29　　　　　　自我概念的二阶验证性因子分析

| 因子结构 | 测量条款 | 标准化因子载荷($\lambda$) | 临界比(C.R.) | P值 | 衡量误差($\varepsilon$) | 组成信度 | 平均变异抽取量 |
|---|---|---|---|---|---|---|---|
| 生理自我 | ZW-SL1 | 0.603 | — | — | 0.636 | 0.799 | 0.503 |
| | ZW-SL2 | 0.621 | 4.949 | *** | 0.614 | | |
| | ZW-SL3 | 0.837 | 5.494 | *** | 0.299 | | |
| | ZW-SL4 | 0.750 | 5.336 | *** | 0.437 | | |
| 道德伦理自我 | ZW-DD1 | 0.516 | — | — | 0.733 | 0.825 | 0.623 |
| | ZW-DD2 | 0.945 | 5.555 | *** | 0.106 | | |
| | ZW-DD3 | 0.843 | 5.633 | *** | 0.289 | | |
| 心理自我 | ZW-XL1 | 0.621 | — | — | 0.614 | 0.750 | 0.502 |
| | ZW-XL2 | 0.719 | 4.759 | *** | 0.483 | | |
| | ZW-XL3 | 0.776 | 4.804 | *** | 0.397 | | |

续表

| 因子结构 | 测量条款 | 标准化因子载荷（λ） | 临界比（C.R.） | P值 | 衡量误差（ε） | 组成信度 | 平均变异抽取量 |
|---|---|---|---|---|---|---|---|
| 家庭自我 | ZW-JT1 | 0.604 | — | — | 0.635 | 0.805 | 0.511 |
|  | ZW-JT2 | 0.696 | 5.544 | *** | 0.515 |  |  |
|  | ZW-JT3 | 0.743 | 5.772 | *** | 0.447 |  |  |
|  | ZW-JT4 | 0.801 | 5.983 | *** | 0.358 |  |  |
| 社会自我 | ZW-SH1 | 0.730 | — | — | 0.467 | 0.878 | 0.644 |
|  | ZW-SH2 | 0.795 | 8.056 | *** | 0.367 |  |  |
|  | ZW-SH3 | 0.849 | 8.571 | *** | 0.279 |  |  |
|  | ZW-SH4 | 0.830 | 8.497 | *** | 0.311 |  |  |

$\chi^2/df = 1.478$　GFI = 0.852　IFI = 0.929　CFI = 0.926　RMSEA = 0.066

注：*** 表示P值 < 0.001；** 表示P值 < 0.01；* 表示P值 < 0.05。

本研究对自我概念五个维度（生理自我、道德伦理自我、心理自我、家庭自我以及社会自我）间的区分效度进行检验，其结果详见表4-30。在该表中，对角线上括号内数值是自我概念五个维度各自的AVE平方根值，分别为0.709、0.789、0.709、0.715以及0.802；而非对角线上的数值则是五个维度两两间的相关系数。不难发现，0.709、0.789、0.709、0.715以及0.802分别与其所在行或列上相关系数值相比，都显得大些。这就表明自我概念五个维度间可有效加以区分，该量表具有较好的区别效度。

表4-30　　　　　　　　自我概念各维度间区别效度检验

|  | 生理自我 | 道德伦理自我 | 心理自我 | 家庭自我 | 社会自我 |
|---|---|---|---|---|---|
| 生理自我 | (0.709) |  |  |  |  |
| 道德伦理自我 | 0.408 | (0.789) |  |  |  |
| 心理自我 | 0.315 | 0.279 | (0.709) |  |  |
| 家庭自我 | 0.442 | 0.464 | 0.302 | (0.715) |  |
| 社会自我 | 0.373 | 0.226 | 0.557 | 0.307 | (0.802) |

## （七）顾客忠诚量表

### 1. 信度检验

顾客忠诚及其各维度的 Cronbach's α 系数值详见表 4-31。其中，面子威胁感知量表的 Cronbach's α 系数值为 0.817，而行为忠诚、态度忠诚的 Cronbach's α 系数值分别为 0.768 与 0.753，均达到 0.7 这一标准阈值（可接受水平）；从总分贡献率来看，分项对总项的相关系数均在 0.5 以上（最小值高达 0.580）；再者，ZC-XW5、ZC-TD4 这两个测量条款若被删除，其所在维度的 Cronbach's α 系数值将会有显著提升，所以也予以删除。删除不合格测量条款后，顾客忠诚量表的 Cronbach's α 系数值由 0.817 上升至 0.822（见表 4-32）。从表 4-32 中我们还可看到，各维度的 Cronbach's α 系数值均大于 0.7（最小值高达 0.755），分项对总项的相关系数均在 0.5 以上（最小值高达 0.736），且删除任一测量条款后 Cronbach's α 系数值不会再有显著提升。

表 4-31　　　　　　　　顾客忠诚量表的信度分析

| 题项 | 分项对总项的相关系数 | 删除该题项后的 Cronbach's α 系数 | Cronbach's α 系数 |
| --- | --- | --- | --- |
| 顾客忠诚（共计 9 个题项） | | | 0.817 |
| 行为忠诚 | | | 0.768 |
| ZC-XW1　我在 B 商家消费购物，已有不少年头了 | 0.734 | 0.720 | |
| ZC-XW2　我在 B 商家花的钱，较之其他的商家，要多很多 | 0.796 | 0.687 | |
| ZC-XW3　我到 B 商家的次数，较之其他的商家，要多得多 | 0.781 | 0.693 | |
| ZC-XW4　B 商家在我总的购物消费开支中占的比例较大 | 0.735 | 0.720 | |
| ZC-XW5　对任何关于商家方面征求我建议的人，我总是把 B 商家推荐给他 | 0.580 | 0.799 | |
| 态度忠诚 | | | 0.753 |

| 题项 | 分项对总项的相关系数 | 删除该题项后的 Cronbach's α 系数 | Cronbach's α 系数 |
|---|---|---|---|
| ZC - TD1　对别人谈起 B 商家时，我都会用积极肯定的话 | 0.799 | 0.663 | |
| ZC - TD2　我很乐意把 B 商家推荐给我的亲朋好友 | 0.760 | 0.681 | |
| ZC - TD3　即使在未来，我想我也会使用 B 商家推出的一系列新产品或服务 | 0.758 | 0.685 | |
| ZC - TD4　我愿意一直（继续）在 B 商家消费购物 | 0.735 | 0.755 | |

**表 4 - 32　删除不合格测量条款后顾客忠诚量表的信度分析**

| 题项 | 分项对总项的相关系数 | 删除该题项后的 Cronbach's α 系数 | Cronbach's α 系数 |
|---|---|---|---|
| 顾客忠诚（共计 9 个题项） | | | 0.822 |
| 行为忠诚 | | | 0.799 |
| ZC - XW1　我在 B 商家消费购物，已有不少年头了 | 0.770 | 0.769 | |
| ZC - XW2　我在 B 商家花的钱，较之其他的商家，要多很多 | 0.844 | 0.708 | |
| ZC - XW3　我到 B 商家的次数，较之其他的商家，要多得多 | 0.822 | 0.717 | |
| ZC - XW4　B 商家在我总的购物消费开支中占的比例较大 | 0.736 | 0.795 | |
| 态度忠诚 | | | 0.755 |
| ZC - TD1　对别人谈起 B 商家时，我都会用积极肯定的话 | 0.855 | 0.636 | |
| ZC - TD2　我很乐意把 B 商家推荐给我的亲朋好友 | 0.833 | 0.621 | |
| ZC - TD3　即使在未来，我想我也会使用 B 商家推出的一系列新产品或服务 | 0.773 | 0.751 | |

此外，顾客忠诚量表各维度的组成信度（CR）详见表4-33。我们从该表中可看到，顾客忠诚两个维度的组成信度（CR）分别为0.811和0.764，均远高于0.6的标准阈值（可接受水平），表明顾客忠诚量表具有较高的内部一致性，信度较佳。

2. 效度检测

顾客忠诚在本研究中是一个二阶因子，其测量量表共包括"行为忠诚"和"态度忠诚"2个维度、7个测量条款。顾客忠诚基于大样本调研数据的验证性因子分析结果详见表4-33。从模型的拟合优度指标看，$\chi^2/df=2.218$，不但小于5而且小于3；GFI=0.978，IFI=0.979，CFI=0.979，均远大于0.9；RMSEA=0.059，不但小于0.1而且非常接近0.05这一更严格的标准；表明顾客忠诚二因子测量模型是有效的，且拟合效果非常好。此外，各测量条款的标准化因子载荷均大于0.5（最小达0.596），且P值显示均达显著水平；"行为忠诚"和"态度忠诚"两个因子的AVE值分别为0.521和0.523，均大于0.5的临界判定标准，由此可断定：该量表具有较好的收敛有效性。

表4-33　　　　　　　　顾客忠诚的二阶验证性因子分析

| 因子结构 | 测量条款 | 标准化因子载荷（λ） | 临界比（C.R.） | P值 | 衡量误差（ε） | 组成信度 | 平均变异抽取量 |
|---|---|---|---|---|---|---|---|
| 行为忠诚 | ZC-XW1 | 0.655 | — | — | 0.570 | 0.811 | 0.521 |
|  | ZC-XW2 | 0.801 | 11.609 | *** | 0.358 |  |  |
|  | ZC-XW3 | 0.812 | 11.664 | *** | 0.341 |  |  |
|  | ZC-XW4 | 0.596 | 9.362 | *** | 0.644 |  |  |
| 态度忠诚 | ZC-TD1 | 0.750 | — | — | 0.437 | 0.764 | 0.523 |
|  | ZC-TD2 | 0.804 | 10.436 | *** | 0.354 |  |  |
|  | ZC-TD3 | 0.599 | 9.500 | *** | 0.642 |  |  |
| $\chi^2/df=2.218$　　GFI=0.978　　IFI=0.979　　CFI=0.979　　RMSEA=0.059 |

注：＊＊＊表示P值<0.001；＊＊表示P值<0.01；＊表示P值<0.05。

本研究对顾客忠诚两个维度（行为忠诚、态度忠诚）间的区分效度进行检验，其结果详见表4-34。在该表中，对角线上括号内数值是顾客忠诚两个维度各自的AVE平方根值，分别为0.722、0.723；而非对角线上的数值则是行为忠诚与态度忠诚两个维度两两间的相关系数。不难发现，0.722、0.723 分别与其所在行或列上相关系数值相比，都显得大些。这就表明顾客忠诚两个维度间可有效加以区分，该量表具有较好的区别效度。

表 4-34　　　　　　　　顾客忠诚各维度间区别效度检验

|  | 行为忠诚 | 态度忠诚 |
| --- | --- | --- |
| 行为忠诚 | (0.722) |  |
| 态度忠诚 | 0.398 | (0.723) |

（八）消费者伦理行为量表

1. 信度检验

消费者伦理行为及其各维度的 Cronbach's α 系数值详见表 4-35。其中，消费者伦理行为量表的 Cronbach's α 系数值为 0.802，而主动获利的非法行为、被动获利行为、主动获利的问题行为、无伤害行为的 Cronbach's α 系数值分别为 0.730、0.777、0.727 与 0.885，均大于 0.7 这一标准阈值（可接受水平）；从总分贡献率来看，XW-ZD5、XW-ZD6 的分项对总项的相关系数分别为 0.489 和 0.441，均在 0.5 以下，且这两个测量条款被删除后，其所在维度的 Cronbach's α 系数值会有显著提升，所以这两个测量条款予以删除。删除不合格测量条款后，消费者伦理行为量表的 Cronbach's α 系数值由 0.802 上升到 0.822（见表 4-36）。从表 4-36 中我们可看到，各维度的 Cronbach's α 系数值均大于 0.7（最小值高达 0.730），分项对总项的相关系数均在 0.5 以上（最小值高达 0.749），且删除任一测量条款后 Cronbach's α 系数值不会再有显著提升。

此外，消费者伦理行为量表各维度的组成信度（CR）详见表 4-37。我们从该表中可看到，消费者伦理行为四个维度的组成信度（CR）分别为 0.750、0.787、0.838、0.894，均远高于 0.6 的标准阈值（可接受水平），表明消费者伦理行为量表具有较高的内部一致性，信度较佳。

表 4-35　　　　　消费者伦理行为量表的信度分析

| 题项 | 分项对总项的相关系数 | 删除该题项后的 Cronbach's α 系数 | Cronbach's α 系数 |
|---|---|---|---|
| 消费者伦理行为（共计 16 个题项） | | | 0.802 |
| 主动获利的非法行为（行为） | | | 0.730 |
| XW-FF1　您实施行为可能性：在 B 商家购物时，擅自拆开不能复原的商品包装，放回货架不买 | 0.834 | 0.605 | |
| XW-FF2　您实施行为可能性：私自篡改保修卡日期以获取 B 商家免费保修 | 0.840 | 0.626 | |
| XW-FF3　您实施行为可能性：在 B 商家把"高价商品的价格标签"偷换成"低价商品的价格标签"去结账 | 0.749 | 0.684 | |
| 被动获利行为（行为） | | | 0.777 |
| XW-BD1　您实施行为可能性：发现 B 商家收银员多找零钱，一声不吭走人了事 | 0.854 | 0.657 | |
| XW-BD2　您实施行为可能性：利用 B 商家店员的粗心大意使用超过有效期的折价券或优惠券 | 0.769 | 0.776 | |
| XW-BD3　您实施行为可能性：明知 B 商家店员失误算错了账单，自己默不作声装不知 | 0.869 | 0.619 | |
| 主动获利的问题行为（行为） | | | 0.727 |
| XW-ZD1　您实施行为可能性：提供虚假证明，以顺利办理 B 商家提供的耐用消费品贷款 | 0.816 | 0.617 | |
| XW-ZD2　您实施行为可能性：参加 B 商家的影音俱乐部，压根儿就不想购买任何影音产品，只为获取免费影音资料 | 0.729 | 0.656 | |
| XW-ZD3　您实施行为可能性：谎报小孩年龄以获取 B 商家提供的半价优惠 | 0.708 | 0.694 | |
| XW-ZD4　您实施行为可能性：退换已有损害的新买商品（外观上不易觉察），故意隐瞒不告知 B 商家 | 0.778 | 0.639 | |
| XW-ZD5　您实施行为可能性：试用后觉得不喜欢的商品就退回 B 商家 | 0.489 | 0.728 | |
| XW-ZD6　您实施行为可能性：在 B 商家购物后，发现其他商家在对同款商品打折，就要求 B 商家退货 | 0.441 | 0.778 | |

续表

| 题项 | 分项对总项的相关系数 | 删除该题项后的Cronbach's α系数 | Cronbach's α系数 |
|---|---|---|---|
| 无伤害行为（行为） | | | 0.885 |
| XW-WSH1 您实施行为可能性：在B商家用贵宾卡或积分打折卡帮朋友买的商品打折 | 0.763 | 0.884 | |
| XW-WSH2 您实施行为可能性：在B商家提供的休闲娱乐区，从网上下载音乐但不支付版权费 | 0.923 | 0.813 | |
| XW-WSH3 您实施行为可能性：在B商家购买盗版CD而非正版CD | 0.899 | 0.859 | |
| XW-WSH4 您实施行为可能性：在B商家提供的休闲娱乐区，安装使用自己没有购买的电脑软件或游戏软件 | 0.886 | 0.836 | |

表4-36  删除不合格测量条款后消费者伦理行为量表的信度分析

| 题项 | 分项对总项的相关系数 | 删除该题项后的Cronbach's α系数 | Cronbach's α系数 |
|---|---|---|---|
| 消费者伦理行为（共计14个题项） | | | 0.822 |
| 主动获利的非法行为（行为） | | | 0.730 |
| XW-FF1 您实施行为可能性：在B商家购物时，擅自拆开不能复原的商品包装，放回货架不买 | 0.834 | 0.605 | |
| XW-FF2 您实施行为可能性：私自篡改保修卡日期以获取B商家免费保修 | 0.840 | 0.626 | |
| XW-FF3 您实施行为可能性：在B商家把"高价商品的价格标签"偷换成"低价商品的价格标签"去结账 | 0.749 | 0.684 | |
| 被动获利行为（行为） | | | 0.777 |
| XW-BD1 您实施行为可能性：发现B商家收银员多找零钱，一声不吭走人了事 | 0.854 | 0.657 | |
| XW-BD2 您实施行为可能性：利用B商家店员的粗心大意使用超过有效期的折价券或优惠券 | 0.769 | 0.776 | |
| XW-BD3 您实施行为可能性：明知B商家店员失误算错了账单，自己默不作声装不知 | 0.869 | 0.619 | |

续表

| 题项 | 分项对总项的相关系数 | 删除该题项后的 Cronbach's α 系数 | Cronbach's α 系数 |
|---|---|---|---|
| 主动获利的问题行为（行为） | | | 0.818 |
| XW – ZD1　您实施行为可能性：提供虚假证明，以顺利办理 B 商家提供的耐用消费品贷款 | 0.825 | 0.753 | |
| XW – ZD2　您实施行为可能性：参加 B 商家的影音俱乐部，压根儿就不想购买任何影音产品，只为获取免费影音资料 | 0.799 | 0.768 | |
| XW – ZD3　您实施行为可能性：谎报小孩年龄以获取 B 商家提供的半价优惠 | 0.825 | 0.812 | |
| XW – ZD4　您实施行为可能性：退换已有损害的新买商品（外观上不易觉察），故意隐瞒不告知 B 商家 | 0.810 | 0.761 | |
| 无伤害行为（行为） | | | 0.885 |
| XW – WSH1　您实施行为可能性：在 B 商家用贵宾卡或积分打折卡帮朋友买的商品打折 | 0.763 | 0.884 | |
| XW – WSH2　您实施行为可能性：在 B 商家提供的休闲娱乐区，从网上下载音乐并不支付版权费 | 0.923 | 0.813 | |
| XW – WSH3　您实施行为可能性：在 B 商家购买盗版 CD 而非正版 CD | 0.899 | 0.859 | |
| XW – WSH4　您实施行为可能性：在 B 商家提供的休闲娱乐区，安装使用自己没有购买的电脑软件或游戏软件 | 0.886 | 0.836 | |

### 2. 效度检测

消费者伦理行为在本研究中是一个二阶因子，其测量量表共包括"主动获利的非法行为""被动获利行为""主动获利的问题行为"和"无伤害行为"4 个维度，14 个测量条款。消费者伦理行为基于大样本调研数据的验证性因子分析结果详见表 4 – 37。从模型的拟合优度指标看，$\chi^2/df = 3.850 < 5$；$GFI = 0.910$，$IFI = 0.912$，$CFI = 0.911$，均大于

0.9；RMSEA = 0.091 < 0.1；均达可接受标准，表明消费者伦理行为四因子测量模型是有效的，且拟合效果较好。此外，各测量条款的标准化因子载荷均大于0.5，且P值显示均达显著水平；"主动获利的非法行为""被动获利行为""主动获利的问题行为"和"无伤害行为"四个因子的AVE值分别为0.501、0.557、0.564和0.681，均大于0.5的临界判定标准，由此可断定：该量表具有较好的收敛有效性。

表4-37　　消费者伦理行为的二阶验证性因子分析

| 因子结构 | 测量条款 | 标准化因子载荷（λ） | 临界比（C.R.） | P值 | 衡量误差（ε） | 组成信度 | 平均变异抽取量 |
| --- | --- | --- | --- | --- | --- | --- | --- |
| 主动获利的非法行为（行为） | XW-FF1 | 0.759 | — | | 0.423 | 0.750 | 0.501 |
| | XW-FF2 | 0.712 | 9.371 | *** | 0.493 | | |
| | XW-FF3 | 0.647 | 9.133 | *** | 0.581 | | |
| 被动获利行为（行为） | XW-BD1 | 0.768 | — | | 0.410 | 0.787 | 0.557 |
| | XW-BD2 | 0.587 | 9.997 | *** | 0.655 | | |
| | XW-BD3 | 0.858 | 11.550 | *** | 0.263 | | |
| 主动获利的问题行为（行为） | XW-ZD1 | 0.797 | — | | 0.364 | 0.838 | 0.564 |
| | XW-ZD2 | 0.759 | 14.441 | *** | 0.423 | | |
| | XW-ZD3 | 0.664 | 12.438 | *** | 0.559 | | |
| | XW-ZD4 | 0.778 | 14.801 | *** | 0.394 | | |
| 无伤害行为（行为） | XW-WSH1 | 0.663 | — | | 0.560 | 0.894 | 0.681 |
| | XW-WSH2 | 0.948 | 14.833 | *** | 0.101 | | |
| | XW-WSH3 | 0.823 | 13.859 | *** | 0.322 | | |
| | XW-WSH4 | 0.841 | 13.751 | *** | 0.292 | | |

$\chi^2/df = 3.850$　GFI = 0.910　IFI = 0.912　CFI = 0.911　RMSEA = 0.091

注：*** 表示P值 < 0.001；** 表示P值 < 0.01；* 表示P值 < 0.05。

本研究对消费者伦理行为四个维度（主动获利的非法行为、被动获利行为、主动获利的问题行为和无伤害行为）间的区分效度进行检验，其结果详见表4-38。在该表中，对角线上括号内数值是消费者伦理行为四个维度各自的 AVE 平方根值,分别为 0.708、0.746、0.751 和 0.825;而非对角线上的数值则是四个维度两两间的相关系数。不难发现,0.708、0.746、0.751 和 0.825 分别与其所在行或列上相关系数值相比,都显得大些。这就表明消费者伦理行为四个维度间可有效加以区分,该量表具有较好的区别效度。

表 4-38　　消费者伦理行为各维度间区别效度检验

| | 主动获利的非法行为（行为） | 被动获利行为（行为） | 主动获利的问题行为（行为） | 无伤害行为（行为） |
|---|---|---|---|---|
| 主动获利的非法行为（行为） | (0.708) | | | |
| 被动获利行为（行为） | 0.409 | (0.746) | | |
| 主动获利的问题行为（行为） | -0.079 | -0.063 | (0.751) | |
| 无伤害行为（行为） | -0.043 | 0.054 | 0.270 | (0.825) |

# 本章小结

本章主要关注问卷设计、研究数据获取及其质量评估。首先,本研究基于以往相关成熟量表和小规模访谈形成初始调研问卷;其次,通过小样本预测试筛选、净化初始调研问卷中的测量条款形成本研究的正式调研问卷;再次,利用正式调研问卷针对中国内地消费者展开大规模实地调研,获取、收集大样本数据;最后,对正式调研获得的大样本数据进行基本特征描述和基于调研偏差等的整体质量评估,同时对正式调研问卷中的各变量测量量表进行信度、效度检验,结果表明本研究获取的大样本调研数据能满足科学研究的要求,可供后续研究分析之用。

# 第五章 数据分析与假设检验

在大样本调研数据质量得以保证，各变量测量量表信度、效度检验理想的前提下，本章将运用多种科学、严谨的统计分析方法，对研究框架中提出的 46 个研究假设展开检验，检验其在实践中的有效性。从内容上看，本章主要涉及以下三类关系的研究假设检验：（1）中国内地消费者伦理现状及特征；（2）面子威胁感知、自我概念对消费者伦理信念的影响；（3）顾客忠诚在消费者伦理信念与行为间的调节作用。

## 第一节 中国内地消费者伦理现状及特征

### 一 研究目的

根据本书的整体研究框架[1]，研究一围绕"中国内地消费者伦理现状及特征"这一主题展开讨论，其具体的研究目的主要有以下三个方面。

（一）检验中国内地消费者伦理信念的因子结构，并基于不同伦理情景测度中国内地消费者的伦理感知状态

消费者伦理研究主要集中在西方，中国内地至今尚未对该领域进行系统研究，这与中国作为世界人口第一大国，占全世界消费者总数五分之一还多，且中国内地的消费者伦理现状不容乐观间形成了强烈的对比和反差。本书将研究对象聚焦于中国内地消费者，检验中国内地消费者伦理信念的因子结构，并基于不同伦理情景测度中国内地消费者的伦理感知状态。

---

[1] 详见第三章第六节。

（二）检验伦理意识、马基雅弗利主义等对中国内地消费者伦理信念的影响

本书除了消费者伦理信念，还将从伦理意识、马基雅弗利主义等角度检验中国内地消费者伦理的现状及其特点，在集体主义文化背景下，对源自西方个体主义文化背景下的消费者伦理理论及相关研究结论进行检验。

（三）检验人口统计变量因素对中国内地消费者伦理信念的影响

人口统计变量因素在消费者伦理的诸多影响因素中率先引起学者们的关注。迄今，性别、年龄、受教育程度以及婚姻状况等，受到了多次验证并取得基本一致的研究结论，但消费者的职业状况、收入水平、出生地等变量的影响还有待进一步实证检验。本书拟在中国内地集体主义文化背景下，聚焦于中国内地消费者，检验这些人口统计变量因素对消费者伦理信念的影响效应。

## 二 研究假设回顾

本书在第三章第五节中基于各核心概念间相互关系，提出了本书的理论假设，进而在第六节中进行汇总并构建本书的理论框架模型。本节仅简要回顾其中试图检验的11个研究假设（见表5-1）。

表5-1 "中国内地消费者伦理现状及特征"相关研究假设

| 编号 | 假设内容 |
| --- | --- |
| H1 | 中国内地消费者具有较高的消费者伦理水平（即较不能容忍"主动获利的非法行为""被动获利行为""主动获利的问题行为"和"无伤害行为"等伦理上受到质疑的消费者行为） |
| H2 | 理想主义程度高的消费者比理想主义程度低的消费者具有更高的消费者伦理水平（即更不能容忍"主动获利的非法行为""被动获利行为""主动获利的问题行为"和"无伤害行为"等伦理上受到质疑的消费者行为） |
| H3 | 相对主义程度低的消费者比相对主义程度高的消费者具有更高的消费者伦理水平（即更不能容忍"主动获利的非法行为""被动获利行为""主动获利的问题行为"和"无伤害行为"等伦理上受到质疑的消费者行为） |
| H4 | 马基雅弗利主义程度低的消费者比马基雅弗利主义程度高的消费者具有更高的消费者伦理水平（即更不能容忍"主动获利的非法行为""被动获利行为""主动获利的问题行为"和"无伤害行为"等伦理上受到质疑的消费者行为） |

续表

| 编号 | 假设内容 |
|---|---|
| H5 | 女性消费者比男性消费者具有更高的消费者伦理水平（即更不能容忍"主动获利的非法行为""被动获利行为""主动获利的问题行为"和"无伤害行为"等伦理上受到质疑的消费者行为） |
| H6 | 年长的消费者比年轻的消费者具有更高的消费者伦理水平（即更不能容忍"主动获利的非法行为""被动获利行为""主动获利的问题行为"和"无伤害行为"等伦理上受到质疑的消费者行为） |
| H7 | 受过大学教育的消费者比未受过大学教育的消费者具有更高的消费者伦理水平（即更不能容忍"主动获利的非法行为""被动获利行为""主动获利的问题行为"和"无伤害行为"等伦理上受到质疑的消费者行为） |
| H8 | 已婚消费者比未婚消费者具有更高的消费者伦理水平（即更不能容忍"主动获利的非法行为""被动获利行为""主动获利的问题行为"和"无伤害行为"等伦理上受到质疑的消费者行为） |
| H9 | 在政府或事业单位工作的消费者比在企业工作的消费者具有更高的消费者伦理水平（即更不能容忍"主动获利的非法行为""被动获利行为""主动获利的问题行为"和"无伤害行为"等伦理上受到质疑的消费者行为） |
| H10 | 年收入水平高的消费者比年收入水平低的消费者具有更高的消费者伦理水平（即更不能容忍"主动获利的非法行为""被动获利行为""主动获利的问题行为"和"无伤害行为"等伦理上受到质疑的消费者行为） |
| H11 | 出生于农村的消费者比出生于城市的消费者具有更高的消费者伦理水平（即更不能容忍"主动获利的非法行为""被动获利行为""主动获利的问题行为"和"无伤害行为"等伦理上受到质疑的消费者行为） |

注：本表中的 11 个研究假设均是验证性的。

其中，H1 通过分析中国内地消费者对"主动获利的非法行为""被动获利行为""主动获利的问题行为"和"无伤害行为"等伦理上受到质疑的消费者行为的感知状态，检验中国内地消费者的总体消费者伦理信念水平状况。H2、H3 和 H4 意在检验中国内地消费者对伦理上受到质疑的消费者行为的感知状态是否受到伦理意识（包括理想主义、相对主义）和马基雅弗利主义的影响，并试图分析其影响程度。H5—H11 意在检验 7 个人口统计变量因素对中国内地消费者伦理信念的影响效应。本书通过对上述 11 个假设的检验，来剖析中国内地消费者伦理的现状及特征。

### 三 具体分析方法

本节运用的具体分析方法主要有四种。

#### （一）探索性因子分析

探索性因子分析（Explorative factor analysis，EFA）是常用的一种多元统计分析技术。该方法通过研究众多变量间的内部依赖关系，探求观测数据的基本结构并用少数几个因子来表示，这少数几个因子能反映原来众多观测变量所代表的主要信息，以最少的信息丢失反映信息的本质特征。所以，探索性因子分析除了寻求基本结构，还具有简化数据的功能。在本书中，笔者采用探索性因子分析法，来探求中国内地消费者伦理信念的因子结构，并测度各个维度下的伦理感知状态，以此来检验本书前面提出的假设（H1）。

#### （二）多元线性回归

多元线性回归（Multiple linear regression）是分析一个随机变量与多个变量间线性关系的常用统计方法，该方法通常用各变量的观察数据拟合所关注的变量（被解释变量，也称因变量）和影响它变化的变量（解释变量，也称自变量）间的线性关系式，检验其影响的显著程度并比较作用的大小，进而用两个或多个变量（自变量）的变化来解释、预测另一个变量（因变量）的变化。本书分别以消费者伦理信念的四个维度（主动获利的非法行为信念、被动获利行为信念、主动获利的问题行为信念、无伤害行为信念）为因变量，以理想主义、相对主义和马基雅弗利主义为自变量，构建4个多元线性回归方程，分别考察在不同的消费者伦理情景下，中国内地消费者伦理信念受理想主义、相对主义和马基雅弗利主义影响的显著程度，以此来检验前面提出的假设（H2、H3和H4）。

#### （三）独立样本T检验

独立样本T检验（Independent-samples T test）的目的是利用来自两个总体的独立样本，推断两个总体的均值是否存在显著差异。在本书验证人口统计变量因素对中国内地消费者伦理信念的影响时，由于性别、年龄、受教育程度、婚姻状况和出生地的样本数均被归为两组，所以采用独立样本T检验，鉴别性别、年龄、受教育程度、婚姻状况和出生地不同的中国内地消费者在各维度的伦理信念（感知）上是否存在显著差异,以此来检验前面提出的假设(H5、H6、H7、H8 和 H11)。

(四) 单因素方差分析

单因素方差分析(One-way ANOVA)用来研究一个控制变量的不同水平①是否对观测变量产生了显著影响。在本书验证人口统计变量因素对中国内地消费者伦理信念的影响时,由于职业状况、收入水平的样本数为三组及三组以上,所以采用单因素方差分析,鉴别职业状况、收入水平不同的中国内地消费者在各维度的伦理信念(感知)上是否存在显著差异,以此来检验前面提出的假设(H9、H10)。

### 四 假设检验

(一) 中国内地消费者伦理信念的因子结构及各维度伦理感知状态

本书运用探索性因子分析(EFA)来检验中国内地消费者伦理信念的因子结构。

首先,考察样本数据是否适合用因子分析提取因子,KMO 值和 Bartlett 球形检验卡方值是两个常用的判定指标。由表 5-2 可知,KMO 值为 0.769,大于 0.7,且 Bartlett 球形检验卡方值达 2408.906,其显著性概率为 0.000,小于 0.05,表明样本数据适合进行因子分析。

表 5-2　　　　　　　　消费者伦理信念因子分析

| 因子维度(结构)及测量题项 | 均值 | 因子负荷 | 特征值 |
|---|---|---|---|
| 消费者伦理信念(共计 16 个题项) | | | |
| 主动获利的非法行为(信念) | 1.40 | | 2.749 |
| XN-FF1　在乘坐无人售票公交车时,不投硬币或少投硬币 | 1.31 | 0.719 | |
| XN-FF2　超市购物,擅自拆开不能复原的商品包装,放回货架不买 | 1.54 | 0.774 | |
| XN-FF3　把"高价商品的价格标签"偷换成"低价商品的价格标签"去结账 | 1.22 | 0.797 | |
| XN-FF4　为不缴费使用有线电视,从公共线箱偷牵一根连至自己家中 | 1.51 | 0.732 | |
| 被动获利行为(信念) | 2.27 | | 4.762 |
| XN-BD1　发现收银员多找零钱,一声不吭走人了事 | 1.88 | 0.704 | |

---

① 一般控制变量的不同水平在两个以上时用单因素方差分析。

续表

| 因子维度（结构）及测量题项 | 均值 | 因子负荷 | 特征值 |
|---|---|---|---|
| XN-BD2　趁收银员不注意使用破损（按银行规定已不能用的）人民币购物 | 2.41 | 0.785 | |
| XN-BD3　利用店员的粗心大意使用超过有效期的折价券或优惠券 | 2.33 | 0.718 | |
| XN-BD4　商品退还商家，私自偷偷扣下购买时的促销赠品 | 2.59 | 0.607 | |
| XN-BD5　明知店员失误算错了账单，自己默不作声装不知 | 2.14 | 0.822 | |
| 主动获利的问题行为（信念） | 3.29 | | 1.099 |
| XN-ZD1　在新车的购买过程中，为能在讨价还价中占些优势而撒谎 | 3.26 | 0.722 | |
| XN-ZD2　提供虚假的高收入证明，以顺利办理房贷或车贷 | 3.21 | 0.851 | |
| XN-ZD3　参加商家提供的影音俱乐部，压根儿就不想购买任何影音产品，只为获取免费影音资料 | 3.41 | 0.724 | |
| 无伤害行为（信念） | 4.14 | | 1.767 |
| XN-WSH1　用贵宾卡或积分打折卡帮朋友买的商品打折 | 4.44 | 0.832 | |
| XN-WSH2　购买盗版CD而非正版CD | 3.82 | 0.741 | |
| XN-WSH3　安装使用自己没有购买的电脑软件或游戏软件 | 4.18 | 0.790 | |
| XN-WSH4　花数小时对不同衣服进行一一试穿，但一件也不购买 | 4.10 | 0.767 | |

KMO 值　0.769

Bartlett 检验卡方值　2408.906

显著性概率　0.000

解释方差（%）　64.857

　　其次，本书运用主成分分析法提取因子，以特征值大于1为提取标准，基于方差最大法进行因子旋转。由表5-2可知，中国内地消费者伦理信念可提取四个因子，方差总解释率达64.857%，这与以往学者如 Muncy 和 Vitell（1992），Vitell、Lumpkin 和 Rawwas（1991），赵宝春（2008）等的研究基本一致，因子命名得以沿用（见表5-2）。其中，因子一"主动获利的非法行为（信念）"，共有4个测量条款，均值为

1.40；这类行为的显著特点在于：消费者获利行为的主动性，并且行为被感知为非法，当然也是非伦理的。诸如，在超市把"高价商品的价格标签"偷换成"低价商品的价格标签"去结账，在乘坐无人售票公交车时不投硬币或少投硬币，为不缴费使用有线电视从公共线箱偷牵一根连至自己家中等。因子二"被动获利行为（信念）"，共有 5 个测量条款，均值为 2.27；这类行为的显著特点在于：消费者利用卖方失误而被动获利，诸如发现收银员多找零钱一声不吭走人了事，利用店员的粗心大意使用超过有效期的折价券或优惠券，商品退还商家时私自偷偷扣下购买时的促销赠品等。因子三"主动获利的问题行为（信念）"，共有 3 个测量条款，均值为 3.29；这类行为的显著特点在于：消费者从主动发起的被普遍视为有问题（但不至于非法）的行为中获利。诸如在新车的购买过程中，为能在讨价还价中占些优势而撒谎；提供虚假的高收入证明，以顺利办理房贷或车贷等。因子四"无伤害行为（信念）"，共有 4 个测量条款，均值为 4.14；这类行为的显著特点在于：消费者从细小的、不足以产生伤害（能被大多数消费者理解接受）的行为中获利。诸如，用贵宾卡或积分打折卡帮朋友买的商品打折；安装使用自己没有购买的电脑软件或游戏软件；花数小时对不同衣服进行一一试穿，但一件也不购买等。

就四个因子的均值而言，主动获利的非法行为（信念）的均值为 1.40，表明中国内地消费者明确拒绝此类行为；被动获利行为（信念）的均值为 2.27，表明中国内地消费者倾向于拒绝此类行为；主动获利的问题行为（信念）的均值为 3.29，表明中国内地消费者对此类行为的判断较为模糊；无伤害行为（信念）的均值为 4.14，表明中国内地消费者较能接受认可此类行为。由此可见，假设 H1 只得到部分支持。

（二）伦理意识、马基雅弗利主义对中国内地消费者伦理信念的影响

本书分别以消费者伦理信念的四个维度（主动获利的非法行为信念、被动获利行为信念、主动获利的问题行为信念、无伤害行为信念）为因变量，以理想主义、相对主义和马基雅弗利主义为自变量，构建四个多元线性回归方程，分别考察在不同的消费者伦理情景下，中国内地消费者伦理信念受理想主义、相对主义和马基雅弗利主义影响的显著程

度，分析结果①详见表 5-3。

表 5-3　　　　　消费者伦理信念四个维度的回归分析

| 因变量 | 自变量 | | | $R^2$ | F 值 |
|---|---|---|---|---|---|
| | 相对主义 | 理想主义 | 马基雅弗利主义 | | |
| 主动获利的非法行为（信念） | -0.057 | 0.294* | -0.363* | 0.268 | 151.696** |
| 被动获利行为（信念） | -0.058 | 0.252** | -0.341** | 0.239 | 130.126*** |
| 主动获利的问题行为（信念） | -0.233* | 0.075 | -0.254* | 0.164 | 81.281** |
| 无伤害行为（信念） | -0.150** | 0.014 | -0.128* | 0.046 | 19.978** |

注：***表示 P 值 <0.001；**表示 P 值 <0.01；*表示 P 值 <0.05。

在回归方程一中，主动获利的非法行为（信念）受到理想主义、马基雅弗利主义的显著影响，但相对主义的影响效应并不显著。理想主义是正向影响（影响程度为 β=0.294，其显著性概率 P<0.05），而马基雅弗利主义则是反向影响（影响程度为 β=-0.363，其显著性概率 P<0.05），方差总解释率 $R^2$ 达 26.80%。模型拟合优度 F 值为 151.696，其显著性概率 P<0.01，说明回归模型的拟合度好。

在回归方程二中，被动获利行为（信念）受到理想主义、马基雅弗利主义的显著影响，但相对主义的影响效应并不显著。理想主义是正向影响（影响程度为 β=0.252，其显著性概率 P<0.01），而马基雅弗利主义则是反向影响（影响程度为 β=-0.341，其显著性概率 P<0.01），方差总解释率 $R^2$ 达 23.90%。模型拟合优度 F 值为 130.126，其显著性概率 P<0.001，说明回归模型的拟合度相当好。

在回归方程三中，主动获利的问题行为（信念）受到相对主义、马基雅弗利主义的显著影响，但理想主义的影响效应并不显著。相对主

---

① 在本书中，理想主义、相对主义和马基雅弗利主义量表均采用 Likert 五级评分法，按照"1"（完全不认同）到"5"（完全认同）评定，分值越大意味着对理想主义、相对主义和马基雅弗利主义的认同程度越高。消费者伦理信念量表也采用 Likert 五级评分法，按照"1"（深信是错的）到"5"（深信没有错）评定，分值越大意味着对伦理上值得怀疑的消费者行为的认同程度越高，也即消费者伦理水平越低。可见，理想主义、相对主义和马基雅弗利主义量表和消费者伦理信念量表在计分上正好相反。本书在建立多元回归方程前对理想主义、相对主义和马基雅弗利主义先做数据预处理（即数据反向），以便在和消费者伦理信念的计分方向保持一致的基础上验证相互间的关系。

义是反向影响（影响程度为 β = -0.233，其显著性概率 P < 0.05），马基雅弗利主义也是反向影响（影响程度为 β = -0.254，其显著性概率 P < 0.05），方差总解释率 $R^2$ 达 16.40%。模型拟合优度 F 值为 81.281，其显著性概率 P < 0.01，说明回归模型的拟合度好。

在回归方程四中，无伤害行为（信念）受到相对主义、马基雅弗利主义的显著影响，但理想主义的影响效应并不显著。相对主义是负向影响（影响程度为 β = -0.150，其显著性概率 P < 0.01），马基雅弗利主义也是反向影响（影响程度为 β = -0.128，其显著性概率 P < 0.05），方差总解释率 $R^2$ 达 4.60%。模型拟合优度 F 值为 19.978，其显著性概率 P < 0.01，说明回归模型的拟合度好。

就总体而言，马基雅弗利主义对中国内地消费者伦理信念的影响最大，在四种不同的情景下，中国内地消费者伦理信念均受其反向显著影响。在"主动获利的非法行为"和"被动获利行为"情景下，中国内地消费者伦理信念受到理想主义的正向显著影响；在"主动获利的问题行为"和"无伤害行为"情景下，中国内地消费者伦理信念则受到相对主义的反向显著影响。在三个自变量中，马基雅弗利主义的影响最为突出。在四个多元线性回归方程中，方程一的方差总解释率 $R^2$ 最高。

上述回归结果表明，假设 H2 和 H3 只获得了部分支持。因为理想主义程度高的消费者，只在"主动获利的非法行为"和"被动获利行为"情景下，才比理想主义程度低的消费者具有更高的消费者伦理水平（即更不能容忍"主动获利的非法行为""被动获利行为"等伦理上受到质疑的消费者行为），但在"主动获利的问题行为"和"无伤害行为"情景下，并无显著差异；相对主义程度低的消费者，只在"主动获利的问题行为"和"无伤害行为"情景下，才比相对主义程度高的消费者具有更高的消费者伦理水平（即更不能容忍"主动获利的问题行为"和"无伤害行为"等伦理上受到质疑的消费者行为），但在"主动获利的非法行为""被动获利行为"情景下，并无显著差异。而假设 H4 则获得了完全支持，即马基雅弗利主义程度低的消费者比马基雅弗利主义程度高的消费者具有更高的消费者伦理水平（更不能容忍"主动获利的非法行为""被动获利行为""主动获利的问题行为"和"无伤害行为"等伦理上受到质疑的消费者行为）。

### (三) 人口统计变量因素对中国内地消费者伦理信念的影响

本书采用独立样本 T 检验，鉴别性别、年龄、受教育程度、婚姻状况和出生地不同的中国内地消费者伦理信念是否存在显著差异；采用单因素方差分析，鉴别职业状况、收入水平不同的中国内地消费者伦理信念是否存在显著差异。独立样本 T 检验和单因素方差分析的结果（见表5-4）显示，中国内地消费者伦理信念受到性别、年龄、受教育程度、婚姻状况、家庭年现金收入以及出生地这6个人口统计学变量因素的显著影响，但并未受到职业因素的影响。

表5-4 人口统计变量影响的独立样本 T 检验和单因素方差分析结果

| 变量 | 分类 | 主动获利的非法行为（信念）均值 | 被动获利行为（信念）均值 | 主动获利的问题行为（信念）均值 | 无伤害行为（信念）均值 |
| --- | --- | --- | --- | --- | --- |
| 性别 | 男 | 1.504 | (2.302)* | (3.221)* | 3.792 |
|  | 女 | 1.470 | (2.070) | (2.963) | 3.618 |
| 年龄 | 小于30岁 | 1.484 | 2.138 | (3.250)* | (4.161)* |
|  | 大于等于30岁 | 1.419 | 2.159 | (2.833) | (4.016) |
| 受教育程度 | 未受大学教育 | 1.427 | 1.953 | (2.980)* | (4.045)* |
|  | 受过大学教育 | 1.481 | 2.144 | (3.041) | (4.083) |
| 婚姻状况 | 未婚 | 1.485 | 2.155 | (3.398)* | (3.991)* |
|  | 已婚 | 1.387 | 2.138 | (3.019) | (3.652) |
| 职业 | 政府/事业单位 | 1.304 | 2.183 | 3.232 | 4.054 |
|  | 公司/企业 | 1.365 | 2.400 | 3.556 | 4.094 |
|  | 学生 | 1.493 | 2.126 | 3.003 | 3.630 |
|  | 其他 | 1.333 | 2.000 | 3.778 | 4.333 |
| 家庭年现金收入 | 低于5万元 | 1.516 | 2.138 | (3.153)* | 3.621 |
|  | 5万—10万元 | 1.475 | 2.144 | (2.966) | 3.656 |
|  | 10万元以上 | 1.456 | 2.131 | (3.058) | 3.737 |
| 出生地 | 城市 | 1.420 | 2.170 | (3.241)* | (3.777)* |
|  | 农村 | 1.499 | 2.129 | (3.039) | (3.636) |

注：*** 表示 P 值 <0.001；** 表示 P 值 <0.01；* 表示 P 值 <0.05。

在"被动获利行为"和"主动获利的问题行为"情景下，中国内地男性消费者伦理水平（均值分别为2.302和3.221）远不如女性消费者（均值分别为2.070和2.963），差异显著（P<0.05）；而在"主动获利的非法行为"和"无伤害行为"情景下，两者间差异并不显著。所以，假设H5只获得了部分支持。

在"主动获利的问题行为"和"无伤害行为"情景下，30岁以下的中国内地消费者伦理水平（均值分别为3.250和4.161）远不如30岁以上的消费者（均值分别为2.833和4.016），差异显著（P<0.05）；而在"主动获利的非法行为"和"被动获利行为"情景下，两者间差异并不显著。所以，假设H6只获得了部分支持。

在"主动获利的问题行为"和"无伤害行为"情景下，受过大学教育的中国内地消费者伦理水平（均值分别为3.041和4.083）远不如未受过大学教育的消费者（均值分别为2.980和4.045），差异显著（P<0.05），该结果与假设H7正好相反；而在"主动获利的非法行为"和"被动获利行为"情景下，两者间差异并不显著。所以，假设H7未能得到支持。

在"主动获利的问题行为"和"无伤害行为"情景下，未婚的中国内地消费者伦理水平（均值分别为3.398和3.991）远不如已婚的消费者（均值分别为3.019和3.652），差异显著（P<0.05）；而在"主动获利的非法行为"和"被动获利行为"情景下，两者间差异并不显著。所以，假设H8只获得了部分支持。

在"主动获利的非法行为""被动获利行为""主动获利的问题行为"和"无伤害行为"情景下，不同职业的中国内地消费者伦理水平间并无显著差异。所以，假设H9未能得到支持。

在"主动获利的问题行为"情景下，家庭年现金收入居中的消费者伦理水平最高（均值为2.966），高家庭年现金收入的消费者伦理水平居中（均值为3.058），低家庭年现金收入的消费者伦理水平最低（均值为3.153），差异显著（P<0.05）；在"主动获利的非法行为""被动获利行为"和"无伤害行为"情景下，三者间差异并不显著。所以，假设H10得到了部分支持。

在"主动获利的问题行为"和"无伤害行为"情景下，出生地为城市的消费者伦理水平（均值分别为3.241、3.777）远不如出生地为农村的消费者（均值分别为3.039、3.636），差异显著（P<0.05）；

在"主动获利的非法行为"和"被动获利行为"情景下,两者间差异并不显著。所以,假设 H11 得到了部分支持。

## 五 结果分析

综合上述分析,本书把有关"中国内地消费者伦理现状及特征"的假设检验结果汇总于表 5-5 中。

表 5-5　　　　　　　假设检验结果汇总

| 编号 | 假设内容 | 类型 | 结论 |
| --- | --- | --- | --- |
| H1 | 中国内地消费者具有较高的消费者伦理水平(即较不能容忍"主动获利的非法行为""被动获利行为""主动获利的问题行为"和"无伤害行为"等伦理上受到质疑的消费者行为) | 验证性假设 | 部分支持 |
| H2 | 理想主义程度高的消费者比理想主义程度低的消费者具有更高的消费者伦理水平(即更不能容忍"主动获利的非法行为""被动获利行为""主动获利的问题行为"和"无伤害行为"等伦理上受到质疑的消费者行为) | 验证性假设 | 部分支持 |
| H3 | 相对主义程度低的消费者比相对主义程度高的消费者具有更高的消费者伦理水平(即更不能容忍"主动获利的非法行为""被动获利行为""主动获利的问题行为"和"无伤害行为"等伦理上受到质疑的消费者行为) | 验证性假设 | 部分支持 |
| H4 | 马基雅弗利主义程度低的消费者比马基雅弗利主义程度高的消费者具有更高的消费者伦理水平(即更不能容忍"主动获利的非法行为""被动获利行为""主动获利的问题行为"和"无伤害行为"等伦理上受到质疑的消费者行为) | 验证性假设 | 支持 |
| H5 | 女性消费者比男性消费者具有更高的消费者伦理水平(即更不能容忍"主动获利的非法行为""被动获利行为""主动获利的问题行为"和"无伤害行为"等伦理上受到质疑的消费者行为) | 验证性假设 | 部分支持 |
| H6 | 年长的消费者比年轻的消费者具有更高的消费者伦理水平(即更不能容忍"主动获利的非法行为""被动获利行为""主动获利的问题行为"和"无伤害行为"等伦理上受到质疑的消费者行为) | 验证性假设 | 部分支持 |

续表

| 编号 | 假设内容 | 类型 | 结论 |
|---|---|---|---|
| H7 | 受过大学教育的消费者比未受过大学教育的消费者具有更高的消费者伦理水平（即更不能容忍"主动获利的非法行为""被动获利行为""主动获利的问题行为"和"无伤害行为"等伦理上受到质疑的消费者行为） | 验证性假设 | 不支持 |
| H8 | 已婚消费者比未婚消费者具有更高的消费者伦理水平（即更不能容忍"主动获利的非法行为""被动获利行为""主动获利的问题行为"和"无伤害行为"等伦理上受到质疑的消费者行为） | 验证性假设 | 部分支持 |
| H9 | 在政府或事业单位工作的消费者比在企业工作的消费者具有更高的消费者伦理水平（即更不能容忍"主动获利的非法行为""被动获利行为""主动获利的问题行为"和"无伤害行为"等伦理上受到质疑的消费者行为） | 验证性假设 | 不支持 |
| H10 | 年收入水平高的消费者比年收入水平低的消费者具有更高的消费者伦理水平（即更不能容忍"主动获利的非法行为""被动获利行为""主动获利的问题行为"和"无伤害行为"等伦理上受到质疑的消费者行为） | 验证性假设 | 部分支持 |
| H11 | 出生于农村的消费者比出生于城市的消费者具有更高的消费者伦理水平（即更不能容忍"主动获利的非法行为""被动获利行为""主动获利的问题行为"和"无伤害行为"等伦理上受到质疑的消费者行为） | 验证性假设 | 部分支持 |

由表 5-5 可知，本书所提出的 11 个研究假设中有 1 个获得了完全支持，有 8 个获得了部分支持，有 2 个没能获得支持。下面对假设检验结果进行分析。

本书发现，中国内地消费者伦理信念具有明显的两面性，在"主动获利的非法行为"和"被动获利行为"情景下（伦理界限较为清晰时），使用较严格的伦理标准，判断比较一致；在"主动获利的问题行为"和"无伤害行为"情景下（伦理界限不太清晰时），使用较宽松的伦理标准，更多受到个人因素的影响。所以，假设 H1 只获得了部分支持。

本书还发现，中国内地消费者伦理信念在四种不同的情景下，均受到马基雅弗利主义的反向显著影响，所以，假设 H4 获得了完全支持。在"主动获利的非法行为"和"被动获利行为"情景下，由于伦理界限十分清晰，消费者可依据现成伦理标准做出明确判断，理想主义就起到积极引导作用，所以此时中国内地消费者伦理信念受到理想主义的正向显著影响；而在"主动获利的问题行为"和"无伤害行为"情景下，伦理界限不是很清晰，消费者没法依据现成伦理标准做出明确判断，相对主义就起到积极引导作用，所以此时中国内地消费者伦理信念就受到相对主义的反向显著影响。综上所述，假设 H2 和 H3 都只获得了部分支持。

由表 5-5 可知，中国内地消费者伦理信念在特定伦理情景下受到性别、年龄、婚姻状况、家庭年现金收入以及出生地等人口统计学变量因素的显著影响，所以假设 H5、H6、H8、H10、H11 获得了部分支持；虽然在特定伦理情景下也受到"受教育程度"的显著影响，但结果却与假设正好相反，所以假设 H7 未能获得支持；职业在四种情景下均不影响中国内地消费者伦理信念，所以假设 H9 未得到支持。

就性别而言，与以往大多数研究结论（如 Ferrell and Skinner，1988；Rawwas，1996；Rawwas and Isakson，2000；Ruegger and King，1992；赵宝春，2008；刘汝萍，2008，2009）相似，本书发现中国内地女性消费者伦理水平远比男性高，尤其是在"被动获利行为"和"主动获利的问题行为"情景下。所以，假设 H5 获得了部分支持。

就年龄而言，本书的结论再次印证了 Kohlberg（1976）的道德发展理论，即年长消费者比年轻消费者伦理水平高。这与以往研究结论（如 Erffmeyer, Keillor and LeClair，1999；Kohlberg，1976；Rawwas and Singhapakdi，1998；Ruegger and King，1992；Serwinek，1992；Swaidan, Vitell and Rawwas，2003；Vitell，1986；Vitell, Lumpkin and Rawwas，1991；赵宝春，2008）非常相似。在"主动获利的问题行为"和"无伤害行为"情景下，伦理界限不清晰，年长的消费者更易基于经验做出正确伦理判断。所以，假设 H6 获得了部分支持。

就受教育程度而言，受教育程度越高的消费者，其伦理程度往往也越高（如 Goolsby and Hunt，1992；Kelley et al.，1990），但本书的结论与假设正好相反。很可能是由于较高的文化知识会带来较多的情景化理由，而受教育程度越高的消费者更易用情景因素取代伦理标准来做出伦理决策（Erffmeyer, Keillor and LeClair, 1999），尤其是在"主动获利的问题行为"和"无伤害行为"等复杂伦理情景下。所以，假设 H7 未能获得支持。

就婚姻状况而言，较多研究支持已婚消费者伦理程度更高的论断（Swaidan, Vitell and Rawwas, 2003），与以往大多数研究结论相似，本书发现已婚的中国内地消费者伦理水平远高于未婚的消费者，尤其是在"主动获利的问题行为"和"无伤害行为"情景下。所以，假设 H8 获得了部分支持。

就职业而言，很少有学者涉及职业状况对消费者伦理信念影响的研究，迄今只有国内学者赵宝春做了一些有益的探索。赵宝春（2008）进行的相关研究表明，职业状况对消费者伦理决策的影响并不显著，本书的结论与赵宝春（2008）相同，可能是由于职业类型划分不当所致，有待后续研究进一步探索。所以，假设 H9 未能获得支持。

就收入而言，本书发现在"主动获利的问题行为"情景下，家庭年现金收入居中的消费者伦理水平最高，高家庭年现金收入的消费者伦理水平居中，低家庭年现金收入的消费者伦理水平最低。这似乎有悖于 Maslow（1943）的需求层次理论。很可能是由于中等收入的消费者拥有一定的经济实力与社会地位，与此同时其所面临的生存、发展压力要小于低收入与高收入消费者，所以在面临伦理决策时更多地采用伦理标准。所以，假设 H10 获得了部分支持。

就出生地而言，很少有学者涉及出生地对消费者伦理信念影响的研究，迄今只有国内学者赵宝春做了一些有益的探索。赵宝春（2008，2011）研究发现：出生地会显著影响消费者的伦理决策。本书的结论与赵宝春（2008，2011）非常相似，出生地为农村的消费者伦理水平要高于出生地为城市的消费者，尤其在"主动获利的问题行为"和"无伤害行为"情景下，这很有可能是由于农村相对封闭落后、较少受到外来文化的侵蚀和干扰，农村消费者也就相对更为传统、纯朴、善良和循规蹈矩，更愿意接受社会伦理规范约束所致。

就总体而言，中国内地消费者伦理信念受人口统计学变量因素显著影响大多集中于"主动获利的问题行为"和"无伤害行为"情景下，而非"主动获利的非法行为"和"被动获利行为"情景下。这表明中国内地消费者在"主动获利的非法行为"和"被动获利行为"情景下，伦理判断较为一致，但在"主动获利的问题行为"和"无伤害行为"情景下，较多受到个人因素的影响。这在一定程度上再次印证了中国内地消费者伦理信念具有明显的两面性。

## 第二节 面子威胁感知、自我概念对消费者伦理信念的影响

### 一 研究目的

根据本书的整体研究框架①，研究二围绕"面子威胁感知、自我概念对消费者伦理信念的影响"这一主题展开讨论，其具体的研究目的主要有以下两个方面：

（一）探索面子威胁感知对中国内地消费者伦理信念的影响作用

从以往相关研究来看，消费者伦理文化环境影响因素方面的研究还不够深入，迄今仍有一些能反映文化背景特征的衍生变量（如中国人典型的面子文化等）对消费者伦理决策的影响仍有待进一步深入研究。面子对于中国人的重要性是不言而喻的，既有的面子感知研究多集中于有可能丢失面子的负面感知，即面子威胁感知。面子威胁感知除了会引发个体强烈的负面情绪反应，还会使个体采取一定的行为以避免丢面子或破坏与别人的社会关系（Goffman，1955，1967）。由此可见，面子威胁感知一定程度上会影响人们的行为。此处"行为"当然也包括消费者伦理行为在内，根据知信行理论②我们可做如下逻辑推理：面子威胁感知通过影响消费者伦理信念，进而影响消费者伦理行为。本书拟结合中国内地的集体主义文化背景，聚焦于中国内地消费者，探索面子威胁感知对消费者伦理信念的影响作用，借助大样本数据统计分析，就面子威胁感知与消费者伦理信念之间的作用关系及强度做出判断。

（二）探索自我概念对中国内地消费者伦理信念的影响作用

从以往相关研究来看，消费者伦理心理影响因素方面的研究还不够深入，迄今仍有很多变量（如自我概念等）对消费者伦理决策的影响

---

① 详见第三章第六节。
② 知信行理论认为：信念反映行为倾向性，要转变行为需先转变信念。

仍有待进一步深入研究。Burns（1982）指出自我概念的三大功能，即保持内在一致性、决定个体对经验的解释和决定个人的期望，这三个功能在客观上决定了自我概念对行为的调节和定向作用。此处"行为"当然也包括消费者伦理行为在内，根据知信行理论我们可做如下逻辑推理：自我概念通过影响消费者伦理信念，进而影响消费者伦理行为。本书拟结合中国内地的集体主义文化背景，聚焦于中国内地消费者，探索自我概念对消费者伦理信念的影响作用，借助大样本数据统计分析，就自我概念与消费者伦理信念之间的作用关系及强度做出判断。

## 二 研究假设回顾

在第三章第五节中基于各核心概念间相互关系，本书提出了理论假设，进而在第六节中进行汇总并构建了理论框架模型。本节仅简要回顾其中试图检验的32个研究假设（见表5-6）。

表5-6　"面子威胁感知、自我概念对消费者伦理信念的影响"相关研究假设

| 编号 | 假设内容 | 类型 |
| --- | --- | --- |
| H12a | 基于个人品德的面子威胁感知对主动获利的非法行为信念有正向影响作用 | 开拓性假设 |
| H12b | 基于个人品德的面子威胁感知对被动获利行为信念有正向影响作用 | 开拓性假设 |
| H12c | 基于个人品德的面子威胁感知对主动获利的问题行为信念有正向影响作用 | 开拓性假设 |
| H12d | 基于个人品德的面子威胁感知对无伤害行为信念有正向影响作用 | 开拓性假设 |
| H13a | 基于人际关系的面子威胁感知对主动获利的非法行为信念有正向影响作用 | 开拓性假设 |
| H13b | 基于人际关系的面子威胁感知对被动获利行为信念有正向影响作用 | 开拓性假设 |
| H13c | 基于人际关系的面子威胁感知对主动获利的问题行为信念有正向影响作用 | 开拓性假设 |
| H13d | 基于人际关系的面子威胁感知对无伤害行为信念有正向影响作用 | 开拓性假设 |
| H14a | 基于能力要素的面子威胁感知对主动获利的非法行为信念有正向影响作用 | 开拓性假设 |
| H14b | 基于能力要素的面子威胁感知对被动获利行为信念有正向影响作用 | 开拓性假设 |
| H14c | 基于能力要素的面子威胁感知对主动获利的问题行为信念有正向影响作用 | 开拓性假设 |

续表

| 编号 | 假设内容 | 类型 |
|---|---|---|
| H14d | 基于能力要素的面子威胁感知对无伤害行为信念有正向影响作用 | 开拓性假设 |
| H15a | 生理自我概念对主动获利的非法行为信念有正向影响作用 | 开拓性假设 |
| H15b | 生理自我概念对被动获利行为信念有正向影响作用 | 开拓性假设 |
| H15c | 生理自我概念对主动获利的问题行为信念有正向影响作用 | 开拓性假设 |
| H15d | 生理自我概念对无伤害行为信念有正向影响作用 | 开拓性假设 |
| H16a | 道德伦理自我概念对主动获利的非法行为信念有正向影响作用 | 开拓性假设 |
| H16b | 道德伦理自我概念对被动获利行为信念有正向影响作用 | 开拓性假设 |
| H16c | 道德伦理自我概念对主动获利的问题行为信念有正向影响作用 | 开拓性假设 |
| H16d | 道德伦理自我概念对无伤害行为信念有正向影响作用 | 开拓性假设 |
| H17a | 心理自我概念对主动获利的非法行为信念有正向影响作用 | 开拓性假设 |
| H17b | 心理自我概念对被动获利行为信念有正向影响作用 | 开拓性假设 |
| H17c | 心理自我概念对主动获利的问题行为信念有正向影响作用 | 开拓性假设 |
| H17d | 心理自我概念对无伤害行为信念有正向影响作用 | 开拓性假设 |
| H18a | 家庭自我概念对主动获利的非法行为信念有正向影响作用 | 开拓性假设 |
| H18b | 家庭自我概念对被动获利行为信念有正向影响作用 | 开拓性假设 |
| H18c | 家庭自我概念对主动获利的问题行为信念有正向影响作用 | 开拓性假设 |
| H18d | 家庭自我概念对无伤害行为信念有正向影响作用 | 开拓性假设 |
| H19a | 社会自我概念对主动获利的非法行为信念有正向影响作用 | 开拓性假设 |
| H19b | 社会自我概念对被动获利行为信念有正向影响作用 | 开拓性假设 |
| H19c | 社会自我概念对主动获利的问题行为信念有正向影响作用 | 开拓性假设 |
| H19d | 社会自我概念对无伤害行为信念有正向影响作用 | 开拓性假设 |

其中，H12a—H12d 意在检验基于个人品德的面子威胁感知对消费者伦理信念的四个维度均有正向影响作用。H13a—H13d 意在检验基于人际关系的面子威胁感知对消费者伦理信念的四个维度均有正向影响作用。H14a—H14d 意在检验基于能力要素的面子威胁感知对消费者伦理信念的四个维度均有正向影响作用。H15a—H15d 意在检验生理自我概念对消费者伦理信念的四个维度均有正向影响作用。H16a—H16d 意在检验道德伦理自我概念对消费者伦理信念的四个维度均有正向影响作用。H17a—H17d 意在检验心理自我概念对消费者伦理信念的四个维度均有正向影响作用。H18a—H18d 意在检验家庭自我概念对消费者伦理信念的四个维度均有正向影响作用。H19a—H19d 意在检验社会自我概念对消费者伦理信念的四个维度均有正向影响作用。本书通过对上述32个假设的检验，来剖析面子威胁感知、自我概念各个维度对消费者

伦理信念各个维度的影响效应。

### 三 具体分析方法

本节拟运用结构方程模型（Structural equation modeling, SEM）展开研究。SEM 属多变量高级统计，它整合了传统的因子分析与路径分析，利用联立方程组求解。Bollen 和 Long（1993）认为 SEM 具有诸多优点：可同时处理多个因变量；容许自变量、因变量同时存在测量误差；可同时估计因子结构和因子关系；还可基于一个样本数据对多个理论模型展开比较与选择（侯杰泰等，2004）。上述诸多优点使 SEM 越来越受到学者们的青睐，至今已广泛应用于各领域的学术研究中。在本书中，鉴于研究的多变量特质，正是利用 SEM 的上述优点，分别求得面子威胁感知三个维度、自我概念五个维度与消费者伦理信念四个维度间的路径系数，以此来检验前面提出的 32 个假设（H12a—H12d、H13a—H13d、H14a—H14d、H15a—H15d、H16a—H16d、H17a—H17d、H18a—H18d、H19a—H19d），试图探索面子威胁感知、自我概念对消费者伦理信念的正向影响作用。

SEM 对样本量有一定的要求，样本量不足会影响模型收敛及参数的准确估计（黄芳铭，2005）。对于 SEM 的样本规模需求，学者们的观点不尽相同，如 Comrey（1978）指出样本规模至少应超过 200 个，Boomsma（1982）指出样本规模达到 400 个是比较合适的，而 Nunally（1978）、侯杰泰等（2004）、吴明隆（2009）等学者则认为：一般地，有效样本量应是观察变量的 10 倍以上。在本节研究中，消费者伦理信念的四个维度共有 16 个观察变量（测量条款），面子威胁三个维度共有 13 个观察变量（测量条款），自我概念五个维度共有 18 个观察变量（测量条款），共计 57 个观察变量（测量条款）；而本书拥有 1247 个有效样本，所以可较好地满足 SEM 的处理要求。

### 四 假设检验

SEM 常采用两阶段分析法，第一阶段对测量模型展开信效度检验，第二阶段对结构模型内的因果关系展开检验与分析（Anderson and Gerbing，1988）。确实，基于各潜变量间统计关系所做出的诸多判断或结论，均须以各构思变量测量的信度、效度得以保证为基本前提（王庆喜，2004）。本书在第四章第五节中，已对消费者伦理信念量表、面子威胁感知量表和自我概念量表分别做了信度、效度检验，为进一步验证、分析整体测量模型①的有效性,本书拟对整体测量模型进行验证性因子分析,以便检验整体测量模型的适配度,并进一步检验各测量量表的收敛和区别效度以及变量整体的组成信度等。

(一) 整体测量模型的验证性因子分析

本书的整体测量模型共有 12 个潜变量,它们分别是:主动获利的非法行为信念、被动获利行为信念、主动获利的问题行为信念、无伤害行为信念、基于个人品德的面子威胁感知、基于人际关系的面子威胁感知、基于能力要素的面子威胁感知、生理自我概念、道德伦理自我概念、心理自我概念、家庭自我概念、社会自我概念。基于大样本调研数据,本书对整体测量模型进行了验证性因子分析,结果详见表 5 - 7。

表 5 - 7　　　　　　　整体测量模型验证性因子分析结果

| 因子结构 | 测量条款 | 标准化因子载荷（λ） | 临界比（C. R.） | P 值 | 衡量误差（ε） | 组成信度 | 平均变异抽取量 |
|---|---|---|---|---|---|---|---|
| 主动获利的非法行为（信念） | XN - FF1 | 0.598 | — | — | 0.642 | 0.816 | 0.529 |
| | XN - FF2 | 0.687 | 5.540 | *** | 0.528 | | |
| | XN - FF3 | 0.794 | 6.034 | *** | 0.370 | | |
| | XN - FF4 | 0.811 | 6.089 | *** | 0.342 | | |
| 被动获利行为（信念） | XN - BD1 | 0.770 | — | — | 0.407 | 0.856 | 0.546 |
| | XN - BD2 | 0.834 | 8.807 | *** | 0.304 | | |
| | XN - BD3 | 0.729 | 7.652 | *** | 0.469 | | |
| | XN - BD4 | 0.697 | 7.277 | *** | 0.514 | | |
| | XN - BD5 | 0.650 | 6.747 | *** | 0.578 | | |
| 主动获利的问题行为（信念） | XN - ZD1 | 0.738 | — | — | 0.455 | 0.759 | 0.521 |
| | XN - ZD2 | 0.856 | 6.704 | *** | 0.267 | | |
| | XN - ZD3 | 0.534 | 4.611 | *** | 0.715 | | |
| 无伤害行为（信念） | XN - WSH1 | 0.730 | — | — | 0.467 | 0.804 | 0.508 |
| | XN - WSH2 | 0.746 | 6.744 | *** | 0.443 | | |
| | XN - WSH3 | 0.773 | 6.884 | *** | 0.402 | | |
| | XN - WSH4 | 0.588 | 5.495 | *** | 0.654 | | |

---

① 包含研究涉及的全部测量条款。

续表

| 因子结构 | 测量条款 | 标准化因子载荷（λ） | 临界比（C.R.） | P值 | 衡量误差（ε） | 组成信度 | 平均变异抽取量 |
|---|---|---|---|---|---|---|---|
| 面子—品德 | MZ－PD1 | 0.696 | — | — | 0.516 | 0.824 | 0.544 |
|  | MZ－PD2 | 0.593 | 5.666 | *** | 0.648 |  |  |
|  | MZ－PD3 | 0.873 | 7.743 | *** | 0.238 |  |  |
|  | MZ－PD4 | 0.760 | 7.101 | *** | 0.422 |  |  |
| 面子—人际 | MZ－RJ1 | 0.718 | — | — | 0.484 | 0.893 | 0.581 |
|  | MZ－RJ2 | 0.713 | 7.147 | *** | 0.492 |  |  |
|  | MZ－RJ3 | 0.772 | 7.736 | *** | 0.404 |  |  |
|  | MZ－RJ4 | 0.804 | 8.046 | *** | 0.354 |  |  |
|  | MZ－RJ5 | 0.752 | 7.538 | *** | 0.434 |  |  |
|  | MZ－RJ6 | 0.810 | 8.103 | *** | 0.344 |  |  |
| 面子—能力 | MZ－NL1 | 0.732 | — | — | 0.464 | 0.770 | 0.529 |
|  | MZ－NL2 | 0.663 | 5.914 | *** | 0.560 |  |  |
|  | MZ－NL3 | 0.782 | 6.435 | *** | 0.388 |  |  |
| 生理自我 | ZW－SL1 | 0.581 | — | — | 0.662 | 0.802 | 0.508 |
|  | ZW－SL2 | 0.634 | 4.806 | *** | 0.598 |  |  |
|  | ZW－SL3 | 0.820 | 5.150 | *** | 0.328 |  |  |
|  | ZW－SL4 | 0.787 | 5.034 | *** | 0.381 |  |  |
| 道德伦理自我 | ZW－DD1 | 0.517 | — | — | 0.733 | 0.824 | 0.623 |
|  | ZW－DD2 | 0.941 | 5.613 | *** | 0.115 |  |  |
|  | ZW－DD3 | 0.846 | 5.645 | *** | 0.284 |  |  |
| 心理自我 | ZW－XL1 | 0.622 | — | — | 0.613 | 0.753 | 0.507 |
|  | ZW－XL2 | 0.702 | 4.697 | *** | 0.507 |  |  |
|  | ZW－XL3 | 0.800 | 4.785 | *** | 0.360 |  |  |
| 家庭自我 | ZW－JT1 | 0.618 | — | — | 0.618 | 0.805 | 0.510 |
|  | ZW－JT2 | 0.690 | 5.670 | *** | 0.524 |  |  |
|  | ZW－JT3 | 0.720 | 5.833 | *** | 0.482 |  |  |
|  | ZW－JT4 | 0.814 | 6.232 | *** | 0.337 |  |  |
| 社会自我 | ZW－SH1 | 0.717 | — | — | 0.486 | 0.878 | 0.644 |
|  | ZW－SH2 | 0.800 | 7.922 | *** | 0.360 |  |  |
|  | ZW－SH3 | 0.870 | 8.518 | *** | 0.243 |  |  |
|  | ZW－SH4 | 0.816 | 8.068 | *** | 0.334 |  |  |

$\chi^2/df = 1.996$　GFI = 0.882　AGFI = 0.863　IFI = 0.904　CFI = 0.903　RMSEA = 0.040

注：＊＊＊表示 P 值小于 0.001；＊＊表示 P 值小于 0.01；＊表示 P 值小于 0.05。

表中面子—品德是"基于个人品德的面子威胁感知"的简称，面子—人际是"基于人际关系的面子威胁感知"的简称，面子—能力是"基于能力要素的面子威胁感知"的简称。

由表 5-7 可知，整体测量模型与数据间的拟合效果较好。从拟合优度指标看，$\chi^2/df = 1.996$，不但小于 5 而且小于 3；$GFI = 0.882 > 0.85$；$AGFI = 0.863 > 0.85$；$IFI = 0.904 > 0.9$，$CFI = 0.903 > 0.9$；$RMSEA = 0.040 < 0.1$；均达到或超过可接受标准，表明本研究的整体测量模型是有效的。各测量条款的标准化因子载荷均大于 0.5，且 P 值显示均达显著水平；由 12 个潜变量提取的平均变异抽取量（AVE）均大于 0.5 的临界判定标准，由此可断定：各变量测量量表具有较好的收敛有效性。此外，12 个潜变量的组成信度（CR）均在 0.7 以上，远高于 0.6 的标准阈值（可接受水平），表明各变量测量量表具有较高的内部一致性，信度较佳。

本书还对整体测量模型 12 个潜变量间的区分效度进行了检验，其结果详见表 5-8。在该表中，对角线上括号内数值是 12 个潜变量各自的 AVE 平方根值，分别为 0.727、0.739、0.722、0.713、0.738、0.762、0.727、0.713、0.789、0.712、0.714、0.802；而非对角线上的数值则是 12 个潜变量两两间的相关系数。不难发现，0.727、0.739、0.722、0.713、0.738、0.762、0.727、0.713、0.789、0.712、0.714、0.802 分别与其所在行或列上相关系数值相比，都要大些。这就表明本研究包含的 12 个潜变量可有效加以区分，各变量测量量表具有较好的区别效度。

（二）结构模型分析[1]

本书拟在分析、对比不同理论模型的基础上，确定最终理论模型，并检验提出的相关研究假设。在本书中，三个理论模型被列入分析、对比：其一是初始理论模型（A），该模型是囊括本书所提全部假设关系的初始表达模型；其二是删除不显著路径后模型（B），即基于模型 A

---

[1] 在本书中，自我概念、面子威胁感知量表均采用 Likert 五级评分法，按照"1"（完全不认同）到"5"（完全认同）评定，分值越大意味着对面子威胁感知的认同程度越高和自我概念越积极。消费者伦理信念量表也采用 Likert 五级评分法，按照"1"（深信是错的）到"5"（深信没有错）评定，分值越大意味着对伦理上值得怀疑的消费者行为的认同程度越高，也即消费者伦理水平越低。可见，自我概念、面子威胁感知量表和消费者伦理信念量表在计分上正好相反。本书在第五章第二节整体测量模型的区别效度检验中（因为涉及自我概念、面子威胁感知各维度与消费者伦理信念各维度的正相关或负相关）及后续的结构模型分析中均对自我概念、面子威胁感知先做预处理（数据反向），以便在和消费者伦理信念的计分方向保持一致的基础上验证相互间的关系。

# 292 / 中国消费者伦理行为的测度及其影响因素研究

**表 5-8　各变量的 AVE 平方根及相关系数**

| | 主动非法信念 | 被动获利信念 | 主动问题信念 | 无伤害信念 | 面子—品德 | 面子—人际 | 面子—能力 | 生理自我 | 道德伦理自我 | 心理自我 | 家庭自我 | 社会自我 |
|---|---|---|---|---|---|---|---|---|---|---|---|---|
| 主动非法信念 | (0.727) | | | | | | | | | | | |
| 被动获利信念 | 0.501 | (0.739) | | | | | | | | | | |
| 主动问题信念 | 0.132 | 0.526 | (0.722) | | | | | | | | | |
| 无伤害信念 | -0.059 | 0.175 | 0.229 | (0.713) | | | | | | | | |
| 面子—品德 | 0.168 | 0.004 | 0.046 | 0.105 | (0.738) | | | | | | | |
| 面子—人际 | 0.117 | 0.126 | 0.218 | -0.021 | 0.550 | (0.762) | | | | | | |
| 面子—能力 | 0.065 | 0.038 | -0.094 | 0.094 | 0.411 | 0.444 | (0.727) | | | | | |
| 生理自我 | -0.140 | 0.053 | -0.051 | 0.142 | -0.283 | -0.195 | -0.106 | (0.713) | | | | |
| 道德伦理自我 | -0.027 | 0.039 | 0.011 | 0.133 | -0.005 | -0.149 | -0.078 | 0.408 | (0.789) | | | |
| 心理自我 | 0.035 | 0.082 | -0.005 | -0.083 | -0.037 | 0.100 | 0.027 | 0.289 | 0.290 | (0.712) | | |
| 家庭自我 | 0.103 | 0.026 | 0.017 | 0.107 | 0.092 | 0.043 | 0.260 | 0.435 | 0.470 | 0.310 | (0.714) | |
| 社会自我 | 0.126 | 0.117 | -0.195 | 0.014 | -0.140 | -0.031 | 0.095 | 0.345 | 0.224 | 0.547 | 0.303 | (0.802) |

注：表中主动非法信念是"主动非法行为信念"的简称，被动获利信念是"主动获利行为信念"的简称，主动问题信念是"主动获利行为信念"的简称。无伤害信念是"无伤害行为信念"的简称。面子—品德是"基于个人品德的面子威胁感知"的简称，面子—人际是"基于人际关系的面子威胁感知"的简称，面子—能力是"基于能力要素的面子威胁感知"的简称。

删除不显著路径后所得的模型;其三是修正模型(C),即基于模型 B 进一步修正后所得的模型。下面分别对 A、B 和 C 这三个理论模型进行拟合比较,并对相关理论模型进行汇总。

1. 初始理论模型(A)分析

本书重点考察面子威胁感知各维度、自我概念各维度对消费者伦理信念各维度的影响。基于大样本调研数据,本书对初始理论模型(A)展开结构方程分析检验,结果详见表 5-9 和图 5-1。

从表 5-9 的模型拟合指标看,$\chi^2/df = 2.110$,不但小于 5 而且小于 3;GFI = 0.876 > 0.85;AGFI = 0.856 > 0.85;IFI = 0.892,CFI = 0.891,均接近 0.9;RMSEA = 0.042 < 0.1;PNFI[①] = 0.732 > 0.5,PGFI = 0.756 > 0.5;均达到或接近可接受标准,表明初始理论模型(A)的拟合效果可以接受。为清晰阐明关系,图 5-1、表 5-9 均详细列出了初始理论模型(A)的各项指标。

从图 5-1 和表 5-9 可以看出:在面子威胁感知与消费者伦理信念的关系方面,基于品德的面子威胁感知会显著影响消费者的被动获利行为信念、主动获利问题行为信念和无伤害行为信念(影响程度分别为 $\beta = 0.987$,$P = 0.026$;$\beta = 1.716$,$P = 0.004$;$\beta = 1.551$,$P = 0.004$),而对主动获利非法行为信念的影响不显著;基于人际关系的面子威胁感知对消费者主动获利非法行为信念、被动获利行为信念、主动获利问题行为信念和无伤害行为信念的影响均不显著;基于能力的面子威胁感知会显著影响消费者的主动获利非法行为信念、被动获利行为信念、主动获利问题行为信念和无伤害行为信念(影响程度分别为 $\beta = 0.361$,$P = 0.013$;$\beta = 0.599$,$P = 0.021$;$\beta = 0.844$,$P = 0.014$;$\beta = 0.732$,$P = 0.018$)。在自我概念与消费者伦理信念的关系方面,生理自我对消费者主动获利非法行为信念、被动获利行为信念、主动获利问题行为信念和无伤害行为信念的影响均不显著;道德伦理自我会显著影响消费者的主动获利非法行为信念、被动获利行为信念、主动获利问题行为信念和无伤害行为信念(影响程度分别为 $\beta = 0.784$,$P = 0.000$;$\beta = 1.421$,$P = 0.000$;$\beta = 1.828$,$P = 0.000$;$\beta = 1.461$,$P = 0.003$);心理自我会显著影响消费者的主动获利非法行为信念、被动获利行为信念、主动

---

[①] PNFI 和 PGFI 是两个模型简约拟合指标,一般要求在 0.5 以上。下同。

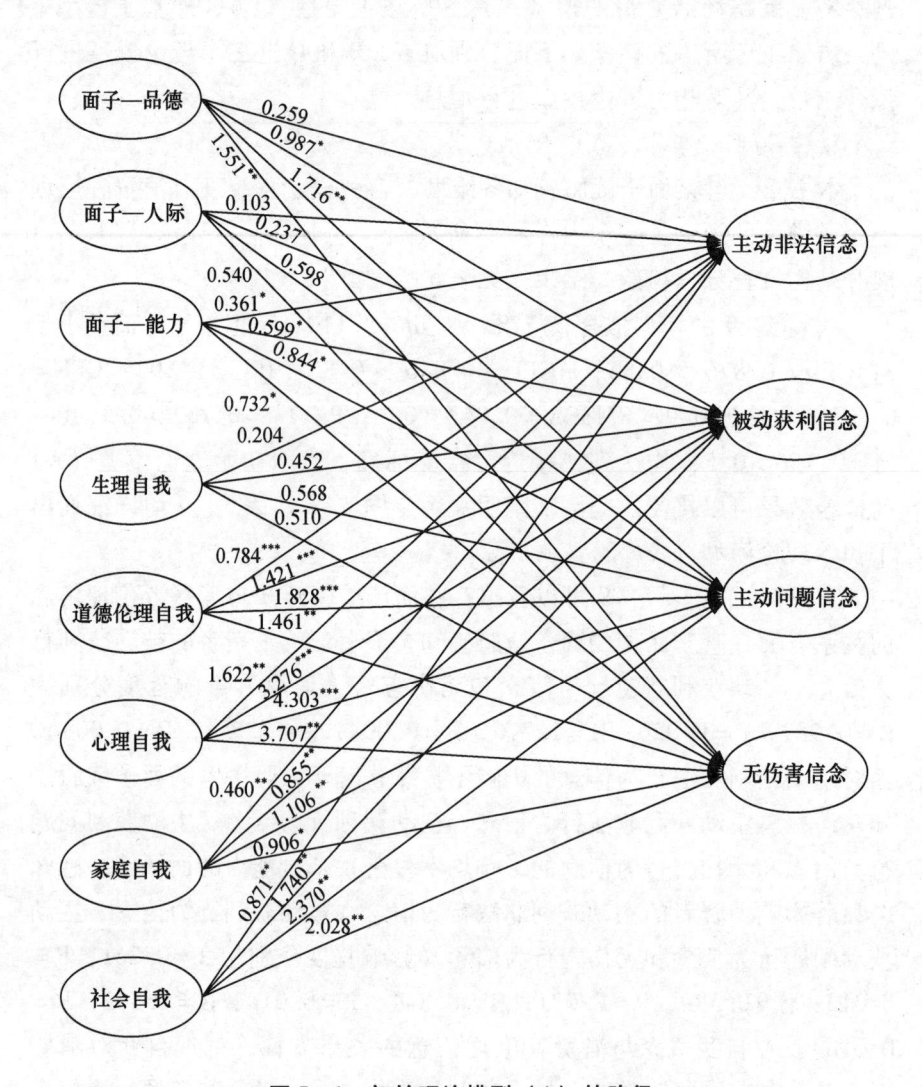

**图 5-1　初始理论模型（A）的路径**

注：* 表示 $P<0.05$，** 则表示 $P<0.01$，*** 表示 $P<0.001$。

图中主动非法信念是"主动获利非法行为信念"的简称，被动获利信念是"被动获利行为信念"的简称，主动问题信念是"主动获利问题行为信念"的简称，无伤害信念是"无伤害行为信念"的简称。面子—品德是"基于品德维度的面子威胁感知"的简称，面子—人际是"基于人际关系的面子威胁感知"的简称，面子—能力是"基于能力要素的面子威胁感知"的简称。

表 5-9　　初始理论模型（A）的影响关系及模型拟合指标

| 回归路径 | 标准化路径系数 | 显著性概率 | 是否支持假设 |
| --- | --- | --- | --- |
| 主动非法信念←面子—品德 | 0.259 | 0.289 | 否 |
| 被动获利信念←面子—品德 | 0.987 | 0.026 | 支持 |
| 主动问题信念←面子—品德 | 1.716 | 0.004 | 支持 |
| 无伤害信念←面子—品德 | 1.551 | 0.004 | 支持 |
| 主动非法信念←面子—人际 | 0.103 | 0.474 | 否 |
| 被动获利信念←面子—人际 | 0.273 | 0.292 | 否 |
| 主动问题信念←面子—人际 | 0.598 | 0.081 | 否 |
| 无伤害信念←面子—人际 | 0.540 | 0.076 | 否 |
| 主动非法信念←面子—能力 | 0.361 | 0.013 | 支持 |
| 被动获利信念←面子—能力 | 0.599 | 0.021 | 支持 |
| 主动问题信念←面子—能力 | 0.844 | 0.014 | 支持 |
| 无伤害信念←面子—能力 | 0.732 | 0.018 | 支持 |
| 主动非法信念←生理自我 | 0.204 | 0.182 | 否 |
| 被动获利信念←生理自我 | 0.452 | 0.100 | 否 |
| 主动问题信念←生理自我 | 0.568 | 0.116 | 否 |
| 无伤害信念←生理自我 | 0.510 | 0.111 | 否 |
| 主动非法信念←道德伦理自我 | 0.784 | *** | 支持 |
| 被动获利信念←道德伦理自我 | 1.421 | *** | 支持 |
| 主动问题信念←道德伦理自我 | 1.828 | *** | 支持 |
| 无伤害信念←道德伦理自我 | 1.461 | 0.003 | 支持 |
| 主动非法信念←心理自我 | 1.622 | 0.002 | 支持 |
| 被动获利信念←心理自我 | 3.276 | *** | 支持 |
| 主动问题信念←心理自我 | 4.303 | *** | 支持 |
| 无伤害信念←心理自我 | 3.707 | 0.001 | 支持 |
| 主动非法信念←家庭自我 | 0.460 | 0.009 | 支持 |
| 被动获利信念←家庭自我 | 0.855 | 0.007 | 支持 |
| 主动问题信念←家庭自我 | 1.106 | 0.008 | 支持 |
| 无伤害信念←家庭自我 | 0.906 | 0.015 | 支持 |
| 主动非法信念←社会自我 | 0.871 | 0.005 | 支持 |
| 被动获利信念←社会自我 | 1.740 | 0.002 | 支持 |
| 主动问题信念←社会自我 | 2.370 | 0.001 | 支持 |
| 无伤害信念←社会自我 | 2.028 | 0.003 | 支持 |

拟合度指标：$\chi^2/df = 2.110$　　GFI = 0.876　　AGFI = 0.856　　IFI = 0.892
　　　　　　CFI = 0.891　　RMSEA = 0.042　　PNFI = 0.732　　PGFI = 0.756

获利问题行为信念和无伤害行为信念（影响程度分别为 β = 1.622，P = 0.002；β = 3.276，P = 0.000；β = 4.303，P = 0.000；β = 3.707，P = 0.001）；家庭自我会显著影响消费者的主动获利非法行为信念、被动获利行为信念、主动获利问题行为信念和无伤害行为信念（影响程度分别为 β = 0.460，P = 0.009；β = 0.855，P = 0.007；β = 1.106，P = 0.008；β = 0.906，P = 0.015）；社会自我会显著影响消费者的主动获利非法行为信念、被动获利行为信念、主动获利问题行为信念和无伤害行为信念（影响程度分别为 β = 0.871，P = 0.005；β = 1.740，P = 0.002；β = 2.370，P = 0.001；β = 2.028，P = 0.003）。

2. 删除不显著路径后模型（B）分析

初始理论模型（A）包含了所有变量间的关系，但其拟合指标 IFI、CFI 均在 0.9 以下，这表明该模型尚有进一步完善的空间。对初始理论模型（A）的分析表明，部分变量间存在不显著的路径系数，将其剔除得到删除不显著路径后模型（B），本书基于大样本调研数据，对其展开结构方程分析检验，结果详见表 5-10 和图 5-2。

从表 5-10 的模型拟合指标看，$\chi^2/df$ = 2.105，不但小于 5 而且小于 3；GFI = 0.875 > 0.85；AGFI = 0.857 > 0.85；IFI = 0.891，CFI = 0.890，均接近 0.9；RMSEA = 0.042 < 0.1；PNFI = 0.738 > 0.5，PGFI = 0.763 > 0.5；均达到或接近可接受标准，表明删除不显著路径后模型（B）的拟合效果可以接受。

从图 5-2 和表 5-10 看，初始理论模型（A）中显著的路径关系，在删除不显著路径后模型（B）中均得到了较强的支持：基于品德的面子威胁感知会显著影响消费者的被动获利行为信念、主动获利问题行为信念和无伤害行为信念（影响程度分别为 β = 0.527，P = 0.002；β = 1.047，P = 0.000；β = 0.952，P = 0.000），而对主动获利非法行为信念的影响不显著；基于人际关系的面子威胁感知对消费者主动获利非法行为信念、被动获利行为信念、主动获利问题行为信念和无伤害行为信念的影响均不显著；基于能力的面子威胁感知会显著影响消费者的主动获利非法行为信念、被动获利行为信念、主动获利问题行为信念和无伤害行为信念（影响程度分别为 β = 0.290，P = 0.000；β = 0.532，P = 0.002；β = 0.881，P = 0.000；β = 0.768，P = 0.000）。生理自我对消费者主动获利非法行为信念、被动获利行为信念、主动获利问题行为信

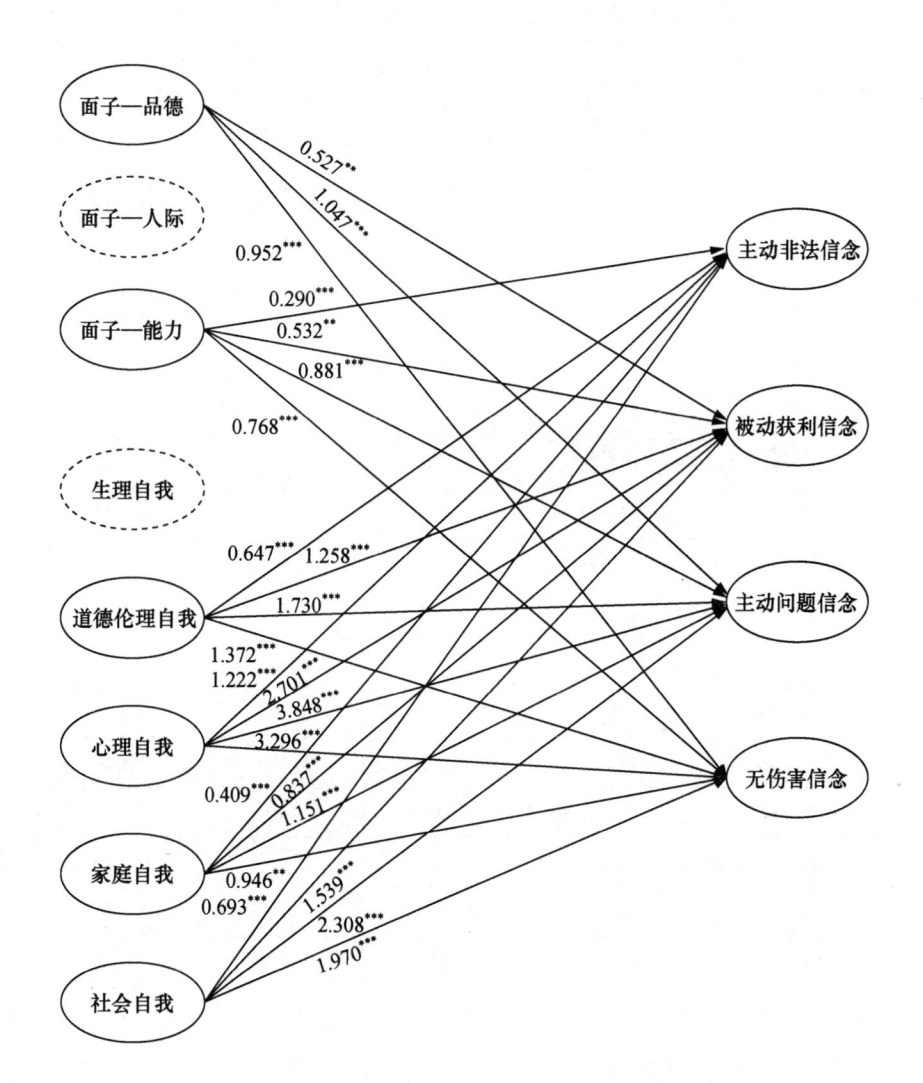

**图 5-2 删除不显著路径后模型（B）的路径**

注：*表示 P<0.05，**则表示 P<0.01，***表示 P<0.001。

图中主动非法信念是"主动获利非法行为信念"的简称，被动获利信念是"被动获利行为信念"的简称，主动问题信念是"主动获利问题行为信念"的简称，无伤害信念是"无伤害行为信念"的简称。面子—品德是"基于品德维度的面子威胁感知"的简称，面子—人际是"基于人际关系的面子威胁感知"的简称，面子—能力是"基于能力要素的面子威胁感知"的简称。

表 5-10 删除不显著路径后模型（B）的影响关系及模型拟合指标

| 回归路径 | 标准化路径系数 | 显著性概率 | 是否支持假设 |
| --- | --- | --- | --- |
| 被动获利信念←面子—品德 | 0.527 | 0.002 | 支持 |
| 主动问题信念←面子—品德 | 1.047 | *** | 支持 |
| 无伤害信念←面子—品德 | 0.952 | *** | 支持 |
| 主动非法信念←面子—能力 | 0.290 | *** | 支持 |
| 被动获利信念←面子—能力 | 0.532 | 0.002 | 支持 |
| 主动问题信念←面子—能力 | 0.881 | *** | 支持 |
| 无伤害信念←面子—能力 | 0.768 | *** | 支持 |
| 主动非法信念←道德伦理自我 | 0.647 | *** | 支持 |
| 被动获利信念←道德伦理自我 | 1.258 | *** | 支持 |
| 主动问题信念←道德伦理自我 | 1.730 | *** | 支持 |
| 无伤害信念←道德伦理自我 | 1.372 | *** | 支持 |
| 主动非法信念←心理自我 | 1.222 | *** | 支持 |
| 被动获利信念←心理自我 | 2.701 | *** | 支持 |
| 主动问题信念←心理自我 | 3.848 | *** | 支持 |
| 无伤害信念←心理自我 | 3.296 | *** | 支持 |
| 主动非法信念←家庭自我 | 0.409 | *** | 支持 |
| 被动获利信念←家庭自我 | 0.837 | *** | 支持 |
| 主动问题信念←家庭自我 | 1.151 | *** | 支持 |
| 无伤害信念←家庭自我 | 0.946 | 0.001 | 支持 |
| 主动非法信念←社会自我 | 0.693 | *** | 支持 |
| 被动获利信念←社会自我 | 1.539 | *** | 支持 |
| 主动问题信念←社会自我 | 2.308 | *** | 支持 |
| 无伤害信念←社会自我 | 1.970 | *** | 支持 |

拟合度指标：$\chi^2/df = 2.105$　　GFI = 0.875　　AGFI = 0.857　　IFI = 0.891
　　　　　　CFI = 0.890　　RMSEA = 0.042　　PNFI = 0.738　　PGFI = 0.763

念和无伤害行为信念的影响均不显著；道德伦理自我会显著影响消费者的主动获利非法行为信念、被动获利行为信念、主动获利问题行为信念和无伤害行为信念（影响程度分别为 β = 0.647，P = 0.000；β = 1.258，P = 0.000；β = 1.730，P = 0.000；β = 1.372，P = 0.000）；心理自我会显著影响消费者的主动获利非法行为信念、被动获利行为信念、主动获利问题行为信念和无伤害行为信念（影响程度分别为 β = 1.222，P = 0.000；β = 2.701，P = 0.000；β = 3.848，P = 0.000；β = 3.296，P = 0.000）；家庭自我会显著影响消费者的主动获利非法行为信念、被动获利行为信念、主动获利问题行为信念和无伤害行为信念（影响程度分别为 β = 0.409，P = 0.000；β = 0.837，P = 0.000；β = 1.151，P = 0.000；β = 0.946，P = 0.001）；社会自我会显著影响消费者的主动获利非法行为信念、被动获利行为信念、主动获利问题行为信念和无伤害行为信念（影响程度分别为 β = 0.693，P = 0.000；β = 1.539，P = 0.000；β = 2.308，P = 0.000；β = 1.970，P = 0.000）。

3. 修正模型（C）分析

删除不显著路径后模型（B）的拟合指标 IFI、CFI 仍在 0.9 以下，说明该模型还可进一步完善。根据 MI 修正指标对其稍做修正，得到修正模型（C）。本书基于大样本调研数据，对修正模型（C）展开结构方程分析检验，结果详见表 5-11 和图 5-3。

从表 5-11 的模型拟合指标看，$\chi^2/df = 1.982$，不但小于 5 而且小于 3；GFI = 0.882 > 0.85；AGFI = 0.864 > 0.85；IFI = 0.904 > 0.9，CFI = 0.903 > 0.9；RMSEA = 0.039 < 0.1；PNFI = 0.747 > 0.5，PGFI = 0.767 > 0.5；均超过可接受标准，表明修正模型（C）的拟合效果较理想。

从图 5-3 和表 5-11 看，初始理论模型（A）中显著的路径关系，修正模型（C）中均得到了较强的支持：基于品德的面子威胁感知会显著影响消费者的被动获利行为信念、主动获利问题行为信念和无伤害行为信念（影响程度分别为 β = 0.643，P = 0.004；β = 1.361，P = 0.000；β = 1.141，P = 0.000），而对主动获利非法行为信念的影响不显著；基于人际关系的面子威胁感知对消费者主动获利非法行为信念、被动获利行为信念、主动获利问题行为信念和无伤害行为信念的影响均不显著；基于能力的面子威胁感知会显著影响消费者的主动获利非法行

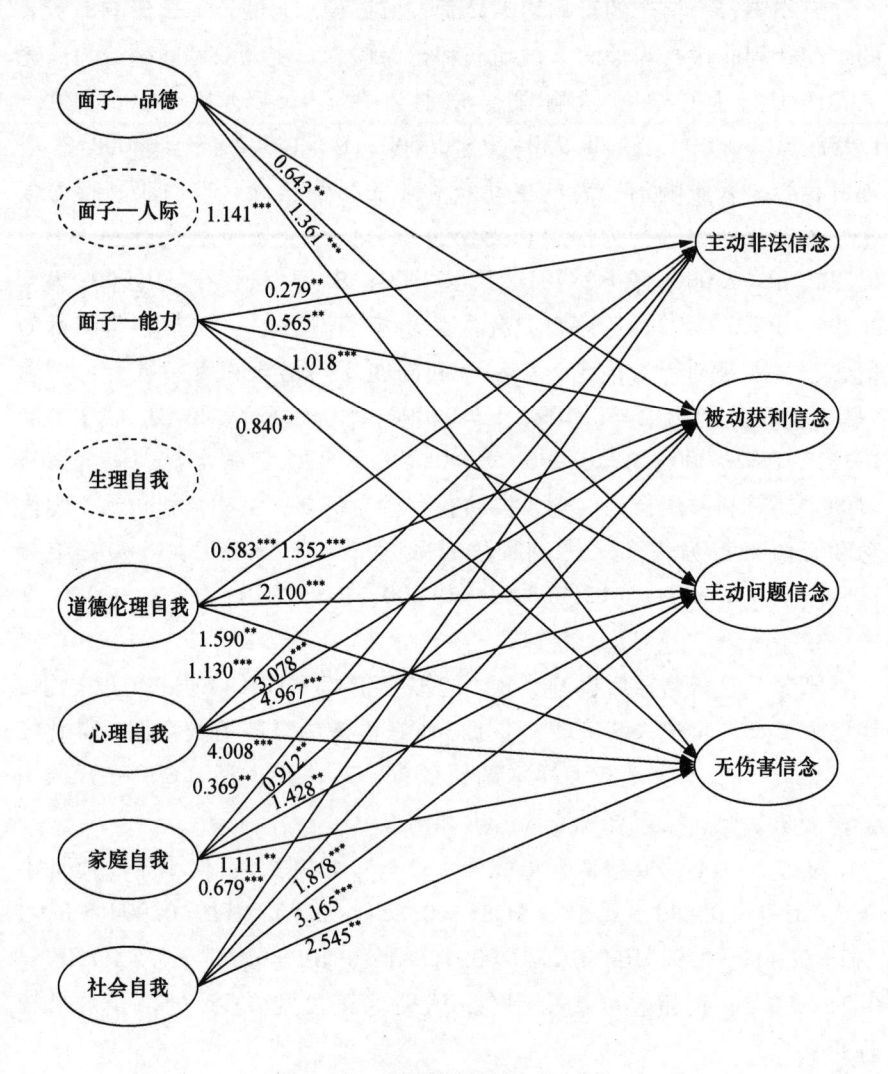

**图 5-3 修正模型（C）的路径**

注：＊表示 $P<0.05$，＊＊则表示 $P<0.01$，＊＊＊表示 $P<0.001$。

图中主动非法信念是"主动获利非法行为信念"的简称，被动获利信念是"被动获利行为信念"的简称，主动问题信念是"主动获利问题行为信念"的简称，无伤害信念是"无伤害行为信念"的简称。面子—品德是"基于个人品德的面子威胁感知"的简称，面子—人际是"基于人际关系的面子威胁感知"的简称，面子—能力是"基于能力要素的面子威胁感知"的简称。

表5-11　　　修正模型（C）的影响关系及模型拟合指标

| 回归路径 | 标准化路径系数 | 显著性概率 | 是否支持假设 |
| --- | --- | --- | --- |
| 被动获利信念←面子—品德 | 0.643 | 0.004 | 支持 |
| 主动问题信念←面子—品德 | 1.361 | *** | 支持 |
| 无伤害信念←面子—品德 | 1.141 | *** | 支持 |
| 主动非法信念←面子—能力 | 0.279 | 0.001 | 支持 |
| 被动获利信念←面子—能力 | 0.565 | 0.009 | 支持 |
| 主动问题信念←面子—能力 | 1.018 | 0.005 | 支持 |
| 无伤害信念←面子—能力 | 0.840 | 0.006 | 支持 |
| 主动非法信念←道德伦理自我 | 0.583 | *** | 支持 |
| 被动获利信念←道德伦理自我 | 1.352 | *** | 支持 |
| 主动问题信念←道德伦理自我 | 2.100 | *** | 支持 |
| 无伤害信念←道德伦理自我 | 1.590 | 0.001 | 支持 |
| 主动非法信念←心理自我 | 1.130 | *** | 支持 |
| 被动获利信念←心理自我 | 3.078 | *** | 支持 |
| 主动问题信念←心理自我 | 4.967 | *** | 支持 |
| 无伤害信念←心理自我 | 4.008 | *** | 支持 |
| 主动非法信念←家庭自我 | 0.369 | 0.001 | 支持 |
| 被动获利信念←家庭自我 | 0.912 | 0.002 | 支持 |
| 主动问题信念←家庭自我 | 1.428 | 0.004 | 支持 |
| 无伤害信念←家庭自我 | 1.111 | 0.007 | 支持 |
| 主动非法信念←社会自我 | 0.679 | *** | 支持 |
| 被动获利信念←社会自我 | 1.878 | *** | 支持 |
| 主动问题信念←社会自我 | 3.165 | *** | 支持 |
| 无伤害信念←社会自我 | 2.545 | 0.001 | 支持 |

拟合度指标：$\chi^2/df = 1.982$　　GFI = 0.882　　AGFI = 0.864　　IFI = 0.904
　　　　　　CFI = 0.903　　RMSEA = 0.039　　PNFI = 0.747　　PGFI = 0.767

为信念、被动获利行为信念、主动获利问题行为信念和无伤害行为信念（影响程度分别为 $\beta = 0.279$，$P = 0.001$；$\beta = 0.565$，$P = 0.009$；$\beta = 1.018$，$P = 0.005$；$\beta = 0.840$，$P = 0.006$）。生理自我对消费者主动获利非法行为信念、被动获利行为信念、主动获利问题行为信念和无伤害行为信念的影响均不显著；道德伦理自我会显著影响消费者的主动获利非法行为信念、被动获利行为信念、主动获利问题行为信念和无伤害行为信念（影响程度分别为 $\beta = 0.583$，$P = 0.000$；$\beta = 1.352$，$P = 0.000$；$\beta = 2.100$，$P = 0.000$；$\beta = 1.590$，$P = 0.001$）；心理自我会显著影响消费者的主动获利非法行为信念、被动获利行为信念、主动获利问题行为信念和无伤害行为信念（影响程度分别为 $\beta = 1.130$，$P = 0.000$；$\beta = 3.078$，$P = 0.000$；$\beta = 4.967$，$P = 0.000$；$\beta = 4.008$，$P = 0.000$）；家庭自我会显著影响消费者的主动获利非法行为信念、被动获利行为信念、主动获利问题行为信念和无伤害行为信念（影响程度分别为 $\beta = 0.369$，$P = 0.001$；$\beta = 0.912$，$P = 0.002$；$\beta = 1.428$，$P = 0.004$；$\beta = 1.111$，$P = 0.007$）；社会自我会显著影响消费者的主动获利非法行为信念、被动获利行为信念、主动获利问题行为信念和无伤害行为信念（影响程度分别为 $\beta = 0.679$，$P = 0.000$；$\beta = 1.878$，$P = 0.000$；$\beta = 3.165$，$P = 0.000$；$\beta = 2.545$，$P = 0.001$）。

### 4. 模型检验结果比较

以上分别对初始理论模型（A）、删除不显著路径后模型（B）与修正模型（C）展开了结构方程分析检验。本书将其各自的模型检验结果汇总于表5-12中，以便基于模型竞争比较挑选出最优拟合模型。由表5-12可知，就拟合指标而言，三个模型均符合要求，但相比之下修正模型（C）的各项拟合指标均呈明显优势。[①] 所以，本研究选定修正模型（C）为最佳拟合模型，并以此作为后续分析的依据。

表 5-12　　　　　　　　　模型检验结果比较

| 模型类型 | $\chi^2/df$ | GFI | AGFI | IFI | CFI | RMSEA | PNFI | PGFI |
| --- | --- | --- | --- | --- | --- | --- | --- | --- |
| 初始理论模型（A） | 2.110 | 0.876 | 0.856 | 0.892 | 0.891 | 0.042 | 0.732 | 0.756 |
| 删除不显著路径后模型（B） | 2.105 | 0.875 | 0.857 | 0.891 | 0.890 | 0.042 | 0.738 | 0.763 |
| 修正模型（C） | 1.982 | 0.882 | 0.864 | 0.904 | 0.903 | 0.039 | 0.747 | 0.767 |

---

① 为了更好地对三个模型进行比较，本书还引入了简约拟合指数PNFI和PGFI。侯杰泰、温忠麟和成子娟（2003）指出：一个好的模型应尽可能准确而简洁，复杂模型的简约指数就会较低。修正模型（C）不但其他各项拟合指标均呈明显优势，而且简约拟合指数PNFI和PGFI在三个模型中也是最大的。

5. 影响效果汇总

在选定修正模型（C）为最佳拟合模型的基础上，本书将面子威胁各维度、自我概念各维度对消费者伦理信念各维度的直接影响汇总于表 5-13 中，进行影响效果分析。

表 5-13　面子威胁感知及自我概念对消费者伦理信念的影响效果

|  | 主动获利的非法行为（信念） | 被动获利行为（信念） | 主动获利的问题行为（信念） | 无伤害行为（信念） |
|---|---|---|---|---|
| 面子—品德 | — | 0.643 | 1.361 | 1.141 |
| 面子—人际 | — | — | — | — |
| 面子—能力 | 0.279 | 0.565 | 1.018 | 0.840 |
| 生理自我 | — | — | — | — |
| 道德伦理自我 | 0.583 | 1.352 | 2.100 | 1.590 |
| 心理自我 | 1.130 | 3.078 | 4.967 | 4.008 |
| 家庭自我 | 0.369 | 0.912 | 1.428 | 1.111 |
| 社会自我 | 0.679 | 1.878 | 3.165 | 2.545 |

**五　结果分析**

从表 5-11 和表 5-13 可知，本书所提出的 32 个研究假设中绝大部分都得到了验证。下面对假设检验结果进行分析。

H12a—H12d 假设基于个人品德的面子威胁感知对消费者伦理信念的四个维度均有正向影响作用。从表 5-11 和表 5-13 看，基于品德的面子威胁感知分别对消费者的被动获利行为信念、主动获利的问题行为信念和无伤害行为信念产生显著的正向影响（β = 0.643，P = 0.004；β = 1.361，P = 0.000；β = 1.141，P = 0.000），假设 H12b、H12c、H12d 得到了支持。这说明中国内地消费者对涉及个人品德方面的面子威胁很在乎，当其预感因"被动获利行为、主动获利的问题行为和无伤害行为"，个体原本受到他人认可的自身品格和道德水准等将有可能受损时，一般都会尽量规避并认为那样做是错的。但从表 5-11 看，基于品德的面子威胁感知对主动获利非法行为信念并无显著影响，假设 H12a 被拒绝。这表明基于品德的面子威胁感知并非是影响主动获利非法行为信念的直接因素。主动获利非法行为相对于其他几个维度，其不合乎伦理规范的程度是最强的。一般来说，会做出非法行为的人一来没什么品德可言，二来他从心理上可能早已突破了品德这个层面，所以基于个人品德的面子威胁感知并不能影响其主动获利非法行为信念，进而规避主动获利非法行为。

H13a—H13d 假设基于人际关系的面子威胁感知对消费者伦理信念的四个维度均有正向影响作用。从表 5-11 和表 5-13 看，基于人际关系的面子威胁感知对消费者的主动获利非法行为信念、被动获利行为信念、主动获利问题行为信念和无伤害行为信念均无显著影响，假设 H13a、H13b、H13c 和 H13d 均被拒绝。这表明基于人际关系的面子威胁感知并非是影响消费者主动获利非法行为信念、被动获利行为信念、主动获利问题行为信念和无伤害行为信念的直接因素。

H14a—H14d 假设基于能力要素的面子威胁感知对消费者伦理信念的四个维度均有正向影响作用。从表 5-11 和表 5-13 看，基于能力要素的面子威胁感知分别对消费者的主动获利非法行为信念、被动获利行为信念、主动获利问题行为信念和无伤害行为信念产生显著的正向影响（$\beta=0.279$，$P=0.001$；$\beta=0.565$，$P=0.009$；$\beta=1.018$，$P=0.005$；$\beta=0.840$，$P=0.006$），假设 H14a、H14b、H14c 和 H14d 得到了支持。这说明中国内地消费者对涉及个人能力方面的面子威胁很在乎，当其预感因"主动获利非法行为、被动获利行为、主动获利问题行为和无伤害行为"，他人对自身能力的认同、尊重将有可能消失或减弱时，一般都会尽量规避并认为那样做是错的。

H15a—H15d 假设生理自我概念对消费者伦理信念的四个维度均有正向影响作用。从表 5-11 和表 5-13 看，生理自我概念对消费者的主动获利非法行为信念、被动获利行为信念、主动获利问题行为信念和无伤害行为信念均无显著影响，假设 H15a、H15b、H15c 和 H15d 均被拒绝。这表明生理自我概念并非是影响消费者主动获利非法行为信念、被动获利行为信念、主动获利问题行为信念和无伤害行为信念的直接因素。

H16a—H16d 假设道德伦理自我概念对消费者伦理信念的四个维度均有正向影响作用。从表 5-11 和表 5-13 看，道德伦理自我概念分别对消费者的主动获利非法行为信念、被动获利行为信念、主动获利问题行为信念和无伤害行为信念产生显著的正向影响（$\beta=0.583$，$P=$

0.000；β=1.352，P=0.000；β=2.100，P=0.000；β=1.590，P=0.001)，假设H16a、H16b、H16c和H16d得到了支持。这说明当消费者拥有一个积极的道德伦理自我概念时，会引发其积极的自我期望，而且期待外部社会的积极评价与对待，在其后续行为中按照保持内在一致性的方式做出积极的行为反应。表现在具体的消费者行为上，也就会减少或放弃不合乎消费者伦理要求的行为。此时，该消费者也往往认为不合乎消费者伦理要求的行为是错误和不可取的，即具有较好的消费者伦理信念状况。

H17a—H17d假设心理自我概念对消费者伦理信念的四个维度均有正向影响作用。从表5–11和表5–13看，心理自我概念分别对消费者的主动获利非法行为信念、被动获利行为信念、主动获利问题行为信念和无伤害行为信念产生显著的正向影响（β=1.130，P=0.000；β=3.078，P=0.000；β=4.967，P=0.000；β=4.008，P=0.000），假设H17a、H17b、H17c和H17d得到了支持。这说明当消费者拥有一个积极的心理自我概念时，会引发其积极的自我期望，而且期待外部社会的积极评价与对待，在其后续行为中按照保持内在一致性的方式做出积极的行为反应。表现在具体的消费者行为上，也就会减少或放弃不合乎消费者伦理要求的行为。此时该消费者也往往认为不合乎消费者伦理要求的行为是错误和不可取的，即具有较好的消费者伦理信念状况。

H18a—H18d假设家庭自我概念对消费者伦理信念的四个维度均有正向影响作用。从表5–11和表5–13看，家庭自我概念分别对消费者的主动获利非法行为信念、被动获利行为信念、主动获利问题行为信念和无伤害行为信念产生显著的正向影响（β=0.369，P=0.001；β=0.912，P=0.002；β=1.428，P=0.004；β=1.111，P=0.007)，假设H18a、H18b、H18c和H18d得到了支持。这说明当消费者拥有一个积极的家庭自我概念时，会引发其积极的自我期望，而且期待外部社会的积极评价与对待，在其后续行为中按照保持内在一致性的方式做出积极的行为反应。表现在具体的消费者行为上，也就会减少或放弃不合乎消费者伦理要求的行为。此时该消费者也往往认为不合乎消费者伦理要求的行为是错误和不可取的，即具有较好的消费者伦理信念状况。

H19a—H19d假设社会自我概念对消费者伦理信念的四个维度均有正向影响作用。从表5–11和表5–13看，社会自我概念分别对消费者的主动获利非法行为信念、被动获利行为信念、主动获利问题行为信念和无伤害行为信念产生显著的正向影响（β=0.679，P=0.000；β=1.878，P=0.000；β=3.165，P=0.000；β=2.545，P=0.001），假设 H19a、H19b、H19c 和 H19d 得到了支持。这说明当消费者拥有一个积极的社会自我概念时，会引发其积极的自我期望，而且期待外部社会的积极评价与对待，在其后续行为中按照保持内在一致性的方式做出积极的行为反应。表现在具体的消费者行为上，也就会减少或放弃不合乎消费者伦理要求的行为。此时该消费者也往往认为不合乎消费者伦理要求的行为是错误和不可取的，即具有较好的消费者伦理信念状况。

综合上述分析，本书把有关"面子威胁感知及自我概念影响消费者伦理信念"的假设检验结果汇总于表 5–14 中。

表 5–14　　　　　　　　假设检验结果汇总

| 编号 | 假设内容 | 类型 | 结论 |
| --- | --- | --- | --- |
| H12a | 基于个人品德的面子威胁感知对主动获利的非法行为信念有正向影响作用 | 开拓性假设 | 不支持 |
| H12b | 基于个人品德的面子威胁感知对被动获利行为信念有正向影响作用 | 开拓性假设 | 支持 |
| H12c | 基于个人品德的面子威胁感知对主动获利的问题行为信念有正向影响作用 | 开拓性假设 | 支持 |
| H12d | 基于个人品德的面子威胁感知对无伤害行为信念有正向影响作用 | 开拓性假设 | 支持 |
| H13a | 基于人际关系的面子威胁感知对主动获利的非法行为信念有正向影响作用 | 开拓性假设 | 不支持 |
| H13b | 基于人际关系的面子威胁感知对被动获利行为信念有正向影响作用 | 开拓性假设 | 不支持 |
| H13c | 基于人际关系的面子威胁感知对主动获利的问题行为信念有正向影响作用 | 开拓性假设 | 不支持 |
| H13d | 基于人际关系的面子威胁感知对无伤害行为信念有正向影响作用 | 开拓性假设 | 不支持 |
| H14a | 基于能力要素的面子威胁感知对主动获利的非法行为信念有正向影响作用 | 开拓性假设 | 支持 |

续表

| 编号 | 假设内容 | 类型 | 结论 |
|---|---|---|---|
| H14b | 基于能力要素的面子威胁感知对被动获利行为信念有正向影响作用 | 开拓性假设 | 支持 |
| H14c | 基于能力要素的面子威胁感知对主动获利的问题行为信念有正向影响作用 | 开拓性假设 | 支持 |
| H14d | 基于能力要素的面子威胁感知对无伤害行为信念有正向影响作用 | 开拓性假设 | 支持 |
| H15a | 生理自我概念对主动获利的非法行为信念有正向影响作用 | 开拓性假设 | 不支持 |
| H15b | 生理自我概念对被动获利行为信念有正向影响作用 | 开拓性假设 | 不支持 |
| H15c | 生理自我概念对主动获利的问题行为信念有正向影响作用 | 开拓性假设 | 不支持 |
| H15d | 生理自我概念对无伤害行为信念有正向影响作用 | 开拓性假设 | 不支持 |
| H16a | 道德伦理自我概念对主动获利的非法行为信念有正向影响作用 | 开拓性假设 | 支持 |
| H16b | 道德伦理自我概念对被动获利行为信念有正向影响作用 | 开拓性假设 | 支持 |
| H16c | 道德伦理自我概念对主动获利的问题行为信念有正向影响作用 | 开拓性假设 | 支持 |
| H16d | 道德伦理自我概念对无伤害行为信念有正向影响作用 | 开拓性假设 | 支持 |
| H17a | 心理自我概念对主动获利的非法行为信念有正向影响作用 | 开拓性假设 | 支持 |
| H17b | 心理自我概念对被动获利行为信念有正向影响作用 | 开拓性假设 | 支持 |
| H17c | 心理自我概念对主动获利的问题行为信念有正向影响作用 | 开拓性假设 | 支持 |
| H17d | 心理自我概念对无伤害行为信念有正向影响作用 | 开拓性假设 | 支持 |
| H18a | 家庭自我概念对主动获利的非法行为信念有正向影响作用 | 开拓性假设 | 支持 |
| H18b | 家庭自我概念对被动获利行为信念有正向影响作用 | 开拓性假设 | 支持 |
| H18c | 家庭自我概念对主动获利的问题行为信念有正向影响作用 | 开拓性假设 | 支持 |
| H18d | 家庭自我概念对无伤害行为信念有正向影响作用 | 开拓性假设 | 支持 |

续表

| 编号 | 假设内容 | 类型 | 结论 |
|---|---|---|---|
| H19a | 社会自我概念对主动获利的非法行为信念有正向影响作用 | 开拓性假设 | 支持 |
| H19b | 社会自我概念对被动获利行为信念有正向影响作用 | 开拓性假设 | 支持 |
| H19c | 社会自我概念对主动获利的问题行为信念有正向影响作用 | 开拓性假设 | 支持 |
| H19d | 社会自我概念对无伤害行为信念有正向影响作用 | 开拓性假设 | 支持 |

## 第三节  顾客忠诚在消费者伦理信念与行为间的调节作用

### 一  研究目的

根据本书的整体研究框架[①]，研究三围绕"顾客忠诚在消费者伦理信念与行为间的调节作用"这一主题展开讨论，其具体的研究目的主要有以下两个方面。

（一）检验中国内地消费者伦理信念对其伦理行为的映射作用

迄今为止，学术界尚无公认的直接测度消费者伦理行为的工具，绝大部分典型的消费者伦理实证研究都沿袭了"借助 CES 量表测度消费者伦理信念，进而映射或预测消费者伦理行为"的研究思路。以往研究极少关注消费者伦理信念与消费者伦理行为两者间关系（Kenhove, Wulf and Steenhaut, 2003）。本书拟结合中国内地的集体主义文化背景，聚焦中国内地消费者，借助自行开发的消费者伦理行为量表和大样本数据统计分析，检验中国内地消费者伦理信念对其伦理行为的映射作用。

（二）探索顾客忠诚在消费者伦理信念与行为间的调节作用

基于"感知—行为"模型视角，感知在某种程度上确实可以决定行为；然而，社会心理学的研究结果却表明：尽管感知与行为间存在某种因果关系，但特定感知状态并不能保证对等现实行为的必然发生。因

---

① 详见第三章第六节。

此，学术界从消费者伦理信念到消费者伦理行为的假设过于直接，仅凭消费者伦理信念来映射其伦理行为不够真实、全面。事实上，消费者伦理行为的实施，除了受消费者伦理信念影响，还会受到其他诸多调节或中介变量的影响。迄今为止，在消费者伦理的实证研究中，学术界极少探讨消费者伦理信念与伦理行为间的直接关系，更少考察各种调节或中介变量在两者间的影响作用。本书拟将顾客忠诚作为调节变量引入"消费者伦理信念—消费者伦理行为"关系中，进而探讨顾客忠诚在消费者伦理信念与行为间的调节作用。

## 二 研究假设回顾

在第三章第五节中基于各核心概念间相互关系，本书提出了理论假设，进而在第六节中进行汇总并构建的理论框架模型。本节仅简要回顾其中试图检验的 3 个研究假设（见表 5-15）。

表 5-15 "顾客忠诚在消费者伦理信念与行为间的调节作用"相关研究假设

| 编号 | 假设内容 | 类型 |
| --- | --- | --- |
| H20 | 消费者认同不合乎消费者伦理要求行为的信念强度与消费者实施不合乎消费者伦理要求行为的倾向性呈正相关关系 | 验证性假设 |
| H21 | 顾客忠诚强度与消费者实施不合乎消费者伦理要求行为的倾向性呈负相关关系 | 开拓性假设 |
| H22 | 对于感知到的较强的顾客忠诚，倾向于降低消费者伦理信念与消费者实施不合乎消费者伦理要求行为之间的正相关关系 | 开拓性假设 |

其中，H20 意在检验消费者伦理信念与消费者伦理行为间的正相关关系。H21 意在检验顾客忠诚与实施不合乎消费者伦理要求行为间的负相关关系。H22 意在检验较强的顾客忠诚倾向与降低原有（H20）的消费者伦理信念与行为间的正相关关系。本书通过对上述 3 个假设的检验，剖析顾客忠诚在消费者伦理信念与行为间的调节作用。

## 三 具体分析方法

本节主要运用典型相关分析（Canonical correlation）方法展开研究。典型相关分析，与简单相关分析不同，它把各组变量均作为一个整体来看待，考察的是两组变量间整体的相关，而非两个变量组中变量的相关。典型相关分析有助于更充分地挖掘两组变量间的相关信息。本书正是利用典型相关分析的这一特点，分别求得消费者伦理信念、顾客忠诚、消费者伦理信念与顾客忠诚的交互项与消费者不合乎伦理要求行为间的典型相关关系[①]，以此来检验前面提出的假设（H20、H21和H22），试图探索消费者伦理信念、顾客忠诚、消费者伦理信念与顾客忠诚的交互项与消费者不合乎伦理要求行为四组变量之间的总体关系。

### 四 假设检验

（一）消费者伦理信念与消费者不合乎伦理规范行为的典型相关分析

消费者伦理信念与消费者不合乎伦理规范行为间的典型关系详见表5-16。由表5-16中的典型相关系数R可知，共有三组达到显著性水平的典型变量，且三个P值均小于0.001，为极显著典型相关。表5-16数据还表明，预测变量（消费者伦理信念）的第一典型变量$\mu_1$可解释标准变量（消费者伦理行为）第一典型变量$\nu_1$总方差的86.5%，而标准变量（消费者伦理行为）的第一典型变量$\nu_1$又可解释标准变量（消费者伦理行为）总方差的26.3%，二者乘积即冗余指数为22.7%，说明预测变量（消费者伦理信念）透过第一个典型变量可以解释标准变量（消费者伦理行为）总方差的22.7%。同理，预测变量（消费者伦理信念）的第二、第三个典型变量$\mu_2$、$\mu_3$与标准变量（消费者伦理行为）第二、第三个典型变量$\nu_2$、$\nu_3$的冗余指数分别为43.5%和1.6%，说明预测变量（消费者伦理信念）透过第二、第三个典型变量可以分别解释标准变量（消费者伦理行为）总方差的43.5%和1.6%。这样，预测变量（消费者伦理信念）与标准变量（消费者伦理行为）在三组典型变量（$\mu_1$,$\nu_1$）、（$\mu_2$,$\nu_2$）、（$\mu_3$,$\nu_3$）中的共享方差达67.8%，说明主动获利的非法行为信念、被动获利行为信念、主动获利

---

[①] 在本书中，顾客忠诚量表采用 Likert 五级评分法，按照"1"（完全不认同）到"5"（完全认同）评定，分值越大表明消费者对商家的顾客忠诚程度越高。消费者伦理信念量表也采用 Likert 五级评分法，按照"1"（深信是错的）到"5"（深信没有错）评定，分值越大意味着对伦理上值得怀疑的消费者行为的认同程度越高，即消费者伦理水平越低。消费者伦理行为量表也采用 Likert 五级评分法，按照"1"（完全不可能）到"5"（完全可能）评定，分值越大表明消费者从事不合乎消费者伦理要求行为的可能性越大。可见，顾客忠诚与消费者伦理信念、消费者伦理行为量表在计分上正好相反。本书在进行典型相关分析前对顾客忠诚先做数据预处理（即数据反向），以便在和消费者伦理信念、消费者伦理行为的计分方向保持一致的基础上验证相互间的关系。

的问题行为信念、无伤害行为信念四个预测变量经由三组典型变量共可解释主动获利的非法行为、被动获利行为、主动获利的问题行为、无伤害行为等四个标准变量总方差的 67.8%，即三组典型相关冗余指数总数达 67.8%。冗余指数只要大于 5% 即表明线性组合好（陈智德，2002），显然三个线性组合非常好，且表 5-16 中的三组冗余指数差异较大，表明三个线性组合在解释力上存在显著差异；此外，表 5-16 中三组典型变量均有大于 0.3 的典型负载系数，表明线性组合中存在着对线性模式有显著解释力的变项（吴万益和林清河，2001）；从符号上看，预测变量（消费者伦理信念）与标准变量（消费者伦理行为）的典型负载系数绝大部分正向变动，可见消费者认同不合乎消费者伦理要求行为的信念强度与消费者实施不合乎消费者伦理要求行为的倾向性典型正相关，假设 H20 获得了支持。

表 5-16　消费者伦理信念与消费者不合乎伦理规范行为的典型相关分析摘要

| 预测变量 | $\mu_1$ | $\mu_2$ | $\mu_3$ | 标准变量 | $v_1$ | $v_2$ | $v_3$ |
|---|---|---|---|---|---|---|---|
| 主动获利的非法行为（信念） | -0.964 | -0.245 | 0.071 | 主动获利的非法行为 | -0.843 | -0.444 | -0.048 |
| 被动获利行为（信念） | -0.155 | -0.894 | -0.421 | 被动获利行为 | 0.066 | -0.993 | -0.026 |
| 主动获利的问题行为（信念） | -0.048 | -0.515 | -0.753 | 主动获利的问题行为 | -0.078 | -0.832 | -0.543 |
| 无伤害行为（信念） | 0.505 | -0.834 | 0.180 | 无伤害行为 | 0.577 | -0.643 | -0.007 |
| 抽出变异数百分比 | 0.302 | 0.455 | 0.195 | 抽出变异数百分比 | 0.263 | 0.572 | 0.075 |
| 冗余指数 | 0.261 | 0.346 | 0.042 | 冗余指数 | 0.227 | 0.435 | 0.016 |
| n=1247 | | | | 典型相关系数 R | 0.930*** | 0.872*** | 0.461*** |
| | | | | 典型确定系数 $R^2$ | 0.865 | 0.760 | 0.213 |

注：表中 * 表示 P<0.5，显著典型相关；** 表示 P 值<0.01，非常显著典型相关；*** 表示 P 值<0.001，极显著典型相关。

## （二）顾客忠诚与消费者不合乎伦理规范行为的典型相关分析

顾客忠诚作为消费者伦理信念与消费者不合乎伦理规范行为间的调节变量，本书希望通过典型相关分析来揭示它的作用。由表5-17中的典型相关系数R可知，共有两组达到显著性水平的典型变量，且两个P值均小于0.001，为极显著典型相关。表5-17中预测变量（顾客忠诚）的两个典型变量 $\mu_1$、$\mu_2$ 与标准变量（消费者伦理行为）的两个典型变量 $\nu_1$、$\nu_2$ 的冗余指数分别为16.4%、4.2%，则预测变量（顾客忠诚）与标准变量（消费者伦理行为）在两组典型变量（$\mu_1$，$\nu_1$）、（$\mu_2$，$\nu_2$）中的共享方差为20.6%，说明行为忠诚、态度忠诚两个预测变量经由两组典型变量共可解释主动获利的非法行为、被动获利行为、主动获利的问题行为、无伤害行为四个标准变量总方差的20.6%，即两组典型相关冗余指数总数达20.6%。冗余指数只要大于5%即表明线性组合好（陈智德，2002），显然两个线性组合良好。此外，表5-17中两组典型变量均有大于0.3的典型负载系数，表明线性组合中存在着对线性模式有显著解释力的变项（吴万益和林清河，2001）；从符号上看，

**表5-17　顾客忠诚与消费者不合乎伦理规范行为的典型相关分析摘要表**

| 预测变量 | 典型变量 $\mu_1$ | 典型变量 $\mu_2$ | 标准变量 | 典型变量 $\nu_1$ | 典型变量 $\nu_2$ |
|---|---|---|---|---|---|
| 行为忠诚 | 0.199 | 0.980 | 主动获利的非法行为 | -0.489 | 0.307 |
| 态度忠诚 | 0.831 | 0.556 | 被动获利行为 | -0.617 | -0.694 |
|  |  |  | 主动获利的问题行为 | -0.565 | -0.562 |
|  |  |  | 无伤害行为 | -0.820 | -0.393 |
| 抽出变异数百分比 | 0.365 | 0.635 | 抽出变异数百分比 | 0.403 | 0.262 |
| 冗余指数 | 0.149 | 0.101 | 冗余指数 | 0.164 | 0.042 |
| n = 1247 |  |  | 典型相关系数R | 0.639*** | 0.399*** |
|  |  |  | 典型确定系数 $R^2$ | 0.408 | 0.159 |

注：* 表示 $P < 0.5$，显著典型相关；** 表示 P 值 $< 0.01$，非常显著典型相关；*** 表示 P 值 $< 0.001$，极显著典型相关。

预测变量（顾客忠诚）与标准变量（消费者伦理行为）的典型负载系数绝大部分反向变动，可见顾客忠诚与消费者实施不合乎伦理规范行为的倾向性典型负相关，假设 H21 获得了支持。

（三）顾客忠诚与消费者伦理信念交互项和消费者不合乎伦理规范行为的典型相关分析

本书试图揭示顾客忠诚在消费者伦理信念与消费者不合乎伦理规范行为间的调节作用。在典型相关分析中，笔者借助顾客忠诚与消费者伦理信念的交互效应来完成分析。以 $C_i$ 代表顾客忠诚各维度，$C_1$ 为行为忠诚，$C_2$ 为态度忠诚；$D_j$ 代表消费者伦理信念各维度，$D_1$ 为主动获利的非法行为信念，$D_2$ 为被动获利信念，$D_3$ 为主动获利的问题行为信念，$D_4$ 为无伤害行为信念。$M_{ij}$ 代表顾客忠诚与消费者伦理信念的交互项。我们通过 $M_{ij} = C_i D_j$ 来考察顾客忠诚与消费者伦理信念的交互项情况。表 5-18 显示了交互项与消费者不合乎伦理规范行为的线性组合。由表 5-18 中的典型相关系数 R 可知，共有四组达到显著性水平的典型变量，且四个 P 值均小于 0.001 为极显著典型相关。表 5-18 中预测变量（交互项）的四个典型变量 $\mu_1$、$\mu_2$、$\mu_3$ 和 $\mu_4$ 与标准变量（消费者伦理行为）的四个典型变量 $v_1$、$v_2$、$v_3$、$v_4$ 的冗余指数分别为 22.1%、33.7%、15.2% 和 1.5%，则预测变量与标准变量在四组典型变量 ($\mu_1$, $v_1$)、($\mu_2$, $v_2$)、($\mu_3$, $v_3$)、($\mu_4$, $v_4$) 中的共享方差达到了 72.5%，说明顾客忠诚与消费者伦理信念交互项 8 个预测变量经由四个典型变量共可解释主动获利的非法行为、被动获利行为、主动获利的问题行为、无伤害行为四个标准变量总方差的 72.5%，即四组典型相关冗余指数总数达 72.5%。冗余指数只要大于 5% 即表明线性组合好（陈智德，2002），72.5% 远远超过了 5%，亦超过了前面任何一项主效应。此外，表 5-18 中四组典型变量均有大于 0.3 的典型负载系数，表明线性组合中存在着对线性模式有显著解释力的变项（吴万益和林清河，2001）；从符号上看，表 5-18 中预测变量与标准变量的典型负载系数绝大部分为反向变动，而表 5-16 中却是绝大部分正向变动的，这就表明由于顾客忠诚的介入导致消费者伦理信念与消费者不合乎伦理规范行为的关系发生了"变异"，换言之，顾客忠诚降低了消费者伦理信念与消费者不合乎伦理规范行为间的典型正相关关系，假设 H22 获得了支持。

表5-18　　顾客忠诚与消费者伦理信念交互项典型相关分析摘要

| 预测变量 | 典型变量 | | | | 标准变量 | 典型变量 | | | |
|---|---|---|---|---|---|---|---|---|---|
| | $\mu_1$ | $\mu_2$ | $\mu_3$ | $\mu_4$ | | $v_1$ | $v_2$ | $v_3$ | $v_4$ |
| $M_{11}$ | -0.614 | -0.412 | 0.324 | 0.124 | 主动获利的非法行为 | -0.677 | 0.014 | 0.673 | 0.299 |
| $M_{12}$ | -0.581 | 0.190 | 0.543 | 0.243 | 被动获利行为 | -0.080 | 0.831 | 0.518 | -0.188 |
| $M_{13}$ | -0.501 | -0.184 | 0.103 | 0.454 | 主动获利的问题行为 | -0.284 | 0.863 | 0.281 | 0.308 |
| $M_{14}$ | 0.017 | -0.282 | 0.109 | 0.159 | 无伤害行为 | 0.627 | 0.597 | 0.440 | 0.239 |
| $M_{21}$ | -0.686 | -0.426 | 0.030 | -0.241 | | | | | |
| $M_{22}$ | -0.606 | 0.291 | 0.212 | -0.196 | | | | | |
| $M_{23}$ | -0.449 | -0.066 | -0.416 | -0.112 | | | | | |
| $M_{24}$ | -0.028 | -0.205 | -0.387 | -0.359 | | | | | |
| 抽出变异数百分比 | 0.251 | 0.079 | 0.099 | 0.068 | 抽出变异数百分比 | 0.234 | 0.448 | 0.248 | 0.069 |
| 冗余指数 | 0.237 | 0.059 | 0.061 | 0.015 | 冗余指数 | 0.221 | 0.337 | 0.152 | 0.015 |
| n = 1247 | | | | | 典型相关系数 R | 0.971*** | 0.867*** | 0.783*** | 0.464*** |
| | | | | | 典型确定系数 $R^2$ | 0.943 | 0.752 | 0.613 | 0.215 |

注：*表示 $P<0.5$，显著典型相关；**表示 P 值 $<0.01$，非常显著典型相关；***表示 P 值 $<0.001$，极显著典型相关。表中 $M_{11}—M_{14}$：分别代表行为忠诚与消费者伦理信念的四个维度——主动获利的非法行为（信念）、被动获利行为（信念）、主动获利的问题行为（信念）、无伤害行为（信念）的交互项；$M_{21}—M_{24}$：分别代表态度忠诚与消费者伦理信念的四个维度——主动获利的非法行为（信念）、被动获利行为（信念）、主动获利的问题行为（信念）、无伤害行为（信念）的交互项。

## 五　结果分析

综合上述分析，本研究把有关"顾客忠诚在消费者伦理信念与行为间的调节作用"的假设检验结果汇总于表5-19中。

表5-19　　　　　　假设检验结果汇总

| 编号 | 假设内容 | 类型 | 结论 |
|---|---|---|---|
| H20 | 消费者认同不合乎消费者伦理要求行为的信念强度与消费者实施不合乎消费者伦理要求行为的倾向性呈正相关关系 | 验证性假设 | 支持 |
| H21 | 顾客忠诚强度与消费者实施不合乎消费者伦理要求行为的倾向性呈负相关关系 | 开拓性假设 | 支持 |
| H22 | 对于感知到的较强的顾客忠诚，倾向于降低消费者伦理信念与消费者实施不合乎消费者伦理要求行为之间的正相关关系 | 开拓性假设 | 支持 |

由表 5-19 可知，本书所提出的 3 个研究假设均获得了支持。下面对假设检验结果进行分析。

本书发现，消费者认同不合乎消费者伦理要求行为的信念强度与消费者实施不合乎消费者伦理要求行为的倾向性典型正相关，该结论经由典型相关分析得出。表 5-16 数据显示，预测变量（消费者伦理信念）与标准变量（消费者伦理行为）间存在三组典型变量，预测变量（消费者伦理信念）与标准变量（消费者伦理行为）的典型负载系数绝大部分正向变动，且三组典型变量均有大于 0.3 的典型负载系数，表明两者间的典型正相关关系成立；与此同时，两者间的冗余指数达 67.8%，表明消费者伦理信念对消费者不合乎消费者伦理要求行为具有很强的解释力。所以，假设 H20 获得了支持。这与以往大多数研究结论（如 Muncy and Vitell，1992；Kenhove，Wulf and Steenhaut，2003；曾伏娥和甘碧群，2007）一致。

本书还发现，顾客忠诚在消费者伦理信念与消费者实施不合乎伦理要求行为间起着重要的调节作用。实证研究结果表明，顾客忠诚对消费者不合乎伦理规范行为的主效应远低于顾客忠诚与消费者伦理信念对消费者不合乎伦理规范行为的交互效应。典型相关分析结果表明，顾客忠诚单独与消费者不合乎伦理规范行为的冗余指数仅 20.6%，而顾客忠诚与消费者伦理信念的交互项和消费者不合乎伦理规范行为的冗余指数却达到了 72.5%，甚至超过了消费者伦理信念对消费者不合乎伦理规范行为的主效应（冗余指数 67.8%）。所以，假设 H21、H22 获得了支持。这表明，顾客忠诚的调节作用是很明显的。

# 本章小结

本章基于大样本调研数据完成了对所有研究假设[①]的检验工作，其具体内容可分为三大部分：首先，运用探索性因子分析、多元回归分析以及单因素方差分析等统计分析方法对涉及"中国内地消费者伦理现状及特征"（研究一）的研究假设进行分析检验；其次，运用结构方程

---

① 指在研究框架中提及的所有研究假设。

建模技术对涉及"面子威胁感知、自我概念对消费者伦理信念的影响"(研究二)的研究假设进行分析检验;最后,运用典型相关分析方法对涉及"顾客忠诚在消费者伦理信念与行为间的调节作用"(研究三)的研究假设进行分析检验。对于被证实、未被证实的研究假设,本书均进行了说明或展开了讨论。

# 第六章 研究结论与展望

本章作为结论部分，由两方面内容构成：其一，基于实证检验结果对本书的主要研究结论进行归纳、汇总与整合，并分析其相应的管理实践启示；其二，反思、剖析本书的局限性与不足，并对后续研究进行展望。

## 第一节 研究结论与管理借鉴

### 一 主要研究结论

本书以中国内地消费者为考察对象，紧密围绕中国内地消费者伦理现状及特点、面子威胁感知与自我概念对中国内地消费者伦理信念的影响、顾客忠诚在中国内地消费者伦理信念与行为间的调节作用展开研究。整体研究模型由46个研究假设共同构建组成，其中12个属于验证性假设，34个属于开拓性假设。[1] 本书基于实证检验结果，将主要研究结论归纳、汇总、整合为以下七个方面。

（一）结论一：中国内地消费者伦理信念具有四维结构，且具有明显的两面性

尽管东西方文化有着较大差异，但本书基于中国内地1247个有效大样本调研数据，以特征值大于1为提取标准，运用主成分分析法提取因子发现：中国内地消费者伦理信念具有四维结构，分别是主动获利的非法行为信念、被动获利行为信念、主动获利的问题行为信念以及无伤

---

[1] 验证性假设，是指先前已有学者进行过具体理论分析，并获得相关经验研究证实的假设，基于本研究框架的整体性，将在后续研究中再做进一步的考察验证。开拓性假设，是指先前学者尚未进行过相关研究，或虽有相关的理论层面探讨，但未经经验研究证实的假设。

害行为信念，方差总解释率高达 64.857%。这与以往西方学者 Muncy 和 Vitell（1992），Vitell、Lumpkin 和 Rawwas（1991）及国内学者赵宝春（2008）等的研究基本一致，因子命名也得以沿用。就四个因子的均值而言，主动获利的非法行为信念的均值为 1.40，表明中国内地消费者明确拒绝此类行为；被动获利行为信念的均值为 2.27，表明中国内地消费者倾向于拒绝此类行为；主动获利的问题行为信念的均值为 3.29，表明中国内地消费者对此类行为的判断较为模糊；无伤害行为信念的均值为 4.14，表明中国内地消费者较能接受认可此类行为。由此本书发现，中国内地消费者伦理信念具有明显的两面性，即在"主动获利的非法行为"和"被动获利行为"情景下（伦理界限较为清晰时），使用较严格的伦理标准，判断比较一致；在"主动获利的问题行为"和"无伤害行为"情景下（伦理界限不太清晰时），使用较宽松的伦理标准。

（二）结论二：中国内地消费者伦理信念受到伦理意识（理想主义和相对主义）与马基雅弗利主义的显著影响，其中伦理意识的影响受情景因素制约，而马基雅弗利主义的影响则与情景因素无关

本书发现，中国内地消费者伦理信念在四种不同的情景下，均受到马基雅弗利主义的反向显著影响，其影响与消费情景无关，这在一定程度上也印证了马基雅弗利主义影响的普遍性（Vitell, Singhapakdi and Thomas, 2001）。本书还发现，在"主动获利非法行为"和"被动获利行为"情景下，中国内地消费者伦理信念受到理想主义的正向显著影响；在"主动获利的问题行为"和"无伤害行为"情景下，中国内地消费者伦理信念则受到相对主义的反向显著影响。这与西方学者 Erffmeyer、Keillor 和 LeClair（1999），Rawwas、Vitell 和 Al–Khatib（1994），Singhapakdi、Rawwas、Marta 和 Ahmed（1999），Van Kenhove、Vermeir 和 Verniers（2001）以及国内学者赵宝春（2008）等的研究结果基本一致。由此可见，伦理意识对中国内地消费者伦理信念的影响受到情景因素的制约，其中理想主义会积极引导至较高水平的消费者伦理信念，而相对主义则会引导至较低水平的消费者伦理信念。

（三）结论三：中国内地消费者伦理信念在特定情景下受到性别、年龄、教育程度、婚姻状况、家庭年现金收入以及出生地等人口统计学变量因素的显著影响，但并未受到职业因素的影响

本书发现，中国内地消费者伦理信念受人口统计学变量因素显著影

响大多集中于"主动获利的问题行为"和"无伤害行为"情景下,此时:30 岁以下的中国内地消费者伦理水平(均值分别为 3.250 和 4.161)远不如 30 岁以上的消费者(均值分别为 2.833 和 4.016),差异显著($P<0.05$);受过大学教育的中国内地消费者伦理水平(均值分别为 3.041 和 4.083)远不如未受过大学教育的消费者(均值分别为 2.980 和 4.045),差异显著($P<0.05$);未婚的中国内地消费者伦理水平(均值分别为 3.398 和 3.991)远不如已婚的消费者(均值分别为 3.019 和 3.652),差异显著($P<0.05$);出生地为城市的消费者伦理水平(均值分别为 3.241 和 3.777)远不如出生地为农村的消费者(均值分别为 3.039 和 3.636),差异显著($P<0.05$)。此外,在"被动获利行为"和"主动获利问题行为"情景下,中国内地男性消费者伦理水平(均值分别为 2.302 和 3.221)远不如女性消费者(均值分别为 2.070 和 2.963),差异显著($P<0.05$);在"主动获利问题行为"情景下,家庭年现金收入居中的消费者伦理水平最高(均值为 2.966),高家庭年现金收入的消费者伦理水平居中(均值为 3.058),低家庭年现金收入的消费者伦理水平最低(均值为 3.153),差异显著($P<0.05$)。而职业在四种情景下均不影响中国内地消费者伦理信念。上述研究结论表明,中国内地消费者伦理信念在"主动获利问题行为"和"无伤害行为"情景下,较多受到个人因素的影响,这进一步印证了中国内地消费者伦理信念具有明显的两面性。与此同时,上述研究结论也为消费者伦理信念受到人口统计变量因素影响提供了来自中国样本(集体主义文化背景)的支持。

(四)结论四:面子威胁感知正向影响中国内地消费者伦理信念

本书把面子威胁感知划分为基于个人品德的、基于人际关系的和基于能力要素的三个维度,把自我概念划分为生理自我、道德伦理自我、心理自我、家庭自我和社会自我五个维度。利用结构方程模型(SEM),分别求得面子威胁感知三个维度、自我概念五个维度与消费者伦理信念四个维度间的路径系数,试图探索面子威胁感知、自我概念对消费者伦理信念的正向影响作用。

本书发现,基于能力要素的面子威胁感知分别对消费者的主动获利非法行为信念、被动获利行为信念、主动获利问题行为信念和无伤害行为信念产生显著的正向影响($\beta = 0.279$, $P = 0.001$; $\beta = 0.565$, $P =$

0.009；β=1.018，P=0.005；β=0.840，P=0.006），这说明中国内地消费者对涉及个人能力方面的面子威胁很在乎，当其预感因"主动获利的非法行为、被动获利行为、主动获利的问题行为和无伤害行为"，他人对自身能力的认同、尊重将有可能消失或减弱时，一般都会尽量规避并认为那样做是错的。本书还发现，基于品德的面子威胁感知分别对消费者的被动获利行为信念、主动获利问题行为信念和无伤害行为信念产生显著的正向影响（β=0.643，P=0.004；β=1.361，P=0.000；β=1.141，P=0.000），说明中国内地消费者对涉及个人品德方面的面子威胁很在乎，当其预感因"被动获利行为、主动获利问题行为和无伤害行为"，个体原本受到他人认可的自身品格和道德水准等将有可能受损时，一般都会尽量规避并认为那样做是错的。但基于品德的面子威胁感知对主动获利非法行为信念并无显著影响，这表明基于品德的面子威胁感知并非影响主动获利非法行为信念的直接因素。主动获利非法行为相对于其他几个维度，其不合乎伦理规范的程度是最强的。一般来说，会做出主动获利非法行为的人一来没什么品德可言，二来他从心理上可能早已突破了品德这个层面，所以基于品德的面子威胁感知并不能影响其主动获利非法行为信念，进而规避主动获利非法行为。此外，本书也发现，基于人际关系的面子威胁感知对消费者伦理信念的四个维度均无显著影响。但就总体而言，（基于能力与品德维度的）面子威胁感知应该会正向影响中国内地消费者伦理信念。

（五）结论五：自我概念正向影响中国内地消费者伦理信念

本书把自我概念划分为生理自我、道德伦理自我、心理自我、家庭自我和社会自我五个维度，把面子威胁感知划分为基于个人品德的、基于人际关系的和基于能力要素的三个维度。利用结构方程模型（SEM），分别求得自我概念五个维度、面子威胁感知三个维度与消费者伦理信念四个维度间的路径系数，试图探索自我概念、面子威胁感知对消费者伦理信念的正向影响作用。

本书发现，除了生理自我，道德伦理自我、心理自我、家庭自我和社会自我均分别对消费者伦理信念的四个维度产生显著的正向影响。实证研究结果如下：道德伦理自我概念分别对消费者的主动获利非法行为信念、被动获利行为信念、主动获利问题行为信念和无伤害行为信念产生显著的正向影响（β=0.583，P=0.000；β=1.352，P=0.000；

$\beta = 2.100$, $P = 0.000$; $\beta = 1.590$, $P = 0.001$); 心理自我概念分别对消费者的主动获利非法行为信念、被动获利行为信念、主动获利问题行为信念和无伤害行为信念产生显著的正向影响（$\beta = 1.130$, $P = 0.000$; $\beta = 3.078$, $P = 0.000$; $\beta = 4.967$, $P = 0.000$; $\beta = 4.008$, $P = 0.000$）；家庭自我概念分别对消费者的主动获利非法行为信念、被动获利行为信念、主动获利问题行为信念和无伤害行为信念产生显著的正向影响（$\beta = 0.369$, $P = 0.001$; $\beta = 0.912$, $P = 0.002$; $\beta = 1.428$, $P = 0.004$; $\beta = 1.111$, $P = 0.007$）；社会自我概念分别对消费者的主动获利非法行为信念、被动获利行为信念、主动获利问题行为信念和无伤害行为信念产生显著的正向影响（$\beta = 0.679$, $P = 0.000$; $\beta = 1.878$, $P = 0.000$; $\beta = 3.165$, $P = 0.000$; $\beta = 2.545$, $P = 0.001$）。上述研究结果表明：当消费者拥有一个积极的道德伦理自我、心理自我、家庭自我和社会自我时，会引发其积极的自我期望，而且期待外部社会的积极评价与对待，在其后续行为中按照保持内在一致性的方式做出积极的行为反应。表现在具体的消费者行为上，也就会减少或放弃不合乎消费者伦理要求的行为。此时，该消费者也往往认为不合乎消费者伦理要求的行为是错误和不可取的，即具有较好的消费者伦理信念状况。就总体而言，自我概念（道德伦理自我、心理自我、家庭自我和社会自我）应该会正向影响中国内地消费者伦理信念。

（六）结论六：消费者认同不合乎消费者伦理规范行为的信念强度与消费者实施不合乎消费者伦理规范行为的倾向性典型正相关

本书发现，消费者认同不合乎消费者伦理规范行为的信念强度与消费者实施不合乎消费者伦理规范行为的倾向性典型正相关，该结论经由典型相关分析得出。表5-16数据显示，消费者伦理信念（预测变量）与消费者伦理行为（标准变量）间存在三组典型变量，消费者伦理信念与消费者伦理行为的典型负载系数绝大部分正向变动，且三组典型变量均有大于0.3的典型负载系数，表明两者间的典型正相关关系成立；与此同时，两者间的冗余指数达67.8%，表明消费者伦理信念对消费者不合乎消费者伦理规范行为具有很强的解释力。这与以往大多数研究结论（如Kenhove, Wulf and Steenhaut, 2003；Muncy and Vitell, 1992；曾伏娥和甘碧群，2007）相一致。值得一提的是，与以往学者采用的简单相关或线性回归研究方法相比，本书借助典型相关分析，把消费者伦理信念和行为均作为一个整体来看待，考察两组变量间整体的相关，有助于更充分地挖掘两组变量间的相关信息。

（七）结论七：顾客忠诚在消费者伦理信念与消费者实施不合乎伦理规范行为间起着重要的调节作用

本书发现，顾客忠诚在消费者伦理信念与消费者实施不合乎伦理规范行为间起着重要的调节作用。实证研究结果显示，顾客忠诚对消费者不合乎伦理规范行为的主效应远低于顾客忠诚与消费者伦理信念对消费者不合乎伦理规范行为的交互效应。典型相关分析结果表明，顾客忠诚单独与消费者不合乎伦理规范行为的冗余指数仅20.6%，而顾客忠诚与消费者伦理信念的交互项和消费者不合乎伦理规范行为的冗余指数却达到了72.5%，甚至超过了消费者伦理信念对消费者不合乎伦理规范行为的主效应（冗余指数67.8%）。这表明，顾客忠诚的调节作用是十分明显的。

## 二 管理借鉴

本书得出的上述研究结论，不但丰富、拓展了消费者伦理研究的理论探讨，而且能为中国内地的消费者伦理管理实践提供有益的借鉴与启示，本书将其概括为以下三个方面。

（一）对政府管理部门的启示

政府管理部门肩负着改善、提升整个社会伦理程度的重任，在抑制、干预消费者不合乎伦理规范的行为问题上，各级政府管理部门可从以下几个方面入手。

1. 强化消费者伦理教育

由研究结论一、二和三可知，中国内地消费者伦理信念具有明显的两面性，在"主动获利的非法行为"和"被动获利行为"情景下（伦理界限较为清晰时），受到理想主义的正向显著影响，伦理水平较高；在"主动获利的问题行为"和"无伤害行为"情景下（伦理界限不太清晰时），受到相对主义的反向显著影响，也受到个人因素的较多影响，伦理判断变得模糊或趋于接受不合乎伦理规范的行为；在四种不同情景下，均受到马基雅弗利主义的反向显著影响。以上研究结论表明：在伦理界限不太清晰时，中国内地消费者的传统道德（伦理）观念受到了严峻挑战，理想主义影响弱化，而相对主义和马基雅弗利主义影响过盛。Hunt和Vitell（1993）研究发现，人们在进行伦理决策时以内化的道德规范标准来判断行为的伦理程度，并非一味追求个体效用最大化；Vitell 等（2001）的研究也取得了类似的结果，所以对中国内地消费者强化消费者伦理教育很有必要。各级政府管理部门，应积极进行政策引导，使学校、家庭和社会"系统协作"，成为消费者伦理教育的"大课堂"，切实强化消费者伦理教育。首先，充分发挥各级学校在消费者伦理教育中的"主要阵地"作用。消费者伦理教育，需从娃娃抓起，一直延续至高等教育；并强调进入教材、进课堂及课外活动，除了常规性教育还需在特定日子结合典型案例进行专门教育。通过各级、各类学校的长期、持续性消费者伦理教育，使主流的伦理判断标准以及理想主义得以很好地接受，伦理困惑得以及时消除。其次，不可忽视家庭教育在消费者伦理教育中的重要作用。家庭教育是学校教育的基础与补充，对消费者伦理教育的影响巨大，父母的正确引导和日常消费行为中的表率作用，会使孩子受到熏陶，逐步形成良好的消费者伦理信念，有助于正确、稳健地处理真实消费情境中的伦理困境。最后，社会是进行消费者伦理教育的广阔平台。任何消费者都离不开一定的社会环境并深受其影响，充分发挥社会在消费者伦理教育中的积极作用，一来可利用众多传播媒介（报纸、杂志、广播电台以及电视台等）以人们喜闻乐见的形式对消费者伦理规范展开广泛宣传，充分发挥正面导向功能，使消费者伦理规范深入人心并得到全社会的广泛认可，二来可鼓励各级消费者组织（消费者协会）结合受理投诉、消费者权益日活动等展开消费者伦理教育。上述多条途径的消费者伦理教育，有助于消费者伦理规范形成社会共识，继而通过消费者规范自己的行为，达到减少或消除不合乎伦理规范行为的目的。

2. 加强消费者伦理方面的立法、执法与监督

除了强化消费者伦理教育，各级政府管理部门还可加强消费者伦理方面的立法、执法与监督。较之于伦理，法律的威慑力更强，在消费者不合乎伦理规范的行为问题上，只有那些情节严重的（如入店行窃、刻意毁坏商品等）才够得上法律的高度，但只要此类行为进入了法律条文，就能被依法执行，消费者会基于感知行为风险大大增加而加以克制，进而起到足够的威慑作用。

3. 构建消费者伦理（信用）信息平台

迄今为止，中国内地针对消费者不合乎伦理规范行为的法律条文少

之又少，究其原因主要在于大部分行为没法提上法律高度。各级政府管理部门可与企业及社会配合，积极构建消费者伦理（信用）信息平台并对外披露，其适用范围更广，威慑作用也十分强大。具体操作思路如下：消费者被逮住一次就一次不良记录在案（商业零售、税收、保险等诸多环节均可列入记录），一旦被记录在案就永远无法改写和删除；平台信息可通过法定程序查询，无条件对外公开，可作为组织用人、提拔干部，或进行商业合作，甚至是银行发放贷款的参考资料。该信息披露平台的威慑作用不容小觑，已在国外（尤其是美国）获得了很好的成效。中国内地迄今尚未启动这方面的工作，如各级政府管理部门牵头启动该项工作，将会对消费者不合乎伦理规范行为起到很强的干预作用。

（二）对社会干预的启示

在抑制、干预消费者不合乎伦理规范的行为问题上，社会除了在政府政策引导下强化消费者伦理教育外，还可整合各方面的力量[①]通力合作有所作为，如加强消费者积极自我概念的培养。研究结论五显示，自我概念除了生理自我维度，道德伦理自我、心理自我、家庭自我和社会自我均分别会对中国内地消费者伦理信念的四个维度产生显著的正向影响。因此，要改变中国内地消费者不合乎伦理规范的行为，还可从培养消费者积极的自我概念入手，通过积极的自我概念正向影响消费者伦理信念进而影响其行为。结合前述研究，具体操作思路有以下几个方面。

1. 培养消费者积极的道德伦理自我

（1）制定各种措施，把消费者道德伦理教育落到实处。动员全社会力量，结合精神文明建设，切实加强消费者道德伦理教育。消费者道德伦理教育，在学校教育中强调进教材、进课堂甚至进课外活动并保持持续性；在家庭熏陶中强调父母的正确引导和在日常消费行为中的表率作用；在社会中，除了利用众多传播媒介（报纸、杂志、广播电台以及电视台等）和各级消费者组织（消费者协会）对消费者道德伦理展开广泛宣传，各大商家及居民社区也可利用黑板报、广播、宣传期刊及网络等进一步加强消费者道德伦理相关知识的宣传、普及与教育，营造开展消费者道德伦理教育的浓厚气氛。

---

[①] 各方面的力量是指政府、企业、学校、社区、家庭以及消费者等。

(2) 经常性开展各级消费者道德伦理知识竞赛。各级消费者道德伦理知识竞赛的经常性开展，可进一步达到宣传、普及与教育的目的，也有助于消费者客观、全面地认识自己，进一步增强消费者道德伦理意识。

2. 培养消费者积极的心理自我

(1) 开设消费者心理学的相关课程与讲座。学校、各级消费者组织（消费者协会）、各大商家及居民社区，只要条件许可，均可因地制宜开设消费者心理学的相关课程或举办讲座。消费者心理学相关课程的开设和讲座的举办，有助于消费者充分了解各类消费者心理现象，掌握消费者心理方面的相关知识；有助于引导消费者正确认识自我，充分了解自身能力与价值所在，增强自信心，构建积极的心理自我；也有助于消费者通过自我测试充分了解自我心理健康状况，并通过正确的归因训练，掌握保持自我心理健康的途径及方法。

(2) 制定各种措施，把消费者心理教育落到实处。动员全社会力量，结合精神文明建设，切实加强消费者心理教育。消费者心理教育，在学校教育中强调进教材、进课堂甚至进课外活动并保持持续性；在社会中，除了利用众多传播媒介（报纸、杂志、广播电台以及电视台等）和各级消费者组织（消费者协会）对消费者心理展开广泛宣传教育，各大商家及居民社区也可利用黑板报、广播、宣传期刊及网络等进一步加强消费者心理相关知识的宣传、普及与教育，营造开展消费者心理教育的浓厚气氛。

(3) 积极开展消费者心理咨询活动。当消费者碰到各种心理问题时，多种形式的消费者心理咨询活动（如门诊咨询、电话咨询、网络咨询等）能积极引导或协助消费者客观分析事实，合理对待自我，进行正确归因，有效改善消费者消极自我，促进消费者积极自我心理的培养。

3. 培养消费者积极的家庭自我

相关研究文献表明，家庭成员尤其是父母对一个人的自我概念形成有着重要影响。例如，Sullivan（1953）指出家庭成员对一个人的自我概念形成有着巨大的影响，尤以父母的影响为甚。Coopersmith（1967）研究发现一个人的自我概念与其父母对他的教育兴趣、满意度以及父母对其教育活动的参与情况有着很大的关系。Sears（1970）和 Growe

(1980)的研究亦表明子女自我概念与其父母的兴趣、温性以及接受性显著相关。Heyman、Dweck 和 Cain(1992)研究表明，父母积极温暖的教养方式有助于个体形成较高的自我概念，而粗暴惩罚的教养方式会使个体形成较低的自我概念，我国学者（雷雳等，2003）亦有类似的研究发现。基于上述研究发现并结合研究结论五，社会可采取措施，有计划地促进消费者积极家庭自我的培养。首先，整合各方面的力量，倡导家庭成员间互相尊重、理解、关爱、认可、欣赏与喜爱，尤其强调父母应采用积极、温暖、肯定的教养方式。其次，在全社会建设和谐家庭背景下，学校、社区、商场甚至某些电视节目均可以家庭为单位开展各类比赛或活动，引导消费者正确认识自我，充分了解和认识到自身对家庭的重要性及价值所在，增强自信心，构建积极的家庭自我。

4. 培养消费者积极的社会自我

相关研究文献表明，社会对一个人的自我概念形成有着重要影响。如 Cooley(1902)明确指出，自我作为社会产物，只能通过社会互动产生。Mead(1934)则指出自我概念来源于社会互动，并强调以"社会"作为镜子得以发展。此外，地位剥夺及偏差副文化理论、挫折理论以及社会控制理论的研究均发现，偏差行为（消费者不合乎伦理规范的行为）往往与个体感知到的不良社会自我有关。根据地位剥夺及偏差副文化理论，社会低层的消费者极易受到歧视，如被限入内、同等付出却被提供较低质量的服务等，当他们察觉自身无法得到社会的接纳和获得一定社会地位时，就会引发"地位剥夺挫折反应"，最终导致"不合乎伦理规范行为"的产生。根据挫折理论，当消费者遭遇不公正待遇时，就有可能激发起其内心深处的挫折感，并由此引发应激反应，最终导致情绪性的"不合乎伦理规范行为"的产生。根据社会控制理论，若消费者与传统社会的联系①弱化或遭破坏，即依恋程度降低时，会因缺乏安全感而依附于小群体，放弃传统目标的追求而卷入小群体的活动中，进而逐渐内化小群体的价值观念、道德规范和行为方式，这样就很容易导致"不合乎伦理规范行为"的产生。基于上述研究发现并结合研究结论五，社会可采取措施，有计划地促进消费者积极社会自我的培养。首先，倡导整个社会公平有序，发动全社会关注、尊重弱势群体。整合

---

① 社会联系由依恋、奉献、卷入和信念四个要素构成。

社会各方面的力量，通力合作、多管齐下，尽可能确保整个社会的分配、程序、交往及信息公平；与此同时，关注弱势群体，发动全社会给予弱势群体更多的尊重与关爱，让其感受到社会的温暖。其次，各单位、学校、社区、社团尽可能多组织社会实践性的集体活动，如调查访问、结对子扶贫、各类文体活动等，引导消费者多接触社会，强化社会联系。各类社会实践性的集体活动，有助于消费者扩大交往面，提高社交能力，进一步客观、正确认识自我，摆正自己在社会中的位置，培养积极的自我概念；也有助于消费者展示自己的才华，充分发挥自己的潜能，充分了解和认识到自身对社会的重要性及价值所在，增强自信心，促进消费者积极社会自我的发展。

上述多途径的针对性措施，有助于培养消费者积极的道德伦理自我、心理自我、家庭自我和社会自我，继而通过正向影响消费者伦理信念，达到减少或消除不合乎伦理规范行为的目的。这在一定程度上也印证了社会控制理论，当消费者内化了积极健康的自我概念，就会有健全的社会纽带，就不易做出不合乎伦理规范的行为。

（三）对企业营销管理的启示

在抑制、干预消费者不合乎伦理规范的行为问题上，企业是主体，除了宣传教育外，还可大有作为。研究结论四、六和七显示，基于能力要素的面子威胁感知正向显著影响消费者伦理信念的四个维度，基于品德的面子威胁感知正向显著影响消费者的被动获利行为信念、主动获利问题行为信念和无伤害行为信念；消费者认同不合乎消费者伦理规范行为的信念强度与消费者实施不合乎消费者伦理规范行为的倾向性典型正相关，而顾客忠诚在消费者伦理信念与消费者实施不合乎伦理规范行为间起着重要的调节作用。因此，要改变中国内地消费者不合乎伦理规范的行为，企业还可从培养顾客忠诚和强化消费者的面子威胁感知这两个方面入手。

1. 大力培养顾客忠诚

从现有的相关研究文献来看，顾客忠诚的直接驱动因素主要有三类，分别是顾客满意度、关系信任以及转换成本，企业可通过追求顾客满意度、促使顾客与企业建立关系信任以及建立高转换壁垒以有效驱动顾客忠诚的形成与维系。

（1）提升顾客满意度，驱动顾客忠诚。顾客满意度是顾客忠诚的直接、主要驱动因素，它有助于顾客忠诚的形成与维系。提升顾客满意度的关键策略是以优质的产品及服务有效满足顾客需求。顾客满意度的提升是个渐进的过程，在获取时期，企业应以良好的品牌形象，打动、吸引潜在顾客，并留下值得信赖的好印象；在强化时期，企业应实施关系营销、情感营销、服务营销等，多关注与感谢顾客，表达关心和爱心，尽可能满足顾客需求，进一步坚定顾客的重购信心；在巩固时期，企业应不断提升产品质量，并持续进行服务创新，进一步提升顾客满意度；如遇顾客不满投诉，企业还应及时补救重新赢得顾客满意。

（2）培育顾客与企业间的关系信任。关系信任是一个在顾客忠诚形成过程中有着重要影响作用的变量，尤其是在顾客对企业的产品或服务并不十分满意的情况下，关系信任有助于维持顾客关系，并缓冲低顾客满意度所带来的负面影响。培育顾客与企业间的关系信任，企业可从以下几方面着手：首先，培育顾客对企业的可靠性感知。这是一个逐渐产生，综合各方面满意感强化的过程。如企业为方便顾客选购产品与服务，提供可信赖的众多信息，当顾客意识到这些信息确实值得信赖时，就会感知该企业比较可靠，顾客与企业间的关系信任就会得到加强。又如，企业保护好顾客的个人信息，顾客安全感增加，也有助于关系信任的加强。此外，员工素质高、专业性强、服务质量好也有助于关系信任的加强。其次，培育顾客对企业形象的认同。若顾客认同企业形象包括的企业文化、服务品牌、企业理念及社会责任感等，就非常有助于顾客与企业间关系信任的加强。最后，努力提高服务声誉。企业积极应对顾客需求变化，以可靠的行为让顾客长期拥有良好的服务消费体验，进而对企业有很好的整体性评价。

（3）提高顾客转换成本，维系顾客忠诚。转换成本有助于顾客转换意向的削弱，驱动顾客的行为忠诚，维持与现有企业的关系。企业可通过以下方式提高顾客转换成本：一是实施忠诚顾客财务奖励。对重复购买商品或服务的顾客实施财务奖励，如价格优惠、赠送礼品等。二是建立顾客俱乐部。为俱乐部成员提供许多附加的、特殊的超值服务，以超值感受强化与顾客关系的同时提高顾客的转换成本。三是提供有效服务支持。企业可借助有效服务支持，提高顾客转换成本。具体操作思路上，可开通免费服务热线、为顾客提供操作培训、对产品及时进行维修、保养及事故处理等，也可为重点顾客直接提供定制服务满足其需求。四是建立长期伙伴关系。企业可借助有效沟通，与顾客建立起长期伙伴关系。有效沟通除了建立顾客俱乐部，还可通过顾客回访专线、座谈会等方式进行。这不但有助于企业及时了解顾客意见、需求，而且还有助于增进双方感情，加深顾客依恋程度，提高转换购买的精神成本。五是提高技术转换障碍。在产品与服务的设计阶段，就尽可能考虑减少与竞争对手的兼容性，从根本上提高顾客的转换成本。

2. 强化消费者的面子威胁感知

从现有的相关研究文献来看，面子威胁感知的影响因素非常之多，朱瑞玲（1987）将其众多的影响因素归结为行为特性、个人特性及情境特性三大类。考虑到现实中企业对消费者的行为特性、个人特性有着相对较差的可控性，因此本书仅从情境特性这一角度提供管理思路。关于"情境特性"对面子威胁感知的影响，朱瑞玲（1987）认为包括情境的公开性、熟悉程度以及观众的评价能力三个方面。公开的情境、评价能力高的观众和熟悉程度低的情境，均有可能导致较高水平的面子威胁感知。此外，陈之昭（1988）在构建面子的消息处理系统模型时指出：个体的面子威胁感知会受到场合正式程度的影响。在一个越正式的场合，人们会越在乎面子，相应的面子威胁的感知也会越强烈。所以具体操作方法很简单，各企业（商家）在广泛宣传、普及消费者道德伦理相关知识背景下，一旦发现消费者有不合乎伦理规范的行为，尽快在较正式的场合、该消费者熟悉程度低的公开情境下予以处理。事后，还可拍成专题片在商家营业场所轮番播放，也可具体事例上墙，也可让实施不合乎伦理规范行为的消费者穿上特殊标志的服装为商家及其他消费者提供免费服务等强化其面子威胁感知。此外，企业若能与各级政府管理部门及社会配合，积极构建消费者伦理（信用）信息平台并对外披露，也是个很好的办法。具体操作思路是：消费者被逮住一次就一次不良记录在案（商业零售、税收、保险等诸多环节均可列入记录），一旦被记录在案就永远无法改写和删除；平台信息可通过法定程序查询，无条件对外公开，可作为组织用人、提拔干部，或进行商业合作，甚至是银行发放贷款的参考资料。该信息披露平台的威慑作用不容小觑，如能启动该项工作，将会对消费者不合乎伦理规范行为起到很强的干预作用。

## 第二节　研究局限与后续研究展望

本书以中国内地消费者为研究对象，在集体主义文化背景下检验中国消费者伦理的现状及其特征，并探索性研究面子威胁感知、自我概念对消费者伦理信念的影响，以及顾客忠诚在消费者伦理信念与行为间的调节作用。为得出科学、可靠的结论，本书力求按科学、严谨、规范的研究方法及程序展开研究，最终获得了7个较有价值的研究结论，整个研究具有一定的创新性，但囿于人、财、物、时间及精力的限制，仍有一些研究局限有待在后续研究中进一步完善。

其一，在本书中，无论是消费者伦理、面子威胁感知、自我概念，还是顾客忠诚，均主要采用自我报告式的问卷测量法[①]，虽能获取大量实证资料，但也具有较大的局限性——无法更为全面地检验各概念的结构及其影响因素，当然一定程度上也必然存在社会称许性偏差。Bentler（1990）指出研究的突破往往在研究方法的变革上，一个成熟的理论需要多种方法获取的经验事实来加以证实。为了尽量避免社会称许性偏差、更全面地检验各概念的结构及其影响因素，后续相关研究除了进一步完善测量量表，还可尝试采用主观性报告与客观性评价相互印证的方法（如自我报告式问卷更多地与访谈、案例分析以及实验设计等相结合）进行实证研究，以便进一步提高研究效度和研究结论的信服力。

其二，本研究因人力、物力、财力与时间所限，正式调研主要在辽宁、北京、天津、山东、河南、陕西、上海、湖北、四川、浙江、贵州、广东、广西、新疆14个省市区展开，历时三个半月。尽管样本量符合统计分析要求，但后续研究若能进一步扩大样本覆盖范围，就更能代表中国内地消费者伦理的全貌，也有助于进一步提高本研究的外部效度。在进一步扩大样本覆盖范围的前提下，后续研究还可考虑在各类消费者中检验研究结论，或考虑以跨地区对比分析视角切入展开，甚至还可考虑以跨文化对比分析视角切入展开。

其三，本书属横截面研究，难以全面反映中国内地消费者伦理行为

---

[①] 本书有结合小规模深度访谈，但以自我报告式的问卷测量法为主。

的纵向动态特征。在后续研究中,可采用实验或准实验研究方法,用纵向时序跟踪研究进一步探究中国内地消费者伦理行为的动态发展过程及其演化。

其四,消费者伦理行为在国外是一个还有很多研究空间的研究课题,从既有的相关研究文献来看,集体主义文化背景下的消费者伦理研究相对欠缺,针对中国内地消费者的研究更是非常有限,所以后续研究在研究内容上还有许多值得进一步拓展的空间,如开发专门的消费者伦理决策过程模型,进一步探究消费者伦理基于文化环境和心理方面的影响因素,进一步探索消费者伦理信念与行为间的调节或中介效应,尝试着运用消费者伦理这一变量来解释或研究某些社会中的现实问题等。此外,本书关于"面子威胁感知、自我概念正向影响消费者伦理信念,顾客忠诚在消费者伦理信念与消费者实施不合乎伦理规范行为间起着重要调节作用"的结论都是聚焦中国内地消费者,在集体主义文化背景下得出的,这些研究结论在个人主义文化背景下是否同样成立,还有待进一步验证。

# 附 录

## 附录 A 访谈提纲

访谈目的：本研究展开小规模深度访谈的目的有三：第一，确定研究变量及框架的合理、可行性，理顺、澄清某些变量间关系，为某些假设的提出提供佐证；第二，对核心变量现有量表的测量条款进行修改、补充与完善，新增中国文化情境下的若干条款，并使条款措辞更为准确、简洁且贴近本研究背景，确保各测量条款在中国文化情境下适用可行；第三，对于缺乏成熟测量量表的核心变量，结合已有相关文献与小规模深度访谈资料，开发编制新的初始测量量表。

访谈对象：本研究精心挑选相关领域的部分专家学者与研究对象——部分中国内地消费者展开小规模深度访谈，基于实践视角广泛收集、补充与完善本研究所需要的相关资料。

访谈过程说明：针对上述访谈目标，事先拟定好访谈大纲提供给受访者，以便受访者对访谈内容有所了解，并与受访者商定具体的访谈时间和地点。整个访谈采用开放式询问法，从聊日常的学习、工作、生活及爱好等切入，以营造宽松、愉悦和融洽的访谈氛围；随后笔者围绕访谈大纲提出一些线索性问题，让受访者自由作答，在问答互动中，尽可能让受访者畅所欲言，表达自己的观点，有时候根据研究需要进行适当追问与延伸，以便更多了解本研究的相关信息。正式访谈的基本内容主要包括：

(1) 请您回忆一下，作为一名消费者，您有无对产品和服务提供者（如商家、服务机构等）从事过一些您事后认为不太适当的行为？请举几个例子说明。(若回答无，则继续追问您身边的人有没有？也请举几个例子说明。）

（2）您觉得您自己或他人从事这些行为对吗？换句话说道不道德？符不符合伦理规范？从事这些行为对产品和服务提供者（如商家、服务机构等）会造成什么样的影响？

（3）您认为中国内地消费者这方面的总体情况如何？做出评判的依据是什么？

（4）您觉得有哪些因素会促使您中止/不去做您前面列举的这些不适当行为呢？（认真倾听，并进行追问，直至了解其意图产生的相关原因。）

（5）在您看来，中国人是否特别注重面子？如您因上述提及的不适当行为而感知到丢面子或没面子的可能性和潜在风险，是否会影响您从事这些不适当的行为？是如何影响的？并请举例说明。

（6）您觉得一个消费者对自己各方面的觉知（包括生理自我、道德伦理自我、心理自我、家庭自我以及社会自我）会不会影响其从事前面提及的不适当行为？是如何影响的？并请举例说明。

（7）如果您是某商家的忠诚顾客，这会不会影响您在该商家从事前述的不适当行为？是如何影响的？并请举例说明。

（8）事先提供给您的那些测量条款（由英文版原始测量条款转换为中文）是否符合我们的日常表达习惯？有歧义或难以理解之处吗？

（9）您认为本研究的研究框架、逻辑路线可行吗？某些变量间的关系是否与实际情况相吻合？（此问题只选择那些受教育程度高的消费者进行访谈。）

# 附录 B  消费者行为调研问卷

问卷编号：_____          日期：___年___月___日

**尊敬的女士/先生：**

非常感谢您对我们工作的支持！

您即将填答的是一份有关消费者行为的调查问卷，该调查问卷纯粹为学术研究而设计，以匿名填答方式进行。您所填答的所有资料仅供整体分析且会严格保密,您的个人信息决不单独处理或对外公开,请您放心根据自己的实际情况如实填写。

调查样本有限,您的填答将是我们研究工作的重要依据,敬请您务必根据您的内心真实想法或实际情况如实填写。答案并无对错之分,您可根据您的认同程度或您认为的可能性大小对问卷中的每一题在对应的数字上画圈"○"。有关数字的具体含义在每一个部分的开头均有说明。

感谢您的精心填答,问卷无须署名。如您对本研究感兴趣,我很乐意在完成后将研究结果反馈给您。再次感谢您的合作与支持!

一、本部分旨在了解消费者伦理的信念状况。对于下列描述,请选择一个与您最相符的判断,并在对应数字上画圈"○"。

| 编号 | 题项内容 | 深信是错的 | 错的 | 不确定 | 没错 | 深信没有错 |
|---|---|---|---|---|---|---|
| 1 | 在乘坐无人售票公交车时,不投硬币或少投硬币 | 1 | 2 | 3 | 4 | 5 |
| 2 | 超市购物擅自拆开不能复原的商品包装,放回货架不买 | 1 | 2 | 3 | 4 | 5 |
| 3 | 把"高价商品的价格标签"偷换成"低价商品的价格标签"去结账 | 1 | 2 | 3 | 4 | 5 |
| 4 | 为不缴费使用有线电视,从公共线箱偷牵一根连至自己家中 | 1 | 2 | 3 | 4 | 5 |
| 5 | 偷喝超市饮料而不付钱 | 1 | 2 | 3 | 4 | 5 |
| 6 | 购买"未标价商品"时,故意给予不真实价格信息误导店员以使自己获益 | 1 | 2 | 3 | 4 | 5 |
| 7 | 发现收银员多找零钱,一声不吭走人了事 | 1 | 2 | 3 | 4 | 5 |
| 8 | 趁收银员不注意使用破损(按银行规定已不能用的)人民币购物 | 1 | 2 | 3 | 4 | 5 |
| 9 | 利用店员的粗心大意使用超过有效期的折价券或优惠券 | 1 | 2 | 3 | 4 | 5 |
| 10 | 商品退还商家,私自偷偷扣下购买时的促销赠品 | 1 | 2 | 3 | 4 | 5 |
| 11 | 明知店员失误算错了账单,自己默不作声装不知 | 1 | 2 | 3 | 4 | 5 |
| 12 | 看到有人在商店行窃,装没见到 | 1 | 2 | 3 | 4 | 5 |

续表

| 编号 | 题项内容 | 深信是错的 | 错的 | 不确定 | 没错 | 深信没有错 |
|---|---|---|---|---|---|---|
| 13 | 在新车的购买过程中，为能在讨价还价中占些优势而撒谎 | 1 | 2 | 3 | 4 | 5 |
| 14 | 提供虚假的高收入证明，以顺利办理房贷或车贷 | 1 | 2 | 3 | 4 | 5 |
| 15 | 参加商家提供的影音俱乐部，压根儿就不想购买任何影音产品，只为获取免费影音资料 | 1 | 2 | 3 | 4 | 5 |
| 16 | 手机电话卡欠费后就直接将它废弃，另办一张电话卡 | 1 | 2 | 3 | 4 | 5 |
| 17 | 在 A 商家购物后，发现 B 商家在对同款商品打折，就要求 A 商家退货 | 1 | 2 | 3 | 4 | 5 |
| 18 | 用贵宾卡或积分打折卡帮朋友买的商品打折 | 1 | 2 | 3 | 4 | 5 |
| 19 | 购买盗版 CD 而非正版 CD | 1 | 2 | 3 | 4 | 5 |
| 20 | 安装使用自己没有购买的电脑软件或游戏软件 | 1 | 2 | 3 | 4 | 5 |
| 21 | 花数小时对不同衣服进行一一试穿，但一件也不购买 | 1 | 2 | 3 | 4 | 5 |
| 22 | *我应该热爱自己的祖国 | 1 | 2 | 3 | 4 | 5 |

二、本部分旨在了解影响消费者伦理信念状况的三个哲学变量。

（一）对于下列描述请根据您的认同程度，选择一个与您最相符的，并在对应数字上画圈"○"。

| 编号 | 题项内容 | 完全不认同 | 不认同 | 不确定 | 认同 | 完全认同 |
|---|---|---|---|---|---|---|
| 1 | 任何一个人都不应故意伤害别人，哪怕程度是极其轻微的 | 1 | 2 | 3 | 4 | 5 |
| 2 | 我们永远不该伤害他人，不管伤害程度是大是小 | 1 | 2 | 3 | 4 | 5 |
| 3 | 任何可能对他人造成潜在伤害的行为都是不对的，哪怕该行为能为自己带来较大利益 | 1 | 2 | 3 | 4 | 5 |
| 4 | 我们永远不应该对他人造成生理和心理方面的伤害 | 1 | 2 | 3 | 4 | 5 |
| 5 | 有可能对他人的利益和尊严造成伤害的行为都是不可取的 | 1 | 2 | 3 | 4 | 5 |

续表

| 编号 | 题项内容 | 完全不认同 | 不认同 | 不确定 | 认同 | 完全认同 |
|---|---|---|---|---|---|---|
| 6 | 如果某行为有可能伤及无辜，那该行为就不应该去做 | 1 | 2 | 3 | 4 | 5 |
| 7 | 我们永远不该损害别人的利益 | 1 | 2 | 3 | 4 | 5 |
| 8 | 凡是那些符合道德规范的行为，往往都是最接近完美的 | 1 | 2 | 3 | 4 | 5 |

（二）对于下列描述请根据您的认同程度，选择一个与您最相符的，并在对应数字上画圈"○"。

| 编号 | 题项内容 | 完全不认同 | 不认同 | 不确定 | 认同 | 完全认同 |
|---|---|---|---|---|---|---|
| 1 | 放之四海皆准的伦理准则是不存在的 | 1 | 2 | 3 | 4 | 5 |
| 2 | 不同社会、环境和场合中的伦理准则是不同的 | 1 | 2 | 3 | 4 | 5 |
| 3 | 道德准则具有个体差异。对于同一行为，不同人会做出道德与否的不同评判 | 1 | 2 | 3 | 4 | 5 |
| 4 | 对于不同类型的道德体系，我们不能进行对错是非的比较 | 1 | 2 | 3 | 4 | 5 |
| 5 | 某行为道德与否取决于个人判断，所以道德伦理的内容因人而异 | 1 | 2 | 3 | 4 | 5 |
| 6 | 任何规范都无法约束撒谎。对于撒谎人们接受与否，完全取决于当时的情景 | 1 | 2 | 3 | 4 | 5 |
| 7 | 对于某谎言是道德的还是不道德的判断，应视谎言产生的背景而定 | 1 | 2 | 3 | 4 | 5 |

（三）对于下列描述请根据您的认同程度，选择一个与您最相符的，并在对应数字上画圈"○"。

| 编号 | 题项内容 | 完全不认同 | 不认同 | 不确定 | 认同 | 完全认同 |
|---|---|---|---|---|---|---|
| 1 | 说那些人们愿意听的话，是与人相处最好的方式 | 1 | 2 | 3 | 4 | 5 |
| 2 | 这个世界上的绝大部分人，基本上都是心地善良且友好相处的（R） | 1 | 2 | 3 | 4 | 5 |

续表

| 编号 | 题项内容 | 完全不认同 | 不认同 | 不确定 | 认同 | 完全认同 |
|---|---|---|---|---|---|---|
| 3 | 最安全的处事原则——任何人都存在邪恶的一面，一旦时机成熟就会暴露 | 1 | 2 | 3 | 4 | 5 |
| 4 | 总的来说，人们只有在被迫（有压力）的情况下才会努力工作 | 1 | 2 | 3 | 4 | 5 |
| 5 | 对他人的百分百信任，将会带来很大的麻烦，让自己吃尽苦头 | 1 | 2 | 3 | 4 | 5 |
| 6 | 罪犯因蠢笨而被抓，这是罪犯和非罪犯的最大区别所在 | 1 | 2 | 3 | 4 | 5 |
| 7 | 吹捧、讨好重要的大人物是明智之举 | 1 | 2 | 3 | 4 | 5 |
| 8 | "这个世界每一分钟都有笨蛋诞生"，该说法是不对的（R） | 1 | 2 | 3 | 4 | 5 |
| 9 | 不走捷径，想要成功是不可能和困难的 | 1 | 2 | 3 | 4 | 5 |

三、本部分旨在了解消费者个体由某一特定事件或行为而感知到的丢面子或没面子的可能性和潜在风险。对于下列描述，请根据您的认同程度，选择一个与您最相符的，并在对应数字上画圈"〇"。

| 编号 | 题项内容 | 完全不认同 | 不认同 | 不确定 | 认同 | 完全认同 |
|---|---|---|---|---|---|---|
| 1 | 购买"未标价商品"时故意给予不真实价格信息以误导店员使自己获益，别人会觉得我耍手段想占便宜 | 1 | 2 | 3 | 4 | 5 |
| 2 | 私自篡改保修卡日期以获取免费保修，别人会觉得我是个弄虚作假、不守规矩的人 | 1 | 2 | 3 | 4 | 5 |
| 3 | 打翻超市的一瓶黄酒，尽快逃离装作什么也没发生，大家会觉得我不道德、缺乏责任心 | 1 | 2 | 3 | 4 | 5 |
| 4 | 逛书店时，偷偷把书中喜欢的内容相关页撕下携带出店。别人发现后会觉得我不守公德、人品不好 | 1 | 2 | 3 | 4 | 5 |

续表

| 编号 | 题项内容 | 完全不认同 | 不认同 | 不确定 | 认同 | 完全认同 |
|---|---|---|---|---|---|---|
| 5 | 超市购物擅自拆开不能复原的商品包装后放回货架不买,会让人觉得我没有消费道德 | 1 | 2 | 3 | 4 | 5 |
| 6 | 偷夹带未付款商品出店,如被发现自己会下不来台,亲戚朋友也会觉得丢脸,很难再从他们那里得到支持和帮助 | 1 | 2 | 3 | 4 | 5 |
| 7 | 以"本来就是坏的"为由要求商家收回人为损坏的商品,让人觉得我为了利益不择手段,别人会对我敬而远之 | 1 | 2 | 3 | 4 | 5 |
| 8 | 购买"未标价商品"时,故意给予不真实价格信息误导店员以使自己获益。我的朋友们知道后将不会再信任我 | 1 | 2 | 3 | 4 | 5 |
| 9 | 在乘坐无人售票公交车时,不投硬币或少投硬币。别人知道后可能不敢再与我多交往 | 1 | 2 | 3 | 4 | 5 |
| 10 | 手机电话卡欠费后就直接将它废弃,另办一张电话卡。周围人知道后可能不愿再理我 | 1 | 2 | 3 | 4 | 5 |
| 11 | 退换已有损害的新买商品(外观上不易觉察),故意隐瞒不告知商家。别人知道后会觉得我太有手段,不敢再与我多交往 | 1 | 2 | 3 | 4 | 5 |
| 12 | 花数小时对不同衣服进行一一试穿,但一件也不购买,会让人觉得我挑剔、不太好相处 | 1 | 2 | 3 | 4 | 5 |
| 13 | 为不缴费使用有线电视,从公共线箱偷牵一根连至自己家中。别人可能会觉得我缺乏相应的缴费能力 | 1 | 2 | 3 | 4 | 5 |
| 14 | 为获半价优惠而低报小孩年龄,有人可能会觉得我消费能力有问题 | 1 | 2 | 3 | 4 | 5 |
| 15 | 把"高价商品的价格标签"偷换成"低价商品的价格标签"去结账,别人会觉我无力购买高价商品而偷梁换柱 | 1 | 2 | 3 | 4 | 5 |
| 16 | 在A商家购物后,发现B商家在对同款商品打折,就要求A商家退货。除了我的精明外,我的消费能力一定程度上会受到大家的质疑 | 1 | 2 | 3 | 4 | 5 |

四、本部分旨在了解消费者个体对自己所有方面的觉知总和，也即基于多方面对自我的评价。对于下列描述，请根据您的认同程度，选择一个与您最相符的，并在对应数字上画圈"○"。

| 编号 | 题项内容 | 完全不认同 | 不认同 | 不确定 | 认同 | 完全认同 |
|---|---|---|---|---|---|---|
| 1 | 我觉得身体不是很舒服（R） | 1 | 2 | 3 | 4 | 5 |
| 2 | 我全身都是病痛（R） | 1 | 2 | 3 | 4 | 5 |
| 3 | 我的身体有病（R） | 1 | 2 | 3 | 4 | 5 |
| 4 | 我的身体健康 | 1 | 2 | 3 | 4 | 5 |
| 5 | 对于自己的外貌，我觉得满意 | 1 | 2 | 3 | 4 | 5 |
| 6 | 有时候为了达到胜过别人的目的，我会使用一些非正当手段 | 1 | 2 | 3 | 4 | 5 |
| 7 | 在日常生活中，我常凭良心做事情 | 1 | 2 | 3 | 4 | 5 |
| 8 | 对于自己的道德行为，我感到满意 | 1 | 2 | 3 | 4 | 5 |
| 9 | 我时常贸然行事，而不经事先考虑（R） | 1 | 2 | 3 | 4 | 5 |
| 10 | 我一般都能轻而易举地解决遭遇的困难 | 1 | 2 | 3 | 4 | 5 |
| 11 | 我不满意我自己 | 1 | 2 | 3 | 4 | 5 |
| 12 | 对自己现有的情形，我感到满意 | 1 | 2 | 3 | 4 | 5 |
| 13 | 我时常心怀恨意（R） | 1 | 2 | 3 | 4 | 5 |
| 14 | 对家人，我觉得我不够信任（R） | 1 | 2 | 3 | 4 | 5 |
| 15 | 我感觉家人并不信任我 | 1 | 2 | 3 | 4 | 5 |
| 16 | 我感觉我的家人并不爱我（R） | 1 | 2 | 3 | 4 | 5 |
| 17 | 我的家庭幸福美满 | 1 | 2 | 3 | 4 | 5 |
| 18 | 与他人在一起相处，我常感觉不自在 | 1 | 2 | 3 | 4 | 5 |
| 19 | 我感觉与陌生人谈话有困难 | 1 | 2 | 3 | 4 | 5 |
| 20 | 关于自己与他人相处，我感觉不是很理想（R） | 1 | 2 | 3 | 4 | 5 |
| 21 | 在社交方面，我感觉我自己不太理想（很差）（R） | 1 | 2 | 3 | 4 | 5 |
| 22 | 对于自己的社交能力方面，我感到满意 | 1 | 2 | 3 | 4 | 5 |
| 23 | 对于这个世界，我觉得讨厌（R） | 1 | 2 | 3 | 4 | 5 |

五、本部分旨在了解消费者对某商家的忠诚程度。请您回忆一家经常光顾的商家（如超市、商店等，以下统称为B商家），对于下列描述，请根据您的认同程度，选择一个与您最相符的，并在对应数字上画圈"○"。

| 编号 | 题项内容 | 完全不认同 | 不认同 | 不确定 | 认同 | 完全认同 |
|---|---|---|---|---|---|---|
| 1 | 我在B商家消费购物，已有不少年头了 | 1 | 2 | 3 | 4 | 5 |
| 2 | 我在B商家花的钱，较之其他的商家，要多很多 | 1 | 2 | 3 | 4 | 5 |
| 3 | 我到B商家的次数，较之其他的商家，要多得多 | 1 | 2 | 3 | 4 | 5 |
| 4 | B商家在我总的购物消费开支中占的比例较大 | 1 | 2 | 3 | 4 | 5 |
| 5 | 对任何关于商家方面征求我建议的人，我总把B商家推荐给他 | 1 | 2 | 3 | 4 | 5 |
| 6 | 对别人谈起B商家时，我都会用积极肯定的话 | 1 | 2 | 3 | 4 | 5 |
| 7 | 我很乐意把B商家推荐给我的亲朋好友 | 1 | 2 | 3 | 4 | 5 |
| 8 | 即使在未来，我想我也会使用B商家推出的一系列新产品或服务 | 1 | 2 | 3 | 4 | 5 |
| 9 | 我愿意一直（继续）在B商家消费购物 | 1 | 2 | 3 | 4 | 5 |

六、本部分旨在了解消费者实施某些行为的可能性。请您回忆一家经常光顾的商家（如超市、商店等，以下统称为B商家），在B商家您会实施下列描述行为的可能性有多大？选择一个与您最相符的，并在对应数字上画圈"○"。

| 编号 | 题项内容 | 完全不可能 | 不可能 | 不确定 | 可能 | 完全可能 |
|---|---|---|---|---|---|---|
| 1 | 您实施行为可能性：在B商家购物时，擅自拆开不能复原的商品包装，放回货架不买 | 1 | 2 | 3 | 4 | 5 |
| 2 | 您实施行为可能性：私自篡改保修卡日期以获取B商家免费保修 | 1 | 2 | 3 | 4 | 5 |
| 3 | 您实施行为可能性：在B商家把"高价商品的价格标签"偷换成"低价商品的价格标签"去结账 | 1 | 2 | 3 | 4 | 5 |

附　录 / 341

续表

| 编号 | 题项内容 | 完全不可能 | 不可能 | 不确定 | 可能 | 完全可能 |
| --- | --- | --- | --- | --- | --- | --- |
| 4 | 您实施行为可能性：发现 B 商家收银员多找零钱，一声不吭走人了事 | 1 | 2 | 3 | 4 | 5 |
| 5 | 您实施行为可能性：利用 B 商家店员的粗心大意使用超过有效期的折价券或优惠券 | 1 | 2 | 3 | 4 | 5 |
| 6 | 您实施行为可能性：明知 B 商家店员失误算错了账单，自己默不作声装不知 | 1 | 2 | 3 | 4 | 5 |
| 7 | 您实施行为可能性：提供虚假证明，以顺利办理 B 商家提供的耐用消费品贷款 | 1 | 2 | 3 | 4 | 5 |
| 8 | 您实施行为可能性：参加 B 商家提供的影音俱乐部，压根儿就不想购买任何影音产品，只为获取免费影音资料 | 1 | 2 | 3 | 4 | 5 |
| 9 | 您实施行为可能性：谎报小孩年龄以获取 B 商家提供的半价优惠 | 1 | 2 | 3 | 4 | 5 |
| 10 | 您实施行为可能性：退换已有损害的新买商品（外观上不易觉察），故意隐瞒不告知 B 商家 | 1 | 2 | 3 | 4 | 5 |
| 11 | 您实施行为可能性：试用后觉得不喜欢的商品就退回 B 商家 | 1 | 2 | 3 | 4 | 5 |
| 12 | 您实施行为可能性：在 B 商家购物后，发现其他商家在对同款商品打折，就要求 B 商家退货 | 1 | 2 | 3 | 4 | 5 |
| 13 | 您实施行为可能性：在 B 商家用贵宾卡或积分打折卡帮朋友买的商品打折 | 1 | 2 | 3 | 4 | 5 |
| 14 | 您实施行为可能性：在 B 商家提供的休闲娱乐区，从网上下载音乐但不支付版权费 | 1 | 2 | 3 | 4 | 5 |
| 15 | 您实施行为可能性：在 B 商家购买盗版 CD 而非正版 CD | 1 | 2 | 3 | 4 | 5 |
| 16 | 您实施行为可能性：在 B 商家提供的休闲娱乐区，安装使用自己没有购买的电脑软件或游戏软件 | 1 | 2 | 3 | 4 | 5 |

七、本部分旨在了解个人基本信息。

1. 您的性别：

A. 男 　　　　　　　　　B. 女

2. 您的年龄：

A. 20 岁及以下 　　　　　B. 21—30 岁 　　　　　C. 31—40 岁

D. 41—50 岁 　　　　　　E. 51 岁及以上

3. 您的受教育程度：

A. 小学及以下 　　　　　B. 中学 　　　　　　　C. 大学

D. 研究生及以上

4. 您的职业：

A. 政府/事业单位工作人员（科教文卫）

B. 公司/企业职员

C. 学生

D. 个体经营者/务农/其他

5. 您的婚姻状况：

A. 单身 　　　　　　　　B. 已婚

6. 您的家庭年现金收入：

A. 低于 5 万元 　　　　　B. 5 万—10 万元 　　　C. 10 万元以上

7. 您的出生地：

A. 城市 　　　　　　　　B. 农村

问卷到此全部结束，请检查是否有漏答之处！谢谢！

# 参考文献

［1］宝贡敏、赵卓嘉:《面子需要概念的维度划分与测量———一项探索性研究》,《浙江大学学报》(人文社会科学版) 2009 年第 2 期。

［2］宝贡敏、赵卓嘉:《知识团队内部任务冲突的处理:感知面子威胁的中介作用研究》,《浙江大学学报》(人文社会科学版) 2011 年第 1 期。

［3］［苏］彼得罗夫斯基、雅罗舍夫斯基主编:《心理学辞典》,赵璧如等译,东方出版社 1997 年版。

［4］陈陈:《"白吃白喝族"超市防不胜防》,《城市快报》2006 年 10 月 19 日第 20 版。

［5］陈之昭:《面子心理的理论分析与实际研究》(1988 年),载翟学伟主编《中国社会心理学评论》(第二辑),社会科学文献出版社 2006 年版。

［6］陈智德:《管理顾问业服务品质、顾客满意度与顾客忠诚度研究》,硕士学位论文,台湾"国立"成功大学,2002 年。

［7］成中英:《脸面观念及其儒学根源》(1986 年),载翟学伟主编《中国社会心理学评论》(第二辑),社会科学文献出版社 2006 年版。

［8］［美］戴维·波普诺:《社会学》,李强译,北京出版社 1989 年版。

［9］邓海建:《医保骗保:"智商"高还是"情商"低》,《中国青年报》2012 年 2 月 14 日第 2 版。

［10］董大海:《基于顾客价值构建竞争优势的理论与方法研究》,博士学位论文,大连理工大学,2003 年。

［11］董奇、夏勇、王艳萍、林磊:《再婚家庭儿童自我概念发展的特点》,《心理发展与教育》1993 年第 2 期。

[12] 杜鹏:《顾客价值驱动的全面质量营销评价模型研究》,博士学位论文,中南财经政法大学,2009年。

[13] 方巍、卢砚青、李英薇:《消费者伦理研究综述及对未来研究的建议》,《重庆工学院学报》(社会科学版)2009年第4期。

[14] 符超:《顾客忠诚度的三个不等式》,《企业改革与管理》2000年第10期。

[15] 甘碧群:《企业营销道德》,湖北人民出版社1997年版。

[16] 高兆明:《伦理学理论与方法》,人民出版社2005年版。

[17] 韩经纶、韦福祥:《顾客满意与顾客忠诚互动关系研究》,《南开管理评论》2001年第6期。

[18] 韩小芸、汪纯孝:《服务企业顾客满意感与忠诚感关系》,清华大学出版社2003年版。

[19] 何静、韩怀仁:《中国传统文化》,解放军文艺出版社2002年版。

[20] 何友晖:《论面子》(1976年),载翟学伟主编《中国社会心理学评论》(第二辑),社会科学文献出版社2006年版。

[21] 何友晖:《面子的动力:从概念化到测量》(1994年),载翟学伟主编《中国社会心理学评论》(第二辑),社会科学文献出版社2006年版。

[22] 侯杰泰、温忠麟、成子娟:《结构方程模型及其应用》,教育科学出版社2004年版。

[23] 胡先晋:《中国人的脸面观》(1944年),载翟学伟主编《中国社会心理学评论》(第二辑),社会科学文献出版社2006年版。

[24] 黄芳铭:《结构方程模式:理论与应用》,中国税务出版社2005年版。

[25] 黄光国等:《人情与面子:中国人的权力游戏》,中国人民大学出版社2010年版。

[26] 黄希庭、杨雄:《青年学生自我价值感量表的编制》,《心理科学》1998年第4期。

[27] 黄希庭:《人格心理学》,台湾东华书局1996年版。

[28] 黄希庭:《时距信息加工的认知研究》,《西南师范大学学报》(自然科学版)1993年第2期。

[29] 金耀基:《"面"、"耻"与中国人行为之分析》(1988年),载翟

学伟主编《中国社会心理学评论》（第二辑），社会科学文献出版社 2006 年版。
[30] 鞠芳辉：《民营企业变革型、家长型领导行为对企业绩效的影响研究》，博士学位论文，浙江大学，2007 年。
[31] ［美］凯瑟琳·辛德尔：《忠诚营销》，阙澄宇等译，中国三峡出版社 2001 年版。
[32] 乐国安、崔芳：《当代大学生新生自我概念特点研究》，《心理科学》1996 年第 4 期。
[33] 乐国安：《当前中国人际关系研究》，南开大学出版社 2002 年版。
[34] 雷雳、张雷：《青少年心理发展》，北京大学出版社 2003 年版。
[35] 李德显：《大学生自我概念的发展趋势与对策》，《上海高教研究》1997 年第 7 期。
[36] 李怀祖：《管理研究方法论》，西安交通大学出版社 2004 年版。
[37] 李晓东、张婕：《论自我概念与心理健康》，《国家高级教育行政学院学报》2001 年第 3 期。
[38] 李泽厚：《论语今读》，安徽文艺出版社 1998 年版。
[39] 林邦杰：《田纳西自我概念量表的内容及其在辅导应用时应注意事项》，《测验与辅导》1978 年第 6 期。
[40] 林崇德：《发展心理学》，人民教育出版社 1995 年版。
[41] 林语堂：《吾国与吾民（My Country and My People）》（1936 年），外语教学与研究出版社 1998 年版。
[42] 刘洪程：《顾客忠诚度与客户关系管理的整合》，《当代经济》2004 年第 8 期。
[43] 刘怀伟：《商务市场中顾客关系的持续机制研究》，博士学位论文，浙江大学，2003 年。
[44] 刘惠军：《中学生自我概念的发展特点》，《社会心理研究》1999 年第 4 期。
[45] 刘继富：《面子定义探新》，《社会心理科学》2008 年第 5 期。
[46] 刘接忠：《基于中国文化背景下的消费者伦理实证分析》，《华东经济管理》2010 年第 9 期。
[47] 刘汝萍、马钦海、范广伟、李艺：《消费者道德信念：基于沈阳地区的实证研究》，载《第三届（2008）中国管理学年会论文

集》，中国管理现代化研究会，2008年11月。

[48] 刘汝萍、马钦海、范广伟：《透视消费者不道德行为的背后：消费者道德信念》，《营销科学学报》2009年第1期。

[49] 刘树伟：《关于伦理概念的语义学考察》，《世纪桥》2007年第1期。

[50] 刘爽、杨念梅：《客户忠诚度和企业利润的相关性研究》，《北京市财贸管理干部学院学报》2003年第8期。

[51] 刘志刚、马云峰：《顾客忠诚度与顾客保留度分析》，《武汉科技大学学报》（社会科学版）2003年第6期。

[52] 龙静云：《消费伦理的变迁与当代家庭消费伦理之建构》，《道德与文明》2006年第2期。

[53] 卢纹岱：《SPSS for Windows 统计分析》，电子工业出版社2002年版。

[54] 鲁江、葛松林：《浅论企业顾客关系管理的核心——忠诚度》，《华中农业大学学报》（社会科学版）2002年第2期。

[55] 陆娟：《服务忠诚驱动因素研究：综述与构想》，《经济科学》2005年第3期。

[56] 陆娟：《服务忠诚驱动因素与驱动机理——基于国内外相关理论和实证研究的系统分析》，《管理世界》2005年第6期。

[57] 吕彦妮：《消费者道德信念、个人/集体主义倾向与相依性对消费者购买仿冒商品行为之影响》，博士学位论文，台湾"国立"东华大学国际企业研究所，2003年。

[58] 吕智忠：《国家文化特质与消费伦理信念对消费者采购仿冒品行为之影响》，博士学位论文，台湾"国立"东华大学国际企业研究所，2003年。

[59] 马清学、张鹏伟：《影响顾客忠诚度因素探析》，《营销管理》2003年第4期。

[60] 马庆国：《管理统计：数据获取、统计原理、SPSS工具与应用研究》，科学出版社2002年版。

[61] 荣泰生：《企业研究方法》，中国税务出版社2005年版。

[62] 阮兴树：《中西伦理的概念和比较》，《上海师范大学学报》1989年第4期。

[63] ［美］赛卡瑞安:《企业研究方法》,祝道松、林家五译,清华大学出版社2005年版。

[64] 汤舒俊、郝佳、涂阳军:《马基雅弗利主义量表在中国大学生中的修订》,《中国健康心理学杂志》2011年第8期。

[65] ［美］特里·L.库珀:《行政伦理学:实现行政责任的途径》,张秀琴译,中国人民大学出版社2001年版。

[66] 汪洁:《团队任务冲突对团队任务绩效的影响机理研究》,博士学位论文,浙江大学,2009年。

[67] 汪向东:《心理卫生评定量表手册》,《中国心理卫生杂志》1999年12月（增刊）。

[68] 王国保:《中国文化因素对知识共享、员工创造力的影响研究》,博士学位论文,浙江大学,2010年。

[69] 王海明:《伦理学方法》,商务印书馆2003年版。

[70] 王静一:《西方消费者伦理决策模型研究述评》,《江苏商论》2009年第2期。

[71] 王庆喜:《企业资源与竞争优势:基于浙江民营制造企业的理论与经验研究》,博士学位论文,浙江大学,2004年。

[72] 王轶楠:《从东西方文化的差异分析面子与自尊的关系》,《社会心理科学》2006年第2期。

[73] 王月兴、冯绍津:《顾客忠诚的驱动因素及其作用》,《经济管理·新管理》2002年第12期。

[74] 王重鸣:《心理学研究方法》,人民教育出版社2001年版。

[75] 魏运华:《自尊的结构模型及儿童自尊量表的编制》,《心理发展与教育》1997年第3期。

[76] 温碧燕、汪纯孝、岑成德:《服务公平性、顾客消费情感与顾客和企业的关系》,中山大学出版社2004年版。

[77] 文崇一:《调查访问法》,载杨国枢、文崇一、吴聪贤、李亦园主编《社会及行为科学研究法》（下册）,重庆大学出版社2006年版。

[78] 文崇一:《问卷设计》,载杨国枢、文崇一、吴聪贤、李亦园主编《社会及行为科学研究法》（上册）,重庆大学出版社2006年版。

[79] 沃建中、申继亮:《中小学教师自我概念发展的研究》,《心理发

展与教育》1993 年第 3 期。

[80] 吴秉恩:《组织行为学》,台湾华泰书局 1994 年版。

[81] 吴明隆:《结构方程模型:Amos 的操作与应用》,重庆大学出版社 2009 年版。

[82] 吴明证、杨福义:《自尊结构与心理健康关系研究》,《中国临床心理学杂志》2006 年第 3 期。

[83] 吴万益、林清河:《企业研究方法》,台湾华泰书局 2001 年版。

[84] 谢家琳:《实地研究中的问卷调查法》,载陈晓萍、徐淑英、樊景立主编《组织与管理研究的实证方法》,北京大学出版社 2008 年版。

[85] 熊海鸥:《国内零售货品年损耗 68 亿元》,《北京商报》2009 年 11 月 27 日第 4 版。

[86] 徐碧祥:《员工信任对其知识整合与共享意愿的作用机制研究》,博士学位论文,浙江大学,2007 年。

[87] 许士军:《企业伦理与企业发展——兼论引进外籍劳工之伦理观点》,载《当前产业发展面临的人力问题及因应之道研讨会论文集》,台湾南台工专,1991 年。

[88] 严浩仁、贾生华:《顾客忠诚的基本驱动模型研究:以移动通信服务为例》,《经济管理·新管理》2005 年第 2 期。

[89] 杨国枢、文崇一、吴聪贤等:《社会及行为科学研究法》(上册),重庆大学出版社 2006 年版。

[90] 杨国枢、余安邦:《中国人的心理与行为——理念及方法篇(一九九二)》,台湾桂冠图书公司 1993 年版。

[91] 杨国枢:《中国人的社会取向:社会互动的观点》(1992 年),载杨宜音主编《中国社会心理学评论》(第一辑),社会科学文献出版社 2005 年版。

[92] 杨国枢:《中国人的心理与行为:本土化研究》,中国人民大学出版社 2004 年版。

[93] 杨志蓉:《团队快速信任、互动行为与团队创造力研究》,博士学位论文,浙江大学,2006 年。

[94] 杨智:《市场导向与营销绩效关系研究——以中东部五省市企业为实证样本》,博士学位论文,中南财经政法大学,2004 年。

[95] 杨中芳：《如何研究中国人：心理学本土化论文集》，台湾桂冠图书公司1996年版。

[96] 杨中芳：《试论中国人的道德发展：一个自我发展的观点》（1991年），载杨国枢、黄光国主编《中国人的心理与行为（一九八九）》，台湾桂冠图书公司1994年版。

[97] 余民宁：《潜在变项模式：SIMPLIS的应用》，台湾高等教育出版社2006年版。

[98] 曾伏娥、甘碧群：《消费者伦理信念及关系质量对消费者非伦理行为的影响》，《经济管理》2007年第18期。

[99] 曾伏娥：《消费者非伦理行为形成机理及决策过程研究》，博士学位论文，武汉大学，2006年。

[100] 曾伏娥：《消费者伦理信念及关系品质对消费者非伦理行为的影响》，《营销科学学报》2005年第2期。

[101] 翟学伟：《人情、面子与权力的再生产》，北京大学出版社2005年版。

[102] 翟学伟：《在中国官僚作风及其技术的背后——偏正结构与面子运作》，载翟学伟主编《中国社会心理学评论》（第二辑），社会科学文献出版社2006年版。

[103] 翟学伟：《中国人的脸面观模型》（1995年），载翟学伟主编《中国社会心理学评论》（第二辑），社会科学文献出版社2006年版。

[104] 翟学伟：《中国人际关系的特质：本土的概念及其模式》，《社会学研究》1993年第4期。

[105] 詹启生：《自我概念的结构模型及行为效应》，博士学位论文，南开大学，2003年。

[106] 张春兴：《张氏心理学大辞典》，上海辞书出版社1992年版。

[107] 张宏琴：《社会转型时期面子功能的社会学分析》，《淮北职业技术学院学报》2006年第1期。

[108] 张进辅：《我国青少年学生公私观特点的研究》，《心理发展与教育》1993年第1期。

[109] 张为栋：《略论品牌的情感定位与顾客忠诚度的维系》，《商业研究》2004年第4期。

[110] 张占江、陈宏军：《消费者伦理研究综述》，《铜陵学院学报》2008年第3期。

[111] 赵宝春、殷静：《大中学生非伦理消费问题比较研究》，《当代经济》2009年第23期。

[112] 赵宝春：《消费者伦理信念水平与其出生地的关联：中国城乡二元社会背景下的实证研究》，《管理世界》2011年第1期。

[113] 赵宝春：《中国消费者伦理行为研究：基于社会性视角》，博士学位论文，华中科技大学，2008年。

[114] 赵卓嘉：《团队内部人际冲突、面子对团队创造力的影响研究》，博士学位论文，浙江大学，2009年。

[115] 郑梅莲：《审计人员忠诚及其对知识共享与整合的影响研究》，博士学位论文，浙江大学，2008年。

[116] 周国韬、贺岭峰：《11—15岁学生自我概念的发展》，《心理发展与教育》1996年第3期。

[117] 周美伶、何友晖：《从跨文化的观点分析面子的内涵及其在社会交往中的运作》（1993年），载翟学伟主编《中国社会心理学评论》（第二辑），社会科学文献出版社2006年版。

[118] 朱瑞玲：《"面子"压力及其因应行为》（1989年），载翟学伟《中国社会心理学评论》（第二辑），社会科学文献出版社2006年版。

[119] 朱瑞玲：《中国人的社会互动：论面子的问题》（1987年），载翟学伟主编《中国社会心理学评论》（第二辑），社会科学文献出版社2006年版。

[120] 佐斌：《中国人的脸与面子——本土社会心理学探索》，华中师范大学出版社1997年版。

[121] Aaker, D. A., *Managing Brand Equity: Capitalizing on the Value of a Brand Name*, NY: The Free Press Macmillan, 1991.

[122] Aaker, D. L., "Measuring Brand Equity across Products and Markets", *California Management Review*, 1996, 38 (3), pp. 102 – 120.

[123] Ajzen, I., *Attitudes, Personality and Behaviour*, New York: Mc-Graw – Hill, 2005.

[124] Ajzen, I., "From Intentions to Actions: A Theory of Planned Behavior", in Kuhl, J. and Beckmann, J. eds., *Action - Control: From Cognition to Behavior*, Heidelberg: Springer, 1985, pp. 11 - 39.

[125] Ajzen, I., "The Theory of Planned Behavior", *Organizational Behavior and Human Decision Processes*, 1991, 50 (2), pp. 179 - 211.

[126] Albers - Miller, N. D., "Consumer Misbehavior: Why People Buy Illicit Goods", *The Journal of Consumer Marketing*, 1999, 16 (3), pp. 273 - 288.

[127] Al - Khatib, J. A., Vitell, S. J. and Rawwas, M. Y. A., "Consumer Ethics: A Cross - Cultural Investigation", *European Journal of Marketing*, 1997, 31 (11/12), pp. 750 - 767.

[128] Al - Khatib, J., Dobie, K. and Vitell, S. J., "Consumer Ethics in Developing Countries: An Empirical Investigation", *Journal of Euro - Marketing*, 1995, 4 (2), pp. 87 - 105.

[129] Al - Khatib, J., Robertson, C., Al - Habib, M. and Vitell, S. J., "Ethical Beliefs and Orientations in the Middle East: Are Arab Consumers alike?", Unpublished Working Paper, 2002.

[130] Anderson, E. and Weitz, B., "The Use of Pledges to Build and Sustain Commitment in Distribution Channels", *Journal of Marketing Research*, 1992, 29 (1), pp. 18 - 34.

[131] Anderson, E. W. and Sullivan, M. W., "The Antecedents and Consequences of Customer Satisfaction for Firms", *Marketing Science*, 1993, 12 (2), pp. 125 - 143.

[132] Anderson, E. W., "Cross - Category Variation in Customer Satisfaction and Retention", *Marketing Letters*, 1994, 5 (1), pp. 19 - 30.

[133] Anderson, J. C. and Gerbing, D. W., "Structural Equation Modeling in Practice: A Review and Recommends Two - Step", *Approach Psychological Bulletin*, 1988, 103 (3), pp. 411 - 423.

[134] Anderson, J. C. and Gerbing, D. W., "The Effect of Sampling Er-

ror on Convergence, Improper Solutions, and Goodness – of – Fit Indices for Maximum Likelihood Confirmatory Factor Analysis", *Psychometrika*, 1984, 49 (2), pp. 155 – 173.

[135] Anderson, J. C. , "An Approach for Confirmatory Measurement and Structural Equation Modeling of Organizational Properties", *Management Science*, 1987, 33 (4), pp. 525 – 541.

[136] Andreasen, N. C. , *Scale for the Assessment of Negative Symptoms (SANS)*, Iowa City, IA: The University of Iowa, 1982.

[137] Ang, S. H. , Cheng, P. S. , Lin, E. A. C. and Tambyah, S. K. , "Spot the Difference: Consumer Responses towards Counterfeits", *The Journal of Consumer Marketing*, 2001, 18 (3), pp. 219 – 235.

[138] Archibald, W. P. and Cohen, R. L. , "Self – Presentation, Embarrassment, and Face Work as a Function of Self – Evaluation, Conditions of Self – Presentation, and Feedback from Others", *Journal of Personality & Social Psychology*, 1971, 20 (3), pp. 287 – 297.

[139] Armstrong, R. W. , "The Relationship between Culture and Perception of Ethical Problems in International Marketing", *Journal of Business Ethics*, 1996, 15 (11), pp. 1199 – 1208.

[140] Arnold, H. J. and Feldman, D. C. , "Social Desirability Response Bias in Self – Report Choice Situations", *Academy of Management Journal*, 1981, 24 (2), pp. 377 – 385.

[141] Assael, H. , *Marketing: Principles and Strategy*, Chicago: Dryden Press, 1990.

[142] Athanassopoulos, A. D. , "Customer Satisfaction Cues to Support Market Segmentation and Explain Switching Behavior", *Journal of Business Research*, 2000, 47 (3), pp. 191 – 207.

[143] Bagozzi, R. P. and Yi, Y. , "On the Evaluation of Structural Equation Models", *Journal of the Academy of Marketing Science*, 1988, 16 (1), pp. 74 – 94.

[144] Baker, J. , Parasuraman, A. , Grewal, D. and Voss, G. B. , "The Influence of Multiple Store Environment Cues on Perceived Merchandise Value and Patronage Intentions", *Journal of Marketing*,

2002, 66 (2), pp. 120 – 141.

[145] Baldinger, A. L. and Rubinson, J., "Brand Loyalty: The Link between Attitude and Behavior", *Journal of Advertising Research*, 1996, 36 (6), pp. 22 – 34.

[146] Bandura, A., *Social Learning Theory*, Englewood Cliffs, NJ: Prentice Hall, 1977.

[147] Barnard, N. and Ehrenberg, A., "Advertising: Strongly Persuasive or Nudging", *Journal of Advertising Research*, 1997, 37 (1), pp. 21 – 31.

[148] Bateman, C. R., Fraedrich, J. P. and Iyer, R., "Framing Effects within the Ethical Decision Making Process of Consumers", *Journal of Business Ethics*, 2002, 36 (1/2), pp. 119 – 140.

[149] Baumeister, R. F., *The Self in Social Psychology*, Philadelphia: Psychology Press, 1999.

[150] Beauchamp, T. L., Childress, J. F., *Principles of Biomedical Ethics*, New York: Oxford University, 1983.

[151] Beltramini, R. F., Peterson, R. A. and Kozmetsky, G., "Concerns of College Students Regarding Business Ethics", *Journal of Business Ethics*, 1984, 3 (3), pp. 195 – 200.

[152] Bengtson, V. L., Reedy, M. N. and Gordon, C., "Aging and Self – Conceptions: Personality Processes and Social Contexts", in Birren, J. E. and Schaie, K. W. eds., *Handbook of the Psychology of Aging*, New York: Van Nostrand Reinhold, 1985, pp. 544 – 593.

[153] Bentler, P. M. and Bonett, D. G., "Significance Tests and Goodness – of – Fit in the Analysis of Covariance Structures", *Psychological Bulletin*, 1980, 88 (3), pp. 588 – 606.

[154] Bentler, P. M. and Chou, C. P., "Practical Issues in Structural Modeling", *Sociological Methods & Research*, 1987, 16 (1), pp. 78 – 117.

[155] Bentler, P. M., "Comparative Fit Indexes in Structural Models", *Psychological Bulletin*, 1990, 107 (2), pp. 238 – 246.

[156] Blackwell, S. A., Szeinbach, S. L., Barnses, J. H., Garner, D. W. and Bush, V., "The Antecedents of Customer Loyalty", *Journal of Service Research*, 1999, 1 (4), pp. 362 – 375.

[157] Bloemer, J. and Odekerken – Schroder, G., "Store Satisfaction and Store Loyalty Explained by Customer – and Store – Related Factors", *Journal of Consumer Satisfaction, Dissatisfaction and Complaining Behavior*, 2002, 15, pp. 68 – 80.

[158] Bloemer, J. M. M. and Kasper, H. D. P., "The Complex Relationship between Consumer Satisfaction and Brand Loyalty", *Journal of Economic Psychology*, 1995, 16 (2), pp. 311 – 329.

[159] Bollen, K. A. and Long, J. S., *Testing Structural Equation Models*, Newbury Park, C. A.: Sage Publications, 1993.

[160] Bollen, K. A., "A New Incremental Fit Index for General Structural Equation Models", *Sociological Methods and Research*, 1989, 17 (3), pp. 303 – 316.

[161] Bonsu, S. K. and Zwick, D., "Exploring Consumer Ethics in Ghana, West Africa", *International Journal of Consumer Studies*, 2007, 31 (6), pp. 648 – 655.

[162] Boomsma, A., "The Robustness of LISREL against Small Sample Sizes in Factor Analysis Models", in World, H. and Joreskog, K. eds., *Systems under Indirect Observation*, New York: Elservier, North – Holland, 1982, pp. 149 – 173.

[163] Bove, L. L. and Johnson, L. W., "A Customer – Service Worker Relationship Model", *International Journal of Service, Industry Management*, 2000, 11 (5), pp. 491 – 511.

[164] Bowen, J. T. and Chen, S. L., "The Relationship between Customer Loyalty and Customer Satisfaction", *International Journal of Contemporary Hospitality Management*, 2001, 13 (5), pp. 213 – 217.

[165] Bracken, B. A., *Multidimensional Self Concept Scale*, Austin, TX: PRO – ED, 1992.

[166] Bradburn, N. M., Sudman, S. and Wansink, B., *Asking Questions: The Definitive Guide to Questionnaire Design for Market Re-*

search, *Political Polls, and Social and Health Questionnaires*, San Francisco, C. A. : Jossey – Bass, 2004.

[167] Brenner, S. N. and Earl, A. M., "Is the Ethics of Business Executives Changing?", *Harvard Business Review*, 1977, 55, pp. 57 – 71.

[168] Brew, F. P. and Cairns, D. R., "Styles of Managing Interpersonal Workplace Conflict in Relation to Status and Face Concern: A Study with Anglos and Chinese", *International Journal of Conflict Management*, 2004, 15 (1), pp. 27 – 56.

[169] Brown, B. R. and Garland, H., "The Effects of Incompetency, Audience Acquaintanceship, and Anticipated Evaluative Feedback on Face – Saving Behavior", *Journal of Experimental Social Psychology*, 1971, 7 (5), pp. 490 – 502.

[170] Brown, G., "Brand Loyalty – Factor Fiction?", *Advertising Age*, 1952, 6 (9), pp. 53 – 56.

[171] Brown, L. and Alexander, J., *Self – Esteem Index*, PRO – ED, Inc., 1991.

[172] Brown, P. and Levinson, S. C., *Politeness: Some Universals in Language Usage*, New York: Cambridge University Press, 1987, pp. 68 – 83.

[173] Brown, P. and Levinson, S. C., "Universals in Language Usage: Politeness Phenomena", in E. Goody, ed., *Questions and Politeness: Strategies in Social Interaction*, Cambridge, U. K. : Cambridge University Press, 1978, pp. 56 – 311.

[174] Browning, J. and Zabriskie, N. B., "How Ethical are Industrial Buyers?", *Industrial Marketing Management*, 1983, 12 (4), pp. 219 – 224.

[175] Burns, R., *Self – Concept Development and Education*, London: Holt, Rinehart and Winston, 1982.

[176] Byrne, B. M. and Shavelson, R. J., "On the Structure of Social Self – Concept for Pre – , Early, and Late Adolescents: A Test of the Shavelson, Hubner, and Stanton (1976) Model", *Journal of Personality and Social Psychology*, 1996, 70 (3), pp. 599 – 613.

[177] Cannines, E. G. and Zeller, R. A., *Reliability and Validity Assessment*, London: Sage Publications, 1979.

[178] Cardon, P. W., A Qualitative Study of the Role of Face in Chinese Business Culture: Implications for American Business Persons, Ph. D. Dissertation, Utah State University, 2005.

[179] Carling, P., Fung, T., Killion, A., Terrin, N. and Barza, M., "Favorable Impact of a Multidisciplinary Antibiotic Management Program Conducted during 7 Years", *Infect Control Hosp Epidemiol*, 2003, 24 (9), pp. 699 – 706.

[180] Carman, J. M., "Correlates of Brand Loyalty: Some Positive Results", *Journal of Marketing Research*, 1970, 7 (1), pp. 67 – 76.

[181] Carson, C. L. and Cupach, W. R., "Facing Corrections in the Workplace: The Influence of Perceived Face Threat on the Consequences of Managerial Reproaches", *Journal of Applied Communication Research*, 2000, 28 (3), pp. 215 – 234.

[182] Chan, A., Wong, S. and Leung, P., "Ethical Beliefs of Chinese Consumers in Hong Kong", *Journal of Business Ethics*, 1998, 17 (11), pp. 1163 – 1170.

[183] Chaudhuri, A. and Holbrook, M. B., "The Chain of Effects from Brand Trust and Brand Affect to Brand Performance: The Role of Brand Loyalty", *Journal of Marketing*, 2001, 65 (2), pp. 81 – 93.

[184] Chen, R., "Responding to Compliments: A Contrastive Study of Politeness Strategies between American English and Chinese Speakers", *Journal of Pragmaties*, 1993, 20 (1), pp. 49 – 75.

[185] Chen, R., "Self – Politeness: A Proposal", *Journal of Pragmatics*, 2001, 33 (1), pp. 87 – 106.

[186] Chonko, L. B. and Hunt, S. D., "Ethics and Marketing Management: An Empirical Examination", *Journal of Business Research*, 1985, 13 (4), pp. 339 – 359.

[187] Chou, M. L., Protective and Acquisitive Face Orientation: A Person by Situation Approach to Face Dynamic in Social Interaction, Ph. D. Dissertation, University of Hong Kong, 1996.

[188] Christie, R. and Geis, F. L., *Studies in Machiavellianism*, Academic Press, 1970.

[189] Chui – Li, L. S., Face Orientation and Self – Disclosure of Ability and Morality: Does Gender Make a Difference, Ph. D. Dissertation, University of Hong Kong, 1999.

[190] Churchill, G. A., "A Paradigm for Developing Better Measures of Marketing Constructs", *Journal of Marketing Research*, 1979, 16 (2), pp. 64 – 73.

[191] Churchill, H. L., "How to Measure Brand Loyalty", *Advertising and Selling*, 1942, 35, p. 24.

[192] Cohen, A. K., *Delinquency Boys*, Glencoe, I. L.: Free Press, 1955.

[193] Cole, D., Sirgy, M. J. and Bird, M. M., "How do Managers Make Teleological Evaluations in Ethical Dilemmas? Testing Part of the Extending the Hunt – Vitell Model", *Journal of Business Ethics*, 2000, 26 (3), pp. 259 – 269.

[194] Comrey, A. L., "Common Methodological Problems in Factor Analytic Studies", *Journal of Consulting and Clinical Psychology*, 1978, 46, pp. 648 – 659.

[195] Cooley, C., *Human Nature and the Social Order*, New York: Scribners, 1902.

[196] Coopersmith, S., *Self – Esteem Inventories: Adult Form*, Palo Alto, C. A.: Consulting Psychologists Press, 1989.

[197] Coopersmith, S., *The Antecedents of Self – Esteem*, San Francisco: W. H. Freeman, 1967.

[198] Copeland, M. T., "Relation of Consumers' Buying Habits to Marketing Methods", *Harvard Business Review*, 1923, 1 (2), pp. 282 – 289.

[199] Cottone, R. R., "A Social Constructivism Model of Ethical Decision Making in Counseling", *Journal of Counseling and Development: JCD*, 2001, 79 (1), pp. 39 – 45.

[200] Crano, W. D., "Attitude Strength and Vested Interest", in Petty, R. E. and Krosnick, J. A., eds., *Ohio State University Series on At-*

*titudes and Persuasion*, Hillsdale, NJ, England: Lawrence Erlbaum Associates, 1995, pp. 131 – 157.

[201] Cronbach, L. J. , "Coefficient Alpha and the Internal Structure of Tests", *Psychometrika*, 1951, 16 (3), pp. 297 – 334.

[202] Crosby, L. A. and Taylor, J. R. , "Psychological Commitment and Its Effects on Post – Eecision Evaluation and Preference Stability among Voters", *Journal of Consumer Research*, 1983, 9 (4), pp. 413 – 431.

[203] Cuieford, J. P. , *Fundamental Statistics in Psychology and Education*, New York: McGraw Hill, 1965.

[204] Cunningham, R. M. , "Brand Loyalty—What, Where, How Much?", *Harvard Business Review*, 1956, 34 (2), pp. 116 – 128.

[205] Davis, R. M. , "Comparison of Consumer Acceptance of Rights and Responsibilities", in Ackerman, N. M. , ed. , *Proceedings of the 25th Annual Conference of the American Council on Consumer Interests*, American Council on Consumer Interests, 1979, pp. 68 – 70.

[206] Day, G. S. A. , "Two – Dimensional Concept of Brand Loyalty", *Journal of Advertising Research*, 1969, 9 (3), pp. 29 – 35.

[207] Day, G. S. , "Managing Market Relationships", *Journal of the Academy of Marketing Science*, 2000, 28 (1), pp. 24 – 30.

[208] De George, R. T. , *Business Ethics*, Pretice Hall, Inc. , 1995.

[209] De Paulo, P. J. , "Ethical Perceptions of Deceptive Bargaining Tactics Used by Salespersons and Customers: A Double Standard", in Joel G. Sagert ed. , *Proceedings of the Division of Consumer Psychology*, Washiongton, D. C. : American Psychological Association, 1986.

[210] Deutsch, M. , "The Face of Bargaining", *Operations Research*, 1961, 9 (6), pp. 886 – 897.

[211] Dick, A. S. and Basu, K. , "Customer Loyalty: Toward an Integrated Conceptual Framework", *Journal of the Academy of Marketing Science*, 1994, 22 (2), pp. 99 – 113.

[212] Dodge, H. R. , Edwards, E. A. and Fullerton, S. , "Consumer

Transgressions in the Marketplace: Consumers' Perspectives", *Psychology and Marketing*, 1996, 13 (8), pp. 821 – 835.

[213] Donoho, C. L., Polonsky, M. J., Roberts, S. and Cohen, D. A., "A Cross – Cultural Examination of the General Theory of Marketing Ethics: Does it Apply to the Next Generation of Managers?", *Asia Pacific Journal of Marketing and Logistics*, 2001, 13 (2), pp. 45 – 63.

[214] Dubinsky, A. J. and Loken, B., "Analyzing Ethical Decision Making in Marketing", *Journal of Business Research*, 1989, 19 (2), pp. 83 – 107.

[215] Dwyer, F. R., Schurr, P. H. and Oh, S., "Developing Buyer – Seller Relationships", *Journal of Marketing*, 1987, 51 (2), pp. 11 – 27.

[216] Earley, P. C., *Face, Harmony and Social Structure: An Analysis of Organizational Behavior across Cultures*, New York: Oxford University Press, 1997.

[217] Ehrenberg, A. S. C. and Goodhardt, G. J., "A Model of Multi – Brand Buying", *Journal of Marketing Research*, 1970, 7 (1), pp. 77 – 84.

[218] Enderle, G., "Business Ethics in China: A Dream, a Guess, a Reality?", *European Business Ethics Newsletter*, 1997, 3, pp. 10 – 25.

[219] England, G. W., *The Manager and His Values: An International Perspective*, Cambridge: Ballinger Publishing Co., 1975.

[220] Enis, B. M. and Paul, G. W., "'Store Loyalty' as a Basis for Market Segmentation", *Journal of Retailing*, 1970, 46 (3), pp. 42 – 56.

[221] Erffmeyer, R. C., Keillor, B. D. and LeClair, D. T., "An Empirical Investigation of Japanese Consumer Ethics", *Journal of Business Ethics*, 1999, 18 (1), pp. 35 – 50.

[222] Everitt, B. S., "Multivariate Analysis: The Need for Data, and Other Problems", *British Journal of Psychiatry*, 1975, 126 (2), pp. 237 – 240.

[223] Ferrell, O. C. and Gresham, L. G., "A Contingency Framework for

Understanding Ethical Decision Making in Marketing", *Journal of Marketing*, 1985, 49 (3), pp. 87 – 96.

[224] Ferrell, O. C. and Skinner, S. J., "Ethical Behavior and Bureaucratic Structure in Marketing Research Organizations", *Journal of Marketing Research*, 1988, 25 (1), pp. 103 – 109.

[225] Ferrell, O. C., Gresham, L. G. and Fraedrich, J., "A Synthesis of Ethical Decision Models for Marketing", *Journal of Macromarketing*, 1989, 9 (2), pp. 55 – 64.

[226] Festinger, L. and Katz, D., *Research Methods in the Behavioral Sciences*, New York: Holt, Rinehart and Winston, 1966.

[227] Fishbein, M. and Ajzen, I., *Belief, Attitude, Intention, and Behavior: An Introduction to Theory and Research*, Reading, MA: Addision – Wesley, 1975.

[228] Fitts, W. H., *Manual: Tennessee Self – Concept Scale*, Nashville, TN: Counselor Recordings and Tests, 1965.

[229] Ford, R. C. and Richardson, W. D., "Ethical Decision Making: A Review of the Empirical Literature", *Journal of Business Ethics*, 1994, 13 (3), pp. 205 – 231.

[230] Fornell, C. and Larcker, D. F., "Evaluating Structural Equation Models with Unobservable Variables and Measurement Error", *Journal of Marketing Research*, 1981, 18 (1), pp. 39 – 50.

[231] Fornell, C. and Wernerfelt, B., "Defensive Marketing Strategy by Customer Complaint Management: A Theoretical Analysis", *Journal of Marketing Research*, 1987, 24 (11), pp. 337 – 346.

[232] Fornell, C., "A National Customer Satisfaction Barometer: The Swedish Experience", *Journal of Marketing*, 1992, 56 (1), pp. 6 – 21.

[233] Fornell, C., Johnson, M. D., Anderson, E. W., Cha, J. and Bryant, B. E., "The American Customer Satisfaction Index: Nature, Purpose, and Findings", *Journal of Marketing*, 1996, 60 (4), pp. 7 – 18.

[234] Forsyth, D. R., "A Taxonomy of Ethical Ideologies", *Journal of*

*Personality and Social Psychology*, 1980, 39 (1), pp. 175 – 184.

[235] Forsyth, D. R., "Judging the Morality of Business Practices: The Influence of Personal Moral Philosophies", *Journal of Business Ethics*, 1992, 11 (5/6), pp. 461 – 470.

[236] Fox, K. R. and Corbin, C. B., "The Physical Self – Perception Profile: Development and Preliminary Validation", *Journal of Sport & Exercise Psychology*, 1989, 11, pp. 408 – 430.

[237] Frankena, W. K., *Ethics*, Englewood Cliffs, NJ: Prentice – Hall, 1963.

[238] Frenzen, J. K. and Davis, H. L., "Purchasing Behavior in Embedded Markets", *Journal of Consumer Research*, 1990, 17 (1), pp. 1 – 12.

[239] Fullerton, S., Kerch, K. B. and Dodge, H. R., "Consumer Ethics: An Assessment of Individual Behavior in the Market Place", *Journal of Business Ethics*, 1996, 15 (7), pp. 805 – 814.

[240] Garland, H. and Brown, B. R., "Face – Saving as Affected by Subjects' Sex, Audiences' Sex and Audience Expertise", *Sociometry*, 1972, 35 (2), pp. 280 – 289.

[241] Goffman, E., "On Face – Work: An Analysis of Ritual Elements in Social Interaction", *Psychiatry: Journal for the Study of Interpersonal Processes*, 1955, 18 (3), pp. 213 – 231.

[242] Goffman, E., "On Face – Work: An Analysis of Ritual Elements in Social Interaction", in *Interaction Ritual: Essays on Face – to – Face Behavior*, Garden City, N. Y.: Anchor Books, 1967.

[243] Gong, F., Gage, S. J. L. and Tacata, L. A., "Help Seeking Behavior among Filipino Americans: A Cultural Analysis of Face and Language", *Journal of Community Psychology*, 2003, 31 (5), pp. 469 – 488.

[244] Goolsby, J. R. and Hunt, S. D., "Cognitive Moral Development and Marketing", *The Journal of Marketing*, 1992, 56 (1), pp. 55 – 68.

[245] Greenwald, A. G. and Farnham, S. D., "Using the Implicit Association Test to Measure Self – Esteem and Self – Concept", *Journal of*

*Personality and Social Psychology*, 2000, 79 (6), pp. 1022 – 1038.

[246] Greenwald, A. G., McGhee, D. E. and Schwartz, J. L. K., "Measuring Individual Differences in Implicit Cognition: The Implicit Association Test", *Journal of Personality and Social Psychology*, 1998, 74 (6), pp. 1464 – 1480.

[247] Gremler, D. D., The Effects of Satisfaction, Switching Costs, and Interpersonal Bonds on Service Loyalty, Doctoral Dissertation, Arizona State University, 1995.

[248] Griffin, J., *Customer Loyalty: How to Earn It, How to Keep It*, New York: Lexington Books, 1995.

[249] Gronholdt, L., Martensen, A. and Kristensen, K., "The Relationship between Customer Satisfaction and Loyalty: Cross – Industry Differences", *Total Quality Management*, 2000, 11 (4/5&6), pp. 509 – 514.

[250] Growe, G. A., "Parental Behavior and Self – Esteem in Children", *Psychological Reports*, 1980, 47, pp. 499 – 502.

[251] Halstead, D., Hartman, D. and Schmidt, S. L., "Multisource Effects on the Satisfaction Formation Process", *Journal of the Academy of Marketing Science*, 1994, 22 (2), pp. 114 – 129.

[252] Hart, C. W. and Johnson, M. D., "Growing the Trust Relationship", *Marketing Management*, 1999, 8 (1), pp. 8 – 19.

[253] Harter, S. and Pick, R., "The Pictorial Scale of Perceived Competence and Social Acceptance for Young Children", *Child Development*, 1984, 55 (6), pp. 1969 – 1982.

[254] Harter, S., "Competence as a Dimension of Self – Evaluation: Toward a Comprehensive Model of Self – Worth", in Leahy, R. L. ed., *The Development of the Self*, New York: Academic Press, 1985, pp. 55 – 121.

[255] Harter, S., *Manual for the Self Perception Profile for Adolescents*, Denver: University of Denver, 1988.

[256] Harter, S., *Manual for the Self – Perception Profile for Children*, Denver, CO: University of Denver, 1985.

[257] Harter, S., "Processes Underlying Adolescent Self - Concept Formation", in Montmayor, R., Adams, G. R. and Gullotta, T. P., eds., *From Childhood to Adolescence: A Transitional Period?* Newbury Park, CA: Sage Publication, 1990, pp. 205 - 239.

[258] Harter, S., "Processes underlying the Construction, Maintenance and Enhancement of Self - Concept in Children", in Suls, J. and Greenwald, A., eds., *Psychological Perspective on the Self*, Hillsdale, NJ: Erlbaum, 1986, pp. 136 - 182.

[259] Hattie, J., *Self - Concept*, Hillsdale, NJ: Erlbaum, 1992.

[260] Heskett, J. L., Jones, T. O., Loveman, G. W., Sasser Jr., W. E. and Schlesinger, L. A., "Putting the Service - Profit Chain to Work", *Harvard Business Review*, 1994, 72 (2), pp. 164 - 174.

[261] Heskett, J. L., Sasser, W. E. and Schlesinger, L. A., *The Service Profit Chain: How Leading Companies Link Profit and Growth to Loyalty, Satisfaction, and Value*, New York, NY: Free Press, 1997.

[262] Heyman, G. D., Dweck, C. S. and Cain, K. M., "Young Children's Vulnerability to Self - Blame and Helpless: Relationship to Beliefs about Goodness", *Child Development*, 1992, 63 (2), pp. 401 - 405.

[263] Hirschi, T., *Causes of Delinquency*, Berkeley: University of California Press, 1969.

[264] Hoch, S. J. and Deighton, J., "Managing What Consumers Learn from Experience", *Journal of Marketing*, 1989, 53 (4), pp. 1 - 20.

[265] Hodgins, H. S. and Liebeskind, E., "Apology versus Defense: Antecedents and Consequences", *Journal of Experimental Social Psychology*, 2003, 39 (4), pp. 297 - 316.

[266] Hofstede, G., *Culture's Consequences: International Differences in Work - Related Values*, Beverly Hills, CA: Sage Publication, 1980.

[267] Holtgraves, T., "Interpreting Questions and Replies: Effects of Face - Threat, Question Form, and Gender", *Social Psychology Quarterly*, 1991, 54 (1), pp. 15 - 24.

[268] Holtgraves, T., "Language Structure in Social Interaction: Perceptions of Direct and Indirect Speech Acts and Interactants Who Use Them", *Journal of Personality and Social Psychology*, 1986, 51 (2), pp. 305 – 314.

[269] Holtgraves, T., "The Linguistic Realization of Face Management: Implications for Language Production and Comprehension, Person Perception, and Cross – Cultural Communication", *Social Psychology Quarterly*, 1992, 55 (2), pp. 141 – 159.

[270] Hormuth, S., *The Ecology of the Self: Relocation and Self – Concept Change*, Cambridge, England: Cambridge University Press, 1990.

[271] Hosmer, L. T., *The Ethics of Management*, Homewood, IL: Irwin Inc., 1987.

[272] Hunt, S. D. and Vitell, S. J., "A General Theory of Marketing Ethics", *Journal of Macromarketing*, 1986, 6 (1), pp. 5 – 16.

[273] Hunt, S. D. and Vitell, S. J., "The General Theory of Marketing Ethics: A Retrospective and Revision", in N. Craig Smith and John A. Quelch eds., *Ethics in Marketing*, Homewood, IL: Irwin Inc., 1993, pp. 775 – 784.

[274] Hunt, S. D., and Chonko, L. B., "Marketing and Machiavellianism", *Journal of Marketing*, 1984, 48 (3), pp. 30 – 42.

[275] Jacoby, J. and Chestnut, R. W., *Brand Loyalty Measurement and Management*, New York: John Wiley and Sons, 1978.

[276] Jacoby, J. and Kyner, D. B., "Brand Loyalty vs. Purchasing Behavior", *Journal of Marketing Research*, 1973, 10 (1), pp. 1 – 9.

[277] Jacoby, J., "A Model of Multi – Brand Loyalty", *Journal of Advertising Research*, 1971, 11 (3), pp. 25 – 31.

[278] James, W., *The Principles of Psychology*, New York: Henry Holt, 1890.

[279] Johnson, D. I., Roloff, M. E. and Riffee, M. A., "Politeness Theory and Refusals of Requests: Face Threat as a Function of Expressed Obstacles", *Communication Studies*, 2004a, 55 (2), pp. 227 – 238.

[280] Johnson, D. I., Roloff, M. E. and Riffee, M. A., "Response to Refusals of Request: Face Threat and Persistence, Persuasion and Forgiving Statements", *Communication Quarterly*, 2004b, 52 (4), pp. 347 – 356.

[281] Jones, T. M. and Gautschi III, F. H., "Will the Ethics of Business Change? A Survey of Future Executives", *Journal of Business Ethics*, 1988, 7 (4), pp. 231 – 248.

[282] Jones, T. M., "Ethical Decision Making by Individuals in Organizations: An Issue – Contingent Model", *The Academy of Management Review*, 1991, 16 (2), pp. 366 – 395.

[283] Jones, T. O. and Sasser Jr., W. E., "Why Satisfied Customers Defect", *Harvard Business Review*, 1995, 73 (6), pp. 88 – 91.

[284] Kahneman, D. and Tversky, A., "Prospect Theory: An Analysis of Decision under Risk", *Econometrica*, 1979, 47 (2), pp. 263 – 291.

[285] Kelley, S. W., Ferrell, O. C. and Skinner, S. J., "Ethical Behavior among Marketing Researchers: An Assessment of Selected Demographic Characteristics", *Journal of Business Ethics*, 1990, 9 (8), pp. 681 – 688.

[286] Keltner, D., Yong, R. and Heerey, E., et al., "Teasing in Hierarchical and Intimate Relations", *Journal of Personality and Social Psychology*, 1998, 75 (5), pp. 1231 – 1247.

[287] Keng, K. A. and Ehrenberg, A. S. C., "Patterns of Store Choice", *Journal of Marketing Research*, 1984, 21 (4), pp. 399 – 409.

[288] Kenhove, P. V., Wulf, K. D. and Steenhaut, S., "The Relationship between Consumers' Unethical Behavior and Customer Loyalty in a Retail Environment", *Journal of Business Ethics*, 2003, 44 (4), pp. 261 – 278.

[289] Kidwell, J. M., Stevens, R. E. and Bethke, A. L., "Differences in the Ethical Perceptions between Male and Female Managers: Myth or Reality", *Journal of Business Ethics*, 1987, 6 (6), pp. 489 – 493.

[290] Kim, J. Y. and Nam, S. H., "The Concept and Dynamics of Face: Implications for Organizational Behavior in Asia", *Organization Science*, 1998, 9 (4), pp. 522 – 534.

[291] Kline, R. B., *Principles and Practice of Structural Equation Modeling*, New York: The Guilford Press, 1998.

[292] Kline, R. B., *Principles and Practice of Structural Equation Modeling*, 2nd ed. New York: The Guilford Press, 2005.

[293] Klockars, R. B., *The Professional Fence*, New York: Free Press, 1974.

[294] Kohlberg, L., "Moral Stages and Moralization: The Cognitive Developmental Approaches", in Lickona, T. ed., *Moral Development and Behavior: Theory, Research and Social Issues*, New York: Holt, Rinehart & Winston, 1976, pp. 31 – 53.

[295] Kohlberg, L., "Stage and Sequence: The Cognitive Development Approach to Socialization", in Goslin, D. A., ed., *Handbook of Socialization Theory and Research*, Chicago: Rand McNally, 1969.

[296] Kohlberg, L., *The Psychology of Moral Development* (Vol. 2), San Francisco: Harper & Row, 1984.

[297] Kolter, P., *Marketing Management: Analysis, Planning, Implementation and Control*, 9$^{th}$ ed. Englewood Cliffs, NJ: Prentice – Hall Inc., 1999.

[298] Kuehn, A. A., "Consumer Brand Choice as a Learning Process", *Journal of Advertising Research*, 1962, 1 (2), pp. 10 – 17.

[299] Kunkel, A. D., Wilson, S. R. and Olufowote, J., et al., "Identify Implications of Influence Goals: Initiating, Intensifying and Ending Romantic Relationships", *Western Journal of Communication*, 2003, 67 (4), pp. 382 – 412.

[300] Laczniak, G. and Inderrieden, E. J., "The Influence of Stated Organizational Concern upon Ethical Decision Making", *Journal of Business Ethics*, 1987, 6 (4), pp. 297 – 307.

[301] Lan, Y. and Wong, D. F. K., "Are Concern for Face and Willingness to Seek Help Correlated to Early Postnatal Depressive Symptoms

among Hong Kong Chinese Women? A Cross – Sectional Questionnaire Survey", *International Journal of Nursing Studying*, 2008, 45 (1), pp. 51 – 64.

[302] Lawrence, S. , "Old vs. New Loyalty", *Personnel Journal*, 1990, 69 (9), p. 16.

[303] Lebra, T. S. , *Japanese Patterns of Behavior*, Honolulu, HA: The University Press of Hawaii, 1976.

[304] Lee, D. J. and Sirgy, M. J. , "The Effect of Moral Philosophy and Ethnocentrism on Quality – of – Life Orientation in International Marketing: A Cross – Cultural Comparison", *Journal of Business Ethics*, 1999, 18 (1), pp. 73 – 89.

[305] Lim, K. S. and Razzaque, M. A. , "Brand Loyalty and Situational Effects: An Interactionist Perspective", *Journal of International Consumer Marketing*, 1997, 9 (4), pp. 95 – 115.

[306] Lim, T. S. , "Facework and Interpersonal Relationships", in Ting – Toomey, S. ed. , *The Challenge of Facework: Ccross – Cultural and Interpersonal Issues*, New York: State University of New York Press, 1994, pp. 209 – 230.

[307] Lin, Y. T. (林语堂), *My Country and My People*, Singapore: Heinemann Asia, 1936.

[308] Lu, Hsün (鲁迅), "On 'Face'" (1934), in *Selected Works of Lu Hsün*, Peking: Foreign Language Press, 1960.

[309] Macintosh, G. and Lockshin, L. S. , "Retail Relationships and Store Loyalty: A Multi – Level Perspective", *International Journal of Research in Marketing*, 1997, 14 (5), pp. 487 – 497.

[310] Markus, H. J. and Nurius, P. S. , "Self – Understanding and Self – Regulation in Middle Childhood", in Collins, W. A. ed. , *Development during Middle Childhood: The Years from Six to Twelve*, Washington, D. C. : National Academy Press, 1984, pp. 147 – 183.

[311] Markus, H. R. and Kitayama, S. , "Culture and the Self: Implications for Cognition, Emotion, and Motivation", *Psychological Review*, 1991, 98 (2), pp. 224 – 253.

[312] Marsh, H. W. and Gouvernet, P. J., "Multidimensional Self - Concepts and Perceptions of Control: Construct Validation of Responses by Children", *Journal of Educational Psychology*, 1989, 81 (1), pp. 57 - 69.

[313] Marsh, H. W. and Hattie, J., "Theoretical Perspectives on the Structure of Self - Concept", in Bracken, B. A. ed., *Handbook of Self - Concept*, New York: Wiley, 1996.

[314] Marsh, H. W. and Holmes, I. W., "Multidimensional Self - Concepts: Construct Validation of Responses by Children", *American Educational Research Journal*, 1990, 27 (1), pp. 89 - 117.

[315] Marsh, H. W., Byrne, B. M. and Shavelson, R. J., "A Multifaceted Academic Self - Concept: Its Hierarchical Structure and Its Relation to Academic Achievement", *Journal of Educational Psychology*, 1988, 80 (3), pp. 366 - 380.

[316] Marsh, H. W., Smith, I. D. and Barnes, J., "Multidimensional Self - Concepts: Relationships with Inferred Self - Concepts and Academic Achievement", *Australian Journal of Psychology*, 1984, 36 (3), pp. 367 - 386.

[317] Marsh, W. H. and Shavelson, R., "Self - Concept: Its Multifaceted, Hierarchical Structure", *Educational Psychologist*, 1985, 20 (3), pp. 107 - 123.

[318] Martin, C. L. and Goodell, P. W., "Historical, Descriptive, and Strategic Perspectives on the Construct of Product Commitment", *European Journal of Marketing*, 1994, 25 (1), pp. 53 - 60.

[319] Maslow, A. H., "A Theory of Human Motivation", *Psychological Review*, 1943, 50 (4), pp. 370 - 396.

[320] Maute, M. F. and Forrester, W. R. Jr., "The Structure and Determinants of Consumer Complaint Intentions and Behavior", *Journal of Economic Psychology*, 1993, 14 (2), pp. 219 - 247.

[321] Mazursky, D. and Geva, A., "Temporal Decay in Satisfaction - Purchase Intention Relationship", *Psychology and Marketing*, 1989, 6 (3), pp. 211 - 217.

[322] Mead, G. H., Mind, *Self and Society: From the Standpoint of a Social Behaviorist*, Chicago: University of Chicago Press, 1934.

[323] Medsker, G. J., Williams, L. J. and Holahan, P. J., "Evaluating Causal Models in Organizational Behavior and Human Resources Management Research", *Journal of Management*, 1994, 20 (2), pp. 439 – 464.

[324] Mikulincer, M. and Shaver, P. R., "Mental Representations of Attachment Security: Theoretical Foundation for a Positive Social Psychology", in Baldwin, M. W. ed., *Interpersonal Cognition*, New York: The Guilford Press, 2005, pp. 233 – 266.

[325] Minor, W. W., "The Neutralization of the Criminal Offense", *Criminology*, 1980, 18 (1), pp. 103 – 120.

[326] Mittal, V. and Kamakura, W. A., "Satisfaction, Repurchase Intent, and Repurchase Behaviour: Investigating the Moderating Effect of Customer Characteristics", *Journal of Marketing Research*, 2001, XXXVIII (2), pp. 131 – 142.

[327] Moorman, C., Zaltman, G. and Deshpande, R., "Relationships between Providers and Users of Market Research: The Dynamics of Trust within and between Organizations", *Journal of Marketing Research*, 1992, 29 (3), pp. 314 – 328.

[328] Morgan, R. M., and Hunt, S. D., "The Commitment – Trust Theory of Relationship Marketing", *Journal of Marketing*, 1994, 58 (3), pp. 20 – 38.

[329] Morris, M. H., Davis, D. L. and Allen, J. W., "Fostering Corporate Entrepreneurship: Cross – Cultural Comparisons of the Importance of Individualism versus Collectivism", *Journal of International Business Studies*, 1994, 25 (1), pp. 65 – 89.

[330] Muncy, J. A. and Eastman, J. K., "Materialism and Consumer Ethics: An Exploratory Study", *Journal of Business Ethics*, 1998, 17 (2), pp. 137 – 145.

[331] Muncy, J. A. and Vitell, S. J., "Consumer Ethics: An Investigation of the Ethical Beliefs of the Final Consumer", *Journal of Business*

Research, 1992, 24 (4), pp. 297 - 311.

[332] Murphy, P. E. and Laczniak, G. R., "Marketing Ethics: A Review with Implications for Managers, Educators and Researchers", in Enis, B. M. and Roering, K. J., eds., *Review of Marketing* 1981, Chicago: American Marketing Association, 1981, pp. 251 - 266.

[333] Newman, J. W. and Werbel, R. A., "Multivariate Analysis of Brand Loyalty for Major Household Appliances", *Journal of Marketing Research*, 1973, 10 (4), pp. 404 - 409.

[334] Nunnally, J. C. and Berntein, I. H., *Psychometric Theory*, New York: Mc Graw - Hill, 1994.

[335] Nunnally, J. C., *Psychometric Theory*, New York: McGraw - Hill, 1978.

[336] O' Brien, L. and Jones, C., "Do Rewards Really Create Loyalty?" *Harvard Business Review*, 1995, 73 (5), pp. 75 - 82.

[337] O' Brien, S. F. and Bierman, K. L., "Conceptions and Perceived Influence of Peer Groups: Interviews with Preadolescents and Adolescents", *Child Development*, 1988, 59 (5), pp. 1360 - 1365.

[338] Oetzel, J., Ting - Toomey, S. and Msaumoto, T., et al., "Face and Facework in Conflict: A Cross - Cultural Comparison of China, Germany, Japan, and the United States", *Communication Monographs*, 2001, 68 (3), pp. 235 - 258.

[339] Oliver, R. L., "Processing of the Satisfaction Response in Consumption: A Suggested Framework and Research Propositions", *Journal of Consumer Satisfaction, Dissatisfaction and Complaining Behavior*, 1992, 2 (1), pp. 1 - 16.

[340] Oliver, R. L., *Satisfaction: A Behavioral Perspective on the Consumer*, New York: Irwin/McGraw - Hill, 1997.

[341] Oliver, R. L., "Whence Consumer Loyalty?" *Journal of Marketing*, 1999, 63, pp. 33 - 44.

[342] Oppenheim, A. N., *Questionnaire Design, Interviewing and Attitude Measurement new edition*, New York: Printer Publications, 1992.

[343] Patterson, P. G. and Johnson, L., "Focal Brand Experience and

Product – Based Norms as Moderators in the Satisfaction Formation Process, Dissatisfaction and Complaining Behaviour", *Journal of Consumer Satisfaction*, 1995, 8, pp. 22 – 31.

[344] Patterson, P. G., "A Contingency Approach to Modeling Satisfaction with Management Consulting Services", *Journal of Service Research*, 2000, 3 (2), pp. 138 – 153.

[345] Pharr, S. J., *Losing Face: Status Politics in Japan*, Berkeley, CA: University of California Press, 1989.

[346] Piers, E. V. and Harris, D. B., "Age and Other Correlates of Self – Concept in Children", *Journal of Educational Psychology*, 1964, 55 (2), pp. 91 – 95.

[347] Piers, E. V. and Harris, D. B., *Manual for the Piers – Harris Children Self – Concept Scale*, Nashville, TN: Counselor Recordings and Tests, 1969.

[348] Piers, E. V., *Piers – Harris Children's Self – Concept Scale, Revised Manual*, Los Angeles: Western Psychological Services, 1984.

[349] Polonsky, M. J., Brito, P. Q., Pinto, J. and Higgs – Kleyn N., "Consumer Ethics in the European Union: A Comparison of Northern and Southern Views", *Journal of Business Ethics*, 2001, 31 (2), pp. 117 – 130.

[350] Poorsoltan, K., Amin, S. and Tootoonchi, A., "Business Ethics: Views of Future Leaders", *S. A. M. Advanced Management Journal*, 1991, 56 (1), pp. 4 – 10.

[351] Porter, M., *Competitive Strategy*, New York: The Free Press, 1980.

[352] Raj, S. P., "Striking a Balance between Brand 'Popularity' and Brand Loyalty", *Journal of Marketing*, 1985, 49 (1), pp. 53 – 59.

[353] Raj, S. P., "The Effects of Advertising on High and Low Loyalty Consumer Segments", *Journal of Consumer Research*, 1982, 9 (1), pp. 77 – 89.

[354] Rallapalli, K. C., Vitell, S. J., Wiebe, F. A. and Barnes, J. H., "Consumer Ethical Beliefs and Personality Traits: An Exploratory Analy-

sis", *Journal of Business Ethics*, 1994, 13 (7), pp. 487 – 495.

[355] Rawwas, M. Y. A. and Isakson, H., "Ethics of Tomorrow's Business Managers: The Influence of Personal Beliefs and Values, Individual Characteristics, and Situational Factors", *Journal of Education for Business*, 2000, 75 (6), pp. 321 – 330.

[356] Rawwas, M. Y. A. and Singhapakdi, A., "Do Consumers' Ethical Beliefs Vary with Age? A Substantiation of Kohlberg's Typology in Marketing", *Journal of Marketing Theory and Practice*, 1998, 6 (2), pp. 26 – 38.

[357] Rawwas, M. Y. A., "Consumer Ethics: An Empirical Investigation of the Ethical Beliefs of Australian Consumers", *Journal of Business Ethics*, 1996, 15, pp. 1009 – 1019.

[358] Rawwas, M. Y. A., "Culture, Personality and Morality: A Typology of International Consumers' Ethical Beliefs", *International Marketing Review*, 2001, 18 (2), pp. 188 – 205.

[359] Rawwas, M. Y. A., Patzer, G. and Vitell, S. J., "A Cross – Cultural Investigation of the Ethical Values of Consumers: The Potential Effect of War and Civil Disruption", *Journal of Business Ethics*, 1998, 17 (4), pp. 435 – 448.

[360] Rawwas, M. Y. A., Patzer, G. L. and Klassen, M. L., "Consumer Ethics in Cross – Cultural Settings: Entrepreneurial Implications", *European Journal of Marketing*, 1995, 29 (7), pp. 62 – 78.

[361] Rawwas, M. Y. A., Strutton, D. and Johnson, L. W., "An Exploratory Investigation of the Ethical Values of American and Australian Consumers", *Journal of Direct Marketing*, 1996, 10 (4), pp. 52 – 63.

[362] Rawwas, M. Y. A., Swaidan, Z. and Oyman, M., "Consumer Ethics: A Cross – Cultural Study of the Ethical Beliefs of Turkish and American Consumers", *Journal of Business Ethics*, 2005, 57 (2), pp. 183 – 195.

[363] Rawwas, M. Y. A., Vitell, S. J. and Al – Khatib, J. A., "Consumer Ethics: The Possible Effects of Terrorism and Civil Unrest on

the Ethical Values of Consumers", *Journal of Business Ethics*, 1994, 13 (3), pp. 223 – 231.

[364] Raykov, T., "On the Use of Confirmatory Factor Analysis in Personality Research", *Personality and Individual Differences*, 1998, 24 (2), pp. 291 – 293.

[365] Redding, S. G. and Ng, M., "The Role of 'Face' in the Organizational Perceptions of Chinese Managers", *Organization Studies*, 1982, 3 (3), pp. 201 – 219.

[366] Reichheld, F. F. and Sasser, W. E., "Zero Defections: Quality Comes to Services", *Harvard Business Review*, 1990, 68 (5), pp. 105 – 111.

[367] Reichheld, F. F. and Teal, T., *The Loyalty Effect: The Hidden Force behind Growth, Profits, and Lasting Value*, Boston: Harvard Business School Press, 1996.

[368] Reichheld, F. F., "Loyalty – Based Management", *Harvard Business Review*, 1993, 71 (2), pp. 64 – 73.

[369] Rest, J. R., *Moral Development: Advances in Research and Theory*, New York: Praeger, 1986.

[370] Richins, M. L. and Root – Schaffer, T., "The Role of Involvement and Opinion Leadership in Consumer Word of Mouth: An Implicit Model Made Explicit", *Advanced Consumer Research*, 1988, 15 (1), pp. 32 – 36.

[371] Rigdon, E. E., "CFI versus RMSEA: A Comparison of Two Fit Indexes for Structural Equation Modeling", *Structural Equation Modeling*, 1996, 3 (4), pp. 369 – 379.

[372] Rogers, C. R., "A Theory of Therapy, Personality, and Interpersonal Relationships, as Developed in the Client – Centered Framework", in Koch, S. ed., *Psychology: A Study of Science*, New York: McGraw – Hill, 1959, pp. 184 – 256.

[373] Rogers, C. R., *Client – Centered Therapy*, Boston: Houghton Mifflin, 1951.

[374] Roid, G. H. and Fitts, W. H., *Tennessee Self – Concept Scale*

(TSCS), revised, Los Angeles: Western Psychological Services, 1991.

[375] Roscoe, J. T., *Fundamental Research Statistics for the Behavioral Sciences*, New York: Holt, Rinehart and Winston, 1975.

[376] Rosenberg, L. J. and Czepiel, J. A., "A Marketing Approach for Customer Retention", *The Journal of Consumer Marketing*, 1984, 1 (2), pp. 45 - 51.

[377] Rosenberg, M., *Conceiving the Self*, New York: Basic Books, 1979.

[378] Rosenberg, M., "Self - Concept from Middle Childhood through Adolescence", in Suls, J. and Greenwald, A. G., eds, *Review: Psychological Perspectives on the Self*, Hills Dale, N. J.: Erlbaum, 1986.

[379] Rosenberg, M., *Society and the Adolescent Self - Image*, Princeton, NJ: Princeton Univ. Press, 1965.

[380] Royce, J., *The Philosophy of Loyalty*, New York: Macmillan, 1908.

[381] Ruegger, D. and King, E. W., "A Study of the Effect of Age and Gender upon Student Business Ethics", *Journal of Business Ethics*, 1992, 11 (3), pp. 179 - 186.

[382] Ryan, M. J., Rayner, R. and Morrison, A., "Diagnosing Customer Loyalty Drivers", *Marketing Research*, 1999, 11 (2), pp. 18 - 26.

[383] Sarwono, S. S. and Armstrong, R. W., "Microcultural Differences and Perceived Ethical Problems: An International Business Perspective", *Journal of Business Ethics*, 2001, 30 (1), pp. 41 - 56.

[384] Schurr, P. H. and Ozanne, J. L., "Influences on Exchange Processes: Buyers' Preconceptions of a Seller's Trustworthiness and Bargaining Toughness", *Journal of Consumer Research*, 1985, 11 (4), pp. 939 - 953.

[385] Sears, R. R., "Relation of Early Socialization Experiences to Self - Concepts and Gender Role in Middle Childhood", *Child Development*, 1970, 41 (2), pp. 267 - 289.

[386] Selnes, F., "An Examination of the Effect of Product Performance on Brand Reputation, Satisfaction and Loyalty", *European Journal of Marketing*, 1993, 27 (9), pp. 19 – 35.

[387] Serwinek, P. J., "Demographic & Related Differences in Ethical Views among Small Businesses", *Journal of Business Ethics*, 1992, 11 (7), pp. 555 – 566.

[388] Shavelson, R. J., Hubner, J. J. and Stanton, G. C., "Self – Concept: Validation of Construct Interpretations", *Review of Educational Research*, 1976, 46 (3), pp. 407 – 441.

[389] Singh, J. and Sirdeshmukh, D., "Agency and Trust Mechanisms in Consumer Satisfaction and Loyalty Judgments", *Journal of the Academy of Marketing Science*, 2000, 28 (1), pp. 150 – 167.

[390] Singhapakdi, A. and Vitell, S. J., "Marketing Ethics: Factors Influencing Perceptions of Ethical Problems and Alternatives", *Journal of Macromarketing*, 1990, 10 (1), pp. 4 – 18.

[391] Singhapakdi, A., Kraft, K. L., Vitell, S. J. and Rallapalli, K. C., "The Perceived Importance of Ethics and Social Responsibility on Organizational Effectiveness: A Survey of Marketers", *Journal of the Academy of Marketing Science*, 1995, 23 (1), pp. 49 – 56.

[392] Singhapakdi, A., Rawwas, M. Y. A., Marta, J. K. and Ahmed, M. I., "A Cross – Cultural Study of Consumer Perceptions about Marketing Ethics", *The Journal of Consumer Marketing*, 1999, 16 (3), pp. 257 – 272.

[393] Singhapakdi, A., Vitell, S. J. and Leelakulthanit, O., "A Cross – Cultural Study of Moral Philosophies, Ethical Perception and Ethical Judgments", *International Marketing Review*, 1994, 11 (6), pp. 65 – 78.

[394] Sirgy, M. J., "Self – Concept in Consumer Behavior: A Critical Review", *Journal of Consumer Research*, 1982, 9 (3), pp. 287 – 300.

[395] Sirohi, N., McLaughlin E. W. and Wittink, D. R., "A Model of Consumer Perceptions and Store Loyalty Intentions for a Supermarket Retailer", *Journal of Retailing*, 1998, 74 (2), pp. 223 – 245.

[396] Sivakumar, K., "The Role of Quality – Tier Loyalty on Consumer Price Sensitivity for Frequently Purchased Products", *Journal of Marketing Theory & Practice*, 1995, 3 (4), pp. 84 – 96.

[397] Solomon, R. C. and Hanson, K., *It's Good Business*, New York: Harper and Row, 1992.

[398] Song, I. S. and Hattie, J., "Home Environment, Self – Concept, and Academic Achievement: A Causal Modeling Approach", *Journal of Educational Psychology*, 1984, 76 (6), pp. 1269 – 1281.

[399] Spencer – Oatey, H., "Managing Rapport in Talk: Using Rapport Sensitive Incidents to Explore the Motivational Concerns Underlying the Management of Relations", *Journal of Pragmatics*, 2002, 21 (1), pp. 117 – 118.

[400] Stover, L. E., "Face" and Verbal Analogues of Interaction in Chinese Culture: A Theory of Formalized Social Behavior Based upon Participant – Observation of an Upper – Class Chinese Household, together with a Biographical Study of the Primary Informant, Unpublished Ph. D. Dissertation, Columbia University, 1962.

[401] Strutton, D., Vitell, S. J. and Pelton, L. E., "How Consumers May Justify Inappropriate Behavior in Market Settings: An Application on the Techniques of Neutralization", *Journal of Business Research*, 1994, 30 (3), pp. 253 – 260.

[402] Sujan, M., "Consumer Knowledge, Effects on Evaluation Strategies Mediating Consumer Judgment", *Journal of Consumer Research*, 1985, 12 (6), pp. 31 – 46.

[403] Sullivan, H. S., *The Interpersonal Theory of Psychology*, New York: Norton, 1953.

[404] Swaidan, Z., Consumer Ethics and Acculturation: The Case of the Muslim Minority in the U. S., Unpublished Ph. D. Dissertation, University of Mississippi, 1999.

[405] Swaidan, Z., Vitell, S. J. and Rawwas, M. Y. A., "Consumer Ethics: Determinants of Ethical Beliefs of African Americans", *Journal of Business Ethics*, 2003, 46 (2), pp. 175 – 188.

[406] Swan, J. E. and Nolan, J. J., "Gaining Customer Trust: A Conceptual Guide for the Salesperson", *The Journal of Personal Selling and Sales Management*, 1985, 5 (2), pp. 39–48.

[407] Sykes, G. M., and Matza, D., "Techniques of Neutralization: A Theory of Delinquency", *American Sociological Review*, 1957, 22 (6), pp. 664–670.

[408] Taher, A., Leigh, T. W. and French, W. A., "Augmented Retail Services: The Lifetime Value of Affection", *Journal of Business Research*, 1996, 35 (3), pp. 217–228.

[409] Taylor, S. A. and Baker, T. L., "An Assessment of the Relationship between Service Quality and Customer Satisfaction in the Formation of Consumers' Purchase Intentions", *Journal of Retailing*, 1994, 70 (2), pp. 163–178.

[410] Thong, J. Y. L. and Yap, C., "Testing an Ethical Decision–Making Theory: The Case of Shoplifting", *Armonk: Journal of Management Information Systems*, 1998, 15 (1), pp. 213–223.

[411] Ting–Toomey, S. and Kurogi, A., "Facework Competence in Intercultural Conflict: An Updated Face–Negotiation Theory", *International Journal of Intercultural Relations*, 1998, 22 (2), pp. 187–225.

[412] Ting–Toomey, S., "Intercultural Conflict Styles: A Face–Negotiation Theory", in Kim, Y. Y. and Gudykunst, W. eds., *Theories in Intercultural Communication*, Newbury Park, CA: Sage publication, 1988, pp. 213–215.

[413] Tracy, S. J., "When Questioning Turns to Face Threat: An Interactional Sensitivity in 911 Call–Taking", *Western Journal of Communication*, 2002, 66 (2), pp. 129–157.

[414] Trent, L. M. Y., Russell, G. and Cooney, G., "Assessment of Self–Concept in Early Adolescence", *Australian Journal of Psychology*, 1994, 46 (1), pp. 21–28.

[415] Trevino, L. L., "Ethical Decision Making in Organizations: A Person–Situation Interactionist Model", *Academy of Management Re-*

view, 1986, 11 (3), pp. 601 – 617.

[416] Tucker, W. T. , "The Development of Brand Loyalty", *Journal of Marketing Research*, 1964, 1 (3), pp. 32 – 35.

[417] Van Kenhove, P. , Vermeir, I. and Verniers, S. , "An Empirical Investigation of the Relationships between Ethical Beliefs, Ethical Ideology, Political Preference and Need for Closure", *Journal of Business Ethics*, 2001, 32 (4), pp. 347 – 361.

[418] Van Montfort, K. , Masurel, E. and Van Rijn, I. , "Service Satisfaction: An Empirical Analysis of Consumer Satisfaction in Financial Services", *The Service Industries Journal*, 2000, 20 (3), pp. 80 – 94.

[419] Verma, J. , "The Ingroup and Its Relevance to Individual Behavior: A Study of Collectivism and Individualism", *Psychologia*, 1985, 28, pp. 173 – 181.

[420] Vispoel, W. P. , "Self – Concept in Artistic Domains: An Extension of the Shavelson, Hubner, and Stanton (1976) Model", *Journal of Educational Psychology*, 1995, 87 (1), pp. 134 – 153.

[421] Vitell, S. J. and Festervand, T. A. , "Business Ethics: Conflicts, Practices and Beliefs of Industrial Executives", *Journal of Business Ethics*, 1987, 6 (2), pp. 111 – 122.

[422] Vitell, S. J. and Muncy, J. , "Consumer Ethics: An Empirical Investigation of Factors Influencing Ethical Judgments of the Final Consumer", *Journal of Business Ethics*, 1992, 11 (8), pp. 585 – 597.

[423] Vitell, S. J. and Muncy, J. , "The Muncy – Vitell Consumer Ethics Scale: A Modification and Application", *Journal of Business Ethics*, 2005, 62 (3), pp. 267 – 275.

[424] Vitell, S. J. , "Consumer Ethics Research: Review, Synthesis and Suggestions for the Future", *Journal of Business Ethics*, 2003, 43 (1/2), pp. 33 – 47.

[425] Vitell, S. J. , Lumpkin, J. R. and Rawwas, M. Y. A. , "Consumer Ethics: An Investigation of the Ethical Beliefs of Elderly Consumers", *Journal of Business Ethics*, 1991, 10 (5), pp. 365 – 375.

[426] Vitell, S. J., Marketing Ethics: Conceptual and Empirical Foundations of a Positive Theory of Decision Making in Situations Having Ethical Content, Unpublished Ph. D. Dissertation, Texas Tech University, 1986.

[427] Vitell, S. J., Nwachukwu, S. L. and Barnes, J. H., "The Effects of Culture on Ethical Decision – Making: An Application of Hofstede's Typology", *Journal of Business Ethics*, 1993, 12 (10), pp. 753 – 760.

[428] Vitell, S. J., Singh, J. J. and Paolillo, J. G. P., "Consumers' Ethical Beliefs: The Roles of Money, Religiosity and Attitude toward Business", *Journal of Business Ethics*, 2007, 73 (4), pp. 369 – 379.

[429] Vitell, S. J., Singhapakdi, A. and Thomas, J., "Consumer Ethics: An Application and Empirical Testing of the Hunt – Vitell Theory of Ethics", *Journal of Consumer Marketing*, 2001, 18 (2), pp. 153 – 178.

[430] Wahba, A. and Bridgewell, L., "Maslow Reconsidered: A Review of Research on the Need Hierarchy Theory", *Organizational Behavior and Human Performance*, 1976, 15 (2), pp. 212 – 240.

[431] Walton, C. C., *The Ethics of Corporate Conduct*, New Jersey: Prentice – Hell, 1977.

[432] Wang, H., Help Seeking Tendency in Situation of Threat to Self – Esteem and Face – Losing, Unpublished Ph. D. Dissertation, University of Hong Kong, 2002, p. 69.

[433] Whipple, T. W. and Swords, D. F., "Business Ethics Judgments: A Cross – Cultural Comparison", *Journal of Business Ethics*, 1992, 11 (9), pp. 671 – 678.

[434] White, J. B., Tynan, R. and Galinsky, A. D., et al., "Face Threat Sensitivity in Negotiation: Roadblock to Agreement and Joint Gain", *Organizational Behavior and Human Decision Processes*, 2004, 94 (2), pp. 102 – 124.

[435] Wilkes, R. E., "Fraudulent Behavior by Consumer", *Journal of*

Marketing, 1978, 42 (4), pp. 67 – 75.

[436] Wilson, S. R., Aleman, C. G. and Leatham, C. B., "Identify Implications of Influence Goals: A Revised Analysis of Face – Threatening Acts and Application to Seeking Compliance with Same – Sex Friends", *Human Communication Research*, 1998, 25 (1), pp. 64 – 96.

[437] Wood, W., "Retrieval of Attitude Relevant Information from Memory: Effects on Susceptibility to Persuasion and on Intrinsic Motivation", *Journal of Personality and Social Psychology*, 1982, 42 (5), pp. 798 – 810.

[438] Woodruff, R. B., Cadotte, E. R. and Jenkins, R. L., "Modeling Consumer Satisfaction Processes Using Experience – Based Norms", *Journal of Consumer Research*, 1983, 20 (8), pp. 296 – 304.

[439] Yim, C. K. and Kannan, P. K., "Consumer Behavior Loyalty: A Segmentation Model and Analysis", *Journal of Business Research*, 1999, 44 (2), pp. 75 – 92.

[440] Zeithaml, V. A., Berry, L. L. and Parasuraman, A., "The Behavioral Consequences of Service Quality", *Journal of Marketing*, 1996, 60 (2), pp. 31 – 46.

[441] Zeithaml, V. A., "How Consumer Evaluation Processes Differ between Goods and Services", in Donnelly, J. and George, W., eds., *Marketing of Services*, Chicago: American Marketing, 1981, pp. 186 – 190.

[442] Zerbe, W. J. and Panlhus, D. L., "Socially Desirable Responding in Organizational Behavior: A Reconception", *Academy of Management Journal*, 1987, 12 (2), pp. 250 – 264.

# 致　谢

　　本书在出版过程中，得到了很多单位、机构和个人的支持与帮助，在此一并致谢！

　　首先感谢国家社会科学基金委和教育部提供的资助。国家社会科学基金项目（15BGL120）和教育部人文社会科学研究青年项目（10YJC630411）的启动，给了本书很大的支持，使我可以心无旁骛地执着于自己选择的研究领域。消费者伦理是个有一定难度且充满挑战的研究方向，很难想象没有国家社会科学基金项目和教育部人文社会科学研究青年项目支持的结果。

　　感谢我的博士生导师张新国教授。恩师知识渊博、治学严谨、品德高尚、待人宽厚。衷心感谢恩师给予我绝对的信任，放手让我独立选题、独立研究设计和写作……痛并快乐着的读博经历培养了我独立的科研能力，为本书出版打下了扎实的基础。恩师的苦心及多年悉心指教、信任，让我终生感激不尽！

　　感谢香港城市大学市场营销系首席教授苏晨汀教授专门为本书出版作序。苏晨汀教授对我研究选题与方向的肯定与鼓励，让我有信心继续朝着这个充满挑战的研究方向努力！我有幸受到苏晨汀教授邀请，自2015年11月始到香港城市大学市场营销系做为期一年的高级访问学者。这让我有机会就消费者伦理行为研究的方法及未来研究方向同苏晨汀教授、周南教授及杨志林教授多次请教与交流，这对本书的最终定稿意义重大，对我未来的研究方向更是意义非凡！

　　感谢浙江师范大学经济与管理学院的院系领导和市场营销系全体老师。没有他们的支持和鼓励，我不可能全身心地从事学术研究，也不可能如此迅速地完成本书。

　　感谢我的先生陆竞红给予了我极大的支持和帮助！先生教学、行政身兼多职，却包揽了家里所有的大事小情，为我节省了宝贵的时间；还与我一起分享写作过程中的所有痛苦与快乐，在精神与情感上给予我莫大的支持，赐予我最温柔坚韧的力量！同样感谢我的父亲郑克强先生和母亲丁祝英女士，在我人生之路的每一个驿站，他们总是无条件地给予我支持、鼓励和关爱，经常对我隐瞒自己的病痛以免我分心，使我可将更多的精力投入本书的写作中。本书的出版也算是我向他们的一个汇报。

此外，本书在此前的调研中还得到了项目组成员给予的默契配合和鼎力相助，没有他们的帮助，要在如此短的时间内完成如此多的访谈、问卷调查和数据录入是非常困难的，在此表示感谢！也感谢调研过程中给予应答（包括访谈和问卷调查）的所有受访者/被调查者，他们默默无闻的配合是本研究得以完成和本书得以付印的坚实基础，谢谢！

最后，感谢中国社会科学出版社卢小生主任、车文娇博士在本书出版过程中给予的大力支持和富有成效的工作，没有他们的鼎力支持，本书不可能顺利出版。

书不尽言，言不尽意。谨以此书献给所有关心和帮助过我的人！

郑冉冉

于香港城市大学

2016 年 3 月 10 日